石井建夫著作集

はてなの社会科

再び"希望と生気"を語る社会科を

石井 建夫

表紙の花は、著者が日本福祉大学に赴任したことを記念して自宅の庭に植えたもので、今年（2011年）初めて花を咲かせたライラックです。

はじめに

　これまで実践がたまると文集にしてきました。
　今回で50集目となりましたので本にしまして学びの軌跡としました。書く機会をつくっていただいた皆様に感謝いたします。私の遅いあゆみは30集に書きましたのでそれをもって「はじめに」といたします。

「中学生とつくる社会科の授業」・30集発行にあたって
－ 私の「いま」と「今まで」 －

　この小冊子で、30集を迎えることになりました。ささやかな冊子ですが、このように長く続くとは考えてもいませんでした。内容的には、私個人のものばかりではなく、大学の授業での学生の作品によるものがたくさんありました。冊子の名前は、私の研究テーマである「中学校社会科の『かたち』」と関わりまして『中学生とつくる社会科の授業』としてきました。このようなことが出来ましたのも仕事をいただきました多くの方々、ともに学んだ学生の皆様のお陰です。改めて感謝申し上げます。少し、30集までのこと（特に初心）を振り返ってみます。

　●発行のいきさつ…嵐の中の中学校・若い方に伝えたいこと
　このことは、今でもよく覚えています。私は、小学校の教師を経て31歳で中学社会科の教師になりました。いきなり1学年11学級の学年主任、「中学教師1年目」の私が学年主任をしなければならない「事情」があった学校からの出発でした。生徒指導は大変で、1年間で「普通」の学校の2～3年分は働いていたと思っています。この学校に9年間（30代すべて）いましたので、この学校だけで中学教師の体験はほとんどしたと思っています。この学校での体験や実践は、本多公栄さんが編集長をしてまとめた『中学校教育実践選書』（あゆみ出版）の第1巻（三上満さん担当）に書かせていただきました。たしか41歳の時の文章だと思います。当時、母が入院しており、大変に病状が悪化し病院に泊まりながら原稿を書き、朝、病院から出勤したことを覚えています。この学校には、若い教師がたくさんいました。同学年に5名の新採の教師が来ることも当たり前でした。教師は大変に仲がよく、今で言いますと同僚性がある学校でした。同僚性がないと教師をやっていけない状況でした。私が転勤にあたった年に、みんなで行ってきたこと、学んだことを若い方に伝えたいという気持ちになりました。そこで、歓送迎会までに、ささやかなものをまとめました。これが1集ではありませんが「幻の1集」です。このことがきっかけとなり、ささやかな実践や記録をまとめる「自分自身の文集」を作成することにしました。

　●第1集の発行（1986年）
　第1集は、転勤した2校目の中学校の初年度に発行しました。ほとんどが前任校の実践でした。2校目の学校は、それまでの学校とは違い落ち着いていました。この学

校での多少の生徒指導は、前任校で多くのことを経験してしまった私にとりましては、何でもありませんでした。授業も楽でした。そのような余裕が「実践を考える」「実践を行う」「実践をまとめる」意欲と力となったのです。ですから第1集は、このような環境の中で出来上がりました。言い換えますとそれまでは夜中に帰り、学校に泊まる（学校の近くのサウナ、カプセルホテル、同僚の家、学校の保健室等）生活では、研究活動など出来ないということです。現在も多忙化政策が意識的に行われていますが、これは教師の思考の自由を奪い豊かな実践の妨げとなります。また、リベラルな校長先生・教頭先生（管理職）と出会ったことも幸いしました。人間味と見識のある先輩教師との出会いは「年相応に実践を行い、まとめる」ことをしなければならないと思うようになったのです。ここまでくるのに教師になって20年近くが過ぎていました。遅い気づきでした。

●自分を励まし、楽しみながらつくる

「自分自身の文集」を作成することが楽しみになりました。1冊100ページはないと思い、作成するために実践し、諸研究集会で積極的にレポートすることも行いました。作成が結果だけではなく目的化したということです。私は、それでもよいのではないかと思います。40代の中ごろになると発行が楽になりました。微力ですが『歴史地理教育』や歴史教育者協議会をはじめとする雑誌や出版物に実践を載せていただくことが多くなりましたので、それを印刷をしてまとめれば良いことになりました。今は、これではいけないと感じるようになりましたが当時は楽になりました。他からの依頼は、他の方の要求ですが、自分の研究テーマがないといけないと思ってきました。量として書けばよいというものではなく、ひとつの「かたまり」を持ちたいと思うようになりました。このことの気づきも相当遅かったと思います。

この20年近い間に、1年間に一冊、きちんと作成してきたわけではありません。書けなかった時や健康的な問題もありました。1年間に三冊も発行した時もありました。「1年間に一冊」というノルマや数値目標（今、教育現場で流行の）を掲げることはしませんでした。それよりも大切なことは、ささやかな実践をこまめにまとめ、"学びの軌跡"を大切にしようという気持ちだと思ってきました。ささやかなものでも印刷が終了し製本屋さんに出しに行く時、製本屋さんから「出来ました」という連絡を受けたときは大変嬉しくなるものです。このようなことを楽しみとして趣味的に行ってきました。

●一つの「かたまり」のこと

希望していなかった小学校教師を9年間したことは、大変プラスでした。中学校に転勤し、中学校の実践がつまらなくなりました。1時間1テーマ、厚い教科書をこなし、出口は偏差値で計る実践が横行していたからです。何とか改善したいと思いました。そこで最初に行ったのがグループ学習と発表です。「教えること」と「学ぶこと」をどう繋げるか、「教師の指導性」と「子どもの主体性」の問題でもあります。しかし、偏差値と受験の壁にぶち当たりました。また、教材・資料の工夫を試みました。社会科通信「地理の時間」「歴史の時間」「デモクラシー」を発行してきました。1980年代の社会科通信は年間130号を超えました。それを続けていた時に改めて気がついたことが

ありました。その社会科通信が1990年代になると年間70号代になっていることでした。少なくなったのです。両者を見比べてみると、明らかに授業論が違うことに気がつきました。多く発行していた時の社会科通信は、子どもの教材というより「私の教材研究ノート」でした。発行が少なくなってきたのは「子どもたちの学び」を意識しだしたからでした。これも遅い気づきでした。

　●少し私自身の社会科授業づくり軌跡をまとめてみます。
(1)小学校教師の時……社会科教育の初志を学ぶ

　初任で勤めた小学校は新設校で、NHKテレビ（教育番組）を活用した社会科の研修指定校でした。当時のテレビ活用と今では大変な違いです。各教室にテレビなどない時代でしたから。私は教育学部社会科教育専攻でしたが、大学で社会科教育を学んだ記憶があまりありません。残念なことです。もしかしますとこのような研究指定校への着任は、即戦力を期待されていたかも知れません。しかし、私にはその力量はありませんでした。私が社会科教育を一から学んだのは、この学校の先輩教師と子どもたちからでした。後から考えるともったいない大学生活をしてきたとも思っています。勿論、私自身の努力不足からです。この小学校での実践は、社会科の初志と言うより三層構造論、単元学習論でした。かなりの研究授業をしました。途中で授業を中止させられたこともありました（善意の指導からです）。先輩の方が、ここはこのように指導した方がよいと直接教えてくれました。教育内容論、教材論の対立もありました。私は大学時代から歴史教育者協議会に所属していましたので「働く人々」、当時は「公害問題」といわれていた環境学習などを行いたいのですが、このことはまだ学習指導要領には書かれていませんでしたので先輩の方にとりましては気にくわなかったようです。それはそれとして、教育現場は、まさに私の先生でした。教師4年目で1年生を担任しました。市川市教職員組合の青年部長をしていた時でした。2ヵ月間、広島県の中堅の教師が「国内留学」とでもいう制度なのでしょうか社会科研究のために私の学級に来ました。毎日、授業を参観されました（毎時間ではありませんが）。正直、社会科教育観の違いもありましたので苦しい時でした。研究授業のことを良く覚えています。「お父さんの仕事」を行いました。教材として「動物園で働いているお父さん」としました。子どもたちは動物園が大好きですし、多くの子どもたちが行った経験があります。「何を見てきたの？」「どのような様子だった？」と聞きますと子どもたちは得意になってライオンやキリン、象……「わたしはお猿さんが好き」「ぼくは……」と話し出します。たっぷり経験・体験を話してもらいます。私は子どもたちの体験や経験は大事なものだと思っています。いっぱい話をしてもらった後に「いついったのかな？」と質問しました。「あのね、あのね……」「○日の日曜日」「学校がお休みの時」、「その時の動物園はどのような様子だった？」と聞きました。「すごくこんでいた」「象を見るときお父さんに肩車してもらった」……このようなことからお休みの日にも働くことを求められている仕事をしている人もいる（労働の社会性）事に気がついてもらおうとしました。なにせ、小学生は具体的なことを教材にしないと学習が成立しません。この経験は、毎年、中学校に転勤を希望していた私に1年生の担任をさせてくださった校長先生、先輩の方々

のおかげでした。今思えば「官制研究」でしたが、社会科の初志を学ぶことができたと思います。

(2) 子どもが活躍する社会科……中学校①

　教員10年目にして憧れの中学社会科教師になりました。しかし、中学の現実は理想と描いていた社会科の授業ができる状態ではありませんでした。毎日ともいえる生徒指導、そして分厚い教科書を教えなければいけない壁にすぐにぶつかりました。しかし、私は歴史教育者協議会の方々の「子どもが動く社会科」の実践に学んでいましたので、なんとか実践の方向を持つことができました。忘れることができないことは、荒れている中学校が船橋出張所管内（船橋市、市川市、浦安市）の初任者研究会の会場になったときのことです。当時は初任者は多く、社会科だけで50名以上いたと思います。各教科公開授業を行わなければなりません。社会科は、理由は忘れましたが、私が担当しました。その事前打ち合わせの時、指導主事が「石井君、お願いが一つだけある。君が歴史教育者協議会に所属していることは知っているから教育内容については何も言わない。好きな内容でやってくれ。しかし、一つというのは、なにせ初任者が参観しているのだから教師が一方的に進める事だけでなく子どもを活躍させる場面を少しでもよいから入れて欲しい……」ということでした。この指導主事は、歴史教育者協議会は教え込みの研究会とでも思っていたのでしょうか。私たちはそのようなことをしたことはありません。「子どもが動く＝活躍する」社会科が主権者を育てることにつながると考えていたのです。私は「わかりました。望むところです」と述べました。そのときの授業が「東北の農業－飯場探検隊」でした。子どもたちと地域にある東北地方から出稼ぎに来ている飯場を探検しました。みんな農民です。子どもと夕方待ち合わせて約束の時間に訪ねます。「おじさんの出身地は？」・「今どこでどのような仕事をしているのですか？」・「収入はいくら？」・「家族は？」・「毎月いくら家族に送っているのですか？」・「何でここまで働きに来ているのですか？」など厳しい質問が出ます。10畳ぐらい一間に3人ぐらいで住んでいて、部屋に洗濯物が干してある中で住んでいるおじさんたちは、息子や娘を思い出しているように丁寧に答えてくれました。初任者研究会では、いくつかの探検隊の発表を受けて東北の農業が抱えている問題を考えあいました。この実践記録も『中学校教育実践選書8 調べ学習』（あゆみ出版）に書かせていただいています。さらに歴史教育者協議会中間研究集会（名古屋）、日本民間教育研究団体連絡会教育交流集会（東京・文京高校）でも報告させていただきました。

　授業後、指導主事が「ありがとう」と握手を求めてきました。そして、この実践を千葉県の社会科実践論文に応募することを勧められました。その年の社会科部門最優秀賞をいただきました。私は、長期研修生に応募してもどこかで（出張所段階、県段階）不合格となります。最後は考えて、千葉大学教育学部大学院教育学研究科社会科教育専攻に一般入試し（教育委員会からの推薦はもらえませんから）、合格させていただき、それを認めてもらうために県教育委員会の長期研究生に応募する手段を執りましたが、県の最終段階で不合格となり、教師を退職する決断をいたしました。私は、教育委員会から処分や注意は受けたことは何度もありますが、ほめて

もらったことはこの一回だけです。この応募実践論文がなぜ賞をもらえたのかよくわかりませんが、指導主事が推薦したのでしょう（論功行賞）か、教師人生の中でも不思議なことです。ともあれ、中学生との授業は難しいが、手応えがあったときの何ともいえない快感を感じることができました。忘れられない授業でした。(34歳だと思います)

(3) 子どもが考える（問いかけ学ぶ）社会科……中学校②

中学2校目の学校は、気合いを入れて授業に望む学校ではありませんでした。今、振り返ってみますと、この学校での授業は子どもが考える授業でした。「昭和天皇の戦争責任をどう考えるか」（天皇死去）・「男性中心の皇室典範もつ天皇家が日本国民の象徴でよいのか」等という時事的なこと、地域にある12件の近郊農業を訪ねて「近郊の農家の生産と悩み・課題を考える」、この授業も「泥付きネギ」を使って面白かったことを覚えています。「奈良の都から国分寺をつくれと命令がきた、下総の国の国府は、ここ。国分寺はすぐそばだ」・「都から送られてきた国分寺の図面と下総国分寺は違うぞ。どうなっているの？」・「さあ、これから長い戦争が始まる。でも戦争は戦前が大切だ。満州事変のまえの1920年代人の主張、松岡洋右、田中義一、幣原喜重郎、石橋湛山、この4人の主張を調べ、君は誰の意見を支持しますか」……ほとんどの授業は今でも覚えています。私は、討論学習とは言いません。論理学的に考えて討論とはどのようなことを指しているのかわからないからです。よくテレビで政治討論会が行われますが、各党に意見の言いっぱなしで討論になっているとは思いません。

このような授業を「問いかけ学ぶ」授業と命名してきました。うまくいったら止められない授業です。

(4) 思春期を支えるまなび……中学校③

3校目の学校は、3年の短さでした。印象的な授業は「象の旅から見えてくる鎖国」の授業、「松戸のトンネル工事の労働者の死から考える労働問題」（市の官制社会科研究会で公開授業）、岩手のバスガイドさんの休暇や大手企業のリストラを巡ってバスガイドさんに手紙を書いたり返事が来たりした授業が印象的でした。授業後、ある子どもが「今日の授業は興味があった。親父の会社でもリストラがあって、親父そのとき黙っていたんだって。いつも酒を飲むとオレは悪いことをしてしまったといっている……。」といいにきました。中学生は、かなり社会のしくみや人間の内面がわかると確信しました。

私は「思春期を支える学び」という主張を『教育』に書きました。中学生の歴史認識、社会認識の特色が少しわかるようになってきたのです。何に共感し、何に怒るのか、反発するのか。何には静かに耳を傾け、何には反応がないのかが……。

これらを「青春を支える社会科」「思春期を支える学び」と主張し、友人から「石井は年をとってくるとこのようなことを言い出した」との貴重な意見をいただいてきました。

●中学社会科の新しい「かたち」を

　そして、この数年の興味と関心は、中学校社会科の「かたち」（カリキュラム）です。歴史教育者協議会の常任委員を務めさせていただき、高知大会（2002年）以降組織的にこの問題に取り組んできました。また、新しい「かたち」を考えるためにも社会科の初志を考えたいと無着成恭『山びこ学校』について学び直しをしてきました。その過程で社会科は「青少年に希望と生気を与える」教科として発足したことを知りました（1947年　文部省　学習指導要領　社会科　序論）。当時の「希望と生気」は平和と民主主義と言い換えても良いのではないかと思います。現代にとっては、「リスク化」と「二極化」という格差社会が進行する中で、この言葉をどのように表現していったらよいのでしょうか。子どもたちが「社会科を学ぶ意味」が問われている時代だと思います。この問いとこれからの社会科の「かたち」は関係していると思いながら、なかなか先が見えないでいます。

　本冊子では、ここ数年考えてきたことと、以前に冊子にまとめたものの内、「かたち」を考える上で必要なものをあわせてまとめました。このあたりまでようやくたどり着きました。あとは気力がどこまで継続するか、マイペースで歩みたいと考えています。

　今年は社会科発足60年です。また、教育基本法の改悪がなされ、教育再生会議・中央教育審議会・文部科学省が現場の声を無視した「改革ごっこ」の競争をしています。学習指導要領の改訂も行われます。この30集では、このような状況の中で社会科（中学が中心）の在り方について考えてきたことをまとめてみました。在り方のキーワードは「テーマ学習」と「はてなの授業」としました。第31集で千葉大学・社会科教育概論での「はてなの授業」をまとめましたのであわせてお読みいただきたいと考えています。また、私の「いま」と「今まで」も少し記させていただきました。ご批判をお願いいたします。

2007年・春
石井建夫

目　次

はじめに

第一部　「はてな」の社会科の実際　13

1. 「飢え」ている国からの食糧輸出　14
2. 飯場に住む出稼ぎ者の生活調べ　26
3. 象の旅から見えてくる鎖国　41
4. (1) 日韓歴史教師交流会
　　　　対馬から考える秀吉の朝鮮侵略の授業づくり　50
　　(2) 授業づくりの峰に挑む　64
5. 江戸時代の化政文化のはてな　71
6. 15年戦争の始まり・満州事変
　　――君は誰の意見を支持しますか――　77
7. 学校は何を歓迎したのか
　　――中学校社会科歴史学習の内容と教育づくりのポイント――　92
8. ローマを見た４人の少年から見える世界と日本　99
9. 15の春、いま、平和を考える　108
10. ワークシートで靖国神社・遊就館を学ぶ　119

第二部　子どもの成長を支える社会科　127

1. 社会科で中学生に語りかけたいもの
　　――人間をさがす旅としての社会科の授業――　128
2. 思春期を支える学び　134
3. いま、平和と民主主義を担い、生命を大切にする
　　子どもを育てる歴史教育　142

第三部　教科書問題　149

1. 「日本史・歴史教科書争点」50問50答　150
2. すべての教科書から「慰安婦」が消えた　158
3. 教科書検定と思想統制　161
4. 歴史教科書問題顛末書　165
5. (1) 中学校の歴史にみる指示の強化と特徴　169
　　(2) 地域から、さらに「つくる会」教科書 ノーを　171
6. 教科書問題を考える
　　――なぜ模擬授業か――　173

第四部　「はてな」の社会科の教育課程　183

1. 地域に根ざし、平和と民主主義をきずく
歴史教育の教育課程を創ろう　184
2. 教育課程づくりの到達点と課題　188
3. 社会科歴史教育の教育課程をどう創るか　199
4. 「基礎・基本」を考える３つの視点　209
5. 中学校社会科歴史学習の「かたち」　215

第五部　「はてな」の社会科の学力　227

1. 新学力観と私たちのめざす社会科の学力　228
2. 教科教育の基礎・基本への迫り方　238
3. 「問」と「答」の間
　　——はてなの授業づくり——　247

第六部　社会科の未来　253

1. 「山びこ学校」を訪問して　254
2. 「山びこ学校」は、歴史を創るか　264
3. 「山びこ学校」を学ぶ　281
4. 「山びこ学校」の子どもたちは？　285
5. 再び"青少年に希望と生気"を語る社会科を　288
6. 子どもたちに再び"希望と生気"を語る社会科を
　　——私たちの社会科像を求めて——　297
7. 社会科の現在・過去・未来　306

第七部　もうひとつの学校　319

1. 人間のぬくもりのある学校を　320
2. 小さな試み　大きな夢　326

【資料】学校指導要領（社会科）の変遷　331
おわりに　いつも仲間がいた　335

第一部

「はてな」の社会科の実際

第一部−1.

「飢え」ている国からの食糧輸出

＊掲載誌：歴史教育者協議会編「歴史地理教育」1988年4月

　中学一年生が学ぶと言っても履修形態が多様である。本実践は、ザブトン型、世界地理先習のものである。本稿のねらいは、「アフリカ学習」とりわけ、「飢え」についての学習を例にとり、中学一年生が学ぶ世界地理学習の教育内容を世界認識の発達との関連でどうつくりあげていくかについて述べるものである。従って、報告の中心は、どんなねらいで、どんな教材を使い、子どもたちは「飢え」の問題をどう考えたのかに焦点をあてていきたい。しかし、アフリカ（中南アフリカ）学習の全体が見えないと、実践を理解していただけないので、全体プランを簡単に述べることから始めたい。

一、中学一年生が学ぶ7時間のアフリカ学習

　つぎのことに留意し、プランを作成してみた。
○いままで「遅れた」アフリカを強調しすぎていた。アフリカの人々の自然や動物との闘いと共存、世界の先進的な動きである非同盟の動きをとり上げたい。
○「飢え」の問題は、一年生が学ぶ目標をはっきりさせること。そして、社会科の授業としての魅力をもった、ワイワイガヤガヤと学び合う授業を試みたい。そこで、3時間とってみた。
○アパルトヘイトと「飢え」とを関連させて教えたい。
　そして、教育内容と教材、子どもの世界認識の関連を考えるために、本来ならば4～5時間の時間数であるアフリカ学習に七時間かけ、別掲のプランで実践してみた。

二、「飢え」ている国からの食糧輸出

　ここでは、7時間扱いの3、4、5、6時間目の授業を中心に述べてみる。3校時目＜トットちゃんの訴え＞では、黒柳徹子氏の支援の訴えを読む。国連に支援を訴えている国々をアフリカの白地図で色をぬり確認する。そして、支援に呼応した生徒たちの経験をだしあう。「飢え」の学習をここからはじめた。

アフリカ学習の授業（各1時間）

時、授業名	指導内容
1．イトゥリの森のピグミーたち	朝日新聞社版『世界の地理』からスライドを作成した。2000円のアフリカ旅行である。イトゥリの森で生活しているピグミーやいろいろな民族の生活について

		知る。スライド、読み聞かせ、資料。
2.	大草原の主役たち	新聞をきりぬきしている生徒の資料を使う。 野生動物の世界を知る。「アフリカの印象」について感想文を書かせる。
3.	「飢え」ている国からの食糧輸出 ①1日に100人の子どもたちが死んでいるのです	トットちゃんの訴え。 アフリカの27か国が国連に支援を訴えている。生徒たちの支援経験を語り合う。
4.	②ほんとうに食糧は輸出されているのか	飢えで支援を訴えている国から「食糧が輸出されている」—さまざまな反応がでる。自分の意見をプリントに書く。
5.	③アフリカはどうなっているのか	友だちのいろいろな意見に接し討論を行う。 資料「あらためてアフリカを考える」を使い、誰が何を輸出しているのか、つっこんで考えあう。
6.	地図にない国「シスカイ」はどこに	友だちの国しらべ「地図にない国・シスカイ」とはどのような国か調べ、南アフリカ共和国のアパルトヘイトについて考える。
7.	もうひとつのアフリカ	アフリカ諸国のもうひとつの姿、非同盟の動きについてふれる。アフリカ学習の感想文を書く。

◆**第一の資料「食糧は輸出されていた」**◆

　4校時目、次のわら半紙半さいの資料を提示した。『地理の時間』No.28（社会科学習通信）、これが、私の第一の教材である。

『地理の時間』No.28「君たちは　どう考える　食糧は輸出されていた」

　セネガルの首都ダカール港では、内陸部のサヘル飢餓地域に対する国際的な救援物資が荷揚げされている横で、そのサヘルの国々から輸出される落花生、綿花、野菜、精肉が大量に船積みされていたのだ。「世界通商年鑑」75年版によると、71年の畜牛輸出は9万トンを超えて68年に比べ41％増、冷凍牛肉は干ばつ以前の平均的な年の3倍、加えて2万5200トンの魚、1万5400トンの野菜が輸出されている。
　サヘル飢餓地域では、まさに1000万人が飢えに直面していた干ばつ期間に輸出された食糧の6割は、ヨーロッパ、北米に向けられ、残りはアフリカ諸国の富裕層の胃袋に消えていた。
　　　　　　　　　　　　　　　　　【出典】篠田豊『苦悶するアフリカ』岩波新書

＊サヘルとは、カボベルデ、チャド、ガンビア、マリ、モーリタニア、ニジェール、セネガル、ブルキナファソを指している。

◆子どもたちの反応Ⅰ──食糧輸出「おかしい」「おかしくない」◆

　この資料への反応は、非常に大きかった。ある面では、前時に得意になって語り合った支援経験に水をかけられたものであり、すばやく意見がだされた。第一次反応は、食糧輸出は「おかしくない」という少数の意見と、多数の「おかしい」であった。代表的な意見をあげてみる。

《食糧輸出「おかしくない」》
・支援してもらうためにも輸出しないとだめである。
・輸出は、国と国との関係をよくする。ただ、他の国から救援物資をもらってばかりいては、外国の人もあそこの国は輸出品をあまりもっていないし、あまり関係がないということで救援物資がへってしまうかもしれない。印象がよくないと思います。
・輸出で得た収入で飢えをなくす。

《食糧輸出「おかしい」》
・まず飢えている人にあげ、それでもあまったら輸出するのがあたりまえだ。
・鉱物資源ならわかるが食糧はおかしい。
・支援は、国の貿易関係で増えたりへったりするものではない。
・アフリカが飢えていることは、世界の人々は知っているのだから、アフリカは支援を返さなくともよい。

　子どもたちの率直な意見をと思い、まず、書かせるという方法をとり、それから意見を述べさせた。さらに、意見を署名入りで社会科通信にのせ、意見交換の場をつくった。「おかしくない」の代表的なものは、隆之の主張である。隆之は、積極的に食糧輸出をすべきであると、つぎのように主張した。

　「ぼくは、貿易しないといけないと思う。やっぱり、ほかの国と貿易しないと、その自分の国も発展しないし、貿易をやめれば、その貿易相手国からの支援も少なくなってしまうと思う。なかには、食糧ではなく、鉱物を輸出すればいいと言う人もいるけど、鉱物だけで食糧をもらっていると、相手の国にもとれない食物があるのだから、それが不足して相手の国が苦しくなるから食糧を輸出しないとだめだと思う。」

　隆之は、日本の米と小麦のことを例に出しながら、ある食糧を売り、足りない食糧を買うのは当然のことだと主張した。この意見を聞き靖子は「はじめは"おかしい"と思っていたが、どっちともいえなくなった。その訳は、輸出するのは、その国がいろいろな国との関係を深めて、国を豊かにしようとしているのだから輸出してもべつに、"おかしくない"とも言えるし……」と迷いはじめてきた。

　真琴は、これに対して猛然と反対した。

　「貿易がどーのこーのと言っている人もいるけど、今はほっておいてアフリカの飢えている人達がちゃんとした家をたて、政治がきちんとなって、日本と同じように子供が学校へ行って、ちゃんとした町づくりができたら考えればよい。輸出しているのだったら、その分、自分の国を助けようと思わないのだろうか。それとも、一部の人達が自分のためにやっているんじゃないかと少しずつ疑いはじめてきた……」

　ワイワイガヤガヤしながら、「誰が輸出をしているのだろうか」ということが共通の話題になってきた。

◆子どもの反応Ⅱ——誰が輸出をしているのだろうか◆

　輸出「おかしい」「おかしくない」というワイワイガヤガヤの討論をもう少し追求してみると、これらの意見には、それぞれの既有の知識と理屈があるのである。そのぶつかり合いの部分が「誰が輸出しているのだろうか」というところであった。誰が輸出しているのか。大別すると二つに分けられる。

その一　政府が輸出している
・政府がみんなのために輸出している。輸出すべきだ。
・一部の人が自分たちだけの利益を考えているならばみんなが知らないわけがない。一部の人がやっているとは思えない。
・みんなから選ばれた人が国民を裏切るようなことはしない。

その二　一部の人々が輸出している
・マルコスみたいな人がアフリカにもいる。
・一部の人がやっている。その人は、飢えに関係のない豊かな人であり、飢えている人の気持ちがわからない人たちである。
・プランテーションをしている人たち。
・アパルトヘイトをしているかぎり白人は黒人をけがらわしいものとしか見ておらず、このぐらいのことは行うと思う。

　「政府の人が」という意見は輸出「賛成論」につながっている。「みんなから選ばれた政府」「同じ人種」という集団に限りない信頼をもっている。輸出を「おかしい」と否定することは、この信頼を否定することになってしまい意見をゆずらないのである。
　一方、「飢えに関係ない人々」という主張が、輸出「おかしい」とつながっている。「おかしい」「おかしくない」、食糧輸出なんて「頭にくる。」「頭にきている人を疑いたい。」という感情的にみえる意見のぶつかり合いは、じつは、このような子どもたちの理屈からアフリカを見ている社会観のぶつかりあいだったのである。

◆第二の資料「あらためてアフリカの国々を考える」◆

『地理の時間』No.32「あらためてアフリカの国々を考える」

　「飢え」「食糧輸出」といろいろアフリカのことについて学習してきました。あらためて、アフリカの国々はどのような国だったのか考えてみたいと思います。

　カカオの国ガーナ
(1)　戦後　中南アフリカ　最初の独立国
　　第2次世界大戦後、ガーナは中南アフリカ第1号の独立国として、1957年にイギリスから独立した。これにはげまされ、1960年には、17もの独立国が生まれた。1960年は「アフリカの年」と呼ばれている。

1960年9月・ガーナ大統領エンクルマの国連総会演説

　「アフリカは自由でなければならない！　長い歳月のあいだ、アフリカは植民地主義と帝国主義の搾取と堕落に踏みにじられてきた。北から南まで、東から西まで、

その子らは奴隷制とはずかしめの鉄のくさりにうめき、そして、アフリカを搾取しアフリカの運命を握る統治者は、情を知らず、恥を知らず、われわれの国土をのし歩いた。そのような日々は去った。永遠に去ったのだ！」

(2) カカオの国
ガーナでは、誰がカカオを栽培しているか
1890年代のおわりに、カカオの木がガーナにもちこまれた。イギリス人が、ガーナの農民にカカオを栽培するように指示した。

イギリス人たちは、マレーシアのゴム園やスリランカの茶園のようなイギリス人が直接経営するプランテーションをつくりたかったのだが、うまくいかなかった。"熱帯雨林は白人の墓場""風土病・ツェツェ蠅などが白人の入植をさまたげた"という自然条件の他に、ガーナ人の土地を守る運動で広大な土地を手に入れることができなかったからである。だからガーナのカカオ栽培は、東アフリカや東南アジアとちがって、自営の小農経営が中心になっている。イギリスの商人は、ガーナ人が生産したカカオを買いたたき、世界各国に売りさばいて、もうけることになったのである。

独立後、ガーナの問題はなにか
独立後、カカオの集荷は、ガーナ政府の管理下におかれることになった。しかし、積み出しから先はすべてイギリスの商人がとり扱っている。カカオの相場は、ロンドンやニューヨークの市場で決まる。

ガーナには、カカオの加工工場はない。オランダやスイスでつくられたチョコレートを逆に輸入している。世界一のカカオ生産国ガーナの子どもたちは、チョコレートは高くて食べられない。

右の図は、ガーナの輸出品の3分の2はカカオであることを示している。カカオの値段が国際的に下がってしまうと、ガーナ経済は大混乱になる。

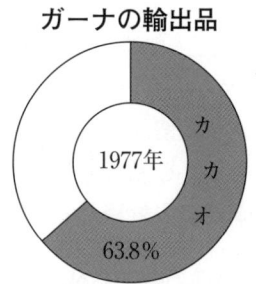
ガーナの輸出品
1977年
カカオ 63.8%

(3) ガーナの魚
スターキスト社（アメリカ）がガーナに目をつけたのは、同国近海にサバが豊富なうえ、簡単な缶詰工場なども現地にあったからだ。1974年同社は操業を開始した。2年後、地元のサバ缶詰工場は買収、マグロ加工工場に変えられた。同社は、人間用のマグロ缶詰と猫用のマグロ缶詰をつくっている。

(4) セネガル、スリランカ、フィリピンでは
セネガルでは欧米むけの輸出品落花生が農耕地の半分を占めている。耕地約236万ha、落花生畑100万ha。スリランカでは、輸出品の紅茶が耕地の3分の1を占め、主食の米が細細と片隅で生産されている。フィリピンでも農地の約55％が砂糖、ココナッツ、バナナ、ゴム、パイナップルなどの輸出品にあてられている。

がっぷり組んでしまった子どもたちをどうしたらよいのだろうか。第一の資料「食糧は輸出されていた」の問題提起はここまでが限界である。「水入り」の状態から子どもたちを動かす資料が必要となってくる。「誰が輸出しているのか」にアプローチできる中学一年生用の資料（教材）とはどのようなものなのだろうか。そこで使用したのが『地理の時間No.32』の「あらためてアフリカの国々を考える」であった。この資料がこの授業の勝負どころであると考えた。そこで必要な資料は、アフリカの飢えを訴えている国（地域）の土地利用図・耕地所有の様子を大きな図にあらわしたものと考えていた。しかし、発見することができず、不十分なNo.32になってしまった。

この資料を提示し、つぎのように授業を進めた。まず、輸出されているものを確認した。
＜輸出されているもの＞
落花生…食料、油等として主にヨーロッパで使用される。
魚…セネガル沖でとれ、アメリカの大企業によって、マグロなど缶詰にされ、人間用・猫用として、ヨーロッパ、アメリカに輸出されている。
精肉・野菜…性質上現地でつくられたものが輸出されている。

　◆子どもの反応Ⅲ──ヨーロッパ、アメリカなどが輸出を要求している◆

さて、「誰が輸出しているのか」という点である。かなりエキサイトして論議してきたが、この資料を見て、つぎのような意見がだされた。
・アフリカは独立してまもないので、まだ、もとの植民地にしていた外国の影響が非常に大きい。このことと食糧輸出が関係している。
・独立してないみたいだ。
・一部の人がもうけるための輸出ではなく、輸出させられているみたいだ。
・アフリカは、日本で言えば鎖国のあとのころと同じで、まだ外国に差別されている状態なので飢えがおこっている。
・ヨーロッパやアメリカが輸出を要求している。いままでの関係もあり（植民地）その要求をことわりきれないのではないか。

授業は、これらの意見を板書して終わった。

三、「シスカイ」をさがせ　──飢えとアパルトヘイトをつなげて考える──

「"飢え"を訴えている国からの食糧輸出」から、「誰が輸出しているのか」という課題をさらにアパルトヘイトとの関連で考えさせることを試みた。

　◆第三の資料「地図にない国"シスカイ"」◆

宿題として、一人一国調べをしていたアフリカの国しらべでは、南アフリカ共和国の人種差別についてのものがたくさん提出された。なかでも目にとまったのが、幸徳のものであった。幸徳は天文が大好きな生徒で、天文雑誌を読んでいたところ「シスカイ」政府が発行しているハレーすい星の記念切手が目にとまり応募し、その切手を手に入れた。宿題では、そのパンフレットに書かれていた「シスカイ」のことをレポート用紙一枚に書いてきたのである。ここでは、この宿題をつぎのような形で資料とした。

「"シスカイ"という国は南アフリカの東に位置する小さな国ですが、わが国の世界地図のどこをさがしてもぜったいにみつかりません。それもそのはず"シスカイ"は1981年12

月4日南アフリカ共和国から"独立"したのですが、国連総会で認められません。(ここに理由が入るのですが、どのような理由か考えてみてください。)」

(『地理の時間』No.33から)

◆第四の資料「"シスカイ"はどんな所なのか」◆

「地図ではぜったいにみつかりません。」と言われると、中学生はさがしたくなる。地図をじっと見つめ、家に帰り辞典で調べるが「シスカイ」は見つからない。「ない、ない、ない、"シスカイ"はほんとにあるのだろうか。」私も「シスカイ」の存在を知らなかった。社会科教師の名誉にかけてもさがさなければと思い書店をまわり、ついに『アフリカの飢えとアパルトヘイト』(楠原彰、亜紀書房)から資料を作成し、意気揚々と「さがしたぞ！」と子どもたちに配布した。

『地理の時間』No.37　第四の「ホームランド」シスカイの"独立"

　白人政権はばかげた「分離発展」政策を急いでいる。81年もまた一つ、新しい黒人"独立"国家がつくられた。12月4日に"独立"を与えられたシスカイ（Ciskei）がそれである。トランスカイ（76年10月26日）、ボプタツワナ（77年12月6日）、ベンダ（79年12月13日）についで、四番目の"独立"国家である。例によって、南ア政権以外は世界のいかなる政府からも承認を得ることができなかった。

　コサ語を母語とするアフリカ人にわりあてられたこの不毛なシスカイには、ゆくゆくは210万人のアフリカ人が住まわされることになっている。そこに居住せよと指定された210万人のうち、現在140万人が南アの"白人聖域"に住んでいるが、これらのアフリカ人たちはシスカイの"独立"によって南アの市民権を失い、シスカイ国家からの出稼ぎ移民に身分を変えられたわけである。

　シスカイは西部ケープに設定されたが、白人都市のイースト・ロンドンやいくつかの港湾、資源埋蔵地域等はすべてそこから除外され、他の三つの「ホームランド」同様、草木もはえないような不毛な土地がわりあてられた。こうした「ホームランド」は、いまや、労働力として役に立たなくなった老人や子ども、また、アパルトヘイト体制に反対する労働者や青年のダンピング・ゾーン（棄て場）になろうとしている。失業、栄養不良、高い死亡率が「ホームランド」の性格を如実に示している。

【出典】楠原彰『アフリカの飢えのアパルトヘイト』亜紀書房

「草木もはえないような不毛な土地」が、いまや労働力として役にたたない老人、そして子どもの、黒人のダンピング・ゾーン（棄て場）とされている。失業、栄養不良、高い死亡率、こここそ、あまり報道されていない世界で一番飢えている「国」なのである。飢えとアパルトヘイトは、完全に関連しあっているのである。

　この授業は、討論というものはなく、また結果的には、私が「シスカイ」をさがし、資料として子どもたちに説明した講義的な授業となった。しかし、「シスカイ」の存在を知ったことにより、人種差別の今日的状況を知り、前時のことと関連し、「アフリカはどうなっ

ているのか」をさらに深く追求していったのである。
   ◆**子どもの反応Ⅳ——差別法がなくならなければ飢えもなくならない**◆
　アフリカの学習では何回かの感想を書かせたので、最後の感想は、自主的な作文の形式をとってみた。そのなかで「シスカイ」のことが一番多く書かれていた。反応の一部をあげてみる。
・黒人に選挙権があったら、アフリカの人々は飢えることはないんじゃないですか。やはりそれは、南アフリカ共和国の政府のやり方がまちがいなので、黒人の人達はリコールをすべきだ。
・私は、アパルトヘイトというものがあるかぎり、平和もこないし、うえもなくならないのではないかと思います。……うえの問題は差別法をなくさなければうえもなくならないと思います。差別だけがうえの問題じゃありませんが大変な問題です。だって食べ物を輸入してもらっても差別の問題であまり与えてもらえないで結局うえてしまう。シスカイなどうえでひどいくらしをしている所は、人種差別がなくなるだけで、ずいぶん生活も変わるのではないかと思います。
・飢えをなくすための三つの提言
　①完全に独立する黒人社会をつくり白人は政治に参加しない。白人は観光旅行以外こない。憲法を改める。
　②アフリカでとれたものの三分の一ぐらいはうえた人に送る。輸出はあまりしない。土地改良にもせんねんする。
　③健康のためすまいをかえる。死体ははやくやく。うえた子は病院に入れる。
　「"シスカイ"はどういうところなのか」ということは、「飢え」とアパルトヘイトをつなげて考えること、「飢え」の解決にはアフリカの国々の民主主義の問題があること、が共通の認識となってきた。

四、教育内容と子どもたちのアフリカ認識

　本来ならば、この部分を先に述べてから実践を報告すべきであろう。しかし、あえてこのような形をとったのは、実践が先のほうがこの部分に対する理解が得られやすいだろうと思ったからである。ここでは、いままでの実践の裏付けの問題について二、三述べてみたい。
　(1)　私の「飢え」問題——三つのねらい
　私は、この4時間の学習にあたり、つぎの三つの視点から「飢え」問題の教育内容を構成し、教材を選択していった。
　①すべての人々が飢えているのではない。
　子どもたちは、たくさんの救援体験をもっているが、そのような活動・行動をするアフリカ認識は「国連に支援を訴えている国のすべての人々が飢えている」ということである。「飢え」の学習を慈善学習でなく社会科学習にするためには、ここを問題にしなければならない。
　民主的と言われている出版社の雑誌の内容にも不満を感じていた。現象面の羅列におわり、「飢え」をアフリカの社会のしくみと関連させない報道内容がまかり通っているから

である。アフリカで援助を訴えている国のすべての人々が「飢え」ていると思わせるキャンペーンは誤報であり、これでは、アフリカ、世界、そして日本が見えてこないであろう。「飢え」の学習を道徳的におわらせるのではなく社会科学習として成立させるために、その第一歩として「すべての人々が飢えているのではない」という事実との出会いから始めたい。その教材として前述の「食糧は輸出されていた」を作成したのである。もちろん、この教材が子どもたちの感情や心をゆさぶり、ひとこと言いたくなる、追求したくなる効果があると考えたからでもある。

　②「どうなっているのか」をどう見通すか。
　つぎに、当然湧き上がってくる「アフリカはどうなっているのか」という問題を中学一年生がどう学ぶことが可能かという問題である。このことは中学一年生の世界認識をどう見通すかという問題につながる。ここではまず私自身が基本的に「飢え」の原因をどう捉えるかが要求されてくる。いろいろな文献にあたったが、基本的には、『アジア・アフリカ問題入門』（岡倉古志郎、岩波新書）の、つぎの分析に包括されると考えた。この本は、初版1962年でアフリカの新しい息吹と課題を鮮明に描いている。ここでは、新生アフリカの課題を、

㈦アフリカの資源が大陸内で消費されることが少なく、大陸以外にもちだされる問題
㈣わずかな生産物にかたよるモノカルチュア経済の問題
　　ⅰ生産物の国際市場価格の変動によって全経済が左右されている問題
　　ⅱ単一生産によって主要食糧の生産がしめ出され、農業国でありながら食糧自給ができず、高価な食糧に依存している問題
　　ⅲ輸入されるものと不等価交換で安くかいたたかれる問題
㈮外国資本の投資
㈯大土地所有と土地なき農民の問題
等を指摘している。

　しかし、これだけでは、授業を見通したり、教材づくりにはならない。これは大人の論理である。中学一年生には、何ができ、何ができないかということを見通すことである。大土地所有制、政府の政治姿勢など国の内部の階級対立、それにかかわって多国籍企業、モノカルチュア等は、通史学習、政治・経済学習をしていない中学一年生には理解できない。問題をもっと単純化しないとわからない。二元・三元的理解ではなく、国と国との一元的関係なら理解できる。ここでは、もと植民地にしていた国を中心にした外国によって産業・生産が左右されていることから「飢え」を訴えている国からの食糧輸出がおこることを理解させようとしたのである。そして、前述の『地理の時間』No.32を作成し、「誰が輸出しているのか」を追求させてみた。

　　③さらに、アパルトヘイトを特殊的現象としてでなく「飢え」の延長線上の問題として位置付けた。

　(2)　子どもたちのアフリカ認識
　子どもたちは、授業のなかで、つぎのようにアフリカ認識を深めていった。

・「飢え」ている国からの食糧輸出　　→　アフリカはどうなっているのか、
　　おかしい・おかしくない　　　　　　　何かあるぞ。
　　　　　　↓

- 誰が食料を輸出しているのだ　→　政府か一部の人々か
　　　　　↓
- ヨーロッパやアメリカが輸出を要求している
　　　　　↓
- 国連が国として認めていない「シスカイ」をさがそう
　　　　　↓
- アパルトヘイトが飢えをつくっている

　ここでは、「誰が食糧を輸出しているのだろうか」についての意見を分析しながら中学一年生のアフリカ認識にせまってみたい。この意見のなかで注目したのが、輸出「おかしくない」という意見を支えている理屈の部分である。
- そんなに悪い人はいない。
- 国民が選んだ政府だ。その人たちが国民を裏切るはずがない。

　この発想から見ていけば、輸出もきっと国民のためにやっているんだとなる。この意見は、中学生らしい正義感がプンプンしており、中学生の一般的な社会認識であると思う。中学一年生に何ができ、何ができないのか、次の図のように考えてみたのである。

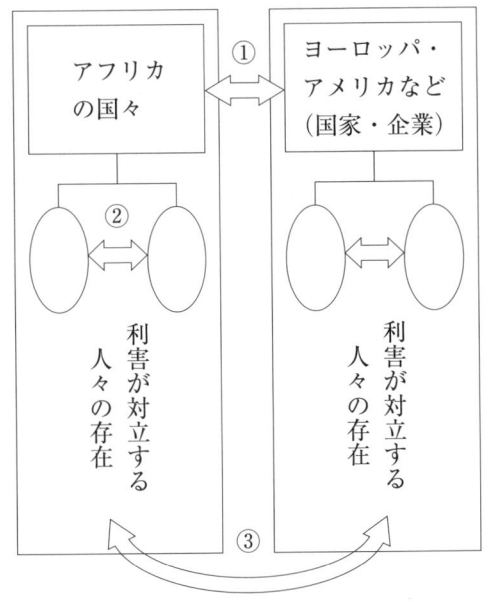

　中学一年生は、図の①からアフリカの「飢え」の問題を捉えることはできる。図の②のような国内内部の対立問題、政府の政治姿勢、大土地所有制等の問題についての認識は、アパルトヘイトのような、白人の有色人種差別のような人種間のようなものは捉えられるが、同一人種・同一民族間の問題では、ところどころで気付くことはできるが、認識することはできない。そして図の③のような、外国勢力と国内の対立が複雑に結びついていることを把握することは、歴史学習、政治・経済学習を待たねば認識することはできない。今回の実践では、図の①から「飢え」を外国との関係で考え、アフリカの国々がかかえている基本的な課題にせまってみたのである。このことは先に岡倉氏の指摘だと(ア)と(イ)のiiといえよう。子どもたちの声としては「ヨーロッパやアメリカが輸出を要求しているのである」となり、アフリカの中における外国の発見であった。また、「アパルトヘイトが飢えをつくっている」という認識となったのである。白熱したやりとりのあと『地理の時間』No.32（あらためてアフリカを考える）をみて、アフリカは「独立していないようだ」という意見にまとまっていった過程からみても、図の①との関係でアフリカ認識にせまることが中学一年生としてむりのないことであると考える。

　しかし、子どもたちのアフリカ認識は、固定されたものでなく、あくまで教材との関係で分析されなければならない。私が与えた三つの資料の内容とあわせ、子どもたちの飢えの問題からせまったアフリカ認識の分析・批判をぜひお願いしたいと考えている。

(3) なぜ名誉白人を扱わなかったのか

　教育内容、教材、子どもたちのアフリカ認識との関連で最後に名誉白人の扱い方について述べたい。本実践について、千葉県歴史教育研究集会（1987.1）、歴教岡山大会中学校地理分散会において、アパルトヘイト問題のなかでの名誉白人をなぜ扱わないのかと批判がだされた（「歴史地理教育」418号参照）。批判の主張の柱は、名誉白人を扱うことによりアパルトヘイトの問題を子どもたちが、切実に、真剣に考えることができるのだということであった。しかし私は、意識的に名誉白人を扱うことを避けたのである。それは、つぎのような中学一年生の世界認識との関連で避けたのである。

　第一は、名誉白人は、子どもたちに「日本人でよかった」という感情を彷彿させる。もちろん、そのあとに子どもたちは「名誉なんてとんでもありません」と言うのであるが、言葉がたいへん刺激的であり、私たちの予想以上に言葉が一人歩きし、忘れ残されているのである。言葉の一人歩きの危険性とはつぎのようなことである。「日本人の名誉白人としての地位は、1961年南ア国会で当時の内務大臣ヤン・デ・クラークの"居住地に関する限り白人なみに扱う"という声明からはじまる。白人専用のレストラン、ホテルの使用が許されたのはそれ以来である。ただしこれは一種の黙認であり、法律で身分が保証されているわけではない。日本との貿易高をふやすための便宜的な政策にすぎず、南アにおける永住権や財産の取得は許されていない。……日本のジャーナリストだとあらかじめ知って迎えられた場合は白人なみの親切を期待できる。しかし、身分をはっきりさせねばほぼ黒人に近い扱いと思ってよい。」（伊藤正孝『南アフリカ共和国の内幕』中公新書）日本人もアパルトヘイトされているのである。名誉白人という知識は、南アフリカ共和国における日本人の地位をあらわしているものではない。

　第二は、名誉白人でどんなアフリカ認識、アフリカと日本の関係認識をさせるのかという問題である。名誉白人を扱うと、子どもたちは必ずと言っていいほど「なぜ、日本人・中国人だけがそうなるのか」と質問する。私たちは、まっていましたとばかり、南アの貿易相手国の表、日本にとって重要な地下資源の供給地としての南ア等をとり上げ、子どもに説明するのがほとんどである。しかし、子どもたちは、この説明では納得せず、「なぜ、国連が中心となり経済制裁をしているのに日本は？」と問うてくる。日本のやり方はこれでいいのか、日本は世界から孤立しないかと質問してくる。これにはどう答えていったらよいのだろうか。

　このことは、あれほどまで理不尽なことをしている南アフリカ共和国が、なぜ今日、その政策の基本転換をしないのか、させられないのかという問題である。それは、資本主義世界における南アフリカ地域の重要性が日増しに高まっていることと関連している。金、ダイヤモンド、そしていまではレアメタルの産出地域であり、資本主義世界の命運がこの地域にかかっている。また、シーレーン、インド洋における軍事力の展開の拠点としてもケープタウンの戦略的意義は大航海時代以来すこしも変わっていないともいわれている（日本AALA連帯委員会『アパルトヘイト』新日本出版社）。日本の対南アフリカ共和国政策は、表向きは国際世論の動向に迎合するかたちをとるが、本音は利権の維持をねらっているのである。このような世界政治・経済の反映として、名誉白人という特殊な位置ができあがったのである。

　このように考えると名誉白人は前掲の図の③の部分に相当することになる。名誉白人を

教材化するとこの問題にまで発展するという授業の見通しのなかで考えなければならないだろう。

　以上の二点から、私は、中学一年生のアフリカ認識の教材として名誉白人は適さないと考え、扱いを避けたのである。

　国語や数学は、それぞれ言語や数の認識の一定の順次性があり、その順次性の段階にしたがってそれを登っていけば、しだいに高度な問題を解くことができる。これに比べて社会科の場合は、認識の順次性が必ずしも明確ではない。（大槻健・臼井嘉一編『中学校社会科の新展開』あゆみ出版）。社会現象の複雑さもある。そこから、教材づくりのむずかしさが生まれてくる。過度な社会認識の要求は講義型の授業となる。社会認識の発達を意識しない授業は暗記型となり、ともに子どもたちの力に結びついていかない。

　本実践における教育内容のおさえ方、教材の内容を子どもたちのアフリカ認識との関連で分析していただき、これで、魅力的な楽しくわかる社会科の授業が中学一年生にできたのか厳しいご批判をお願いしたい。

第一部 – 2.

飯場に住む出稼ぎ者の生活調べ

＊掲載誌：『中学校教育実践選書（第八巻）』あゆみ出版　1983年4月

　私たちの地域（千葉県市川市行徳）は、東京駅から地下鉄で30分ほどのところに位置しています。近年、東京湾の埋め立てにともなう宅地化——それも大規模マンション化——が急速に進み、地域変貌のひじょうに激しいところです。ここ10年間に、中学校一校、小学校二校の地域が、中学校三校、小学校九校にふえ、現在でも年間六千人から一万人の人口が増加しています。この急激な東京のベッドタウン化の進行にともない、写真にみられるようなマンションの建設が相次いで進められています。

　これから報告する生徒たちによるグループ調査や発表の学習も、このような地域性と密接に結びついたものです。

学区の人口増加のようす

項目＼年度	1979年	1980年	1981年
市川市の人口	356,925人	364,244人	372,478人
市川市 年間人口の増減		＋7,319人	＋8,234人
行徳地区の人口	78,119人	85,585人	91,530人
行徳地区 年間人口の増減		＋7,466人	＋5,945人
対市の増加率		102％	72％

※すべてその年度の10月1日調べ（市川市統計年鑑）
※行徳地区とは江戸川放水路から浦安市の間の地域をさしている。

1　私の地理学習の進め方

　これから報告する実践は、地域にあるマンション建設飯場で働いている人びと（出稼ぎ者）の生活、仕事を調べることにより、東北地方の農業のかかえている問題を考えていったものです。

　この「調べる」学習に入る前に、私の地理学習（本校はザブトン型、中学一年生）の進め方の基本をのべておきます。

　私はつぎのことを基本として地理学習を進めています。

(1)　日本の諸地域の学習にあたり、それぞれの地域で特徴的な課題を精選し指導をしています。たとえば、中国地方では過疎問題、九州地方ではエネルギー問題、沖縄では基地問

題、東北地方では農業のかかえている問題などを重点教材としています。
(2) 生徒たちのグループ調査、発表を軸に学習を進めています。ここでは、生徒たちの調査や発表をたんなる授業方法の問題とは考えていません。「授業における教師の指導性と生徒の主体性のかかわり」（教えることと学ぶことの区別と統一）のひとつの接点として生徒たちの活動を位置づけ、つぎのことを主なねらいとしています。

① 生徒一人ひとりを授業の主役にさせる。よく調べ、すばらしい発表をしたときの充実感や片手間にしてしまったときのみじめさなど生徒たちの感激や苦悩が学習の源泉です。生徒一人ひとりを授業の場に押し出す場として調査・発表活動を位置づけています。

② ともに"学びあう"学習姿勢をつくる。資料集めに大使館、図書館へ行き、教室での資料づくりは、友だちの発見の場でもあります。また、「あいつら、よくやるな」と思う気持ちが仲間を刺激し、つぎからつぎへと創造的な調査・学習活動へとつながっていきます。

③ さらに、この学習に真剣にとりくむ活動を組織し励ますことが「自立への旅立ち」という時期の中学校のすべての教育活動に通じるものがあると考えました。

そして、私自身の課題としては、一方的な講義中心になりがちな授業の改造をみずからのねらいと考えてみたのです。

(3) 地域の教材をたいせつにして授業を進める。

地域の教材は、身近で学習につまづいている生徒も含めて学習に入りやすい面や、生徒によるフィールドワークを可能にし、学習や教室に新鮮さをふきこむ長所をもっています。さらに、地理的な見方や社会認識をいっそう深めさせる可能性をももっています。このことを一口でまとめると、地域の教材は、学習指導に不可欠な生徒の心をつかみ、ゆり動かすことにプラスの側面を多くもっていると言えます。

以上のことを基本に、つぎのような「調べ」「発表」する学習をしてきました。

地　域	主なグループ発表
南　九　州	・沖縄の米軍基地　・沖縄の産業　・シラス台地の農業　・宮崎平野の農業
北　九　州	・北九州の工業　・筑豊炭田について
中国・四国	・和紙づくり　・四国の漁業　・瀬戸内の工業　・南四国の農業
近　　畿	・阪神工業地帯について　・京都について
中部・北陸	・中央高地の農業　・茶づくり　・信州りんごについて ・中京工業地帯について
東京・関東	・マンモス交番を訪ねて　・京葉工業地帯　・関東平野の畑作農業
東　　北	・出稼ぎについて　・千畑村の出稼ぎ　・八郎潟について
北　海　道	・アイヌ民族について　・酪農　・北洋漁業について　・根釧台地の農業

2　行徳に住んでいる出稼ぎ者の生活

新しく建設されるマンションの谷間に、分譲宅地のすき間に、○○建設、○○工務店、

○○組とかかれた大小さまざまなが飯場があります。私はこの地域で十年近く教師をしていましたが、はじめの四年間は、飯場の存在すら気がつきませんでした。中学一年を担任した５月、恒例の家庭訪問のときでした。Ａ君の一家が、北海道の炭鉱をやめ、この飯場に引っ越してきたのでした。Ａ君宅の訪問以来、今まで見えなかった飯場での人びとの生活が気になってきました。このひとつの発見が報告する実践のきっかけになったのです。

夏休みが明けた９月、東北地方の学習計画（31ページの指導計画参照）を提示し、行徳に住んでいる出稼ぎ者の生活調べをよびかけました。

一年四組の東北グループは、すでに津軽のリンゴ栽培の調査と発表の準備をしていました。たいへん熱心で夏休み中に青森県庁から資料を送ってもらうほどの熱の入れようでした。そこで特別班を構成することになりました。希望者を募ると一年生はつぎからつぎへと立候補します。やっとの思いで男子５人を選びました。調査内容、調査日を決め、飯場を訪ねました。

午後６時30分ごろ、つとめ先からつぎつぎとマイクロバスで出稼ぎ者が帰ってきます。プレハブづくりの部屋に灯がともり、食堂が東北なまりでにぎわいます。故郷に中学一年生や中学生をもつ人びとが多く、調査にいった生徒たちは大歓迎を受けました。

調査隊のメンバーは、まじめで明るい石井君、土田君、社会科が大好きな加納君、積極的で発表力のある小川君と今泉君です。調査に行く前に何を調べたいか事前準備をしました。

教師　どんなことを調査したいかな。
小川　出身地を調べ、東北の人びとがほんとうに多いのか確かめたい。
加納　やはり、どのような仕事をしているのか聞きたい。その収入とつかい方も知りたい。
教師　そうだね。少年朝日年鑑で調べてみると出稼ぎ者の70％近くが東北の人びとで、仕事の多くが建設・土木業となっているが、このことが行徳に住んでいる人びとにもいえることなのかだね。
土田　僕は、行徳に「出稼ぎ者」がいることを今まで知らなかった。出稼ぎ者の生活（住んでいるところなど）を知りたい。
小川　あとは、故郷との連絡かな。

こまめな石井君は、みんなの意見をメモ帳に書き、飯場を訪ねました。

飯場では、主任さんが接待してくれました。みんなは、食堂に通されました。食堂は、70名ぐらい入れる大きな部屋です。主任さんは、「ちょうど、今、交代のときでね。夜勤の人たちは出かけました。今、いる人を何人か呼んで来ます……」と言って、二階に上がり、上田さん、岡島さん、北野さん、山本さん、北沢さんの５人が来てくれました。
山本　何も話すことはできないなあー。私にわかることがあるかなー。
主任　地元の中学校の生徒だ。勉強のために協力してくれ……。

話し合いは、「出身地はどこですか」など生徒の質問形式で進められました。
加納　参考書では、建設業の仕事をしているということが書いてありますが、みなさんは何の仕事をしているのですか。
上田　私は、東京・墨田区の工事現場（ビルの基礎工事）で働いています。
岡島　東京で溶接の仕事をしています。
山本・北沢　私たちは、江東区の地下鉄の工事現場で働いています。

加納　行徳で働いていないのですか。
主任　ここでは、行徳周辺のマンションで働いている人はいません。他の飯場でやっています。
石井　いつごろから来ているのですか。
山本　私は、1968年ごろからずっと来ています。もう12年ぐらいになります。いつもこの飯場に来ます。
北沢　3年前から来ました。もう秋田を引きはらって、今は、ここに家族と住み込みです。
　　北沢さんは、まだ二十歳の人です。家族は奥さんと赤ちゃんです。秋田で大工さんをやっていましたが、やめて一家で飯場に住み込み、働いています。
土田　故郷へは何日ぐらい帰るのですか。
北野　年に四回ぐらいかな。正月とお盆、それに、私の家では、妻がまだ農業をしているので、田植えと稲刈りのときに、平均15日（年間60日）ぐらい帰ります。
　　調査に入ったのは９月中旬です。一般的な出稼ぎのイメージとしては「冬の仕事」的なものがありましたが、ここで生活している人びとは通年出稼ぎ者です。主任さんは「まだまだ三分の一です。11月ごろになれば、二百人ぐらいはこの飯場に来ます……」と言っていました。質問はさらに「故郷の家族のこと」「収入」「連絡」「楽しみ」「飯場での生活」などへと発展していきました。そのとき、食堂で働いていた年輩の女の人たちが参加してきました。この人たちは、食事係としてこの飯場で働いているのです。
小川　おいくつですか。
女の人　70すぎたな。
女の人　遊んでばかりいられないから、来ている。
女の人　もう10年にもなるかな。
女の人　みんな、家にいる孫ぐらいだな、何年生だ……。
　　と孫を思い出しながら故郷の生活や農業の様子をはなしはじめました。
　　調査した後に、生徒たちに、新しく知ったことや感じたことを聞きました。
　・出稼ぎが「冬の仕事」ではないこと
　・70歳以上のおばあさんまで出稼ぎにでて働いていること
　・質素な生活を送り、大部分を故郷へ送金していること……
　　そして、この調査の結果をつぎのようにまとめました。

《でかせぎについて》
　でかせぎとはどういうことか考えて見ました。冬の間、田畑の仕事ができないので近くの工場や他の県にいって働くことをでかせぎというのです。
　「でかせぎに行く人は一体どのような仕事をしているのか」という問題を考えてみました。そして、よく調べてみると建設業、いろいろな製造業、食品、農林、水産業などという結果になりました。中でも一番多いのは建設業で100％中なんと69％にも達するのです。
　そういえばよくマンションやビルをたてる時、そのそばを通ると東北なまりのおじさんたちが一生懸命働いているような気がしませんか。

・行徳にはマンション建設（建設業）のための飯場がたくさんあります。きっと、ここで働いている人びとの中にたくさんの東北地方の人たちがいるのではないかと考えながら二つの飯場を訪ねてみました。

《青山組物置場》
- 出身地──青森から9人で集団で働きにきている
- 期　間──5月〜10月頃まで
- どのような仕事をするのか──力仕事で道路工事、建設工事などで穴を掘ったりする仕事
- なぜ行徳へ働きに来たのか──国のほうから米を作ってはいけないと言われ、家にいてもやることがないため働きに来た
- 収入、送金──一ヵ月23万円もらっていて17万円送っている

《萩原建設飯場》
- 出身地──青森3人、秋田2人、その他200人ぐらいで、東北から来ている人が7割
- いつから来ているのか──1968年頃から毎年来ている
- 個人かグループか──最初はグループで集められその次から個人で来ている
- 仕事の内容は──コンクリート打ちや溶接など
　　場所──墨田区、江東区など
　　労働時間──二交代
　　この飯場で住み込みで働く
- 家族の様子
　　家での仕事──農業、商業、大工
　　家族との連絡──電話
　　帰宅数──年に3〜4回、平均15日位、長い時は一ヵ月位
- 収　入──男一ヵ月20万〜30万
　　　　　女一ヵ月10万〜13万
- 送　金──男15万〜18万
- 将　来──農業をしたい、故郷へ帰って家族と暮らしたい

《その他のこと》
- 女の人（ここでは、70歳位、家でいうと祖母ぐらいの人）も飯場の食事係としてでかせぎにきている
- 休憩室、食堂には、地元の新聞が購入され、この新聞を読み、でかせぎ者の人々は故郷の近況を知ろうとしている

このグループは、以上のまとめとあわせ、前掲の資料（「出かせぎ」『少年朝日年鑑』1979年度版）を作成し発表しました。調べ終えた帰路、生徒たちと「きっと今晩、あの人たち故郷へ電話をかけるか、手紙を書いているね」と話し合いました。

3　調べたことを授業に生かす

(1) 授業の目標
① 東北地方が本州の北東部に位置し、日本海側と太平洋側の自然と生活に差異があることを理解させる。
② 東北地方が自然産業中心の地域であり、日本の中核的な農業地域であることを理解させる。
③ 冷害、出稼ぎなど東北地方の農業がかかえている問題を農民サイドから考えさせる。
④ 出稼ぎやリンゴ栽培の実状を実証的にとらえる力や態度を養う。
⑤ 調べたことを地図やグラフにまとめ発表する力、文章資料やグラフから全体的な傾向や事象の特徴をつかんでいく力を育成する。

(2) 指導計画（五時間扱い）
① 東北地方の自然と水産業・地下資源（1時間）
② 津軽平野のリンゴ栽培（1時間）
③ 庄内平野・八郎潟の農業（1時間）
④ 東北の農業がかかえている問題（2時間）
・出稼ぎの現状
・原因と対策

　この小単元では「津軽平野のリンゴ栽培」と「出稼ぎの現状」でグループ調査・発表を行いました。ここでは、前述した「行徳に住んでいる出稼ぎ者の生活」をどのように授業に生かしたかを報告します。

時配	主な学習活動と内容	指導上の留意点	資料
15	1　「出かせぎ」についてのグループ発表を行う。 内容 ・出かせぎ者における東北地方の出身者の割合 ・働く場所・仕事の内容 ・行徳の飯場で出かせぎ者を訪ねた報告等 2　発表内容について質問をうけ、こたえる。	1　発表の内容で次のことはおさえ確認させる。 ・11年前から働きにきている。 ・故郷へは1年で約60日しか帰省していない。 ・収入の60％以上を送金している。 ・家族と一緒に暮らしたいという強い気持ちをもっている。 2　発表の要旨を考慮した質問	・グループ発表「行徳の中の出かせぎ」

3　発表や話し合いの内容をまとめる、教科書p.121「出かせぎの村」横手市の出かせぎ農家の割合を調べ、出かせぎ者の数を数量的にとらえる。 4　東北地方の留守家族や地域の人々の状況や心境はどのようなものか考え、話し合う。 5　文章資料「父をまつ子」を読み話し合いを一層深める 　・家族とくに子どもの心境は 　・家庭の様子は 　・農業労働・家事の担い手は 　・地域での共同の仕事は などについて話し合いを深める。 6　故郷（東北地方）の状況や家族の様子、心境をまとめる。 7　このような出かせぎがどのような原因で増大してきたのか、それに対してどのような対策をしているのか考え、次時の学習の課題とする。	をさせる。質問にこたえられない場合には次時で補足する。 3　出かせぎ者の中に中学一年の子をもつ父親がいた。子どもはどのような気持ちで生活しているか質問し、留守家族—東北での出かせぎ問題に目をむけさせる。 4　親子関係だけに問題をとどめず農業労働や地域での安全活動の担い手はだれか考えさせる。 5　次時の学習問題について考えられることを若干発表させる。	・プリント「父をまつ子」 ・詩（口頭） ・新聞記事（口頭）

　評価
　(1)　行徳にいる出かせぎ者の生活の様子を実証的につかめたか。
　(2)　調べてきたことを、きちんと発表できたか。
　(3)　出かせぎ者の生活と故郷の状況を関連させてとらえられたか。

(3)　**授業「出かせぎ者の生活」**
　　・目標　行徳で働いている東北地方の出稼ぎ者の生活や心境を具体的、実証的に調べる

中で東北にいる留守家族の苦労、地域でかかえている問題に気づかせる。
　この授業のねらいは、出稼ぎ者の生活、家庭の様子をじっくり考えることです。そのために四つの活動を行いました。
　①　生徒たちが調べてきた「行徳に住んでいる出稼ぎ者の生活」を発表する。
　発表後いろいろな質問がだされました。

問　青森のどこから来ているのですか。
答　青森県の深浦からです。地図をだしてください（確認する）。
問　二交代とはどういうことですか。
答　午前8時から午後5時まで働く人と午後8時から午前5時まで働く人とわかれて働くことです。
問　はなしをした人たちは何歳ぐらいですか。
答　40歳ぐらいの人たちが多いようです。
問　何人ぐらいの部屋で生活しているのですか。
答　一部屋3人から4人ぐらいです。もう何年もきているので顔み知りになっています。
問　食事はどうしているのですか。
答　食堂があります。食事係の人たちも出かせぎにきている女の人たちです。
問　何年前ごろから来ていたのですか。
答　ふるい人は10年近くになります。ひとりの人は、奥さんも子ども（まだ小さい）も連れてきていました。青森の家はそのまま残してあります。

　答える生徒たちはメモ帳をみながら必死です。不思議なことに生徒たちが発表するときはイジワルな質問も含めよく意見がでます。
　②　教科書の資料（「出かせぎの村」）を読み、横手市における出稼ぎ農家の割合を知る。
　③「父をまつ子」（『あかるい社会』岩崎書店）を読み留守家族の心境を知る。
　④　授業後「行徳で働いているお父さんへ」という題でつぎの手紙の返事を書き、留守家庭の人びとの心境をさらに深める。

太郎君・花子さんへ
　お盆に故郷へ帰ってから一か月あまりたちましたがみんな元気で生活していますか。
　今、秋田では稲刈りも終わったことでしょうが、今年は冷害でとれ高を心配しています。学校では運動会の季節ですね。お父さんは応援にいけませんが、千葉の行徳から心の中で応援しています。ころんでもしっかり最後まで走ってください。
　昨日、近くの市川七中一年四組の生徒たちが東北の勉強のためにお父さんたちを訪ねてきました。太郎と同じ年の生徒たちなのでみんなのことを思いだしました。父さんも元気で働いています。二人とも母さんに心配かけないで生活してください。今年は年末に帰ります。さようなら　父

行徳で働いているお父さんへ
　　お父さんお元気ですか。私も元気です。ついこの間、妹の運動会がありました。お母さんと行っていっしょうけん命応えんしてきました。今、こちらではだんだん寒くなってきてストーブをたいています。お父さんはどうですか。行徳は寒いですか。
　　今、妹はとなりの部屋でテレビを見ています。お母さんは台所で片づけものをしています。お母さんはこのごろ夜おそくまで編み物をしています。何を編んでいると思いますか。お父さんのセーターを編んでいるんですよ。冬になるまでには、送れると思います。楽しみにしていて下さい。私はもうそろそろ中間テストなのでとってもいやです。お母さんは「勉強しなさい」というけれど、どうもその気になれません。
　　だんだん寒くなるけれど体に気をつけてがんばって下さい。私も妹のめんどうをよくみてお母さんを助けてがんばります。クリスマスにきっとプレゼントをもって帰ってきて下さい。さようなら（S子）

　行徳で働いているお父さんへ
　　お父さん、お手紙ありがとうございました。お父さんが元気で働いていることをしってすこし安心しました。やはり今年は冷害でいつもの3分の1しかとれませんでした。生活も少し苦しくなってきたようです。お母さんにきくと「そんなこと心配しなくていいんだよ」といいます。こっちでは、もうすぐ雪がふるようです。そっちでもはださむい季節になっているでしょうか。でもお父さんは体がつよいからだいじょうぶだと思います。お父さん一日も早く家に帰ってきてください。みんな楽しみにしています。では体に気をつけて、さようなら（I男）

　行徳で働くお父さんへ
　　お父さんお元気そうですね。私は元気にやっています。運動会ではころんでも最後まで走りぬけます。きちんと応援してください。
　　農業のことは、お母さんと私たちにまかせて仕事にがんばって下さい。私たちはきちんと農業をまもっていますから、お父さんは、お母さんを心配しているようですがきちんと手伝いをしています。心配しないで下さい。市川の人達はお父さんの仕事を訪ねてくるのですね。今、私はバスケットの練習でたいへんです。私もたいへんですがお父さんもファイトでがんばってね。
　　また、家へ帰ってきてね。さようなら（T子）

(4) 授業「出稼ぎの原因」
　・目標「父を出稼ぎにださせたものは何か」「どうなれば行徳から故郷へ帰れるのか」を話し合い、東北の農業がかかえている問題について考え合う。
　・つぎの資料を使用しました。
　　資料（千畑村の出稼ぎ）

図1 千畑村の出稼ぎ

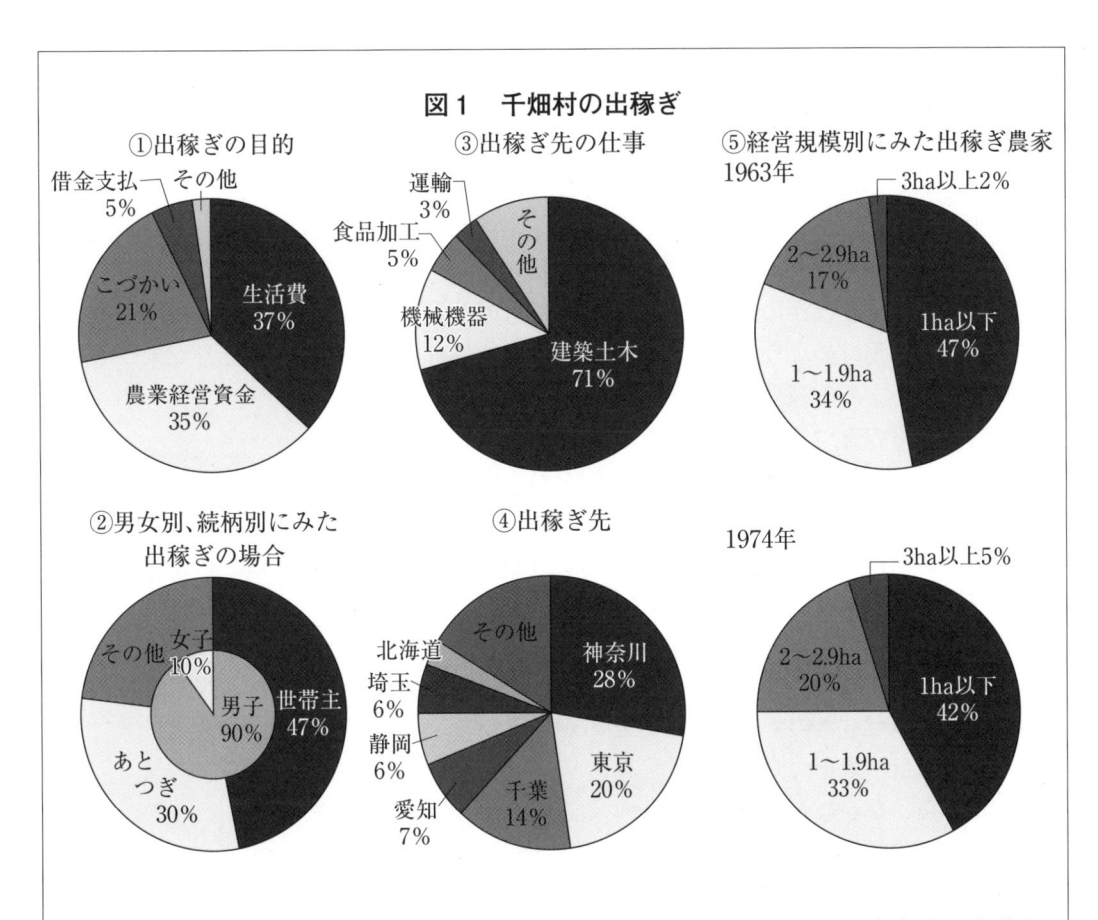

①出稼ぎの目的
- 生活費 37%
- 農業経営資金 35%
- こづかい 21%
- 借金支払 5%
- その他

③出稼ぎ先の仕事
- 建築土木 71%
- 機械機器 12%
- 食品加工 5%
- 運輸 3%
- その他

⑤経営規模別にみた出稼ぎ農家
1963年
- 1ha以下 47%
- 1～1.9ha 34%
- 2～2.9ha 17%
- 3ha以上 2%

②男女別、続柄別にみた出稼ぎの場合
- 男子 90%／女子 10%
- 世帯主 47%
- あとつぎ 30%
- その他

④出稼ぎ先
- 神奈川 28%
- 東京 20%
- 千葉 14%
- 愛知 7%
- 静岡 6%
- 埼玉 6%
- 北海道
- その他

1974年
- 1ha以下 42%
- 1～1.9ha 33%
- 2～2.9ha 20%
- 3ha以上 5%

　千畑村は秋田県大曲村の東方にある人口一万人にみたない農村で県内有数の出稼ぎの村である。村の平たん地は、ほとんど水田であるが、冬は2メートルほどの雪におおわれるので農作業はまったくできない。

　この期間は、かつては、だっ穀や農機具の手入れ、春作業の準備などをしていたが生活水準がだんだん高くなり、農業機械化が進むにつれ、生活費や機械こう入費用の一部をえるため出稼ぎをするものが多くなった。

　千畑村の出稼ぎは、村の人口のおよそ12%をしめ、90%男子である。しかも、そのほとんどは、世帯主やあとつぎである。

　出稼ぎ農家の半分以上は1.5ヘクタール以下の小規模な農家であるが、2ヘクタール以上の農家も少なくない。経営規模の小さな農家は主として生活費をえるために、また大きな農家はよりゆたかな農家生活をいとなむために出稼ぎするのである。むかしは、出稼ぎといえば、貧しい農家に多かったがいまではかならずしもそうではない。

　この授業では、主に「飯場の生活から故郷へかえることのできない原因は何か」を基底に進められました。

教師　故郷に妻や子どもたちを残して、飯場生活をしている出稼ぎの原因は何なのだろうか。飯場から故郷へ帰ることのできない原因だね。

生徒　北沢さんたちの出稼ぎの目的を考えてみればよいと思う。
生徒　青山組物置場の人たちは「国から米をつくらないように、と言われている」と言っていた。
教師　米をつくるなということはどのような意味かな。
生徒　米があまっているから、米をつくってはいけないという意味だろう。
生徒　つまり、農業をやめろということだよね。
生徒　米ではなく、ほかのもの——野菜、くだものなど——をつくれということだろう。
生徒　秋田の大潟村のように、米が足りないときは「日本の模範農業」として米づくり、そして、あまると減反でしょう。猫の目の農政の結果だと思います。
生徒　ちがうものをつくれる農家は出稼ぎにでないと思います。
教師　東北は日本の穀倉地帯と呼ばれていたね。気候的にはけっして米づくりに適しているとはいえなかった。しかし、品種の改良などの努力で、穀倉地帯にしてきたのだ。米のとれ高は、前に調べたとおりだね。言いかえると東北の農業は、私たちの台所をささえてきたんだ。
生徒　先生、国は東北の人びとにそれを期待していたんでしょう。
教師　そうだね。期待していたんだ。そして、それにこたえていたんだ。八郎潟の干拓もそのひとつだったのでしょう。ところがどうなの。
生徒　こんどは、米をつくるな。
生徒　だから、なかなかちがうものをつくる気にはなれないんだろうな。
教師　萩原建設飯場の人びとの出稼ぎの目的は何だったのだろう。
生徒　北沢さんは大工をやめたから。
生徒　北野さんは農業を奥さんにまかせている。
生徒　おばあさんは、故郷での仕事がなくなったから、飯場の炊事係にきている。
教師　いいかえれば、故郷、東北でどのようなことが起こっているのだろうか。
生徒　農家の人びとの仕事がなくなっている……。
生徒　失業……。
教師　若者がいなくなり、大工さんの仕事も少なくなっているようだね。
生徒　村や町がさびしくなっていっている……。

　さらに学習は、出稼ぎが小さな農家の問題ではなく、中・大農家の問題でもあり、地域全体に影響を及ぼしていることについて話し合いました。最後に、

教師　そうするとどうなのかな。飯場の生活から、故郷へ帰ってみんなといっしょに生活し、働くことのできる状態、条件は何だろうかね。
生徒　農民の人びとが安心して農業ができる状態になること。
教師　もう少しこまかく言うと。
生徒　農業のやり方をくるくるかえないこと。
生徒　米づくりで安心してやっていける状態をつくること。
生徒　出稼ぎの人びとは、農業がイヤで出稼ぎにでているのではなく、農業をやりたくて（続けたくて）きているのだから、安心して農業をやらせたい。

など、千畑村の資料と地域に住んでいる出稼ぎ者の生活を考えながら、出稼ぎの原因について考えていきました。

4　東北地方の授業をふりかえって

今まで報告した授業の流れをつぎのように図式化してみました。この授業において生徒たちの調査・発表活動のもっていた意味、および社会認識とのかかわりについて考えてみたいと思います。

■地域に住んでいる出稼ぎ者への共感が授業の推進力

地域に住んでいる出稼ぎ者の生活調査は、多くの生徒たちにとって未知の世界の発見でした。出稼ぎの問題を身近な問題として感じると同時にたいへん興味を示しました。この生徒たちの心がバネとなり、授業が展開されたのです。授業展開にそって考えていってみます。

図2　授業のながれ

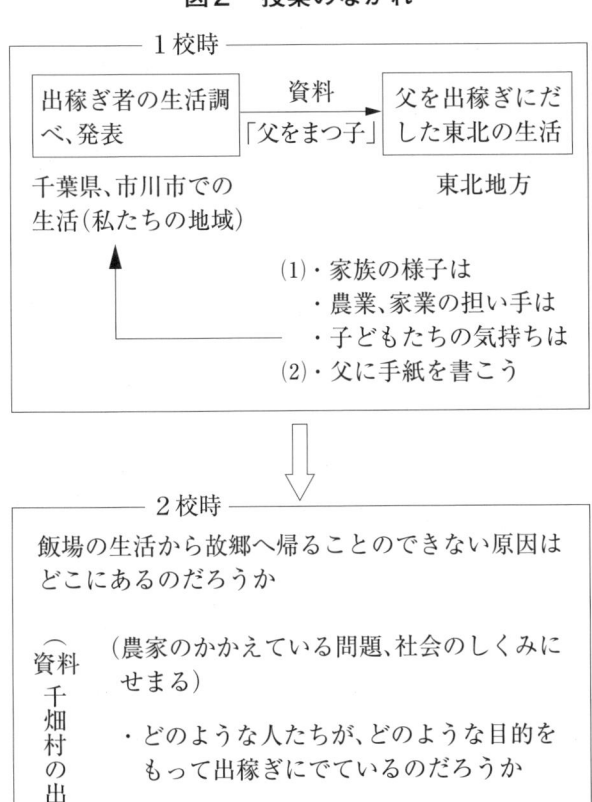

```
―― 1校時 ―――――――――――――――――
 ┌──────────┐  資料   ┌──────────┐
 │出稼ぎ者の生活調│───────→│父を出稼ぎにだ│
 │べ、発表        │「父をまつ子」│した東北の生活│
 └──────────┘         └──────────┘
 千葉県、市川市での              東北地方
 生活（私たちの地域）
    ↑          (1)・家族の様子は
    │            ・農業、家業の担い手は
    │            ・子どもたちの気持ちは
    │          (2)・父に手紙を書こう
    │
  ―― 2校時 ―――――――――――――――――
    │   飯場の生活から故郷へ帰ることのできない原因は
    │   どこにあるのだろうか
 ┌──┐
 │資 │ （農家のかかえている問題、社会のしくみに
 │料 │   せまる）
 │千 │ ・どのような人たちが、どのような目的を
 │畑 │   もって出稼ぎにでているのだろうか
 │村 │ ・その人たちの願いは何だろうか
 │の │
 │出 │
 │稼 │
 │ぎ │
 └──┘
```

地域に住んでいる出稼ぎ者に対する興味や関心は、飯場の生活だけにとどまらず「父を出稼ぎにだした東北地方の生活」へと発展していきました。

・70歳ぐらいのおばあさんまでも出稼ぎにきているとはびっくりしました。
・このような出稼ぎを1968年ごろから10年以上もやっている……。

生徒たちは「東北にいる家族の心境、様子はどうなのだろうか」「家の仕事は、農業はどのようにしてやっているのだろうか」「子どもたちの気持ちはどうだろうか」などと子どもや母親の立場から東北の生活を見つめていきました。

つぎに「行徳で働いているお父さんへ」と題する返事の手紙を書かせました。この手紙については、さいしょ、出稼ぎの人たちにお願いして、家族にどんな手紙を書いたのかおかりしようと考え、相談もしてみましたが、プライベートな内容も書かれていましたので、それは授業でとりあげることができませんでした。そこで私が、家族を思いながら綴った手紙を代筆するという形をとりました。

だがあえてこの様な方法をとったほど教室の中は出稼ぎにきている父へ、兄へ、祖母への共感が熱かったと言っても過言ではない状況だったのです。生徒たちの調査と発表の過程で形成された出稼ぎ者への共感とは、収入の4分の3近くを故郷に送金し、自分は粗末なプレハブに住み、地元の新聞を読み、故郷の手ぬぐいを首にまき、故郷を想う誠実な人間の姿に対するものでした。したがって、生徒たちは私のものとは知りながらも抵抗なく書く心理的状況でした。
　授業後、授業展開案にもなく用意していなかった手紙を印刷し、つぎの二点をねらって書かせました。第一は、東北の子どもの立場から出稼ぎ問題にせまる視点をいっそう深めること、第二は、このような方法をとれば、学習につまずいている生徒も含め自分の意見や気持ちを素直に表現することができるだろうと考えたのです。手紙の内容は、三人のものを紹介しましたとおり、父への激励、思いやりや家にいる母へのいたわりであり、心情的なものがほとんどでした。しかし、この場面でのこのような方法は、東北地方の生活をさぐる上でプラスになったと考えています。
　以上のように、この二時間の授業の推進力は、生徒たちに強烈にやきついた地域に住んでいる出稼ぎ者に対する共感であったと言ってもよいでしょう。

■事実をしっかり認識させるたいせつさ

　「地域に住んでいる出稼ぎ者の生活調査」「出稼ぎ者をだした東北の農家の様子」とは言い換えれば、出稼ぎに対する事実認識にじっくり時間をかけたということです。
　今までの私の授業は、この部分を『日本子ども風土記（秋田）』（岩崎書店）にでている作文や詩を教材として使用していました。しかし、どうしても農業に対してあまり知識をもっていない地域の生徒たちであるため、出稼ぎに対する認識が抽象的になりがちであり、出稼ぎの原因や農業がかかえている問題に対する追求でも、結論のだし急ぎや短絡的な傾向になってしまいました。
　中学校の社会科の授業にとって、具体的で感性に訴える事実や知識を豊富に与えることはひじょうにたいせつなことであると思います。
　しっかりした事実認識に基づいていない思考は、思考のもみあいをうまず、結論も平板なものになってしまいます。「なぜ」と問う前の「事実・事象に対する知識や感情」をたいせつにする授業を組みたてていきたいと常日ごろ思っています。
　とりわけ事実認識が少ない世界地理学習にとっては、このことはたいせつなことです。たとえば、「東南アジアやアフリカの焼畑農業」や、「インドにおける牛を使用した農業」などの指導において、この地域の地形・地質・気候・歴史などをじっくり調べないとおくれた農業という認識をさせてしまう危険性があります。すなわち、日本とはちがう気候・地形・慣習・民族性・歴史ということを理解させないで、ある尺度で結論づけることは、外国を世界を認識したことにならなくなってしまうのです。歴史や公民の授業にとっても同じことが言えると思います。「現代の平和」「憲法第九条」などを考える場合にはどうしても、今そしてこれからの戦争についての一定の知識がないと正しい平和認識、九条認識は育たないと思います。私の場合はつぎのようなことを調べさせたり、考えさせたりしています。
・原爆、水爆、中性子爆弾とはどのようなもので、どのような破壊力があるのだろう

・今、世界でどのぐらいの核があるのだろうか
・「にんげんをかえせ」(映画)や「第五福竜丸」(東京……本校より地下鉄で十五分、フィールドワークを計画する)を見て原爆の被害について考える

このような核に対する一定の知識やイメージを持つことなしに「現代の平和」を討論しても、戦争や平和に対する認識は深まらないと思います。

豊富な事実認識が生徒たちの創造的で多様な思考と思考のもみあい、高めあいを保障し楽しくわかる授業の鍵をにぎっていると思います。「調べる」学習の対象は、その多くの場合がこの部分であり、それも生徒たちの手によって行われるところに、授業づくりにとって大きな役割があるのだと考えています。

■誠実に生きる人間、人間と人間の連帯を調べる

この授業では、
・千葉や東京で誠実に生きている出稼ぎ者の生活
・故郷への想いや要求

を調べてきました。調べる内容は、権力者が民衆をどのように支配したのかや人間どうしの軽蔑や侮辱しあいなどのことではいけないと思います。人びとがたいせつにされたり、不正なことにも負けずに頑張っている姿や民主主義、個人の尊厳、平和などを考えさせるものでなくてはいけないと思います。この視点は、私たちの教材、授業づくりの視点でもあります。「何を生徒たちに調べさせるのか」は教師の授業観の反映なのです。

私は、松谷みよ子のつぎの指摘は、重要な課題を提起していると考え、つねに頭に置いて教材、授業づくりを行っています。

　　民衆が語り伝えてきたから、それが民話だとは単純にいい切れない……(中略)ただいい伝えられたものをそのまま次の世代に渡していくのではなく、必然的に、そこには視点が必要となってくるのではないだろうか。民衆が同じ民衆を差別する話、それをも民話に含めてはいけないのではないだろうか。差別される側の民衆が差別をはねのけていく、その視点こそ民話の本来の姿なのではないだろうか。(『民話の世界』講談社　現代新書)

ここでのべられている「民話の視点」はそのまま「調べる」視点、「教材」「授業」の視点と置き換えてもよいのではないでしょうか。

■出稼ぎ者への共感から社会のしくみにせまる

今までにのべてきた、出稼ぎに対する事実認識や出稼ぎ者への共感を基盤にして、農業がかかえている問題にせまっていく場面が、二校時目のねらいです。今までの学習の流れから、この授業のテーマは「出稼ぎの原因」というより、

・父を出稼ぎにださせたものは何か
・どうなれば「飯場生活」から故郷へ帰れるようになれるのか

というテーマになりました。このことを「千畑村の出稼ぎ」の資料をつかって学習をすすめました。豊富な事実認識や出稼ぎ者への共感は、出稼ぎの原因の追求においても、よ

り具体的な学習課題をつくり、より深く社会のしくみにせまる条件をつくっていきました。
　このように生徒たちの調査・発表活動は、農業のかかえている問題、社会のしくみにせまるせまり方をも変えたという意味においても、大きな意義があったと考えています。

　私は小学校に９年間つとめていました。小学校では、授業として全員でいろいろな調べる学習にとりくんできました。理科の「魚のからだ」は全員で小川へ行き魚をとるところからはじめました。社会科の中小工場では、学級にいたＡさんの人形店に見学に行きました。「先生、Ａさんの家人形つくっていないね」、そうですＡさんの家では人形店となっていますがヒモばかりつくっていたのです。お父さんに質問します。お父さんは「このヒモが埼玉県の岩槻に運ばれそこで人形をつくっています」と答えました。つぎの日、学級で五月人形をじっくりみつめます。そして、いろいろなヒモが使われていることを発見しました。このようにして、中小工場と大工場の関係や中小工場の働きについて学習をすすめました。
　しかし、中学校ではこのようにはいきません。授業時間に全員参加で行う「調べる」学習は、
　　・各グループの研究テーマを追求するための「調べる」学習を図書館で行う
　　・50分でまわれる地域のフィールドワークを行う（例、「行徳の中の江戸時代」）
　　・16ミリ、８ミリ映画をみて調べる
　　・父母、地域の人びとを教室に招き話を聞く
などで、「調べる」学習のほとんどは、放課後のグループ活動です。
　「授業が成立しない状況」や「中学生の生活の乱れ」が深刻になっている今日、この克服は、学校教育の中核といえる授業の中でこそとりくまなければならない課題です。魅力ある授業づくりのひとつとして、中学校教育の中で「調べる学習」が再検討されなければいけないと考えます。また、中学校教育課程づくりの視点として「生徒たちが調べ、じっくり考える」（「自立への旅立ち」にふさわしい）ことを位置づけることも重要なことであると考えます。

第一部 − 3.

象の旅から見えてくる鎖国

＊掲載誌：『子どもが主役になる社会科の授業』国土社　1994年7月

1 「新学力観」・「高校中退」と社会科の授業づくり

　学校・授業から指導という言葉が消えかけている。学習指導案ではいけない。学習活動案にしなさい。指導上の留意点ではいけない。支援、援助の留意点にしなさい。そして、授業研究では、関心・意欲型ともいえる導入型授業がおおはやりしている。これも「新学力観」の影響である。「新学力観」のキーワードは、生涯学習論と個性重視である。このことを強調することにより、今まで教師が粘り強く基礎学力をつけてきた実践をすべて伝達授業と切り捨て、学力差の固定化をはかろうとしている。このような状況のなかで私達の間の中で授業観についての途惑いが出てきてはいないだろうか。私達の実践は、「新学力観」とどのようにきり結んでいくのか、授業づくりの第一の関心はこのことにある。

　高校中退の慢性的な増加も中学校教師として頭の痛い問題である。中学校は、入口では、私立中学校ブームの問題を、出口では、高校入試制度と高校中退問題を抱えている。とくに「底辺校」と呼ばれている高校教師の中学校で「国名指導を」「地図記号を」という叫びともいえる訴えを真摯に受け止め、授業を改めて見直さなければならないと痛感している。今、生徒たちにどのような学力をつけていくのか、改めて見つめ直す時にきていることを感じている。そのために私自身の実践の課題としてつぎのことを考えている。

(1) 生徒たちが、基礎的な知識を身につけることとそれを活用して自分の主張を持つことの区別と関連を整理する必要はないか。

(2) 今までの実践のまとめ方が、生徒がどのような意見形成をしたかに重点が置かれ、生徒がどのように知識を獲得していったのかについて余り触れてこなかったのではないか。今日、とりわけすべての生徒たちにどのように基礎知識をつけていくのかという実践が必要になってはいないか。

(3) 基礎知識獲得を教え込みで、覚えなければならないものとしてではなく、生徒が持った問いを解明していくために、必要なものとして獲得していく楽しく・わかる学習が必要ではないか。

(4) 生徒主体の学習を進めるに当たり、主権者を育てる視点からどのような教育内容の構成が必要になっているのか。

2　社会科の授業づくりと江戸時代前期の学習プラン

(1) 歴史に問いかけやすい教材づくり

　私が、ここ数年、意識的に取り組んでいることは、歴史の出来事や社会事象に対する

生徒たちの問いかけを大切にすることである。生徒たちが学習の主役になるためには、生徒たちが主体的に学びはじめることをしくむ必要がある。生徒たちが学びはじめるということは歴史、社会事象に問いを持つことから始まる。そして、その問いを解き明かしたいという意欲が出てきた時、生徒は学習の主役になる。教師には、生徒に問いかけたくなるような事実を提示することが求められてくる。この作業は、決して支援、援助などというものではなく、指導性である。この問いをテーマと考え、中学校の歴史学習は、30ぐらいのテーマで構成してよいのではないかと考えている。

(2) ひとかたまりの知識、認識を育てる見通し

　　もう一つ考えていることは、どのような知識を獲得させ、どのような認識を育てようとしているのかについて教師が見通しを持つ問題である。私の江戸時代の授業は、つぎの4つのことを明らかにする見通しを持って構成している。
①江戸幕府の大名・民衆などの支配の様子がわかる。
②その中でも生産を高め、生活を向上させようとした民衆の努力がわかる。
③その努力の結果、余剰を生み出し、このことが幕藩体制を揺さぶる（社会がかわる）
　原動力になったこと。これとの関連で幕府の諸改革がわかる。
④幕府を倒したいろいろな動きがわかる。
以上のことを踏まえて、つぎのようなプランを作成した。

(3) 江戸時代前期の学習プラン

わかる内容	学習内容と問い
1 幕府の支配の様子がわかる	(1)江戸城づくり……天下普請の江戸城づくりを中心とした幕府の大名統制 　　・大名配置　・参勤交代　・武家諸法度 問い　大名たちは文句を言わなかったのだろうか (2)象の旅……ベトナムからの象の渡来 　　　　　　長崎から江戸への旅 問い　これで鎖国と言えるのか (3)年貢はどのように決められたのだろう……石高制・村請制
2 民衆の努力がわかる	(1)「柿の木は渋柿を重宝とする」……なぜ渋柿なのだろうか 　　・新田開発　・農書の時代（技術の進歩）
3 社会がかわる様子がわかる	(1)三井高利……新しい町人の登場 問い　三井はなぜ、「大名貸し」から「庶民向けの呉服店」に商売を変えたのだろうか (2)九十九里のほしか

3 象の旅（鎖国）の授業

(1) 6度目の象の渡来

> 1728年、享保13年6月13日、この年19番目の中国船が□を積んで長崎に入港した。船頭の名はテイタイイ。出港地はベトナムであった。テイタイイは、貿易許可書を持っていなかった。しかし、彼は、長崎入港には絶対の自信を持っていた。その理由は、□である。というのは彼は思いつきで□を運んできたのではない。将軍吉宗の注文によった物だからである。つまり、御用物であった。

T この□の中にどのような語句が入るだろうか。
C 鉄砲、火薬、珍しい物、地球儀……
C ヒント　ヒント
T みんなにとっても馴染みの深い物。全員の人が見たことがある物。
　英毅だけが知っていた。モスクワの日本人学校で教えてもらったという。
T そう、象です。
　江戸時代の象？　まさか……。意外な物の渡来に驚きが起こる。
T でも江戸時代の象は、今回が初めてではないよ。前にも来たことがある。
　そして、そのことも君達の多くの人が知っていることだとおもうよ。
C 家康の頃だ。
T そう家康の頃です。その証拠があるね。
C 6年生の修学旅行の日光、東照宮で象の彫り物を見た。
　日本に生きた象が渡来したのは、それまでつぎのようであった。
　　①1408年　若狭国へ
　　②同年　　若狭国へ　将軍足利義持へ寄進された
　　③1574年　明船が博多に象を連れてきた
　　④1575年　明船が豊後の大友義鎮に送った
　　⑤1602年　交趾から象が家康に贈られた
　だから今度の渡来は、記録的には6度目と言える。（石坂昌三『象の旅』新潮社、吉村徳蔵『歴史教育のたのしみ』日本書籍、大場脩『江戸時代の日中秘話』東方書店など）

(2) 長崎から江戸への象の旅

2頭渡来したうちメス象は、長崎で3ヵ月後に死んでしまった。まだ将軍吉宗には見せていない。そこで残った1頭の長崎から江戸まで旅が始まった。以下、別表の社会科通信『歴史の時間』No.43を配付し、長崎から江戸までの70余日の旅、14年間の日本での象の生活について5つの質問などをもとに説明していった。

(3) 象の旅からみた鎖国

①象の渡来・旅・一生についてどう思いますか

まず、この事実について率直な意見、感想を求めてみた。それは大きく分けるとつぎの

5つになる。これらの意見を通信「歴史の時間」で紹介し、象の旅からみた鎖国の授業の生きた資料とした。
ア　テイタイイは、象を連れてきたが、なにか他の目的があったのではないか。
　　・テイタイイが象を連れて来航したけれど、本当は、何か違う目的があって、それを果たすために「象を連れていけば来航出来る」と考えたのではないだろうか。
イ　天皇に見せるために象に位を上げたことについてどう思いますか。
　　・この象は京都で天皇に会うために大名たちと同じ従四位の位をもらった。
　　　これはどういう世界か。みんなの意見を聞きたい。
ウ　象をもっと大切に出来なかったのか。
　　・わざわざベトナムから日本にきて、歩いて長崎から江戸までいって、将軍に会ったのに、用済みになってしまうなんて、今までの苦労が報われないと思う。将軍も、自分で見たいといったのだから、最後まできちんと飼うとかベトナムに送り返すとかしたほうが象も幸せに暮らせたと思う。

「歴史の時間」No.43　象の旅　江戸から長崎へ

象の14年間	そこで質問です。
1728. 6.13　テイタイイがベトナムから2頭の象（7才のオス、5才のメス）をつれ中国船で長崎に入港してきた。	→(1)テイタイイは長崎に入港した時「貿易許可書」を持っていませんでした。さて、幕府はどのように対処したのでしょうか。テイタイイは上陸に自信満々でした。
9.12　メス象の死	
1729. 3.13　長崎を出発、吉宗に見せに江戸へ 　　　 3.22　下関 　　　 4.20　大阪 　　　 4.26　京都	→(2)関門海峡です。どのように象を運んだのでしょうか。
4.28　天皇に見せる	→(3)天皇に象を見せる時条件がひとつありました。これがないと天皇に見せる訳にはいきませんでした。何でしょうか。
74日間	
5.25　六郷川（多摩川）に仮設された橋を渡り江戸に入る 　　　 5.27　江戸城本丸で吉宗に見せる	→(4)さあ、もう少しで江戸です。この時六郷川付近の人々に「おふれ」がでました。どのようなものだったのでしょうか。
1730. 6.30　"「御用済み」望みの者に与える"というおふれがでる。中野村の農民源助が飼育する。	
1741. 4　浜御殿から四谷中野村に移し、源助が小屋で飼う。	→(5)「御用済み」になった象は、その後江戸でどのように生活したと思いますか。推測してみましょう。
1741. 6. 4　小屋の中で大あばれをする	
1741.12.11　病死　21才	

エ　キリスト教以外なら入ってもよかったのか。
　・鎖国とは、キリスト教の布教を禁止するために行なったことなので、キリスト教以外なら入ってきてもよかったのではないか。
オ　鎖国とはどのようなものだったのか。疑問になってきた。
　①鎖国中に珍しい物を日本へ持ってくると、日本と貿易が出来るなんて少し矛盾していると思います。いくら将軍が見たいといっても、その場合は、入れてはいけないと確実に決めておいた方がいいと思う。鎖国の意味が少しかわってきた。
　②象の旅を勉強して、江戸時代の天皇や将軍のことがよくわかった。将軍は、自分で鎖国という政策をとっていながら自分が見たい物を乗せた船は入港させる。これでは鎖国の意味がない。

②鎖国は、禁教を徹底させるだけではないぞ。

　島原の乱、踏絵、ポルトガル船の来航禁止を学び生徒たちの中には鎖国＝禁教ととらえる考えは大変根強いものがある。
　祥子は、このような立場からキリスト教以外のものなら「鎖国に反対することではない。」とはじめは（エ）の意見を主張した。その後友人の意見と接し、つぎのように意見を変えてきた。
　「鎖国は徳川家光が禁教の方針を徹底させるために行なったものであると教科書に書いてあるが、本当に禁教の為なら他のものなら入ってもいいのではないかと考えたが、結局は、将軍の政治をやりにくくさせる、将軍にとって不都合な物が入ってくるのを防ぎたかったのではないか。」……禁教だけでない物にも視野を広げはじめてきた。
　由紀も禁教だけでない鎖国について考えはじめた。
　「たぶん鎖国というのはキリスト教を追い出すものであったけれど、外国の植民地にされるのを避けるためでもあると思います。今までキリスト教のことだけだと思っていたけれどキリスト教追放だけではないと思ってきた。」
　里恵も鎖国という名の幕府の外交について考えはじめた。
　「幕府は、鎖国中に許可されていない国とも貿易してたくさんの利益を上げていた。庶民は、鎖国をして他の国にいくことや外国から帰ることが出来なかったのに、幕府だけが貿易が出来るなんておかしと思う。鎖国は、庶民がキリスト教と結び付くことを怖れた対策だったのに、段々目的がかわってきた。」
　象の旅から鎖国＝禁教だけでない、鎖国の目的に目を向けはじめだしてきた。

③これで鎖国といえるのか。―鎖国とはどのようなものだったのだろうか―

　ベトナム産の象の渡来は、生徒たちに確かにインパクトが強かった。大別すると３つの意見が出された。
　第一は、「いいじゃん」に代表される靖、美紀子の意見である。靖は、象の渡来は別にかまわないとつぎのように主張した。
　「はっきりいって別にかまわないと思った。テイタイイさんは、中国人で、ベトナムの象といっても、中国を通っていたのだから、結局中国からの貿易なんだからいいと思った。それは、鎖国は、キリスト教禁止を目的として始めたのだから、東南アジアなら全然かまわないと思う。しかも、普通どんな奴でもの珍しい物なら見たいと思う。民衆が文句を言わないならいいじゃん。」

靖の意見の特色は、鎖国を今までの閉ざされたというイメージから見るのではなく、象の渡来という事実から見ていくところである。そうすると当時は「中国、オランダだけ」ということではなく「中国、オランダを通して」行なわれていた貿易に目が向けられていくのである。閉ざされただけでない活発な貿易を注目し、認めようとするのである。「民衆が文句を言わないならいいじゃん」という発想、意見は鎖国＝閉ざされていたというイメージ（歴史像）を変化させる要素をたぶんに含んでいると言える。これは、美紀子の意見にも通じる。
　美紀子「今までの鎖国のイメージがかなりかわった。どちらかというと平安時代のように日本風の文化が発達したというイメージが強かったので、ベトナムからの象の輸入は驚いた。」
　美紀子も、象の渡来という事実から歴史を見ようとしている。そして、このことが江戸文化の国際性や英毅が持っている知識と結び付いた時、鎖国にたいするイメージがかわってくるのではないだろうか。
　英毅「吉宗が将軍になった時、吉宗は外国の文化を知るためにキリスト教に関係ない物などは多少輸入することを政策とした。その代表としてどこかの山に天文台を外国人に設計させたというし、どこかの国の使節団と一緒にフォーク、ナイフを使った西洋料理を食べたらしい。他に日本ではじめて望遠鏡を外国から取り寄せたらしい。」
　鎖国中の「外国との活発な貿易、交流の様子」、このことは、鎖国にたいする興味、関心、そして疑いをますます深めるものになる。
　第二は、「おかしい」に代表される雅人、美里、啓のような意見である。
　雅人「鎖国は、オランダとか中国としか貿易をしてはいけないのに中国から来たといってもベトナムの象を連れてきてもいいのだろうか。鎖国は外国との貿易を少なくするために行なっていたのに、中国の船が前より多く入ってきてしまうようになった。それでは鎖国の意味がないと思う。」
　美里「鎖国というと他の国とは絶対にかかわらないというイメージだけど象の話しなんか聞くと鎖国といえないんじゃないか。」
　鎖国に疑問を持ったり、象の渡来を「おかしい」と考えるのは、鎖国をとらえ直したり、その本質を考えていく一つのポイントだと考える。しかし、啓のように、考えを発展させていくことはまだ少ない。啓は、はじめ、前述の（オ②）の意見であった。
　その後、啓は友人たちの意見に接し、つぎのような意見になってきた。
　啓「幕府がとった鎖国政策は結局、幕府の勢力を安定させるためだけのものだったと思います。鎖国でキリスト教を禁止したのも、庶民や大名がキリスト教の教えによって団結し、幕府に逆らうのを怖れたためだと思う。幕府は貿易によって力を強め、庶民は参勤交代、武家諸法度などをさせ、力の強いものが出現しないようにさせるのも、見方によっては上手な政治の方法ではないかと思う。」
　啓は、はじめは、自分が持っている鎖国＝閉ざされているというイメージから象の渡来を見て「鎖国の意味がない」と考えた。その後、象の渡来から鎖国をとらえ直し、鎖国は幕府が都合のよいものを貿易し「力を強めた」政策であると考えはじめた。象の渡来の事実に接し、鎖国中に象の渡来は「おかしい」という意見や「鎖国とはどのようなものだったのか」を疑い出すことは、鎖国をとらえ直す一つのポイントである。しかし、「おかしい」

という意見がすべて啓のように視点がかわるものではない。鎖国＝閉ざされていたという枠からではなく象の渡来という事実から鎖国を見つめ直し、歴史に発言させる見方を育てていかなければ「おかしい」という意見は鎖国をとらえる認識の深まりにつながっていかない。

　第三は、「鎖国とは、幕府だけが貿易できることだ」という健二や知広の意見である。

　健二「たぶん鎖国というのは、幕府が他の大名が貿易で力をつけて反乱したり、いろいろされると困るからキリスト教追放を言い分けにして大名とかに貿易させないで幕府が貿易できるように鎖国ということにした。鎖国には表と裏があった。」

　知広「鎖国によって幕府はとても力が強くなったと思う。小学生の時に習った鎖国というのは、日本から誰も外国へ行ってはいけないしあるいは決まった国以外の人は日本へ入ってはいけないのだと思っていたが、どうやら、鎖国とは名ばかりのただの幕府の政策だと言うような感じがしてきた。幕府はキリスト教を利用したのではないか。」

　この意見は、国内のいろいろの人の立場から鎖国を見ていこうとしていることが特色である。そうすると鎖国の実態がつぎのように整理される。

鎖国 ─┬─ 庶民……外国に行けなかった。外国に行っても帰って来れなかった。完全な鎖国であった。
　　　├─ 大名……外国の貿易を自由にできなかった。鎖国であった。
　　　└─ 幕府……吉宗（将軍）が望んだ物であれば象でも中国、オランダなどを通して輸入できた。これで鎖国と言えるのだろうか。

　このように、鎖国を幕府の貿易の独占、支配のしくみと関連させて見ていくきっかけになっていった。

　以上のようにベトナム産の象の渡来、旅は、鎖国中の具体的な出来事であり「いいじゃん」、「おかしい」、「幕府の貿易独占だ」などの感性豊かな生徒たちの意見を呼び起こし、これまでの鎖国＝閉ざされたというイメージ（歴史像）をとらえ直す契機になっていった。しかし、象の旅の教材化は私にとって始めてのことであり、生徒たちの貴重な意見や感想を十分授業に生かせなかったことを反省している。

4　教育内容と生徒の鎖国認識
　　　──なぜ象の旅を教材としたのか──

　最後に改めて、なぜ象の旅を教材としたのかまとめてみたい。
①鎖国とは「国を閉ざしたこと」という認識でよいのか
　　──「活発な貿易」としての象の旅──

　鎖国の語源は、江戸時代の後期の蘭学者・オランダ通詞の志筑忠雄によるケンペルの『日本誌』の訳本である『鎖国論』（1801年）によるとされている。すなわち開国論が活発になってきた時、それとの対比として、これまでの対外政策としての鎖国という状況が話題とされたのである。幕府は、当初から鎖国という語句を使用してきたのではなかった。鎖国と

いう言葉が江戸時代の対外関係がわかるために適しているかという疑問は多くの方々から指摘されているところである。（荒野泰典『近世日本と東アジア』 東大出版など）

　しかし、生徒たちの江戸時代の対外政策は、「国を閉ざしていた」＝鎖国認識にほぼ支配されている。中国、オランダとの貿易、朝鮮通信使、琉球、アイヌとの交流などがあったにもかかわらずなぜ鎖国なのかという率直な疑問も含めて鎖国学習の見直しが求められていると言える。（歴史教育者協議会『あたらしい歴史教育②』 大月書店など参考）

　そこで、鎖国の授業を表のように考えてみた。中学では、「国を閉ざした」という側面より「活発な貿易」、「制限」という側面より「統制・独占」に力点をかけて見た。さらに高校では、鎖国をグローバルにとらえ、東アジアの国々の外交との関連、オランダ以外の国が日本に来なかったヨーロッパの状況との関連などに力点を置く鎖国学習を考えてみた。そして、中学の実践として「活発な貿易」の様子がわかる教材として象の旅を取り上げてみたのである。

小学校	・禁教としての鎖国
中学校	・鎖国中の活発な貿易 ・幕府の貿易の独占
高校	・17～18世紀世界の中から鎖国を見る

②すべての生徒に学力をつける教材としての象の旅

　「新学力観」が大手を振って歩いているなかで、すべての生徒たちが参加できる授業、基礎的な知識を獲得できる授業が益々大切になってきている。そのために難しいと思わせないで生徒に親しみやすい教材、発言したくなる教材、そして発言、問いかけが生徒たちの歴史認識を豊かなものにつながっていく教材―生徒の主体性と教師の指導性の接点―が求められている。鎖国中の貿易については奉書船制度、糸割符制度などもあるが、ベトナム産の象の渡来の方が感性的な問いかけも含めてより多くの生徒たちが鎖国にたいして発言し、考えることが出来ると考えた。象という動物は、生徒たちにとっては、親しみぶかい。さらに、この象の旅、一生は意外性があり哀れでもある。すべての生徒たちが何かを語ることができる教材である。事実、「象がかわいそう」を含め多くの生徒が授業に参加、顔を向けてきている。このことは歴史教育にとっては大切なことである。また、「いいじゃん」、「おかしい」などの意見は、「どこがよいのか」、「どこがおかしいのか」を整理する必要性を求めてくる。「なんでおかしいの？ベトナムの象が来たことが」「この頃の対外関係を整理してみよう」と４つの窓（長崎、対馬、薩摩、松前）を整理することは基礎知識として必要なことである。この整理なしで「いいじゃん」「おかしい」もないのである。第一次の感想、意見で４つの窓が理解できなくても、対話の過程で繰り返し整理しながら、この基礎知識をバネにして鎖国のとらえ直し（歴史に問いかけていくこと）を迫ってみたのである。

　今「新学力観」を乗り越える実践の中で求められている教材とは、基礎知識の整理・獲得と自分なりの歴史像をつくりだしていくこと――①事実から対話すること②いろいろな立場（国内的）から考えること③歴史的に考えること（前後と比較しながら）④世界の中

で考えることなどを踏まえつくりあげていくことができる——ことを担えるものである。このような教材を教師がどう見つけ出せるかという教師の指導性である。象の旅は、この意味から生徒が主役になるの授業にとって一定の役割を果たす教材になり得ると考えている。

　以上のように象の旅（鎖国の授業）を通して、「新学力観」を乗り越え、生徒の主体性と教師の指導性の接点としての授業づくりについてささやかではあるが実践を提示してみた。関心・意欲とはどのようなものか。関心、意欲と知識を獲得することの関係、そして、生徒が主役の授業をつくるための教師の役割について触れてきたつもりである。是非、ご批判を頂きたい。

> 第一部 - 4.(1)
> # 日韓歴史教師交流会
> # 対馬から考える秀吉の朝鮮侵略の授業づくり
> ＊報告：日韓歴史教育シンポジウム（日本側の報告）2000年8月

1. これまでの実践に学ぶ

　ここでは、少し授業づくりについて触れてみます。研究授業や個人研究で授業づくりを考える時、最初に調べるのが先行実践＝いろいろな方々の実践です。ここから始めることが多いと思います。今度実践したい単元や指導計画などについて個人の実践記録や雑誌などで紹介されている先行実践を読みます。この時大変参考になるのが雑誌の総目録です。もちろん、社会科関係の雑誌をすべて購入しているわけではありませんので読みたい実践があってもそれを手に入れることができない場合もあります。大学の図書館には、雑誌のバックナンバーがそろっていますので活用する時もあります。私が所属している歴史教育者協議会では、雑誌『歴史地理教育』の執筆者、分野別の総目録が作成されているので大変便利です。

(1) 『歴史地理教育』におけるこれまでの実践
　歴史教育者協議会の機関誌『歴史地理教育』の600号までで秀吉の朝鮮侵略に関わる実践、論文を調べてみますと次の通りです。

号	タイトル	著者
122号	秀吉の朝鮮侵略について	花田　久
125号	「元寇」と「秀吉の朝鮮侵略」	藤野達善
	秀吉の朝鮮侵略について	李　進熙
317号	豊臣秀吉の朝鮮侵略	北島万次
	朝鮮側から見た秀吉軍の侵略	琴　秉洞
	やきもの戦争	中里紀元
	対馬島民と秀吉の朝鮮侵略	杉原　敏
	卒業記念加藤清正像建立をめぐって	田中千勇子・岩崎照子
364号	京都「耳塚民衆法要」参加の記	苗村和正
413号	朝鮮から見た「文禄・慶長の役」 　—韓国における「壬辰倭乱」の再評価—	横田安司
	「秀吉の平和」によせて	藤久志木
	秀吉の朝鮮出兵を日朝民衆史で学習する	中里紀元
432号	豊臣秀吉と朝鮮侵略	北島万次
490号	壬辰倭乱と朝鮮の自立意識	北島万次

	李舜臣と亀甲船	石井郁男
	韓国歴史教育における「壬辰倭乱」	甲丙徹
	世界史上の壬辰倭乱	岡 百合子
	秀吉の朝鮮侵略	谷口尚之
525号	朝鮮出兵と李参平	重松 隆
538号	虎を食った秀吉	大石慎三郎
550号	韓国の倭城を訪ねて	井原今朝男
565号	秀吉の天下統一と朝鮮侵略	遠藤 茂
596号	降倭将沙也加を通して学ぶ秀吉の朝鮮侵略	三橋広夫

　手に入れた実践記録は、コピーをして「秀吉の朝鮮侵略」ファイルにしておきます。これらの実践を読みますと知らなかったことがたくさん出てきます。詳しく紹介することはできませんが、心に強く残っていることに触れてみます。

①「卒業記念加藤清正像建立をめぐって」
　このタイトルにひかれました。この文章は熊本の小学校教師の田中、岩崎さんと研究者の琴さんとの、小学校に加藤清正像の建立をめぐる往復書簡です。1980年、田中、岩崎さんが勤務する小学校の70周年記念として玄関前に加藤清正の石像が建立されました。このことに疑問を持っていた両氏は秀吉の朝鮮侵略、加藤清正などについて調べ、その過程で琴さんの研究に触れ、手紙を交換することになったのです。清正の批判は熊本では出来にくいという状況の中で、二人はいろいろ調べ職員会議で発言をしてきました。研究は、清正のことだけでなく、熊本の代表的な土産物である「朝鮮飴」のしおりに以前は「朝鮮征伐」・「征韓」という言葉が入っていたのですが批判があり、かえられていたことや藤崎宮の祭りの中で「ボシタ、ボシタ」（滅ぼした、滅ぼした）という馬追いの掛け声が「ワッショイ」「ワッショイ」にかえられたことなどもわかりました。
　この往復書簡から歴史とは過去のことを知るにとどまらないで現代認識の問題であることがわかります。又、現在の日常生活の中には、まだ戦前の歴史認識のままのものがいろいろあることもわかります。秀吉の朝鮮侵略も現代の問題とつながっているのです。

②「やきもの戦争」「耳塚」
　このことも興味がひかれます。朝鮮侵略の際、朝鮮の陶工を強制的に連行し、その人たちが北九州や鹿児島でやきものを始めます。教科書でも紹介されているものです。このことについては、李参平について後に触れます。耳塚のことも最初に知った時はショックでした。修学旅行に京都・奈良へ行っていましたので、見学コースに入れてみました。

③「降倭将沙也加」
　沙也加のことは三橋広夫さんの実践を読む前から知っていました。NHK・TV（『歴史発見・朝鮮出兵400年—秀吉に反逆した日本武将』・1992年10月30日放映、『歴史発見7』・NHK歴史発見取材班・角川書店）が特集を組んだのを見、また實井正之氏の『秀吉が勝

てなかった朝鮮武将』(同時代社)も読んでいました。秀吉軍の中に投降して、朝鮮の人たちと秀吉の侵略と戦った沙也加たちの行動には、ホッとさせられました。それと同時に、なぜ沙也加たちはこのような行動をとったのか興味を持ちました。韓国を訪ねた時、ガイドさんにこの話をすると翌日、沙也加たちの親族の人々を評価している雑誌を持ってきてくれました。韓国では、子どもたちに尊敬されている人物の多くが安重根、李舜臣など日本の侵略に抵抗した人々です。その中で沙也加たちの行動は、日韓(日朝)民衆史にとっては心を温めてくれます。

　しかし、私は沙也加を授業づくりの重点には置いてきませんでした。三橋実践に触れることにより同じ人物を取りあげても授業のねらい、構成が違うことがわかり大変参考になりました。この違いについても後に少し触れてみます。

④「対馬島民と秀吉の朝鮮侵略」
　私の授業づくりで一番影響を受けたのが『歴史地理教育』1981年2月号の杉原敏さんのこの研究・実践です。この実践に触れなかったら私の実践はありませんでした。前述の『歴史地理教育』の研究・実践一覧を見ると中里紀元、花田久、石井郁男、杉原敏氏ら中学校教師の活躍があり頼もしい限りです。茨城の花田さんには、私が30代の頃、歴史教育者協議会研究会議(のちに研究委員会・松島栄一議長、臼井嘉一事務局長)でお世話になりました。福岡の石井郁男さんとは、全国大会中学校分科会の世話人を一緒にさせていただきました。しかし、私は杉原さんとお会いしたことはありません。雑誌で知る限り杉原さんは当時長崎県の中学社会科教師でした。杉原論文は、秀吉の朝鮮侵略と対馬の関わりの研究と授業実践の2つから成り立っています。紙数の関係もあったのでしょうか前者が中心となっています。杉原さんは、秀吉の朝鮮侵略と対馬の関係について、

・朝鮮とわずか50キロという距離、対馬自身が持つ食料自給にも事欠くという地理的、社会的条件を抜きに考えることはできない。
・朝鮮半島との関係の深い対馬にとって、急速に進展する朝鮮侵略は生存を脅かすものであった。対馬の動きは、秀吉の外征と外交に微妙に影響を及ぼした。
・戦争回避を目指した苦心の工作は失敗し、対馬は「準戦場」として、歴史の大きな流れの中に巻き込まれていった。
　ある地域では、軍政がひかれた。戦場である動員された軍と島民のトラブル、将兵の乱行など対馬は「島ぐるみ」戦争に参加していった。
・戦後、対馬はただちに朝鮮国交の修復に多くの犠牲を払って取り組んだ。涙ぐましい努力が国交回復につながった。

　しかし、杉原さんは、対馬を「悲劇の島」というだけで見てはいません。「このように対馬は、その意志とは関係なく、常に中央に翻弄されてきたのである。一方、こうした歴史の動きに自ら参加し、抵抗することの少なかった対馬の姿勢も注目されねばならない」と対馬自身が持っている歴史への主体性を問いかけているのです。このことも私たち自身の生き方に振り返って考えていくと「過去のごと」「他人ごと」と思えないのです。こんなゾクゾクする場面が歴史学習に必要ではないかと感じるのです。
　杉原さんは、このような研究をもとにして授業・「朝鮮出兵と対馬」を実践しました。その目標は次の通りです。

・秀吉の基本的な対外政策の内容を理解させる。
・朝鮮出兵の原因・経過と出兵の生んだ影響を理解させる。
・対馬の朝鮮出兵に対する立場と、出兵の対馬に与えた影響を理解させる。

授業展開は、次の通りです。

学習活動	指導上の留意点	資料
○秀吉の全国統一の過程を復習する	○統一をなしとげた秀吉の目は海外にむけられたことを指摘する。	○秀吉のもっていた扇面地図（教科書）
○秀吉の貿易に対する態度をまとめ、彼が中国征服を考えた理由を話し合う。	○秀吉が国内統一の余勢をかって、東アジアの支配を望むようになったことを強調する。	
○出兵のコース図を見て対馬がどんな役割を果たしたかを話し合う。	○対馬の出兵動員数から、全島あげて戦役にまきこまれたことを強調する。	○朝鮮出兵進路（TP） ○朝鮮役出兵数（TP）
○両役の結果について調べてきたことを発表する。	○秀吉の朝鮮侵略が朝鮮民衆のはげしい抵抗と明の支援によって失敗したことを理解させる。	○「鼻請文書」中教出版指導書資料
○教科書を読んで朝鮮出兵後の影響をまとめる。	○出兵は朝鮮の国土を荒廃させ、豊臣氏さらに明の滅亡をはやめさせた不毛の戦いであったことを指摘する。	

　紙数の関係だったのでしょう。使用した教材や授業記録、子どもたちの意見などが紹介されておりませんが、私にとりましては、大変刺激的であり考えさせられた論文・実践でした。とりわけ、この論文が中学校現場で「第3の非行のピーク」といわれていた時に発表されたことを鮮明に覚えています。もう一人の自分から自分を見つめ直す中学生の自我形成の苦悩に、1学年14学級の学年主任として直面していた私にとって、「もう一つの日本＝対馬」から秀吉の朝鮮侵略を考えさせることは、歴史学習にとっても、中学校教育全体にとっても大切だと考え、杉原論文に飛びついたのでした。現在、「青春を支える歴史学習」を模索していますが、このことを考えるようになった契機となった刺激的な実践でした。
　以上のように先行実践からいろいろな知識、刺激を受け授業づくりをイメージしていくことができます。全てのことに触れることは指導時間のことがあり出来ません。何を中心に授業を作っていくのか、このことが授業づくりの楽しみです。

2．数社の教科書を研究する

　以前「教科書で教える」のか「教科書を教える」のかという議論がありました。教師の立場でいえば教科書は主たる教材とはいえ一教材であるのですから「で教える」ということなのですが、そう簡単に結論を出すことはできません。子どもたちは、教科書の重要語句や年代を中心に学んでいるのですから「教科書で学んでいる」のです。教科書研究は、授業づくりに欠かせません。検定とはいえ執筆者の方々がいろいろ創意工夫をしています。学校で使用している社だけでなく、数社を比較してみることが教科書研究を授業づくりに生かすポイントだと思います。2000年度使用している教科書の秀吉の朝鮮侵略の強調点は次の通りです。

　各社に共通していることは、耳塚などに代表される加害・被害の問題と李舜臣に代表される抵抗の問題です。さらに、連行された陶工使たちによるやきもの技術の伝播です。数社の教科書を調べると授業づくりの構想が具体的になります。

　また、現行本だけでなく戦前の国定教科書、戦後の「くにのあゆみ」などでの教科書記述や韓国の中学校・国史教科書を調べ、教科書研究を縦に横に広げることにより、より授業づくりが豊かになると思います。

教科書名	内容	ページ
大阪書籍	李舜臣　亀甲船（模型） 釜山城の戦い（絵）	1
東京書籍	李舜臣　耳塚（写真） 有田焼と李参平碑（コラムと写真）	2
日本書籍	朝鮮の水軍（李舜臣・イラスト） 日本軍の進路と朝鮮義勇軍（地図）	1
教育出版	李舜臣　耳塚（写真）亀甲船	1
帝国書院	李舜臣　李参平　金海 朝鮮侵略の進路（地図）釜山城の戦い 染錦花篭文八角大壺（写真） 韓国の教科書にみる朝鮮侵略（コラム）	2
清水書院	李舜臣　秀吉の朝鮮侵略地図	2／3

3．先行実践と教科書研究をつなげる

　以上の2つのことでかなり授業構想ができてきます。もうひとつ突っ込んで考えますと、2つのことをつなげることです。私は、次の2つのことを考えました。

　第1は、地域の視点です。このことは教科書で工夫されているとはいえなかなか表現しにくいものですが、先行実践には豊富に取りあげられています。対馬も加藤清正もこのことです。この問題をどうするかという実践の視点です。具体化できると実践に個性が出てきます。

第2は、教科書記述ではほとんど出てきていない事実を取りあげていることへの着目です。このことも実践のオリジナルであり、実践のねらいの問題です。例えば、三橋さんが教材とした沙也加です。三橋さんは、「日本」と「朝鮮」という国家対国家という図式だけでなく沙也加を通して国家を越える連帯という視点を入れることにより新たな学習を試みようとしています。新鮮さがあり多いに学びたいところです。
　しかし、それは同時に国家の枠組みからだけでない教育内容を模索しつつも、沙也加が重点の教材で良いのかという問題をも含んでいます。先に少し触れましたが、私は、沙也加には触れてきましたが重点教材にはしてきませんでした。沙也加を取りあげることにより「なぜ沙也加たちはこのような行動をとったのか」「沙也加たちの行動をどう考えるか」など、歴史の実相に迫り、論争的な学習が可能となります。しかし、沙也加が英雄的になるという問題をも感じていたからです。このことは総論で書いた中学生論とも関わった実践の根本的な問題ともかかわっています。本書の全体を通じて考えたいと思っています。私は、三橋さんのねらいと共通な部分を「京都＝秀吉」だけでない「もう一つの日本＝対馬」から生活実感を通して考えようとしてみました。このような個性、オリジナルをどのように出していくかということは社会科教育の魅力です。ほかの実践の特色を知ることは、他者認識であると同時に自己認識でもあることに気づきました。

4．歴史の匂いをかぐ——楽しみながら歴史を調べる——

　趣味と資料・教材集めの実益をもかねて歴史散歩へ出かけることも楽しみな教材研究で、多くの社会科教師が経験していることです。この授業についても数年かけて歴史散歩をしました。

(1)　名護屋城を訪ねる（佐賀県呼子町）
　呼子は、海路で壱岐・対馬を経て朝鮮へ渡るには北九州で一番近い所に位置しています。秀吉は、この地に名護屋城をつくり朝鮮侵略の出兵基地にしました。
　佐賀県立名護屋城博物館で販売していた岡本顕實著『秀吉の野望と名護屋城—つわものどもが夢のあと』には、名護屋城を次のように紹介しています。

　　「豊臣秀吉は、天正18年（1590）、天下統一を果し、約百年間続いた戦国時代にピリオドを打った。ところが秀吉は、息も継がせぬ性急さで明（中国）の征服に取りかかる。その渡海の基地として築城されたのが、佐賀県鎮西町の名護屋城である。
　　海浜の寒村に、大阪城と並ぶ雄大なスケールの城が、わずか5ヵ月の短期間で姿を現したのだ。黒田長政、加藤清正、小西行長ら九州なじみの諸大名が「綱張り」（設計）と監督にあたり、他の九州諸侯が石垣普請を分担した。
　　文禄元年（1592）、16万の日本軍が朝鮮に進入する。文禄・慶長の役の始まりである。金の茶室を構え、側室を置き、明の講和使節を接見する。城下には全国の大名120諸侯の陣屋が出来、予備軍16万が待機し、そのにぎわいは「京都にも増し申し候」（当時の見聞録）。秀吉の真の絶頂期だったかもしれない。
　　だが、この城の運命は秀吉の死とともに、わずか7年で尽きた。

名護屋城は秀吉、最後の晴れ舞台だったのだ。
　ひるがえって、あの大騒乱は一体、何だったのか。朝鮮を焦土と化し、明軍とも交戦し、ほかならぬ豊臣家の衰亡も招く。なんらの戦果をあげるでもなく、日本軍兵士も5万人が死んだ。
　侵略の深いツメあとは今も朝鮮に残り、韓国の人々は「壬辰倭乱」（文禄の役）と称して決して忘れない。昔の一権力者の狂気とだけ言って、片づけられない問題なのである。
　今、名護屋城は緑陰に埋もれた巨大な石組の跡が、わずかに往時をしのばせる。『夢のまた夢』—秀吉自身の辞世の句が惻惻として胸に迫って来る。」

　「聚楽第に勝るとも劣らぬ華麗な城」といわれた名護屋城も秀吉の死とともに破却され、実態がわからなかったのであるが、1968年東京の古本市で「肥前名護屋城図」（狩野光信作）が見つかりその賑わいを今日に伝えています。
　呼子は、小さな町です。しばし港にいても行き交う小船はまばらです。呼子大橋から見る港や玄界灘はとてもきれいです。ここに十数万人が集まったことなどとても考えられないぐらい静かな町でした。

(2)　名護屋城博物館
　名護屋城跡に佐賀県立名護屋城博物館があります。ここでの展示は、秀吉の朝鮮侵略の「反省にたって、名護屋城を日本列島と朝鮮半島との長い交流の中でとらえ、今後の双方の友好交流を進めていくこと」を目的に展示が行なわれています。各地の博物館や歴史資料館での戦争展示の参考とされている博物館です。展示室は、1室「名護屋城以前」、2室「歴史の中の名護屋城」、3室「名護屋城以後」、4室「特別史跡名護屋城跡並びに陣跡」の4室からなり、2室が秀吉の侵略とかかわっています。侵略の反省の上にたって新たな交流を模索している展示は、授業づくりの参考になります。

(3)　李参平と有田焼
　『皿山なぜなぜ—有田陶磁史を歩く』という冊子は、佐賀県・有田町教育委員会が、小学校高学年を対象とした社会教育事業のテキストの一つとして作成しているものです。ここでは、朝鮮の陶工、李参平や百婆仙のことが紹介されています。
　各大名は、兵を引き上げるに際して、朝鮮の陶工を連れ帰り焼き物の生産に従事させました。このために朝鮮半島の白磁の技術がとだえたとも言われています。九州や山口県では朝鮮陶工によって焼き物がさかんとなり、萩焼き、唐津焼き、有田焼き、薩摩焼きなどが始まりました。佐賀藩に連れられた陶工の中に金ヶ江三兵衛がいました。三兵衛は、焼き物づくりの指導者でした。この三兵衛が李参平です。李は、泉山に磁鉱を発見し、白川天狗谷で陶器の焼造を始めたと言われています。有田町には、東京書籍の教科書に出ている碑があります。町を見渡せる高台で、その規模から見ても有田の人々の今日の生業の創始者といえると思います。
　報恩寺には「百婆仙の碑」があります。百婆仙は、朝鮮から連れてこられた深海宗伝の妻で有田焼きの重要な指導者でした。その他有田市歴史民俗資料館では、有田焼きの歴史

を調べることができます。とりわけ目を引いたのが「戦争と有田焼き」でした。太平洋戦争になってからは、金属にかわって焼き物による代用品が要求されました。防衛食容器、ロケット用燃料容器、手榴弾、貨幣がつくらされました。手榴弾破、ボールぐらいの大きさで、「日本兵器窯業」という会社がつくられ有田と波佐見でつくりました。敗戦間際には、造幣局の要請で「一銭陶貨」もつくられました。

このようなことを通して授業づくりの構想を組み立てていきました。

5．なぜ、対馬にこだわるのか

「京都（秀吉）」と「朝鮮」からだけでなく「対馬」を入れることによりどのような歴史学習が可能になるのでしょうか。対馬から考える意味を中学校での歴史学習の可能性と関わって考えてみました。

対馬から考える朝鮮侵略の授業を①教育内容にとっての意味、②中学生にとっての歴史学習における意味の2点から考えてみます。

(1) 教育内容にとっての意味

①日本と朝鮮の交流、友好、対立の関係が地理的、歴史的にわかる。
　・地理的な位置　日常的なつながり
　・倭館など歴史的な交流　など
②近いがために戦争状態になると「島ぐるみ」動員される。生死を左右するものとなる。国境の島から歴史を見つめることにより歴史事象が切実なものとなる。
③対立、戦争とは、今までの関係を「断ち切る」ことであることがわかる。
④戦後処理問題を考えることができる。戦後、為政者間では、国交断絶の状態で済むが、対馬にとっては日常生活上、一刻も早く国交再開が求められている。戦後処理問題も切実である。国交回復の努力が、朝鮮通信使などの両国改善につながったことがわかる。
⑤これらを通して、「戦争」「対立」を日常生活の延長線上でとらえ、「考える」歴史学習を可能にする。

(2) 中学生の歴史学習にとっての意味

従来の中学校での歴史学習は、歴史学の研究成果を教師が学び、そこから教育内容、教材を選び出すことが中心でした。「学びからの逃走」、社会科嫌いは、このような授業づくりに警鐘を鳴らしています。学び手の子どもの発達から教育内容、教材を選び出すことは歴史教育固有の仕事です。

中学生の歴史学習では、「朝鮮」と「日本（秀吉）」という一元的な関係だけでなく「当事者以外の国の意見」や朝鮮、日本内においても為政者とは異にする意見などをも紹介し、多角的に歴史事象をとらえることを大切にしたいと考えています。ここでは「朝鮮」と「日本（秀吉）」の間に「対馬」を入れることによりいろいろな立場から重層的な歴史学習が可能になると考えてみました。このような学習は、どのテーマでもできることではありませんが、できるところで実践したいと思っています。

＜対馬の人々の苦悩と秀吉の朝鮮侵略の授業＞

［1］授業のねらい
　日本と朝鮮が戦争状態になると日本で一番大きな影響を受けた対馬から豊臣秀吉の朝鮮侵略を見つめさせ、歴史事象について多角的に考えさせる。

［2］学習計画＜3時間扱い＞
　(1)重大事件の発生　　　　1時間
　(2)年表の中の「へんなの」とは　　1時間
　(3)戦後　2つの国書と日朝の国交回復　　1時間

［3］学習の構想
(1)重大事件の発生
　①対馬って知っていますか
　　T「『対馬』…どのように読みますか」
　　S「知っていることは」
　　S「対馬海流…あとはあまり聞いたことがない」
　　T「地図を見て調べてみよう」
　対馬は九州と朝鮮半島の間に位置しています。博多までは壱岐を経て147キロですが、韓国の釜山までは、約48キロの所にあります。対馬は、国境の島として大陸との文化、経済、軍事上重要な役割を持っていました。
　・『魏志倭人伝』にも対馬が記述されています。
　　狗那韓国から1000余里の海を渡ると対馬国に到着する。そこの大官を卑狗と呼び、副官を卑奴母離と呼ぶ。住んでいるところは、絶海の孤島で、面積は4000余平方里で、土地は山が険しく、深林が多く、道路は、鳥や鹿の通るような道しかない。そこには、1000余の家があるが、良田はなく、海産物をとって食料とし、自活生活を送っている。島民は、船に乗って貿易をしている、と記述されています。
　・大和政権時には、朝鮮半島進出の前線基地、白村江以降は、防衛基地として防人もおかれました。
　・その後も、蒙古軍の進入、和寇をめぐる朝鮮との対立など文化交流のかけ橋だけでなく、対外関係の影響を強く受けてきました。
　地形的には、山がちな島で耕地は4％程度であり、島の多くは、林野です。人々は、海を船でわたり入り江から入り江へと行き来をしています。16世紀の頃までは、ほとんど焼畑農業が営まれていました。結局、主産業としては交易を通じての生活でした。交易の対象は、博多より近い朝鮮でした。穀物などは朝鮮から買わなくては、生活していけない状態でした。朝鮮にとっても、対馬は、外貨獲得にとって重要な位置を占めていました。室町時代に朝鮮に設けられた倭館（朝鮮に設けられた日本人の接客のための建物）には、対馬の人々が多く出入りをしていました。対馬と朝鮮は、地理的、歴史的に日常生活面で、強い結びつきを持っていたのです。（文化交流、芸能関係での結びつきも取り上げたい）
　②秀吉から「朝鮮を攻めるから先頭にたて」と命令がきました。

秀吉は、1585年、関白に就任した頃から東アジアの征服計画を抱いていました。同年の9月、腹心の一柳末安に征服計画をのべています。また、1586年には、イエスズ会宣教師らに明・朝鮮の征服の意図を告げています。そして、1587年、秀吉は、島津氏を服属させ、九州を押さえたのを契機にこの征服計画を具体化していきました。
　この政策は「惣無事令」といわれ、中世社会の特色としての自力救済としての紛争＝私戦の規制でした。秀吉は、力を背景としてこの政策を朝鮮、明まで広げようとしたのです。
　T「秀吉から、明・朝鮮を攻めるぞ。対馬の人々は朝鮮のことをよく知っているのだから、戦いの先頭に立て。対馬を戦争の前線基地にするぞ、協力しろ。という命令が来ました。藩主・宗氏や人々は、この命令に対してどのような行動をとれば良いと思いますか。」
　S「朝鮮のほうが対馬にとって秀吉より大切である。友情を裏切ることはできない。朝鮮人と一緒に秀吉と戦う」
　S「俺は、島を捨てて逃げる」
　T「どこへ…？」
　T「島民の人々は…？」
　S「つれていく」
　S「そんなことできない。私は、秀吉の命令に従う。そうしないとやられてしまうと思う」
　S「秀吉の命令には従いたくはない。だけど、秀吉の力が強いのでやむをえない」
　逃亡説、朝鮮と共に秀吉と戦う友情大切派、秀吉の権力をじっくり考え、従わざるを得ないだろうと感じつつも、「何かしたのではないだろうか」「何かアクションを起こしてほしい」と思いつつ、歴史を見つめていきました。

(2)年表の中に「へんなの」がある。これは何だろうか。
　秀吉は、1592年（文禄元）1597年（慶長2）に朝鮮を侵略しました。第1回の1592年の侵略までの経過を次のような年表にして示しました（北島万次「秀吉の朝鮮侵略」、『歴史地理教育』1981年2月号より作成）。

＜秀吉の朝鮮侵略年表＞
①1587年6月秀吉、対馬藩主・宗義調に朝鮮出兵の心得を伝えた。
②1587年9月、宗氏は、家臣の油谷康弘を「日本国王使」として派遣して、今度秀吉が国王になったので「通信使を派遣」することを朝鮮に要請した。
③1589年3月、秀吉は、「朝鮮国王」の秀吉への挨拶がないことを怒り、直接に宗氏が朝鮮に出向き、「朝鮮国王」を京都に連れてくることを命令した。
　宗氏は、僧である玄蘇を日本国使の正使に、自分を福使として渡海し、秀吉の日本統一を祝賀する「通信使」を派遣するように重ねて要請した。
　宗氏は、秀吉の日本統一を祝賀する使いをださせ、それをもって秀吉が命令している秀吉への「服従使節」だとつくろおうとした。
④その結果、1589年11月、黄允吉（正使）、金誠一（福使）ら200余命の「通信使」が

来日した。翌年に秀吉と会い、秀吉は「服従使節」だと思い込んでいたので、黄らに「征明嚮導」（明を征服するので、私たちの先頭に立って案内すること）を命令した。
⑤宗氏は、これを聞いてびっくりして「征明嚮導」を「仮導入明」（明を征服したいので、通り道を貸してくれ）にすりかえ朝鮮に交渉を進めた。
⑥これに対して、朝鮮は「日本とは友であるが、明は父である。父である明を裏切ることは道理に反してできない」と秀吉の要求を断った。宗氏は、その後も交渉を続けた。
⑦その後、秀吉は、肥前に名護屋城を作り、約16万人の兵力を結集させた。1592年4月、宗氏らの第一軍が釜山に上陸し、「仮導入明」を求めたが、返事がないので釜山城を攻撃した、第一次朝鮮侵略が始まった。

T「これが、朝鮮を侵略するまでの経過です。この年表を見て『どうなっているのだろうか』ということはありませんか」
S「秀吉の命令と宗氏の交渉が違う」
S「秀吉は、自分に服従を誓う使節（できれば「朝鮮国王」が来ることを求めたのに、宗氏は、日本統一を祝賀する通信使の派遣を求めている。）
T「そうだね。なぜ宗氏は、秀吉の命令と違うことを交渉したのだろうか、後で考えてみよう」
T「その他ありますか」
S「秀吉の『征明嚮導』を『仮導入明』として交渉した」
T「どう違うの」
S「『征明嚮導』は、子分だから従えという感じ。『仮導入明』は、道を貸してくださいと協力を求める感じ」
T「なぜ、宗氏は、秀吉の命令と違うことを要求したのだろうか」
S「宗氏は、朝鮮のことをよく知っていたから秀吉の命令ではうまく行かないと思った」
T「どんなことが…」
S「秀吉は、朝鮮を子分だと思っていたが、朝鮮は、日本は友達で明を父母だと思っていたことを宗氏は知っていた」
S「秀吉の言っていることは、そのままでは通用しない」
S「秀吉は、朝鮮を子分だと思っていたが、宗氏や対馬の人々はそう思っていなかった。一つの外国として対等だと思っていた。貿易をしていたのだし…」
S「服従使節などしっこしないことを知っていた」
　年表の中の「へんなの」さがしとそれの謎解きは、秀吉と宗氏や対馬の人々との朝鮮・東アジア認識の違いであったことがわかってきました。
　宗氏の「すりかえ」交渉は、実を結ばず戦争に突入しました。しかし、子どもたちの中に何か「ほっと」したものを感じました。ただ強い秀吉の命令に従ったのでなく「やっぱり何かのアクションを起こしていた」ということへの共感とでもいうものでした。戦争が開始された。戦場は朝鮮でした。対馬を通過した秀吉軍は、文禄で15万8千人、慶長で14万余人にのぼりました。対馬からも他の大名よりはるかに多い兵が動員されました（文禄

＝5千人、慶長1千人）。それだけではありません。その他の兵員の輸送、飯たきなど島中の老若男女が動員され、まさに島ぐるみの戦いでした。このようになることは対馬の人々にとってはわかりきったことでもありました。

その後秀吉軍の侵略の様子（耳塚のことなど）、朝鮮の抵抗（李舜臣など）、沙也加のことなどにも触れますが、ここでは省略します。

(3) 2つの国書と日朝の国交回復

戦争は終わりました。秀吉軍は、朝鮮、対馬から引き下がりました。しかし、両国のしこりだけが残りました。対馬の地理的、経済的状況はかわっていません。かわりようもありません。対馬は、戦後どのようになったのでしょうか。

　T「このような状況でも対馬にとって朝鮮との交流は、生活のために必要であった。対馬の人々はどうしたのだろうか」

　S「他の藩も被害があっただろうが、その後はあまり朝鮮とかかわりなくても生活していくことができた。対馬は、朝鮮との貿易ができないと困ってしまう状況であり、戦後も苦しみが続いた」

　S「朝鮮から相当恨まれた。裏切りものといわれたと思う。当然かも知れない。信頼を取り戻すのには、相当犠牲や時間がかかると思う。米や食料を買わないと困る。何度もあやまりに行ったのではないか」

友情、信頼、友達関係に敏感な子どもたちは、「裏切り」などに関しては大変手厳しいのです。

　S「そんなにうまく話は進まない。勝手に攻めておいて、『ごめんなさい』で済むものではないだろう」

　T「朝鮮との交易が生活上死活問題である対馬は、国交を求めて、何回も使者を派遣した。何人かの使者は、朝鮮の人々の疑惑のうちに殺されたり、捕まったりもした」

秀吉に代わって指導的地位についた家康は、積極的に善隣・通商外交を推し進めようとしていたことは、対馬にとっては大変良いことであった。家康は、宗氏に朝鮮との新たな関係を樹立するよう求めた。その結果、1609年に己酉条約（慶長条約）を締結することができました。しかし、この間にもいろいろ出来事が起こりました。朝鮮は、新たな国交を結ぶにあたって、①家康の謝罪の国書、②先王の墓などを荒らした罪人を引き渡すことなどを要求してきました。宗氏は、本土の朝鮮人捕虜の送還、②の罪人などを朝鮮に送りました。そして、国書に関しては、次のようなことがおこりました。

　T「このような家康、宗氏の対応があり1607年7月、朝鮮から秀吉の侵略以後初めての使者が来た。そのとき持ってきた国書があります」

　T「同じものでなければならない国書が対馬と江戸に残っているものの2種類があるのです」

　S「また、何かやったな…」

　T「どこが違うのでしょうか」

　S「対馬に残っているものは、日本から謝罪の国書が届いたことの返事だが、江戸のものは、その部分がない」

　T「どっちが本物なのだろうか」

　S「対馬に残っているもの」

T「では何かあったのだろうか」
　　S「また、宗氏たちが書き替えた」
　　T「なぜ…」
　　S「一刻も早く国交を回復したかったから」
　この偽造は、江戸時代の後期の学者・近藤重蔵守重によって発見されました。当時は、真相が明らかでなかったため国交は回復にむかったのです。
　1617年から朝鮮通信使が来訪し、対等・平等の国交が始まりました。徳川幕府にとっては、武威を天下に示すために外国の使節を迎えることが必要でありました。また、朝鮮にとっては、新たに起こった清を中心に起こっている東アジアの変化の中で自国の防衛のためにも日本との早期国交回復が望まれていたのでした。
　授業は、江戸幕府成立当初の対外政策（外交政策）を整理するところまで進めます。

6．対馬から歴史を見つめる・子どもの意見

　学習後の生徒の意見を紹介します。
・歴史だと信長、秀吉ばかりが目についてしまうけど対馬の人々をはじめ、もっと奥から歴史を見つめるほうがおもしろいと思う。朝鮮進出の本当の姿は、対馬の人々のようすだと思う。
・秀吉は対馬の人々が朝鮮貿易をしていることを知っていたのだろうか。
　　まだ、歴史の知識が少ないとはいえ、対馬から見つめる歴史に「奥の深さ」や「おもしろさ」を感じているのです。
　　また、次のような意見も出されました。
・楽しい授業だった。でも、農民から見たものか、宗氏から見たものか、武士から見たものか、全部違うと思うのです。この授業は、対馬の誰から見たやつかな。
　この意見にはびっくりしました。対馬の「誰」を問題にしているのです。対馬とひとくくりにしないで立場を問題にしています。この意見は、私の授業批判です。この意見に答えられる授業はまだできていません。ここでは、このような意見が出るようになったとだけさせていただきます。

7．対馬から歴史の授業をとらえ直す

　対馬から歴史を見つめると「考える」歴史学習を行なうことの可能性が少し見えてきます。さらに、次のようなことが課題となってきました。

(1) **日本史と世界史の関係**
　中学校社会科歴史学習における日本史と世界史の関係は、従来からの実践の課題でした。私は、中学校では、日本史と世界史を分離しないで、世界史的視点を持った日本史中心で良いと考えています。対馬から考えることは、東アジアの一員としての歴史を考えることです。

(2) **秀吉の朝鮮侵略だけでなく、他の時代でも対馬から考えることが可能です**
・3世紀ごろの日本の様子はどのようだったのか
　邪馬台国魏志倭人伝など
・蒙古襲来
　博多での戦い中心でよいのか
・倭寇

　とりわけ日清・日露戦争学習の見直しを考えてみたいと思います。小学校歴史学習に登場した日露戦争・東郷平八郎の日本海海戦もまさに対馬付近での戦いでした。日本海海戦は、1905年5月27～28日の両日、対馬海峡とその、北東海域で展開されました。この海戦では、ロシア側は、戦死者約5,000人、捕虜6,106人、日本側も死傷者700人を出しました。日本海軍は、朝鮮の鎮海湾を出て沖ノ島付近に集結したのです。勝敗の問題ではなく、この戦いを対馬付近の島民はどのように見ていたのでしょうか。戦争の恐怖や実相に迫る問題です。

　国境の島・対馬は、良きにつけ悪しきにつけ東アジア情勢に直接関わるのです。対馬から考える日清・日露戦争学習も考えてみたいものです。

　隣国に一番近い対馬からの視点で歴史を捕らえ直すと、中学生の学びで大切にしたい歴史事象の証拠、意味を、さらに外国や日常生活との関係を考えさせることができるのではないでしょうか。ますます興味が出てくるところです。

第一部 − 4.(2)

授業づくりの峰に挑む

＊掲載誌：「子どもと教育」子どもと教育社　2000年12月

教科教育の再編期の中

　授業は、「わかりたい」という子どもの願いと「わからせたい」という教師の願いを結ぶもので成り立ち、学校・教育の命です。昨今の学級・授業崩壊は、この学校・教育の命の部分にかかわることであり、まさに教育の危機です。

　私が勤務していた千葉県市川市の中学校に露木昇さんという社会科の教師がいました。露木さんが亡くなった時、教え子である新制中学校第一期生たちが遺稿集をつくりましたが、その書名が『魂の技師』です。露木さんは生前、エンジニアが科学、物づくりのプロとして技師と呼ばれるなら、教師は「魂の技師」でなくてはならないと考えていたからだそうです。露木さんは、戦後まもなく千葉県教職員組合の結成の仕事をする中でも、組合活動だけに埋没することなく教育実践を大切にしてきました。子どもたちはこのことを知っていたのです。『魂の技師』は、今でも学校・教育の命の輝きを私たちに伝えている教師と子どもたちの共同でつくった教育実践記録です。

　教育活動は多様です。その大きな部分を担っている授業は、教育の仕事の良さと恐さの両面を持っています。私は、いま、次の二点から、授業づくりは「新しい峰に挑む時期」にさしかかっていると考えています。

　まず、教科教育の再編期の中での授業づくりです。

　はじめは「教科教育の危機の中での」と書こうとしましたが。「再編期」と書き直しました。教科教育の再編統合の動きがあり、その方向がさだかでない部分があるからです。私が第一に問題としたいことは、授業の物理的な枠組みの問題です。確かに1977年（昭和52年）以降、授業数は削減の一途をたどっています。そして、今回、学校五日制と「総合的な学習の時間」の余波を受け大幅に削減されました。改めて戦後教育の中での中学校社会科の授業数の変化を見てみますと、次の表の通りです。

中学校社会科授業時間数の変化

	1年	2年	3年
1947年版	175	175	210
1951年版	140〜210	140〜280	175〜315
1958年版	140	175	140
1968年版	140	140	175
1978年版	140	140	105
1989年版	140	140	70〜105
2002年版	105	105	85

＊学習指導要領の年度。ただし、1947年版は、「社会科」と「国史」の合計数。1951年版は、「社会科」と「日本史」の合計数。

社会科は、初期指導要領（1947年版、1951年版）では、コア（中核）教科でしたから、削減率が大きいのです。1951年版の三年・上限で315時間（週9時間）から70時間（1989年版の下限）、そして今回の85時間へと、最高時の22％～27％へという激しい変化をしているのです。枠組み的には先行実践がそのままでは参考にできにくい状況です。「新しい峰に挑む」とは、このことを指しています。

子どもを押し出す視点

子どもを押し出す授業づくりの発展の中で1990年代に入ると、「官」（官制研修）と「民」（民間教育研究）の両方から、学習の転換という主張が声高に叫ばれてきました。内容を異にしながらも、教師中心の一斉、伝達的な授業への批判では共通していました。私は、このような主張に慎重な姿勢をとってきました。それは、第一に「教え」と「学び」の関係を豊かにすることよりも「学び」と「教え」を対立的にとらえ「学び」を強調する傾向です。ここからは授業づくりが教育・学習内容の検討を抜きにした方法論的な問題になってしまいかねません。第二は、受験体制を温存し、学びの転換の環境整備の手抜きをしたままで主張されていることです。中学校の授業づくりは受験制度と密接に関わっています。ここに触れないで学びの転換論では、中学校での授業は変わらないと考えてきました。

しかし、授業づくりを考える上で貴重な指摘も出されていました。「学び探偵団」研究会は、教育・授業を「遊びや文化活動を通して、おもしろさ、楽しさ、喜びを追求しつつ精神を活性化させ、人間が豊かに成長していく営み」と考え、エデュカシオンからアニマシオン（命・魂を生き生きと躍動させる）への再定義を追求しています。また、教育の語源であるエデュレーケレ（ラテン語）は「引き出す」という意味であることや、ギリシャ語のパイダゴーゴス（教育者）とは「子どもの後からついていく」という意味であることなどの主張にも耳を傾ける必要があると思います。個人的には、開発教育やセルビー、パイク教授などのワークショップに参加して、活動しながら知識、認識を子どもたちが獲得していく実践に学ぶこともできました。

この10年間に、ユネスコをはじめ教育の国際交流も盛んになり、わかる授業づくりも深まってきました。もう一度、今までの実践を「子どもを押し出す」視点から整理する時期に来ています。このことが二番目に「新しい峰に挑む」ということです。

「新しい峰」とは、この二つのことが同時に進行している中での授業づくりを指しています。一方では、授業時間数が減り、他方では子どもたちを押し出す場面が求められています。そうすると、教科教育の「かたち」（カリキュラム）そのものを再構成する必要が出てきます。1時間、一単元の授業づくりの延長としてのカリキュラムということだけでなく、カリキュラムづくりをしないと授業づくりができにくい状況でもあります。昨今の教育課程への関心の高まりは、「総合的な学習の時間」への対応の問題だけでなく、新指導要領が新しい教科教育の「かたち」を示していないことに対する不安も一つの要因であると考えています。「新しい峰」とは、教育課程編成の権利主体としての授業づくりも指しています。

秀吉の朝鮮侵略を教える

　中学校社会科歴史学習での「秀吉の朝鮮侵略」の授業づくりを例として、私の授業づくり「五つの工夫」を述べてみます。授業のねらいと学習計画は次の通りです。
　＜ねらい＞日本と朝鮮が戦争状態になると日本で一番大きな影響を受けた対馬から、豊臣秀吉の朝鮮侵略を見つめさせ、歴史事象を多角的に考えさせる。
　＜学習計画＞三時間扱い
　①重大事件の発生
　②年表の中の「へんなの」探し
　③二つの国書と日朝の国交回復
　私は、秀吉の朝鮮侵略の授業タイトルを「対馬から考える秀吉の朝鮮侵略」としてきました。それまでは、京都の耳塚などから「加害」を、朝鮮水軍の李舜臣から「抵抗」を教えてきました。しかし、1980年代から「対馬から」に学習内容の重点を移しました。それは、次のようなことからです。
①子どもたちにとっては、耳塚のことも李舜臣のことも知らないので興味を持って静かに聞いている授業でした。私もかなり熱を入れて講義をし、かなり満足していました。しかし、子どもたちが考え合う授業にはなっていませんでした。
②1980年代前半の中学校は、「第三の非行のピーク」といわれ荒れていました。私も一学年14～16学級もあるマンモス校で学年主任、生徒指導主任として連日生徒指導に追われていました。その中で、今まで生徒指導と教科指導が分離していたことに気がつきました。私の社会科の授業での民主主義や平和は、日常の子どもたちの学校生活とは乖離したものでした。この二つのことをつなげる学習内容の必要性を感じていました。
③その中で、教科指導でも生徒指導でも共通して子どもたちに考えさせたいこととして、三つのことにたどりつきました。
　　Ⅰ、個人（人間）を大切にすること＝個人の尊厳
　　Ⅱ、共に連帯して生きること＝連帯・共存
　　Ⅲ、未来に希望を持つこと＝展望・未来
　この三つは、授業というより生徒指導の中から考え出したものです。
④三つのことを考えながら秀吉の朝鮮侵略で一番苦悩するのは誰だろうかと考えました。そして、対馬に目がいきました。対馬は、地形的には山がちで島の多くは林野です。16世紀までは、ほとんど焼畑農業が営まれていました。米などの穀物は、博多より近い朝鮮から買っていたのです（釜山へ約48キロ、博多へ約147キロ）。対馬は国境の島です。もし朝鮮と戦争状態になれば今までの交流、友情、共存も破壊されてしまうどころか、対馬は戦争の先頭に立ち島ぐるみの戦場となることは明らかです。京都の秀吉とは違う「もう一つの日本」として対馬から秀吉の朝鮮侵略を考えることにしました。
⑤「対馬から」の視点で授業づくりをすると、歴史が子どもたちにいろいろ問いかけてくる場面が見えてきました。それが自然と学習計画になります。
・「さあ大変だ。秀吉から朝鮮に侵略するから先頭に立てとの命令がきた。君ならどうする」と質問し、対馬調べ、朝鮮との関係等を調べます。そして、自分の考えを述べ合います。
・子どもたちは、対馬の人たちはただ秀吉の命令を聞いていただけでなく「何かしただろ

う」「何かして欲しい」という気持ちで年表を見つめます。年代や重要語句の暗記対象であった年表の中に人々の気持ちを探そうとするのです。そして、対馬の人々（藩主・宗氏など）が秀吉の「征命嚮導」（明を征服するので先頭に立てという命令）を「仮導入明」（明を征服したいので通り道を貸してくれという依頼）に「すりかえ」たり、国書の「書替え」などをしたことを発見していくのです。

・さらに、戦後の国交回復の努力が江戸時代の朝鮮通信使へのつながっていく事実を知っていくのです。

子どもたちは、授業の中で国交回復について「そんなにうまく話は進まない。勝手に攻めておいて『ごめんなさい』ですむものではないだろう」と厳しく問います。それは、まさに友情、友達に敏感な自分たちの日常生活の問題でもあるのです。さらに「歴史だと、信長、秀吉ばかりが目に付いてしまうけど、対馬の人々をはじめ、もっと奥から歴史を見つめたほうがおもしろいと思う」と歴史に興味を深め問いかけ始めるのです。

今、子どもたちが、「学びから逃走する」ことが大きな問題となっています。体験、調べ学習などの学び方だけで解決する問題ではありません。学ぶ内容が子どもたちに魅力があるかが問われているのだと思います。学習内容の"練りなおし"が授業づくりの第一の課題です。

杉原と三橋の実践に学ぶ

「対馬から」の実践は、教材などオリジナルはあるのですが、独自の発想ではありません。先行実践から学んだものです。授業づくりにとって先行実践からの学びは欠かせません。私は、歴史教育者協議会に所属しています。機関誌「歴史地理教育」は、600号を超えます。ここに掲載されている諸実践は、「総目録」で調べることができます。それほど苦労しません。秀吉の朝鮮侵略の主な実践記録は次のようなものがあります。

・秀吉の朝鮮侵略＜122号＞花田　久
・対馬島民と秀吉の朝鮮侵略＜317号＞杉原　敏
・秀吉の朝鮮出兵を日朝民衆史で学習＜413号＞中里紀元
・降倭将沙也加を通して学ぶ秀吉の朝鮮侵略＜596号＞三橋広夫

私の実践は、長崎の中学校教諭・杉原敏さんの実践に触発されているのです。先行実践に学びながらオリジナルを出していくのが授業づくりの楽しみです。

教科書を読みあさって

以前「教科書で教えるのか」「教科書を教えるのか」という議論がありました。教師の立場から考えれば、教科書は主たる教材とはいえ一教材ですから「で教える」ということなのですが、そう簡単に結論を出すことはできません。子どもたちは「教科書を」通して重要語句や教科書を学んでいるのです。教科書研究は授業づくりに欠かせません。検定とはいえ執筆者がいろいろ創意工夫をしているのですから、学校で使用している以外の教科書にも目を通したいものです。2000年度使用の教科書での秀吉の朝鮮侵略の強調点は表の通りです。

教科書ごとの朝鮮侵略に関連した内容

（教科書）	（内容）	頁
大阪書籍	李舜臣　亀甲船　釜山城の戦い	1
東京書籍	李舜臣　耳塚　有田焼きと李参平碑	2
日本書籍	朝鮮水軍・李舜臣　日本軍の進路と朝鮮義勇軍	1
教育出版	李舜臣　耳塚　亀甲船	1
帝国書院	李舜臣　李参平　金海　朝鮮侵略の海路　釜山城の戦い 染錦花篭文八角大壺　韓国の教科書に見る朝鮮侵略（コラム）	2
清水書院	李舜臣　秀吉の朝鮮侵略地図	2/3

　各社に共通していることは、耳塚などに代表される加害・被害の問題と、李舜臣に代表される抵抗の問題です。さらに連行された陶工使たちによる焼き物の技術の伝播です。数社の教科書を読むことにより授業づくりの構想が具体的になります。また、現行本だけでなく戦前の国定教科書、戦後の「くにのあゆみ」などの教科書記述や韓国の中学校・国史教科書など教科書を縦に横に広げることにより授業づくりが豊かになると思います。

　さらにできれば、先行実践と教科書研究をつなげることです。杉原実践の「対馬」や三橋実践の「沙也加」は教科書には出てきません。では、杉原さんや三橋さんは、教科書に出ていない地域や人物をなぜあえて教材にしたのでしょうか、興味が出てきます。ここが学習内容を「練る」とも重なります。三橋実践では、「日本」と「朝鮮」という国家対国家という図式だけでなく日本の武将で朝鮮の人々と共に秀吉軍と戦った沙也加を通して国家を越える連帯という視点を入れることにより新たな学習を試みようとしているのです。

　このことは、私の授業づくりの構想に跳ね返ってきます。三橋さんのメッセージをどのように受けとめるかです。このようなことが実践の学び合いだと思います。私は、沙也加を取り上げても、主たる教材にはしないとボールを三橋さんに投げ返したい思っています。沙也加を取り上げることにより「なぜ沙也加たちはこのような行動に出たのだろうか」など問いが生まれるのですが、沙也加が英雄的になるという問題を感じるからです。三橋さんの実践の意図（国家対国家を越える歴史認識の形式）に学びながらも、杉原さんの対馬から生活実感を通して考えさせることに魅力を感じるのです。他の実践に学ぶことは、他者認識であることと同時に自己認識であることに気がつきました。

歴史散歩に出かけます

　趣味と資料・教材集めの実益をかねて歴史散歩にでかけることも授業づくりの構想を豊かにします。このことはすぐにできることではありませんから、積み重ねです。
①名護屋城を訪ねて・佐賀県呼子町
　呼子は、海路で壱岐・対馬を経て朝鮮へ渡るには一番近い所です。秀吉は、この地に朝鮮侵略のための名護屋城つくりました。名護屋城は、聚楽第に勝るとも劣らない華麗な城といわれ、ここから三十万の兵が朝鮮に渡りました。城下の実態がわからなかったのですが、1968年に東京の古本市で『肥後名護屋城図』（狩野光信作）が見つかり、その賑わいを今日に伝えています。この町にこれほどの兵が集まったとは考えられない静かな、小さ

な町です。
　名護屋城博物館があります。展示の中心は秀吉の朝鮮侵略です。安宅船、亀甲船の模型や朝鮮侵略に関係する展示があり大変参考になります。この博物館は、侵略の反省にたって新たな交流を模索する戦争展示の参考になっています。

②有田を歩く
　焼き物の町、有田も見応えがあります。朝鮮侵略の時、朝鮮から連行された李参平が、泉山の磁鉱を発見し有田焼きが始まりました。陶工の碑や李参平の墓などもあります。町の歴史民族博物館には焼きものに関係した展示もあります。

③対馬を回る
　宮本常一氏の『忘れられた日本人』（岩波文庫）は「対馬にて」から書き始められています。大きな島なのでレンタカーでまわりましたが、1950年代と変わらないと思われる所もあります。朝鮮侵略時の藩主宗氏の菩提寺、雨森芳洲の墓、町には朝鮮通信使にかかわる絵などがいろいろな所に書かれています。韓国からの観光客も多くハングル文字も目立ちます。
　対馬は、朝鮮侵略だけでなく大陸との関係が深いこともわかりました。蒙古襲来は、博多での戦いから始めていましたが、対馬はすでに侵略されていたのです。蒙古襲来の地があります。さらに、ロシアとの日本海海戦の時つくられた運河もありました。日本海海戦は対馬沖でしたので、この時も対馬の人々は大変な不安だったことが推測できます。

④海路で釜山へ行く
　成田から飛行機で釜山に行くのではなく博多からジェットフリーで釜山へ行ってみました。玄界灘を渡り三時間で釜山につきます。この海路は、いろいろな交流のあった「大陸への道」でした。
　釜山には、秀吉の朝鮮侵略と戦った武将を供養する「忠烈祠」があります。入口には、侵略と戦った軍、官、民、のろしを守る手、ラッパの手、女の六人の群像の「忠烈塔」がたっています。私が印象的であったのは朝鮮武将宋の名言碑でした。日本の武将が道をあけてくれと頼んだのに対して「戦死易假道難」（道を貸すことは死ぬことよりも難しい）と返答したことを示す碑です。
　朝鮮側の戦いの様子がよくわかります。日本語を話せる通訳もいて説明をしてくれます。
　"歩く"のには何年もかかりますが、楽しみながら歴史の舞台にたち、歴史の匂いをかぐことも授業構想を豊かにします。

三つのマイプランを作る

　今まで四つの工夫について述べてきましたが、授業時間が削減される中での授業づくりには、見通しが必要になります。
　新学習指導要領では、歴史分野の学習項目を削減したり、注意項目を増やしていますが、通史学習の新たな構想を示していません。移行期の授業づくりでは、「かたち」（カリキュラム）づくりと意識的に連動することが大切です。
　私は、次のようにマイプランを構想しています。

①内容的には、近現代史、民衆の生活、移行期を大切にする。
②教科書の見開き二ページ型に"さようなら"をして、年間30ぐらいのテーマ学習をとする。
③校種の違いを大切にして、中学校では、"青春を支える"という自我形成、自立を促す歴史学習の内容と方法とする。

　新しい峰に挑む授業づくりは、今までのものから何を削減するのかという「引き算」の発想ではなく、今、子どもたちと何を学ぶのかを吟味し、それをたっぷりと保障していく「たし算」の発想、修理から新築への発想の転換に迫るものが求められていると考えています。

第一部−5．

江戸時代の化政文化のはてな

＊掲載誌：柴田義松・山崎準二編著『教職入門』学文社　2010年2月

1．中学生が学び始める時

(1) 中学校教員の5つの仕事

　私は小学校勤務を経て中学校社会科教員になった。友人からは「なぜ大変な中学校に行くのか」ともいわれたが、確かに"憧れの中学校"は、大変であった。教科指導では、専門性を生かせるが生徒指導と部活動などにあまりにも時間がとられる状況がある。中学校教員には①学級づくり②自分の学級だけでない教科指導③生徒指導④部活動⑤学年全体の中での自分の5つの仕事がある。はじめは、5つのことをバラバラに捉え、「生徒指導や部活動が忙しいので教材研究が出来ない」と思っていた。しかし、「荒れ」を経験する中で気がついたことは、生徒の生活や考えていることをしっかり見つめることの大切さである。このことは部活動でも言えることで勝負の世界で生徒が見せる姿は、授業づくりに大変に参考になった。生徒が教師の話を聞く時、反対に斜めから見つめ納得しない時、それは授業づくりにも共通することを理解することが出来るようになったのは中学教員になってから5年以上も経った時であった。中学時代は、自分くずしと自分づくりの時期であると言われて久しく、このことは特に「中学二年以後」に感じる。この時期の生徒に楽しくわかり、参加する授業を創るのには専門性が求められるが、生徒の琴線に触れた時、「中学校教員は辞められない」魅力を感ずる一時でもある。中学生が学び始める時を社会科の授業を例に考えてみたい。

(2) 忘れ残りの授業・原爆が投下されるまで

　中学校教員1年目（教員10年目）は、学年11学級（大型マンションが建設され途中から13学級に）の学年主任から始まった。通常、学年主任は当該学年だけを担当するがこの学校の"事情"（授業崩壊）により、3年生・1学級の授業をも担当することになった。この年に今でも忘れ残りの授業が「原爆が投下されるまで」であった。

　資料は右の通りで原爆投下略史である。この略史は私自身が伊東壯『1945年8月6日』（岩波ジュニア新書）を読み興味を持った原爆投下までの経過を年表にしたものである。この簡単な（作成には時間がかかったが）年表に生徒は意外に興味を示し、今でも30年前の授業を思い出すことも出来る。

　　生徒A　日本に落とした原爆の意味がよくわかった。でもマンハッタン計画なんてひどい。はじめから、すごく、まじめに興味の引く授業だった。
　　生徒B　私の席は後ろの方なので先生の声が聞こえないわけではないけど、今日みたいな話はとても興味があるのでもう少し大きな声で話して欲しい。
　　Aが言う落とした「意味」とは、日本の敗戦だけが目的ではなく、戦後の米ソ冷戦を意

識した投下という意味である。通常の授業なら率直な授業感想は、当たり前であろうが"事情"(授業崩壊)の中での他学年の学年主任が担当しているので生徒も構えて授業を受けている。その中での「はじめから、すごくまじめに」「興味が引くのでもう少し大きな声で」という意見は人間関係が希薄な私にとって喜びであった。歴史学習(3年なので近現代史のみ担当)が終了したアンケートでこの授業は、人気度では「ああ野麦峠」「祖父母の戦争体験の聞き取り」に次いで3番目であった。

(3) なぜ、年表などに関心を持ったのか

原爆の授業のベースは、広島、長崎の被害の実相である。それは正しいことではあるが小学校でも社会科、国語、道徳などでも扱っている。今回は、教材を投下前史においてみた。この前史に生徒は「怖かった」と表現した。何が怖かったのだろうか。ドイツ、イタリアが対象ではなく日本を標的にしていたこと。戦後体制を考え戦争を遂行していたこと。ポツダム宣言の発表と投下命令の同時性など戦争のメカニズムの複雑さを感じたからである。私は、

原爆投下の経過

1939年　原爆の研究が米・英・独(ドイツ)ですすめられる。
1940年　米で核分裂に成功。
1941年　米で原爆計画の政策グループを結成。
1942年　米で「マンハッタン計画」が始まる。
1944年　米・英、第2回ケベック会談。内容は①原爆の管理・使用は秘密にし、「爆弾」が完成したら日本に使用②開発協力は日本敗北後も続行③ソ連には情報をもらさない。
1945年　4月12日　ルーズベルト大統領急死。
　5月7日　ドイツ降伏。トルーマン大統領が原爆問題特別委員会で次の結論を出す。①原爆はすみやかに日本に使用②他の建物に囲まれている軍事目標に対して使用③事前通告なしに使用。また、投下する都市の基準として㋐日本の戦意をうちくだく所㋑軍事目標の破壊㋒実験効果をはかるため空襲をあまり受けていない所、として小倉(福岡県)、広島、新潟、京都とした。
　7月16日　米、原爆実験に成功。
　7月25日　投下命令。「8月3日以降、天候の許すかぎりすみやかに広島、小倉、新潟、長崎のいずれかに投下せよ」
　7月26日　ポツダム宣言を発表。
　8月6日　B29(エノラ・ゲイ号)が通称「ちび」を広島に投下。
　8月9日　B29(ボックス・カー号)が通称「ふとっちょ」を長崎に投下。

『一九四五年八月六日』(伊東壮著・岩波ジュニア新書)を参考に作成

中学生はこのような学び方をすることを学んだ。このようなこととは、原爆投下という「見えるものから」、その背後にある投下の要因や背景などの「見えにくい」ものを懸命に見ようとする学びの姿は小学生とは一味違うものを感じた。

このような学びと接することにより、教育学者・田中昌弥が紹介する米国のある中学校で重視している①どうしてそれがいえるの(証拠)②それは誰の視点から見たの(視野)③その出来事と他とはどのように関係しているのか(関係)④事情が変わったらどうなるのか(仮定)⑤なぜそれが大事なのか(意味)の大切さがわかる(『中学生の世界4』大月書店参照)。このような中学生の学びを私は「思春期(青年期)を支える学び」と主張するようになった。

2．思春期を支える学びまでのジグザグな授業づくり

　小学校での社会科の主流は問題解決学習である。1つの学習課題に数時間をかけ学習の過程を大切にする社会科発足の初志がかなり大切にされている。私も小学校では、その主旨を生かして授業づくりをしてきた。しかし、中学校は、小学校とは異質であった。当初は、中学校で一般的に行われている伝達的な傾向に強く反発しグループ発表などを行ったが、この指導も大変であった。なにせ4～5学級の約200名近くを指導することと放課後が部活動のために利用できないことであった。また、受験や当時あった業者テストの試験範囲にも制約を受けていた。いつの間にか授業は、問題解決的なものから伝達的なものになっていってしまった。その様子は、社会科通信の発行部数にあらわれていた。1980年代（年齢的には30代）の歴史学習では敗戦まで136号の通信を発行していた。これが1990年代（年齢40代）になると72号と大幅な削減となっていた。1980年代の通信は、それが教員の熱意であろうと私自身の「社会科教材研究ノート」であり、すべてを生徒に示す内容ではなかった。これでは、生徒が授業に入り込む余地はなかったであろう。40代になると生徒の学び（学習行為）を強く意識し始め、通信は精選されていった。

　ジグザグな歩みをしながら、AやBの生徒の意見に学びながら「思春期を支える学び」を「はてなの授業」へと具体化していった。

3．はてなの授業－江戸時代の文化学習を例にして－

(1) 文化学習は簡単か

　文化学習は、時代の最後にあり、例えば、鎌倉時代や織豊時代の学習の最後に鎌倉文化や安土桃山文化となる。ここには人物名や作品名などがたくさん述べられており、歴史の流れの中で文化を考えることが求められている。

　教科書（東京書籍）では江戸時代の化政文化（2ページ）に、本居宣長ら8人の人物名と解体新書など4冊の書物、その他に寄席、落語、川柳、狂歌、浮世絵、錦絵、貸本屋、伊勢参りなどの語句、そして国学など6つのゴチックが盛りだくさんと書かれている。

　当初は、「文化学習は簡単だ」と考えていた。これだけ教材があれば、その解説と穴埋めのプリントを用意すれば授業は出来る。少し経験を踏むと、教材を重点化して（筆者の場合だと、千葉県に勤務していたので地域と関連する南総里見八犬伝や伊能忠敬）教えれば生徒も興味を持ってくれたので苦労はしなかった。しかし、40代になると、「これで歴史としての文化学習なのか」「結局は、この2ページで相当の知識を覚えることを要求しているに過ぎないのではないか」と今までの実践

教科書に出ている人物・作品
- ●人物　本居宣長　杉田玄白
　　　　伊能忠敬　与謝蕪村
　　　　小林一茶　喜多川歌麿
　　　　葛飾北斎　歌川広重
- ●作品　古事記伝　解体新書
　　　　東海道中膝栗毛
　　　　南総里見八犬伝
- ●ゴチック　国学　蘭学
　　　　化政文化　葛飾北斎
　　　　歌川広重　寺子屋

＊東海道中膝栗毛と南総里見八犬伝の作者名はない。授業では十返舎一九、滝沢馬琴にも触れることになる。教科書の語句には要注意

に疑問を感じ、生徒が考える文化史学習を求めるようになった。それが、「はてなの授業」である。

(2) はてなの授業

　考えるとは、「はてな」を持ち、学びの過程を大切にして社会・歴史に問いかけることである。化政文化の授業（蘭学の発展）では、次のようなはてなを学習した。

①前野良沢、杉田玄白らがヨーロッパの医学書『ターヘルアナトミア』を苦労して翻訳し『解体新書』を出版したことは、従来の授業と変わらない。この授業は、生徒にとってはインパクトの強い授業が可能で多くの教科書ではオランダの医学書と東洋の医学書の比較がありどちらが正しいのか興味を引く。さらに、江戸の骨ガ原（南千住）で腑分けを見た医師たちのヨーロッパ医学への研究は、辞書のない時代であり、まさに舵のない小舟で大海に船出する冒険であった。この様子については玄白の『蘭学事始』（1815年出版）があるので紹介しやすい。今までは、得意になって翻訳の苦労を紹介することをしていたが、このことにあまり時間をかけないで導入的な扱いにするようになっていった。

　＊東京や千葉県西部地区の場合は、腑分けが行われた骨ガ原と呼ばれていた小塚原刑場跡の回向院にフィールドワークに行くことも可能。回向院は、東京都荒川区南千住5-33-13　地下鉄千代田線南千住駅下車徒歩2分　ここには腑分けを記念した「観臓記念碑」もある。

②一番、学びあいたいことは翻訳のリーダー役であった、**前野良沢が、なぜ解体新書の著者として名前が出されていないのか**であった。

　　T　教科書には「杉田玄白らが『解体新書』を翻訳・出版し……」と書かれているが、今まで紹介してきた通り、リーダーは前野良沢であった。良沢は、現在の大分県・中津藩の出身で長崎にも出向いていた。号も「蘭化」（オランダの化け物）としていたぐらいです。

　　S　翻訳に長くかかったのでその間に死亡したのでは。

　　T　死亡説ね。調べてみましょう。
　　　　（人名辞典で調べる。解体新書出版＝1774年、前野良沢没＝1803年）生きていましたね。

　　S　仲間割れをしたのではないか。

　　T　よくあることですね。でも、リーダーを外すかな。

　　S　良沢は、玄白に翻訳の指導権争いに負けた。

　　S　共同作業でも著者になるかならないかは個人の自由……。

　生徒の意見は、おもしろい。中学校教員のはじめの頃は、生徒の意見を聞く余裕もなく一方的に教材研究をしたことを話していた気がする。

　さらに授業は進む。

　　T　どこから翻訳を進めたのかな

　　S　決まっていますよ。解剖図からで、ここが頭、腰などと。

　生徒が考えた通り、人体図から翻訳され、最初に『解体約図』が出版されたのである。このように授業が進むと生徒は、学びに夢中になってくる。

　しかし、優秀な医師たちとはいえ当時の語学力では、その翻訳は不十分なものであっ

た。この説明にも、辞書があるにもかかわらず英文読解に苦労をしている生徒は共感する。そして、「解体新書は、ターヘルアナトミアの部分訳でもあった」という説明にも納得するのである。

そこで、良沢が著者名にない、はてなに戻る。良沢と玄白は、本の内容や出版時期などをめぐって意見を異にした。玄白は、不十分なものでも当時の医学界では画期的であると主張し、早急の出版を主張した。良沢は、正確な翻訳にこだわり時期を遅らせてもより正確なものをと主張した。良沢の意見は、少数派であり解体新書は、翻訳をし始めてから約3年半で出版された。良沢は、著者名から降りたのである。

③このことから何がわかるのか

この授業は、生徒に「君は、杉田派か前野派か」を問うものではない。このはてなを考える中で生徒は、次のような事実を知り、歴史を考えあった。

i 解体新書＝ターヘルアナトミアではない。正確さから見ても部分訳という側面から見てもこのことは明らかである。この事実は、玄白らの努力を過小評価するものではない。歴史的状況から見て当然なことであると言える。しかし、私は、はじめは、当然かのごとく解体新書＝ターヘルアナトミアと教えてきていた。暗記学力とは、このような知識のことなのであることに気がつくまでには相当な年月がかかった。本書を使用している大学生の歴史認識はいかがでしょうか。

ii 歴史は人間が創っているのであるから、出来事には人間の意思が反映されている。このことは当然のことではあるが、歴史学習を行っていると見失いがちなことでもある。解体新書出版に良沢の意思があったのである。改めて『蘭学事始』を読むと、ここには玄白の『解体新書』発行への強い想いを感じると同時に、良沢を強く意識していることがわかる。

・もしこの世に、良沢という人がいなかったならば、この蘭学の道は開けなかっただろう。またいっぽうで、わたしのような大ざっぱな人間がいなければ、この道はこれほどすみやかに開けなかっただろう。（『蘭学事始』・教育社より）

この一節は、当時の学問・文化の状況を考える意味で重いものがある。

iii 従って、ターヘルアナトミアの研究は「その後」がある。大槻玄沢によって解体新書出版から52年後の1826年に『重訂解体新書』として出版された（完成は1798年）。大槻は、一関藩出身で杉田玄白の私塾・天真楼で学び、「玄沢」という名前は、玄白の「玄」と良沢の「沢」をとったものであり、学問・文化の研究には終わりはなく歳月を経て引き継がるものである。

ただ、誰が何をしたのかを学ぶのではなく、文化を歴史的に捉えることが文化史の授業ではないかと考えるようになった。

4．中学校における授業づくりの課題－問と答の間－

小学校から中学校へ転勤し感じてきたことは、中学校では、入試や教科カリキュラム（例えば、歴史学習では義務教育最終段階としての通史的扱いは欠かせないなど）があり、問と答の間が短いことである。この「間」のことについては大田堯が30年以上も前に"教育の危機"と指摘していることだが、益々危機は拡大をしている（大田堯『教育とは何かを

問い続けて』岩波新書など参照)。

　しかし、生徒の発達を考えると中学生は思春期を迎え、思索的となり自分、人間、友達、友情、恋愛、社会などを深く考えようになる。この行為が、他からは「発言しない」「斜めから見ている」などのようにも見えるのである。原爆投下で、原爆を考えた人、それを日本に落とそうとした人と計画を考え恐ろしい、まじめに考えたと感想を書くのは現象(出来事)の背景に興味を持つからである。また、解体新書では、著者名に良沢の名前がないことから玄白と良沢の生き方に接し、二人の姿を見ながら自分を考えているのである。高垣忠一郎は、思春期の学びは、情動（激しい感情）と情操（深い感情）の二つの感情世界で行われていると指摘している（『揺れつ戻りつ思春期の峠』新日本新書・『競争社会に立ち向かい自己肯定感』・新日本出版など）。だから原爆への激しい怒りと同時にその背景を深く考えたいと思うようになっているのである。中学校での授業づくりが生徒の発達と関わって進められた時、生徒は教員が予想もしていなかった爆発的な学びをする勢い（まさに若さ）を発揮する。中学校教員の魅力は、このような生徒の学びを追い求めることである。中学校が置かれている制度的制約、授業時間確保、シラバスづくり、評価観点などの事務仕事の増大などもあるが、教員が問と答の間を意識した時に、中学校の授業づくりは、新たな地平を切り開くものとなるのではないだろうか。

第一部－6.

15年戦争の始まり・満州事変
―― 君は誰の意見を支持しますか ――

＊掲載誌：安井俊夫編『子どもとつくる近現代史の授業』日本書籍　1998年7月

教材の研究

1．満州進出をめぐる三つの意見

　1920年代の中国大陸政策をめぐる「三つの異なった意見」を提示し、「君は誰の意見を支持しますか」と問いかけることから授業を始めてみる。「三つの異なった意見」とは、中国大陸に対する①強行進出論、②消極論、③放棄論である。①の立場として松岡洋右・田中義一、②の立場として幣原喜重郎、③の立場として石橋湛山の意見を教材化してみる。

　松岡洋右は、南満州鉄道に入り、1927（昭2）年に南満州鉄道副総裁に就任した。対満蒙進出積極論を主張し、1929（昭4）年帰国。翌年、衆議院議員となった。「満蒙は日本の生命線」を主張し、当時、外務大臣であった幣原喜重郎の主張を攻撃した。1932（昭6）年国際連盟臨時総会に首席全権大使として出席、1933（昭7）年、「満州国」否認決議に抗議して総会を退場、軍部・右翼から「ジュネーブの英雄」と称賛された。

　田中義一は、1927年、内閣総理大臣と外務大臣を兼務した。外交では1927年の東方会議において「満蒙分離論」を柱とする対支政策綱領を決定し、三次にわたる山東出兵を強行した。張作霖爆殺事件の処理に消極的であり、天皇の不興をかって総辞職した。

　幣原喜重郎は、1924（大13）年に加藤高明内閣の外務大臣として起用され、若槻内閣にも引きつがれた。大正末期から昭和初期＝1920年代は「幣原外交」の時代と言われた。外交の基本は国際協調である。協調路線のもとに中国に対しては軍事干渉によらない経済進出を主張した。軍部・右翼からは、松岡とは対照的に、軟弱外交と批判された。

　石橋湛山は、大正・昭和期のジャーナリストである。東京毎日新聞記者から東洋経済新報社に入り、1939（昭14）年に社長となる。この間、一貫して自由主義の立場から『東洋経済新報』の社説などを通して国内において民主的政治体制の確立を、外交においては帝国主義的外交の廃止、とくに植民地の放棄を主張した。

　4人の主張は明らかに異なっている。15年も続いた戦争は、1931年9月18日から始まったが、その外交政策論議は、戦争前夜とも言える1920年代の政策をめぐってである。「侵略するぞ」と公言して侵略した国はない。いろいろな理由をつけて侵略的行為の正当づけが行われるのである。そうしないと国民は戦争に参加しないのである。したがって、侵略一般の是非を論じあってもあまり意味がないだろう。

　＜ストップ＞　4人の主張は、当時の日本国内の諸階層の意見の反映であると同時に、現在の国民・子どもの歴史認識・戦争認識とも密接にかかわっていると言え

る。子どもたちは4人の主張に対して、共鳴・疑問・反論を投げかけてくることが予想される。このことに4人の主張（三つの異なった意見）を教材にする意味をみいだしてみた。

4人の意見は、社会科通信で子どもたちに紹介してみる。（資料プリント［1］p.83）

<ストップ>　・ここでは、松岡・田中・幣原・石橋の4人の意見をとりあげたが、この4人にこだわる必要はない。必要な要件は、1920年代の外交政策で異なった主張ということである。
　　　　　・ディベートより3、4人の主張を提示することにより、より多様な意見がからみあうことが可能になる。複雑な歴史事象に対して「賛成」・「反対」、「○」・「×」で判断させることについては疑問を持っている。

2．中国・世界の人々の言い分から考える

　1．の教材は、日本国内の意見であるので「中国ではどのように考えているのだろうか」「世界の人々は、当時の日本の行動をどのように見ていたのだろうか」という意見が出てくることが考えられる。そこで、中国の満州事変の歴史解釈として、中国の歴史教科書をとりあげる（資料プリント［3］p.89）。

　中国の歴史教科書は、よく資料として活用されるが、被害側から加害・日本の行為に対する告発と同時に、当時の内戦の状況を反映して中国国内で共産党と対立していた国民党・蒋介石などを厳しく批判する記述が多い。資料として提示する場合、その点を考慮する必要がある。

　世界の人々の意見も多様であるが、ここでは、「満州国」をめぐるリットン調査団と1933（昭8）年のリットン調査団報告書の採決をめぐる国際連盟総会の様子をとりあげてみる。リットン調査団は、国際連盟からの依頼を受け、中国からの訴えに基づいて「満州国」の実態や満州での日本の行動を調査した。調査団は、インド総督のリットン（イギリス）を団長に、フィリピン副総督のマッコイ（アメリカ）、ドイツ領東アフリカ総督のシュネー（ドイツ）、イタリアのアルドロバンディ伯爵の4人である。

リットン調査団の報告内容

①満州は中国の一部であってべつものではない。
②9月18日の日本軍の軍事行動は、正当な防衛とは認められない。
③「満州国」は、純粋で自発的な独立運動の結果生まれたものとは考えられない。
④中国人は一般に「満州国」を支持せず、日本の手先と見ている。
⑤日本が満州に持っている経済的権益は認める。それを確保するために、新たな条約を結べ。
⑥日本を主とする国際的な共同管理のもとに満州に自治政府をつくる。

　　　　　　　　　　　　（出典：鈴木亮・中山義昭『世界と日本の歴史・10』大月書店）

リットン調査団報告は、日本の行動を批判しつつも、日本と妥協している部分も相当ふくまれている内容であった。この報告書は、国際連盟の総会で討議され採決された。日本が「ノー」と言ったきりで、「イエス」が続いた。賛成42、反対1（日本）、タイは本国からの訓令がまにあわず棄権した。日本代表の松岡洋右は、発言を求め、日本は国際連盟から脱退すると述べ、日本語で「さようなら」と結んで、壇をおりた。中国、世界から当時の日本の行動を見つめさせることが、子どもの戦争認識、歴史像の形成に欠かせないことであろう。

3．友人の意見から考える

4人の主張に対して「私は○○さんの意見を支持します」という意見表明と支持理由を書かせる。その支持理由を社会科通信で公表する。氏名は公表しないで、A、B、Cと機械的にする。氏名を公表するとざっくばらんな意見がでにくいことと成績の序列化が進行するなかで、成績の良い子どもの意見に対して遠慮がちになる傾向を配慮したからである。子どもたちは、友人の意見が紹介されている社会科通信を食い入るようによく読む。このような時は、常に教室内は静まりかえる。なぜだろうか。まず、どのような理由で自分と同じ意見になったのかが気にかかる。さらに、自分とは反対の立場の意見に関心を持つ。そして、そこから討論にまではならなくとも対話、意見交流がはじまっていく。

友人の意見が気にかかるのは、なにも社会科の授業にかぎったことではない。中学生にとってすべての生活のなかで気にかかることは友人の意見・態度である。この思春期特有の心理状態は学びあいを可能にするバネであるともいえよう。したがって、「私は○○さんの意見を支持します」「私は○○さんの意見に反対します」（資料プリント［2］p.86）という友人の意見は、重要な教材となる。教材とは、歴史資料の紹介や写真・映像等だけでなく、自分も含めた友人の意見をも含めるものであろう。友人の意見に接した子どもたちは、友人の意見に、戦争に、歴史にさらにどのように問いかけていくのだろうか。この過程を大事にしていきたい。

<ストップ>　子どもが主体の授業づくりのなかでは、子どもたちの意見、意見交流（討論）の過程そのものが学びの材料である。学びの共同化は、教材論までも含めて幅広く展開されるものと考える。

4．討議の争点を追求する

以上のことを通して子どもたちのなかでいくつかの論議がまきおこり、その論議の争点がだされてくるだろう。この争点が、これからの15年戦争学習の学びの内容──追求の課題となろう。この学習内容は、教師が学習前に見通しを持っているものであるが、それを越えることもしばしばあろう。このような意見からここから学びの共同化が本格的に始まると言える。ここからの学習は子どもたちの学びあいにゆだねられるものである。しかし、このことと教師が学習に対して一定の見通しを持つことと矛盾するものではない。

(1) 国家間の関係の仕方について考えあう

　松岡の「満蒙は日本の生命線」の主張は、「ここに外国の軍隊が侵略してきたら日本もあぶない」という脅威論としてかなりの説得力がある。しかし、この意見に対しては「そんなこと言っていたらどこまでが生命線か」という疑問もでてくるだろう。このことは今日の日米ガイドラインにも共通していることである。ここでは「生命線だ」「新たな戦争の火種だ」という意見のちがいに対して結論をだすことが学習の目的ではない。意見の対立を含んで、国家間の関係の仕方についてお互いに考えを深めていくことが、大切である。戦争もひとつの国家間の関係の仕方である。

　日本は、中国とのかかわり方（進出の仕方）として「満州国」の建国という方法をとった。とらざるを得なかったとも言える。これまで日本は日露戦争によって関東州租借地と南満州を勢力範囲とし、さらに21ヵ条要求で南満州と東部内蒙古での権益を拡大していった。しかし、この行動は列強との対立を深め中国の民族運動の強い抵抗を受けたのである。軍部のなかには、武力による満蒙領有案もあったが、この方法ではなく、「満州国」の建国という方法がとられたのである。そして、皇帝には清朝最後の皇帝・溥儀がついたのである。このことからどのような国家間の関係が見えてくるのだろうか。

　第一は、当時、一方的に中国国土を侵犯することはまかり通る状況ではなかったことである。第二は、溥儀という人物を通してどのようなことが見えてくるだろうか。子どもにとって溥儀はあまりなじみのない人物であり、説明が必要になる。（資料プリント［4］p.90）

　溥儀を知ることにより、中国国内の様子と日本の関係が見えてくるだろう。日本は当時の中国に強い影響力を持っていた国民党、共産党に不満を持っていた勢力と結びつき、日本がそのうしろだてになるという方法で中国への進出をはかっていったのである。このような関係が、日本の繁栄や世界（アジア）の平和につながるのかをともに考えていくと、「私は○○さんを支持します」という意見はどのように深まっていくのだろうか。

(2) 消極論・放棄論はどのようになっていったのだろうか

　子どもたちの意見の多数は、消極論・放棄論への支持であろう。しかし、事態は、進出論にそって進み長い戦争に突入していったのである。そこで、子どもたちは、自分たちのなかでは少数意見であった進出論でなぜ事態が進んだのか矛盾や疑問がでてくる。「変だぞ」「何かあるぞ」という疑問である。この視点がその後の国内の事件や諸政策を追求し、分析していく子どもの主体的な学びとなるのではないだろうか。また、幣原や石橋の意見は、戦争進行とともにどのようになっていくのかについても子どもにとっては気にかかるところである。

<ストップ>　意見のちがい、討論から①史料を集め②批判しあい③そこから新たな史料を調べ④史料を関連させ⑤自分の意見や歴史像をつくっていく過程を大切にした授業づくりが大切である。
　　　　　　子どもたちの間に生まれた争点を整理し、新たな学習課題を設定することは、教師の役割である。

単元のおさえどころ

○「大陸進出論」「消極論」「放棄論」などの1920年代の政策論議を追体験することにより、主体的に戦争・歴史に問いかけさせる。
○日本国内の政策論議を被害側である中国や世界の状況とかかわらせて考えさせる。
○「消極論や放棄論はどうなっていったのか」「なぜ大陸進出論が多数となったのか」など子どもの問いかけを大切にした学習課題を設定する。

授業計画

15年戦争の始まり・満州事変（3時間扱い）
　第1時　1931年9月18日・満州で
　第2時　君は誰の意見を支持しますか［1］―満州をめぐる三つの主張
　第3時　君は誰の意見を支持しますか［2］―中国・世界から考える

【教材研究に使ったおもな文献】
臼井勝美『満州事変』中公新書　1974
馬場伸也『満州事変への道―幣原外交と田中外交』中公新書　1972
鈴木亮、中山義昭『世界と日本の歴史10』大月書店　1988
『対訳　世界の教科書に見る日本シリーズ・中国編』国際教育情報センター　1993
本多勝一『中国の日本軍』創樹社　1972
家永三郎編『日本の歴史6・7』ほるぷ出版　1977
原田勝正『満鉄』岩波新書　1981
草柳大蔵『満鉄調査部』朝日新聞社　1979
坂本雅子『三井物産と「満州」・中国市場』（青木書店『日本ファシズムと東アジア』所収）1977
増田弘『石橋湛山』中公新書　1995
太平洋戦争研究会『図説　満州帝国』河出書房新社　1996

授業の流れ

＜第1時＞　1931年9月18日・満州で

【導入】（「1931年9月18日・満州で」と板書する）『歴史の勉強で年代を覚えることは、とっても大変だ。まして、月日までとなると、もういやになってしまうね。だが、歴史の教科書には月日まで書いてある出来事がある。たとえばどのような出来事かな？』
「二・二六事件」「五・一五事件」「広島への原爆・8月6日」

「8月15日の日本の敗戦」…
『1931年9月18日も大きな出来事のあった日です。それが満州事変で、この日から日本は1945年まで長い戦争を始めたのです』
満州事変とはどのような出来事か、発表させたり、説明する。

【展開1】『1930年代に入ると、日本では大事件が続き、戦争が拡大していきました』
1930年代はじめの出来事を板書する。

<板書>
1931. 9.18 関東軍満鉄爆破（満州事変）
1932. 3   「満州国」の建国
      4   リットン調査団
      5.15 犬養首相暗殺
1933. 8   国際連盟脱退
1936. 2.26 二・二六事件
      11   日独伊防共協定
1937. 7.7 盧溝橋事件（日中戦争）

『そうすると1920年代の後半は、戦争の前夜です。戦争をめぐっていろいろな意見がだされた時期でもあります。その時期に日本の外交やジャーナリズムにかかわっていた4人の意見を紹介します。君は誰の意見を支持しますか』
資料プリント［1］（p.83）を配付し、中国大陸への進出をめぐり4人の三つの異なった意見を読みあげる。松岡洋右・田中義一・幣原喜重郎・石橋湛山の人物紹介をする（教材の研究1）。
子どもたちは、この4人をほとんど知らない。数人の子どもが国際連盟脱退のことで松岡洋右を知っている程度である。
「『在留同胞と巨額の投資に加うる血』（松岡）」「『20億の国幣（国家の財産）を費し、23万の鮮血（田中）』ってなにをさしているのですか」等、いくつかの質問がだされる。
『「在留同胞」とは、満州で仕事をしている日本人のことである。「巨額の投資」「20億の国幣」とは、満州に進出するために使った資本のことである。「23万の鮮血」とは、満州に進出するための戦争で死んだ日本兵、日本人のことです。今まで、どのような戦争があっただろうか』
「日清戦争、日露戦争」
「三国干渉もあった」
『その時の日本の軍事費や戦死者を調べてみるとわかる。資料集を調べてみよう』

【展開2】「満州ってどこですか」の質問もでる。子どもたちにとって満州という地名はあまりなじみがない。
『これから誰の意見を支持するか書いてもらいますが、その前に当時の東アジアの様子がわからないと、自分の考えもまとまらないでしょう』
地図プリント「日本の進出」を配布し、満州を確認する。
「中国の東北部か」
「かなり広い、日本と同じ位の面積か」
『当時の日本の領土に色をぬりましょう』
現在の領土のほか、下関条約で台湾を、ポーツマス条約で南樺太を、そして、1910年には朝鮮を植民地とした様子を地図の上ではっきりさせる。
『満州国は赤で斜線を引きましょう。**問題は、満州をめぐっての大きく分けると三つの異なった意見です。さて、君は誰の意見を支持しますか？**』

B4判4分の1の用紙を配布し、誰とも相談しないこと、自分の立場を明確にすること、どのような理由でもよいから簡単に書くことを指示する。

子どもたちは、自分の意見を書くために、再び4人の主張や地図を読みはじめる。途中で質問する者もでてくる。

『次時で、君たちの意見を紹介します。外務大臣やジャーナリストになったつもりで話し合いましょう』

資料プリント［1］　4人の意見

①松岡氏の意見……「満蒙はわが国の生命線である」

> 今日の満蒙の地位はわが国にとっては、単に国防上重大なるのみならず、国民の経済的な存在に欠くべからざるものとなっている。換言すれば現実問題として見る時、満蒙はわが国防上のみならず、経済的に見てわが国の生命線ともいうべきものとなっている。いわんや、多数の在留同胞と巨額の投資に加うる血をもって彩られた歴史的関係を思う時、ますますわが国の生命線である点において、これをしっかり確保し死守するについて何国何人にも憚る必要のないことは明らかである。
>
> (出典：『動く満蒙』先進社)

②田中氏の意見……「貧国日本の富国日本ならしむべき唯一の方法は支那の資源を利用することにある」

> (満州のために) 吾人が20億の国幣 (国家の財産) を費し、23万の鮮血を流したことを忘れてはいけない。日本内地の資源はすでに限りあり、今後どのように生産力の増産を計っても、工業のほか発展の余地がない。しかし、南満州には (中略)、現在の開発程度に於てさへ、すこぶる好望の数字を示している。将来進んでこれを開拓すれば、帝国のため至大の利益を挙げ得ることは明らかである。(中略) この貧国日本を富国日本にならしむべき唯一の方法は支那の資源を利用するにある。しかもわが勢力圏にして未開の宝庫たる満蒙を開発することである。
>
> (出典：「滞満所感」)

③幣原氏の意見……「東三省 (奉天省、吉林省、黒龍江省) はあくまで中国の主権に属する中国の領土である」

> およそ国際間の不和は、一国が他国の当然なる立場を無視し、偏狭なる利己的見地に執着するところによって発見するものである。これに反してわれわれの主張するところは、竟共存共栄の主義にあります。いまや世界の人心は一般にこの方向に向って覚醒せんとする徴候を示しております。国際連盟の制度のごときも、

この人心の覚醒に根底することは疑いを容れませぬ。みなさんは満蒙における権益権益とよくおっしゃっるし、ある人などは日本の特殊地位などとも言われているが、そんなものはなにもない。東三省はあくまでも中国の主権に属する中国の領土であり、日本の権益とは満鉄とそれに属するものに限られている。これは条約で正当に認められている。

（出典：「第49回帝国議会演説、1924年」）

④**石橋氏の意見**……「満蒙を放棄せよ」

　朝鮮、台湾、満州を棄てる、支那から手を引く、樺太も、シベリアもいらない。（植民地をすべて放棄せよ）ただ平和主義に依り、国民の全力を学問技術の研究と産業の進歩とに注ぐにある。兵舎の代わりに学校を建て、軍鑑（ママ）の代わりに工場を設くる。大日本主義を棄てることは（中略）大なる利益を、我に与うるものになるを断言する。（中略）１、２の国がいかなる大なる軍備を擁するとも、自由解放の世界的盟主として、背後に東洋ないし全世界の心からの支持を。（もってあたればよい）

（出典：『石橋湛山評論集』岩波文庫）

＜第２時＞　君は誰の意見を支持しますか［１］――満州をめぐる三つの主張

【導入】前時に書いた「私は○○さんの意見を支持します」の代表的な意見をのせた社会科通信（資料プリント［２］p.86）を配布する。『４学級の支持率を集計すると表の通りです。強行論８％、消極論30％、放棄論60％です。どうですか。次にそれぞれの代表的な支持理由を紹介してみました。支持率はこのように違います』と資料プリント［２］にのせた友人の意見を読みあげる。

論	人物	人数	割合
強行論	田中	8人	6％
	松岡	3人	2％
消極論	幣原	40人	30％
放棄論	石橋	84人	60％

　子どもたちは真剣に文章を追う。「同じ意見だ」「すごい意見」などと声もでる。氏名を公表していないため文章の書き手が不明である。何組の誰の意見かわからないのである。もしかすると隣にいる友人の意見かもわからない。親友の意見かもわからない。わからないから自由に感想が述べられる。

【展開１】『今日の授業の資料はこの友人の意見です。さあそこで今日は「○○さんの意見に反対します」という形で、友だちの意見に反論してみましょう』とよびかけ、ノートにメモをとらせる。
　『意見を述べてください』
　「私は、石橋の意見に賛成します。Ｉさんの意見に反対です。『満州の為に血を流した』……これは日本のあやまちだったと思う。『戦争して、勝つこと、それが国を富ませるた

めの方法である』?……こんな考え方を持っているからこそ、満州のために戦ったなんという考えがでてくるのだと思います」
「石橋支持者です。Bさんの意見に反対です。はじめは幣原さんの意見もよいと思っていましたが『きちんと世界で認められている権利は自分のものとして使えばいい』ということですが、よく考えてみると不平等条約ではないのでしょうか。日本は日本の力だけでもう一度一からやり直すべきだと思います。戦争ばかりやっていては国民の心はつかめないと思います」
「幣原を支持しています。Nさんの意見に反対です。すべての植民地を放棄してしまい、しかも軍備のすべてを工場や学校としてしまうのは、あんまりもやりすぎだと思います。こんなことは口先だけに終わってしまう。幣原さんの意見は、世界平和の事について口先だけで終わらせない気がします」
　子どもたちの間に意見交換の輪が広がっていった。

【展開2】『「○○さんの意見に反対します」という意見に対してどう思いますか』とさらに論議を呼びかける。
　松岡・田中では侵略、石橋は理想論、幣原が現実的かという意見が大勢を占めている雰囲気であった。その時、女子生徒が、さあっと手をあげた。
「幣原の論理は、不平等条約を前提としている。これでは、平和につながらないと思います」。女子生徒は一気に発言したので顔を紅潮させていた。
　教室の雰囲気は少しかわった。
「そうか。その認められている権利は、不平等なものだ」「すごい意見だ」
『さあ、どうですか。幣原の意見の支持している人はどうかな』
「確かに下関、ポーツマン条約は不平等だと思います。でも日本にとってその条約は大切なものだったのではないでしょうか。当時、条約がなかったら国民は他国から押されていることに不満を持ちはじめ日本はバラバラになってしまったでしょう。しかし、日本は、このあと調子にのって日中戦争へと進んでしまいます。もし、戦争に突入しないでそのままで終わらせていれば、国内に自然と『他の国に対して行なっている不平等条約を改正しろ』という声が上がりはじめたことでしょう。だから、不幸な戦争をしないで、本当の平和のために最低限、あの条約は必要だったと思います」と精一杯考えた幣原支持の意見もだされた。この意見に反論はでなかった。
「私は石橋支持でしたが、田中・松岡支持にかわりました。当時、石橋さんのようなことをしていると結局は自分たちが反対に植民地にされると思います。少し、きついところもあるけれど、それぐらいしないと日本はメチャクチャになると思います」という意見もだされた。
『次の2点が新しい課題となりそうだ。第一は、満州事変を、日清・日露戦争など近代史と関係して考えること。第二は、1920年代に活発な政策論議が行われたのであろうが、日本はなぜ強行論の道を歩んだのかということである。このことをこれからの学習のなかで考えていこう』

資料プリント［2］　君は誰の意見を支持しますか

1. **幣原氏**

A　きちんとやっている所です。たとえば、満州、中国をとることはよくないが、正当な条約で与えられた満鉄での利益に関するものは、いくら取ってもかまわない。などという意見があったからです。みんなが満州、中国進出でもり上がっている時にこれだけ落ちついた考えをもてる事にかんして、とてもすごいなあと思った。
　　使えるものは有効に使い、そうでないものには手をだすなという考えがよかった。

B　きちんと世界で認められてる権利は自国のものとして使えばいいと思う。しかし、それをもとに当然のように東三省に勢力をのばしてしまうということには私は反対。力にものをいわせ、自分のことだけを考えている人は人との間に何も生まれないのと同じで、日本が自国のことだけを考えて勢力をのばせば、そのうち、全世界を敵にしてしまうのではないかな。(これはちょっと言いすぎかもしれないけど……。)自分のものは自分のもの、他人のものは他人のものと区別をしなければ小さな子どもが他人のものに手を出すのと同じだと思う。
　　こんな考えから幣原氏を支持します。

C　"りちぎ"な人だと思った。あまりにも条約などに固まりすぎるかなとも思ったけれどすじが通っていてめりはりがきちんとしている。石橋さんのは理想のようなものだけど実際にするのはとても難しいと思う。

D　条約で正当に認められているなら、満鉄の利益だけでいいと思う。満鉄以外のものはなくっても、日本はやっていけるからわざわざもうけようと思って問題をおこすよりましだ。

E　"東三省はあくまでも中国の領土"ということですが、私はまったくその通りだと思います。
　　なぜならば、日本はリヤオトン半島を租借していたし、南満州鉄道も経営していたので、これ以上手を広げなくてもそれだけで十分だと思ったからです。しかも、条約で正当に認められているのだから、その条約に従えばいいのではないでしょうか。

F　石橋氏の意見も良いと思うが、言いすぎの部分があり、国内で反乱が起きるのではないかと思う。少しずつ納得させていく幣原がいいと思う。

G　石橋氏の意見もいいけど"すべての植民地を放棄"してしまい、しかも軍備の全てを工場・学校としてしまうのは、あまりにもやりすぎ。こんなような事は口先だけで終わってしまう気がします。それに対し、幣原氏の意見は、世界平和の事について口先だけで終わらない気がする。

2. **田中氏**

H　もし、満州を手ばなしたら、23万人の命がむだになってしまうと思う（むだ死）。資源を利用しなければ大工業に発展できない。

I　このころの日本は発展途上国でもっともっと発展しなければ国民も軍人も満足しないと思う。「相手の国がかわいそう」とかは、今となったら考えられるけれど「く

うか、くわれるか」の時代に甘い事はいっていられないし、外国に負けを見ない程の富国になる事が先決だと思う。
J　せっかく支那を手にいれたのに支那の資源を使わない手はない。

3．松岡氏
K　もし満州とかが他国に占領されたりすれば、日本にいつせめてくるかわからなくなるが、本拠地が日本であればアジアからせめるには満州・朝鮮を通るから勢力をおとせる。

4．石橋氏
L　私が石橋氏に賛成する理由は、いうまでもなく今現在、"四島返還問題"に対する日本人の意見そのものです。自分が反対の立場になったら……そんな考えを一番もたない人々を日本人と呼ぶのではないでしょうか。考え方によっては、そんなにも貧国ではないと思うし、人のものをとるというのは、人間としての価値を失ってしまう行動のような気がします。日本人としてはずかしいです。
M　はじめは幣原さんの意見とまよったが、よく考えてみると「条約で正当に認められると」書いているが、この条約は不平等条約だとおもう。
　　それなら、日本も日本の力だけで一からもう一度やり直すべきだと思う。
　　戦争ばかりやっていては、国民の心をつかめないのではないかと思った。
N　私は石橋さんに大賛成です。自分の国のことだけでなく世界全部の平和を考え、自分の国が強くなっても平和のことだけを考えていく。これが人々が一番望んでいることだと思います。
O　植民地を全て放棄し、軍備拡大をやめるという「平和主義・日本」という考え方に同感。結局、この考えが現在の日本の基盤になったのだと思う。
P　この人は戦争をやめさせようとしているから。

＜第3時＞　君は誰の意見を支持しますか［3］——中国・世界から考える

【導入】『ここに「王道楽土大満州の碑」と「平頂山同胞殉難記念碑」の2枚の写真があります。ともに満州事変や「満州国」にかかわったものですが、どのようなものだと思いますか』と2枚の写真を提示する。
　「王道楽土ってどのような意見ですか」
　『日本あるいは「満州国」を建国した人々が建てたのだろう。その意味を推測してごらん』
　「王道楽土・五族協和」と「平頂山同胞殉難記念碑」について説明する。

・「王道楽土大満州国」の碑　山海関角山
　　「満州国」の建国宣言には「王道楽土・五族協和」の理想が掲げられた。五族とは、漢人、満州人、蒙古人、朝鮮人、日本人を指す。日本が中心となって協力しあい、満州にユートピアをつくろうと考えた。（出典：『写真記録　日本の侵略：中国　朝鮮』ほるぷ出版）

・平頂山同胞殉難記念碑
　「平頂山同胞殉難記念碑」は、抗日軍に協力したということで日本軍が、平頂上の村びと三千余人を殺した平頂上事件(1932年)の被害者を供養した碑。(出典：本多勝一『中国の日本軍』創樹社)

『君は誰の意見を支持しますか、ということを中国の人々の主張や世界の動向を考えながら、さらに考えてみよう』

【展開1】『中国からみると松岡や田中の主張はどのように思われるだろうか。日本国内の意見のちがいを被害を受けた中国から見てみよう』
　「侵略以外のなにものでもないと思う」「五族協和・王道楽土などは侵略をごまかすものではないか」「イギリスやフランスが中国各地を植民地にしているが、アジアの日本までもがかという気持ち」
　資料プリント〔3〕「中国の歴史教科書・満州事変」(p.83)を配布する。
　中国の教科書では、満州事変はどのように子どもたちに教えられているか説明する。また、中国各地で抗日の運動がおこり、それに対して平頂山事件にみられるような日本軍の弾圧があったことを説明する。

【展開2】『中国の人々のなかにも「満州国」の建国に賛成し、日本軍に協力した人たちがいました。どういった人でしょうか』
　「え、ほんとうですか」「信じられない」
　「それは、裏切ることになるんではないですか」
　『「中国の歴史教科書」をみてみよう。「抵抗してはならない」「日本軍はまるで無人の地を進むかのようであった」などと書かれている』中国の教科書は、現政権を担っている共産党の立場が強調されていることに留意する。
　『「満州国」の「責任者」や「幹部」は中国人ですよ』
　「だれですか？　その人は」
　資料プリント〔4〕(p.88)を配布して溥儀の人物紹介をする。溥儀は、清朝最後の皇帝であり、映画「ラストエンペラー」もつくられたことを説明する。
　「溥儀は、中華民国の成立に不満を持っていた」
　「再び、中国の支配者にもどることを考えていたんだ」
　『国土の広い中国ではいろいろな政治権力があり、溥儀のような旧支配勢力だけでなく、張作霖・張学良のような中国政府に対して一線を画していた人々もいて、日本と協力していたこともありました。**日本の中国進出は、中国国内の政治状況とかかわって進められていました。どう考えますか**』
　「溥儀たちは、日本のロボットか。中国の教科書にある『傀儡政権』って、そのような意味でしょう」
　「ロボットといえるかな。溥儀たちにも、再び支配者になりたいという希望があったんでしょう」
　「でも、その野望のために、外国である日本に頼ったり、日本の軍部と手をにぎるのは

よくない。自分たちの政策や行動で中国の人々の支持を得るべきではなかったのか」

「日本のやり方、手がこんでいる。利用できなくなると事件をおこして、爆殺する。中国政府に不満を持っている人々と結びついて、進出をはかろうとしている」「内政干渉ではないのですか」

『日本と結びついた溥儀は、その後、どうしたのだろう？』

「『裏切り』『日本の侵略に手をかした』と批判された」「戦争責任をきびしく問われた」「死刑？」

『溥儀は中国にいれば反逆者として処刑されることがわかっていたので日本への亡命を希望した』

「わかる。日本はそうしたんでしょう」

『その途中でソ連軍につかまり、ソ連のハバロフスクの収容所に入れられた』

「中国の人はそれにたいしてだまっていたの？」「処刑した。日本だって戦争責任者は裁判で処刑された。裏切りはもっと罰が重い」

『中国は収容所で再教育をして処刑はしなかった。溥儀は1959（昭34）年に釈放され、平民として北京植物園で庭師として働き、1967（昭42）年に生涯を終えました』

【展開3】『日本のこのような東アジアでの行動を、世界の国々はどのように見ていたのだろうか。中国の訴えに基づいてリットン調査団が、満州での日本の行動を調査し、国際連盟に報告しました』

リットン調査団の報告書を読む（教材の研究2）

「中国に進出しているのは日本だけでなく、イギリス、ドイツなどもそうだ。その国の人が日本のことを批判できるか」「報告書のように満州国は独立したものとはいえない。報告書は、かなり正確だと思う」

『この報告書は国際連盟でどのように採択されたのだろうか』

国際連盟の臨時総会での採決の結果と日本の態度について説明する（教材研究2）。そして再び『では、君は誰の意見を支持しますか』と問う。

資料プリント［3］　中国の歴史教科書・満州事変

　九・一八事変の策動　近代以来、日本帝国主義は絶え間なく中国を侵略してきた。1929年、資本主義世界は深刻な経済危機に陥り、日本帝国主義は経済危機から逃れようとして、中国侵略の速度を速めた。駐中国東北部の日本関東軍は、1931年9月18日夜、南満州鉄道の柳条湖で線路の一部を爆破し、中国軍の仕業だと偽った。日本軍はこれを口実に、東北軍駐屯地の北大営を爆撃し、瀋陽を占領した。これが即ち九・一八事変である。

　蒋介石は東北辺境防衛軍司令官張学良に、抵抗してはならないと命令した。東北軍10万人余は山海関内に撤退し、日本軍はまるで無人の地を進むかのようであった。半年と経たないうちに、東北三省100万平方キロ余りの美しい国土はすべて敵の手に落ちたのである。東北の3,000万の同胞は、日本軍の鉄蹄の下で虐げられ、ありとあら

ゆる恥辱を嘗めたのである。(中略)
　偽満州国傀儡政権の確立
　1932年、日本は清朝最後の皇帝溥儀を擁して、長春にて偽満州国傀儡政権を樹立し、東北を中国から引き離した。東北三省は日本帝国主義の植民地へと零落し、東北人民は恥辱的な亡国民の生活を送った。
　　　　　(出典:『対訳　世界の教科書に見る日本シリーズ・中国編』国際教育情報センター)

　資料プリント[4]　ラストエンペラー

　溥儀（1906～1967）
　中国清朝最後の皇帝。(在位1908～1911年) 光緒帝の弟の長子として生まれ、西太后の意思で3歳で皇帝に即位した。辛亥革命によって退位後も中華民国臨時政府の優待条件にあり大清皇帝の尊号を保持したが1924年優待条件を取り消された。それ以前も以後も清朝再興の望みを捨てなかったが、1932年、日本の関東軍の働きかけを受け入れ、「満州国」の執政につき、皇帝となる。
　　　　　　　　　　　　　　　　　(出典:『昭和の歴史4』小学館)

●授業を終えて――子ども論の視点から――

歴史に問いかけながら学ぶ子どもたち
　○**自分の意見とかかわりながら歴史を学ぶ**
　4人の意見を紹介して「君は誰の意見を支持しますか」と問いかけると子どもたちは資料プリントのように多様な意見をだしてくる。数字的には、多数の消極論・放棄論の支持と少数の強行論となった。
　しかし食うか食われるかという時代で、そんな甘いこと（消極論・放棄論）いっていると日本もやられてしまうという意見は、子どもたちに強いインパクトを与え、討論では互角となって話し合いが進む。子どもたちは、異論とぶつかり、ワイワイガヤガヤ、ハラハラドキドキの討議が始まった。このことが学びの原動力となっていく。
　幣原の意見は、一番反対論が少ないのであるが、この意見に疑問をもっていた子どもは、どこが問題なのかを必死で考え「日清・日露戦争での日本の大陸進出を認めている」ことに気がつき、幣原の意見では、必ずいつか朝鮮や中国から反発がでて、平和につながらないと自分の意見をつくる。石橋支持から正反対の松岡・田中支持に意見をかえる子どももでてくる。
　はじめの意見で進むとは限らない。自分の意見にかかわりながら歴史の事実を追い、資料を見つめ、資料批判・資料解釈をしていく。子どもたちは、歴史・戦争の経過の学びから事実を解釈する学びのスリルを味わっていく。

○子どもたちの意見の争点から学びの内容を

子どもたちの意見交流・討論のなかから争点がみえてくる。「石橋の意見がいいと思うのに、なぜ当時の国民の支持を得なかったのだろうか」「私たちのなかでは少数派の意見がなぜ多数の支持を集めたのだろうか」「石橋の意見は理想論か」「幣原の意見は律儀か」などこの学習だけでは解決できないいろいろな学習問題がでてきた。この争点がこれからの15年戦争の学習をしていく視点となる。

第一部-7.

学校は何を歓迎したのか
── 中学校社会科歴史学習の内容と教育づくりのポイント ──

＊掲載誌：臼井嘉一・柴田義松編著『新版 社会・地理・公民科教育法』学文社　2009年4月

１．中学校社会科歴史授業づくりの目標とポイント

　中学校社会科教員は、ほとんどの公立中学校では担当の生徒と共に学年を上がり地理、歴史、公民の三分野を担当している。三分野の中で得手不得手に関わりなく指導時間をかけるのが歴史的分野であることが一般的である。
●中学校社会科歴史学習は次のような課題を抱えている。

(1) 通史的な扱いの問題

　高校では、世界史が必修であり日本史は選択となっている。従って、中学校での歴史学習がとりわけ日本の歴史を学ぶ最後になる場合もある。そこでこの間、別表の通りに中学校歴史分野の授業数が削減されても原始古代から現代までの通史的学習は変更されることはなかった。このことは範例的扱い（２～３つの国を学ぶなど）をしてきた地理的分野との違いであった。今回（2008年告示）の学習指導要領により授業数は増えたとはいえ、どのように通史的な学習を進めるのかという課題は変わっていない。

(2) 歴史教科書の問題

　ここでいう教科書問題とは、国際的・社会的に大きな話題となっている戦争の記述などをめぐることではなく、全体がスリム化し生徒が読んだだけでは理解できにくくなったことである。教科書は、多くの場合に見開き２ページで１時間扱いで構成されている。その２ページの中にいくつもの図版が掲載され本文が少なくなっているのが特色である。体にたとえると骨格ばかりで肉が少ない内容のために解説を聞かないとわかりにくいものとなってきている。このことは授業づくりにとって大きな問題である。

(3) 少ない世界の扱い

　学習指導要領では「世界の歴史を背景」に「我が国の歴史」「我が国の伝統と文化」「我が国の歴史に対する愛情」と「国民としての自覚」を育てることが目標とされ世界の扱いは従来通り後景とされている。これが教科書となるとヨーロッパ人渡来の背景として１時間でルネサンス、大航海時代、宗教改革、オランダなどの独立などを学ぶことになるのである。中学校社会科歴史での世界の扱いはサンドイッチのパンに挟まっている具に例えられてきたが、昨今、その具は限りなく薄くなってきている。学習指導要領では一方では「国際協調」を説いているが世界の知識が少ない中で育つかは疑問である。

歴史的分野の授業数	
1958年	175時間
1968年	175時間
1978年	140時間
1989年	140時間
2002年	105時間
2008年	130時間
＊三分野制以降の授業数	

●指摘すればきりがないが以上の3点を課題として挙げてみた。この課題と関わって中学校社会科歴史授業づくりの目標とポイントを次のように考えた。

1. 1時間の授業づくりを年間プラン＝教科カリキュラムとの関係で構想しないと出来にくい状況があるが、このことはベテラン教員でも難しいことである。教科書をそのまま教えるのではなく教材にメリハリを付け授業づくりを進めたい。
2. 1のことは教員にとっては授業づくりの構想力を付けることにつながり、生徒の主体的な学びの保障につながる。思春期を迎えている中学生は、自分くずしと自分づくりの葛藤の中で友人の意見を知りたいのである。教材を重点化し問題解決的な授業を大切にしたい。
3. 中学社会科教員は一人で日本も世界も指導し両者をつなげる授業を構成できる立場にいることを生かしたい。実はバラバラに教えているために織田信長、豊臣秀吉とガリレオ・ガリレイが同時代に生きていたことに生徒は大変な関心を示すのである。
4. 生徒に（学生の）暗記社会科のイメージは浸透している。知識を身につけてから思考力（考え力を付ける）という段階論的な学力観ではなく生徒の学びを丹念に見つめながら授業の在り方を立体的に創る意識的な視点が教員としての力量形成につながる。

２．中学校社会科歴史学習の内容と教材づくりのポイント

筆者の「戦争中（第二次世界大戦）の国民生活」の授業をとおして内容と教材づくりを考えてみる。

(1) 戦争を優先する生活

ねらいは、戦争が長期化すると軍需生産の優先、戦争に総動員する生活に大きく変化したことをとらえることにおいた。授業づくりにあたって大切にしたいことは先行実践から学ぶことと教科書研究である。とりわけ教科書研究は、使用している教科書以外のものをも調べたい。

(2) 教材づくりの方法

ねらいは、戦前（あるいは戦争初期）と戦争が激しくなった時期の国民生活の変化であるから、教材は"変化"がわかるものに焦点を絞っていく。

①教科書の教材

教科書、資料集では何を教材にしているか、数社の教科書を調べることから教材探しを始める。

東京書籍	教育出版	清水書院
・学徒動員 ・集団疎開 ・泰緬鉄道で働く人々 ・日本軍による犠牲者の記念碑	・日本軍による犠牲者の記念碑 ・太平洋戦争の地図 ・ビルマの油田を侵略する日本軍 ・「撃ちてし止まむ」の標語	・「学べ日本語ヲ」 ・ソウルの朝鮮神宮 ・校庭に畑をつくる女学生 ・集団疎開する児童

使用数が一番多い東京書籍における日本国内の教材を考えてみる。学徒動員、集団疎開とも戦前と戦中の"生活の変化"に迫ることができる教材である。しかし、学徒動員（1943年10月21日に明治神宮外苑競技場で行われた学徒出陣壮行会の写真）は、それまで大学生に兵役延長措置があったという知識がないと変化がわからない。キャプションでは「それまで徴兵を猶予されていた学生も、戦局の悪化にともなって動員され、戦場に送られることになりました」と書かれているが、このことについて補足説明するには次のようなことを調べておく必要がある。

・学徒出陣とは、1943年に兵力不足を補うために旧制高校・大学の学生には26歳まで徴兵の猶予が行われていたことを改め20歳以上の文科系（基本的には）の学生を在学途中で徴兵するようになったことである。
・兵役法は、次のように改定されていった。
　　1941年……大学、専門学校の修業年限を3ヶ月短縮し、臨時徴兵検査を実施した。
　　1942年……高校の修業年限を6ヶ月短縮した。
　　1943年……在学徴集延期臨時特例を実施し、理科系と教員養成系を除く文科系の学生の徴兵延期措置を撤廃し、各地で学徒出陣壮行会を実施した。
　　1944年……徴兵年令を20歳から19歳に引き下げた。

　東京書籍では、導入教材と考えたようで、ページの最初に大きな写真を用いている。学徒動員をどの程度扱うかはさまざまであろうが、導入教材としては、かなりの説明を要し、重い感じがするので筆者は導入では学徒動員を扱わない。また、疎開についてはかなりの生徒がすでに知っているので、新鮮さという意味ではインパクトが弱い。

②地域教材から"生活の変化"を考える

　そこで**A地域教材**（1927年）と**Bアサヒグラフのイラスト**（1943年）を使用した。Aの写真は、地元の千葉県市川小学校の100周年記念誌にある1927年5月5日（第一次世界大戦と第二次世界大戦の戦間期）の全校集会の歓迎会の様子である。Bのアサヒグラフのイラストは1943年（学徒出陣と同時期）のものである。この2つの教材（教具でもあるが）から考えることは次のことである。

1927年市川小学校では何を歓迎するために全校集会をしているのか

③授業の実際

　★市川小学校で歓迎しているものは何？（はてなを探す）
　T　今から約80年前、5月5日の祝日に市川小学校では何を歓迎するために全校地域集会を行っているのだろうか。
　Pたち　入学予定の子ども、天皇陛下、外国人、人形　など
　T　資料を確認しよう。Aは、1927年の出来事、1931年は（生徒・満州事変）、1937年からさらに中国全土の戦争が拡大、1941年は（生徒・太平洋戦争）戦争が東南アジア、太平洋に拡大される。Bは1943年のことですよ。
　Pたち　戦地から帰ってきた兵隊、これから戦地に行く兵隊、両方。
　T　Aばかり見ていてもわかりません。Bの資料を見てください。
　Pたち　何の絵だろう？
　T　○○さんがわかったようです。
　○○さん　　外国の人形

T　外国の人形をどうしようとしているの。
　Pたち　敵国のものだからといって集めて壊している様子。
　1927年、米国のギューリックと日本の渋沢栄一らによって日米親善のための両国の人形交換（米国から1万2739体、日本から58体）が行われ、「青い目の人形」は、朝鮮、台湾を含め当時の日本の幼稚園・小学校などで盛大な歓迎式をして迎えられた。しかし、その人形は約15年後になると敵国のものとして処分の対象とされたのである。この光と陰が戦前と戦中の「生活の変化」を表している。
　★ナンシーメリーちゃんの人形
　歓迎しているものは米国から送られてきた「青い目の人形」であることを確認し、童謡『青い目の人形』を聞くと同時に処分されないで現存している人形の写真を見せた。千葉県では当時、214体の人形が県内に配布されたが現存しているのは10体である。ナンシーメリーちゃんはそのうちの一つで佐倉市佐倉幼稚園にある。実はお借りしたかったのであるが輸送に耐えきれない傷があるために写真とした。生徒の目は、この写真に集中し「なぜ、現存しているのか」という新たな「はてな」も出された。園長先生から聞いた人形の経過の話に生徒は集中したと同時に教室内にほっとした安堵感が漂った。しかし、生徒が学んでいる千葉県市川市では1体も残っていない（配布は10体）。教室はシーンとなる。驚き（意外性）、怒り、共感を学びにつなげたいと考えている。

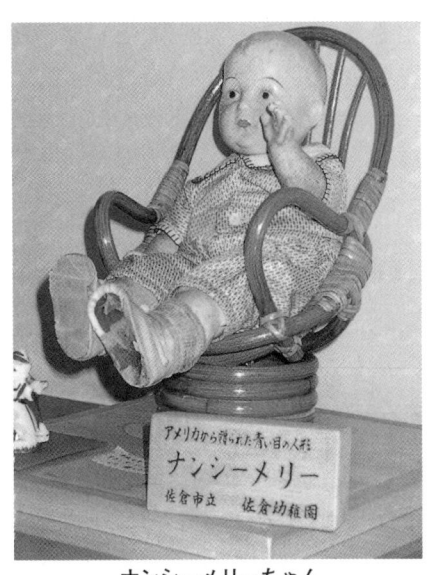

ナンシーメリーちゃん
（千葉県佐倉幼稚園在）

　★「大歓迎」から「処分」へ→人々の生活はどうなったか
　同じ「青い目の人形」が、ある時は大歓迎され、時代が変化すると処分の対象とされた。この扱いの違いが戦前と戦中の「生活の変化」である。この事実を、時代の流れに左右されないで保存した人への共感をとおして学ぼうと考えたのである。これまでで約25分間、1時間の半分を要した。このあとは、「人形でさえこのように扱いが変わったのだから、人々の生活はどうなったのかを教科書・資料集で調べて、気がついたことを報告しあおう」と呼びかけ、疎開・勤労動員・学徒動員・標語などを学びあった。
④授業づくりと教材づくりのポイント
　この授業からポイントを考えてみた。
　ⅰ　すべての生徒が授業に関心を持つ導入教材の選択
　　学徒動員は、理解する上でかなりの知識が必要であり、理屈が優先してしまいがちである。中心教材には、意外性、共感などが必要であり写真とイラストを使用し、学徒動員は、生活の変化の一般化で扱うようにした。
　ⅱ　「はてな」型の教材提示
　　教材が生徒に関心を引いても、教員がそれを説明してしまってはもったいない。生徒が教材を主体的に読み取る提示を工夫したい。教材を問題解決的に提示する工夫で

ある。その発問が「市川小学校では何を歓迎しているのだろうか」という「はてな」である。Aの市川小学校の歓迎会は地域資料でもあり、当時の学校・子どもの様子などに関心が向く。しかし、Bのアサヒグラフのイラストを読み解かないとこの「はてな」は解明されない。生徒の視線はAからBへと移っていき「青い目の人形」に行き着いた。

　　ⅲ　歴史認識を深める教材

　　　　この授業で生徒は、主に２つのことから戦争中の生活を考えた。第１は、何を歓迎しているかを考えあったことであった。この問題は「青い目の人形」で解決した。人形に扱いの変化「ひどいよ」「おかしい」という意見は大切にしたいが、まだ戦争政策を優先する政策を外から見て告発する歴史認識に留まっている。生徒がより深く戦争中の生活を考えたのは、ナンシーメリーの写真を見た時である。この写真は、処分されているはずの人形が存在していることを示したものであるから、「なぜ、あるの」ということを考えざるを得なくなる。これが第２に考えあったことである。この問いには、「誰が持っていたの。処分しなかったの」「その人は大丈夫なの」などが含まれ、国家総動員体制や軍の方針とのかかわりで人形の存在を考え、「ひどい」という告発だけではすまなくなる。なぜ、佐倉幼稚園には残っていたのか、その背景に人形を守った人々がいて、その人への思いを考えた時に戦争の実相に思いをはせることになる。人形の存在に「ほっ」とすると同時に、戦争の「怖さ」を感じ取っていくのである。ナンシーメリーの写真は、導入教材ではなく、歴史認識を告発だけでなく深める教材である。また、地域と日本と世界（米国）をつなげて考えることもできる。

　　　　教材を、①導入教材、②授業展開の中で考えを深める教材、③まとめの教材と整理することも大切である。

　　ⅳ　生徒が創造的に歴史像を描き出し授業づくり

　　　　歴史学習は時系列を学ぶことであり、系統的な学習であるから問題解決的な学習はなじまないという意見もある。しかし、上原専禄が50年以上も前に指摘した「多く行われてきた歴史教育というものは、たかだか歴史知識の伝達に過ぎなかったのではあるまいか。歴史の学習とは、教科書や参考書に書かれている歴史的事実や事件を知識として受けとることではなく、それに記されていることをいわば一つの見本として、生徒自身が歴史像を創造的に描き出そうとする試みのことだ」（『歴史地理教育』創刊号）という指摘は今でも未解決といえる。生徒が歴史像を創造的に描き出す歴史学習を深めることが、授業づくりや社会科の学力像を豊かにすることにつながると考える。

３．中学校社会科歴史の学習指導案の作成

紹介してきた授業の学習指導案は次のとおりである。
(1)　単元名　　第二次世界大戦とアジア（通常は教科書の節＝小単元でよい）
(2)　単元目標　①第二次世界大戦の要因と日本の対応、国内、世界（特に日本が侵略したアジア）の人々の生活の様子を理解させる。
　　　　　　　②戦争の終結のしかたをドイツ、イタリア、日本と比較して理解させる。
(3)　指導計画＜４時間扱い＞　①第二次世界大戦と日本……１時間

②戦争中の人々の生活……1時間（本時）
③戦争の終結……2時間

(4) 本時の展開
　①目標　戦争が長期化し、日常生活が戦争優先の生活となったことを理解させる。
　②展開

	学習内容と活動	指導上の留意点	資料	時配
1	プリントを見て、市川小学校では何を歓迎しているのか考えあう ・天皇、兵隊、子ども、外国人、人形など	・2つの資料を関連させて考え合わせる ・友人と話し合ってもよい	・市川小学校での歓迎会の写真 ・アサヒグラフのイラスト	10分
2	米国からの青い目の人形であったことの感想を述べる 1927年…大歓迎 1943年…処分 **同じものが違う扱い**	・同じものが時代（状況）によって扱いが違うことに注目させる	・年表 ・童謡「青い目の人形」（音楽）	5分
3	残っている人形の存在を知る **なぜ残ったのか考える** ・千葉県…214中10個	・残っている人形の存在に注目させ、なぜ残っているのか、その背景について考えさせる	・ナンシーメリー人形の写真	10分
4	人形の扱いの変化だけでなく生活の変化について調べ発表する ・疎開…都会から地方へ　親戚へ　先生と集団で	・自分たちで調べあうことを呼びかける		
	・勤労動員…学校に行かず工場などで働く ・学徒動員…大学生などの徴兵延期がなくなる ↓ **戦争を進めることが優先された（国家総動員体制）**	・授業のキーワードを考えさせる		25分

　③評価
　　・戦前と戦争が激しくなった時の生活の変化の現象を知り、その要因（戦争優先の政策）を考えることができたか。
　　・2つの資料を読み取ることや人形を処分しなかった人の想いを想像することができたか。また、教科書、資料集から生活の変化をまとめることができたか。

参考文献
千葉県歴史教育者協議会編『学校が兵舎になったとき』(青木書店)・宇野勝子論文
歴史教育者協議会編『学校史で学ぶ日本近現代史』(地歴社)
是沢博昭『渋沢研究6号』所収の論文
なお、青い目の人形は全国に配布されたので各地での掘り起こしの研究がある。

第一部-8.

ローマを見た４人の少年から見える世界と日本

＊報告：第57回歴史教育者協議会全国（広島）大会第19分科会　2005年7月
＊参照：柴田義松・監修『子どもと教師でつくる教育課程試案』日本標準　2007年8月

1．「世界」と「日本」のつながりが必要なわけ

　本報告は、中学校社会科歴史における「世界」と「日本」のつながりを考えることである。「週3時間の歴史学習」となり、「世界」の扱いが削減された。歴史学習が、自国史中心の傾向が一層強くなった。このことは、「つくる会」教科書のように日本の「伝統」「愛国心」などに利用するのは論外としても、中学校社会科歴史学習にどのような課題を投げかけているのだろうか。筑波大学付属駒場中学校（中1歴史）の実践から考える。

(1) 思春期を支える中学校社会科での学び

①私は、中学生は、「第二の誕生」で次のような学びが好きであると考えてきた。（田中昌弥『中学生の世界』大月書店参照）

　　①どうしてそれがいえるのか（証拠）
　　②それは誰の視点から見たものなのか（視野）
　　③その出来事や仕事は他とどのように関係しているのか（関係）
　　④事情が変わったらどうなるのか（仮定）
　　⑤なぜそれが大事なのか（意味）

②このような学びを保障するために『思春期を支える』歴史学習の構想を追究してきた。（『思春期を支える学び』・「教育」2002年3月号、『教育課程のルネサンス』民主教育研究所2003年発行参照）

③さらに「つくる会」教科書が中学生にふさわしくないと考える理由は、内容面だけでなく中学生の学びを「拓く」（歴史解釈の多様性を保障する）能動的なものではなく「閉じる」、一番嫌う「押しつけ」であること。（「つくる会」教科書の「考えてみよう」「やってみよう」参照）

④子どもたちの声（受験以外に社会科を学ぶ意味をあまり見いだしにくい）から暗記社会科の克服が益々必要である。これまでも「子どもたちの主体的な歴史学習・社会科学習」として提起されてきた。しかし、時間数の削減の中でその展望が見えなくなってきている傾向もある。一つの方法として「基礎的知識をつけてから考える」という機械的な構図から、「知識をつける」ことと「考える」ことの往復活動としての動的な授業論・学力論が必要であると考えてきた。（『クレスコ』2005年5月号参照）

(2) 思春期を支える学びと「世界」

　前述の5つのどれひとつにでも興味を持ったとき、子どもたちの歴史認識は、自国史だ

けでなく、国境を越え始める。思春期を支える学びのために授業削減＝世界の扱いの削減、従来の世界の扱いの死守ということではなく「世界」と「日本」のつながりを考えることが、思春期を支える中学生社会科歴史学習の教育課程づくりに求められている。

(3) 教科書の中の「世界」と「日本」

日本書籍	東京書籍
第一章　人類の誕生と古代社会 １．人類の誕生と古代文明 　　（３時間扱い） 　・人類が誕生する 　・古代文明がはじまり、世界宗教がおこる 　・中国文明が広がる	第二章　古代までの日本 １．文明のおこりと日本の成り立ち 　・人類の出現と日本列島 　・文明の発生と東アジア世界 　　（２時間扱い） 　＊節のタイトル
第二章　近世社会の成立と発展 １．ヨーロッパの世界進出 　▲ユーラシア大陸が一つにつながる 　①イスラム世界の成立（７世紀） 　②モンゴル帝国と東西文明の交流（13世紀〜） 　③ヨーロッパ社会の発展と宗教改革（12〜16世紀） 　・ルネサンス、宗教改革 　▲ヨーロッパ人が世界にのり出す 　①新航路の開拓 　　香辛料　ポルトガル　スペイン　コロンブス　マゼラン 　②アメリカ大陸の征服 　　アステカ帝国　インカ帝国 　③ヨーロッパ人のアジアへの登場 ２．武家の全国統一 　▲ヨーロッパ人が渡来する 　①鉄砲の伝来と南蛮貿易 　　種子島　南蛮人 　②キリスト教の伝来 　　ザビエル　キリシタン 　③少年使節	第四章　近世の日本 １．ヨーロッパ人との出会いと全国統一 　▲鉄砲とキリスト教の伝来 　①戦国の動乱 　　城下町 　②鉄砲とキリスト教の伝来 　　フランシスコ・ザビエル 　　キリスト教 　③キリスト教の広まり 　　南蛮人 　▲ヨーロッパ人の来航の背景 　①アジアの物産を求めて 　　ルネサンス 　②アメリカ大陸の植民地化 　③宗教改革とイエズス会 　　宗教改革 　④オランダの興隆 　▲織田信長・豊臣秀吉による統一 　授業 　＊２時間扱い 　　ルネサンス〜大航海・宗教改革を 　　１時間扱い

3．江戸幕府の成立と政治 4．新しい時代の動き	
第三章　近代国家の成立とアジア 1．ヨーロッパの近代化と世界 　▲市民革命が近代化を進める 　①市民階級の成長 　　東インド会社　専制政治 　　権利章典　独立戦争 　　アメリカ合衆国 　②啓蒙思想の広がり 　　啓蒙思想家　三権分立 　③フランス革命 　　三部会　国民会議 　　フランス革命　人権宣言 　　市民革命 　▲産業革命が社会を変える 　①資本主義の発展 　　奴隷貿易　資本家　資本主義 　②イギリスの産業革命 　　蒸気機関　産業革命 　③19世紀の欧米諸国 　　チャーチスト運動　二月革命 　　男子普通選挙法　南北戦争 　▲欧米諸国がアジアに進出する 　①イギリスのインド支配 　　植民地　ムガル帝国 　　セポイの蜂起 　②中国の抵抗と不平等条約 　　清　アヘン戦争　南京条約 　　太平天国 　③強国のアジア侵略 2．開国 　・日本が世界のうねりに組み込まれる	第五章　開国と近代日本の歩み 1．欧米の進出と日本の開国 　▲近代革命の時代 　①ヨーロッパの繁栄 　②アメリカの独立 　　独立宣言 　③フランス革命 　　フランス革命　人権宣言 　▲産業革命と欧米諸国 　①産業革命 　　産業革命 　②資本主義の社会 　　資本主義　社会主義 　③19世紀の欧米諸国 　　南北戦争 　▲ヨーロッパのアジア戦略 　①イギリスのアジア貿易 　②アヘン戦争 　　アヘン戦争　太平天国 　③インドの植民地化 　　インドの大反乱 　④ロシアのアジア進出 ▲開国と不平等条約

＊東京書籍…章、節など世界史的事項を「我が国の歴史を理解する際の背景として我が国の歴史と直接かかわる事柄を取り扱うにとどめる。」（学習指導要領「内容の取扱い」(1)の(イ)という視点が強く出されて構成されている。
＊<u>教科書は分析する必要があるが、教師の授業の構想力が求められている。</u>

2. 世界と日本をつなぐ歴史学習の試み
　　—ヨーロッパの世界進出を例として

(1) 試みとは

①中学校の歴史学習における世界の扱いは「サンドウィッチ」的である。世界の学習はその「パンの中に挟まれた具」に例えられてきた。
②週3時間歴史の中で、サンドウィッチの「具」は、「『世界の古代文明』については、中国の古代文明を例として取り上げ」（学習指導要領「内容の取扱い」（3）ア）に見られるように限りなく薄くなってきている。
③週3時間歴史の「かたち」を考えるに当たり、世界の扱いは、重要な課題である。
④私は、世界の扱いについて次のように考えている。

> ア　可能な限り「背景として」の世界ではなく、同時代史として世界と日本を結びつける。出来事の原因や影響などを考えていくと、歴史学習は、国境を越え「世界」と「自国史」のつながりにまで及ぶのは至極当然なことである。
> イ　中学校の現状から、ひとつの方法として現実的には、「トピックス」的世界の扱いも考える。

⑤今回の実践は、日本書籍の教科書をもとにして「近世社会の成立と発展」における「ア」の「試み」である。

(2) 授業づくりの構想（プラン）

教科書	マイプラン
1．ヨーロッパの世界進出（2時間）	1．ヨーロッパの世界進出と日本
①ユーラシア大陸が一つにつながる。	①「ローマを見た4人の少年」
・イスラム世界の成立	・NHK「堂々日本史」の視聴
・モンゴル帝国と東西文明の交流	・「わかったこと」「もっと知りたいこと」
・ヨーロッパ社会の発展と宗教改革	「疑問に思ったこと」を書く
②ヨーロッパ人が世界にのり出す	②なぜ、王子として歓迎されたのか
・新航路の開拓	・少年使節4人の8年間
・アメリカ大陸の征服	・なぜ、王子なのか　4人の要望か
・ヨーロッパ人のアジアへの登場	ローマ教会の考えか
2．武家の全国統一（1時間）	・当時のヨーロッパ社会の様子
①ヨーロッパ人が渡来する	宗教改革後　オランダの独立
・鉄砲伝来と南蛮貿易	ガリレオの研究
・キリスト教の伝来	③なぜ、南アフリカ周りなのか
・少年使節	・西アジアの様子
	・オスマントルコ

	・大航海時代とアメリカ大陸
	④4人のその後・信長から秀吉へ
	・南蛮貿易
	・8年間の日本の出来事
	・信長と秀吉

①NHKテレビ「堂々日本史・ローマを見た4人の少年」を軸に構成する。
　（少年使節で世界と日本をつなげる。）
②4時間で構成する。（実践校は、週4時間の歴史　完全パイ　1・2年週2時間）
③調べ学習…「期末テスト」レポート提出　配点8点

3．授業・「ローマを見た4人の少年」

(1)　NHKテレビをプリントに書き込みながら見る

→プリント資料（略）

(2)　学習テーマをつくる

→プリント資料（略）

(3)　見えるものから見えにくい背景を考えあう
①「なぜ王子なの」「盛大な歓迎なの」
K君「ローマはアジアにキリスト教を広めたかった。4人に日本に留まらずアジア全体に広めてもらうことを期待していた。この裏付け（証拠）は、盛大な歓迎イベント、わくわくしながら帰った4人をあげることが出来る。そして最大の事実は、トルコなどイスラムの世界を見せなかったことである。」（関係、視野）
KU君「なぜ、4人がローマに行くことになったのかとも関係している。行くことになった目的は①ローマ教皇とスペイン、ポルトガル両国王が日本宣教の経済的、精神的援助を依頼したこと。②日本人にヨーロッパのキリスト教世界を見聞、体験させ、帰国後にその偉大さを少年達に語らせることにより布教に役立てること。以上の2点をバリニャーノが発案し九州のキリシタン大名に提案した。派遣する基準は＜容姿端麗なこと・長旅に耐えられる健康・語学、勉学にすぐれていること＞などであった。（関係、証拠）
O君「1582年、九州のキリシタン大名の大村純忠、有馬晴信、大友義鎮が宣教師の勧めに従って、4人の少年を派遣した。その理由は、①ローマ法王に対して日本のキリシタン大名が敬意を表すため　②キリスト教の日本での布教事業にさらなる援助をお願いするため　③イエズス会の約30年にわたる日本での布教活動の成果をヨーロッパに宣伝するため　④海外にあまり出たことのない日本人にヨーロッパ諸国の繁栄と文化を見聞させるため」（関係、視野）

O君「1579年頃、キリスト教の日本での布教事業は、あまり進展していなかった。大名の改宗も南蛮貿易の利益をねらったものも多かった。そこでバリニャーノは、大改革に乗り出した。セミナリオなどの神学校をつくり、布教活動の再建をめざして、少年をローマに派遣した。」(視野、仮定)

S君「布教長のカブレラは、日本人を嫌悪し、西洋文化を学ばせなかった。また、日本文化を軽視した。そのために大名とうまくいかずイエズス会が頼りにしていたポルトガル貿易収入もあまり得られなくなってきた。バリニャーノは、カブレラを退け日本文化の尊重と日本人の教育をはじめた。そうすれば多大な尊敬を受け、布教しやすいと考えた。この目的を達成するために少年達を派遣した。」(関係、視野、仮定)

M君「4人の少年がローマに行った頃、ヨーロッパは東アジアをどのように思っていたのだろうか。当時、ヨーロッパの大国であったスペインの無敵艦隊が、イギリスに敗れた。当時はスペインの衰退とイギリスの成長の時期であった。1600年、イギリスが東インド会社を作り、オランダ、フランスも続いた。東インド会社は、東洋貿易のための会社である。商圏拡大のために植民地経営にも従事していた。インドもその対象であった。ここで得た物産が、産業革命を支えることにもなる。武力でアジアを植民地にする方向に向かっていた。ということは、日本人がローマであれだけ歓迎されたのであれば、少なくとも植民地的な意識はなく、友好であったようだ。この少年使節当たりを境にアジアに対する見方が変わっていったのだろうか。ただし、4人が行ったのは、イギリスではなくイタリアである。ならば、アジアに対する認識に差があったことである。イギリスはインドで大量の物資を得ていた。4人もそれを見ていて、危機感を感じていたであろう。すくなくともイギリスへ行ったならばあれだけ歓迎をされたか疑問である。」(関係、仮定)

②「なぜ、南アフリカ周りなの？」

K君「1453年にオスマントルコが東ローマ帝国を滅ぼした。オスマントルコは、16世紀中ごろまでにバルカン半島やイラクを含む大帝国となった。…（中略）少年使節が中東を通らなかった理由は、①オスマントルコが領土内を通るときに高い税をかけていた。②トルコやその周辺の国々はイスラム教徒なので対立を避けたかった。③その先のハンガリーあたりもプロテスタントがいた。④キリスト教は、十字軍のことでイスラム教と対立していた。などが挙げられる。」(関係、証拠)

　　→西アジアへの関心
　　「十字軍」「オスマントルコ」「イスラム教」などにさかのぼる

(4) 期末テストとしてのレポート作成
　　テーマ「4人の少年がローマに行った頃の日本・世界」　　　　　→別紙（略）

4．中学校社会科歴史の「かたち」を求めて

(1) 授業づくりで大切にしたこと…知識の獲得と考える力を育てる

（授業を構成している3つの要素）

授業を振り返ってみたい。この実践は、主に3つのことで構成されている。

〈1〉テレビを視聴し、新たな事実を知る。

 1．わかったこと
　(1)　4人の少年の生涯
　(2)　明るいイメージがあったが、実は
　(3)　キリスト教弾圧のすごさ
　(4)　キリスト教信者が15万人もいたこと
　(5)　4人のその後がバラバラ
　(6)　4人のその後について余り知らなかった
　(7)　4人の存在価値がなかったのか
　(8)　バリニャーノが、偽りの対話集をつくったこと
　(9)　当時の教皇は、グレゴリオ13世だった
　(10)　キリスト教の偉大さと栄光を日本に示すために派遣されたこと
　(11)　時代の流れに逆らうと恐ろしい
 2．びっくりしたこと
　(1)　4人は恵まれている子どもだと思っていたが、意外に不幸であったこと
　(2)　ミゲルがキリスト教を裏切り、弾圧側に回ったこと（多数）
　(3)　ジュリアンの強い意志に驚いた。感動した（多数）
　(4)　権力者なのにやさしく、傲慢でないローマ教皇
　(5)　ローマまで2年半もかかったの…？（複数）
　(6)　秀吉の一角であった小西行長がキリシタン大名だったこと
　(7)　弾圧にもかかわらず、4人のうち3人が布教を続けた
　(8)　セミナリオでの生活
　(9)　セミナリオで昼食がなかったこと
　(10)　ローマに行ったことがのちにマイナスになった
　(11)　4人が、ローマですごく歓迎されたこと（多数）
　(12)　こめかみに穴をあけても死なないこと
　(13)　4人が秀吉にあったとき、処刑しなかったこと
　(14)　8年もローマにいたこと
　(15)　4人がローマで「王子」として迎えられたこと（多数）
　(16)　彼らがローマ人に特別によく対応してもらったこと
　(17)　4人のうち3人が、戦で父を失ったこと

⒅　秀吉と会った時の記憶が残っていたこと

〈2〉子どもたちの問いかけ、「はてな」に注目する
　深めたいテーマをつくる。
　それが「世界」と「日本」をつなげる。
　実践では、つぎの2つを学習テーマとした。

> 1．4人は、なぜ、王子様扱いにされたのだろうか。要求したのか、それとも歓迎した方の理由か。
> 2．なぜ、「遠まわり」をしてヨーロッパに行ったのか。

〈3〉学習テーマを考えることから、新たに事実を知る
　同時代史としてのヨーロッパ、西アジア、世界のことが気になる。
　宗教改革、オランダの独立、オスマントルコのこと。
　オスマントルコのことと関わってイスラムのことを整理する。

⑵　歴史学習の教育課程を考える

〈1〉知識を順序良く教えていても歴史認識が育つとは限らない
　このことを強調する理由
　　・授業時間の削減の中で、穴埋め的なプリント学習がはやっていないだろうか。
　　・学習指導要領でも「通史的扱い」は変わっていない。
　　・知識からその時代がわかることにつながっているか。
　授業づくりの構成が問われている。
　　・私は「見開き2ページの学習」に「さようなら」をして「中心的な事実」を軸とした「テーマ学習」を提案してきた。
　　・ここでは、何をテーマとするかが重要である。このテーマが、教師の「教え」と子どもの「学び」をつなげるものとなる。
　　・教師にとってテーマを考えることが、歴史学習の授業構成力を培うことであると同時に子どもを知ることにもなる。テーマは、歴史学研究の成果を踏まえることと同時に子ども研究、授業論などから導き出され歴史教育を考えることになる。
　順序よく学ばなくとも「学びたくなる」ことから歴史認識は深まる。
　　　　　　　　　　↓

> 　　　　今回では「ローマを見た4人の少年」を軸に
> 　　　　16世紀の「世界」と「日本」の学習を試みた

〈2〉知識を獲得することと考えることをつなぐ・(1) から (2) へ

(1)
| 考える力を育てる |
        ↑
| 知識を獲得する |

(2)
| 知識を獲得する | | 考える力を育てる |

　教育課程づくりの一つの方法として（2）の往復活動が可能なテーマを探っていくことを提案したい。

→資料（略）

第一部 − 9.

15の春、いま、平和を考える

＊掲載誌：歴史教育者協議会編「歴史地理教育」1983年12月

一、生徒たちの平和認識のつまづきはどこにあるのか

(1)「自衛隊は憲法違反だと思うが、いまはなくすと危険である……」

　この意見は「憲法と自衛隊」「現代社会と平和」の学習のなかで、どこの教室からもでてくる意見である。後述する自衛隊をめぐる討論のなかで、その必要性を強く主張したA男、B男、C男も「にんげんをかえせ」の映画を見た時は、次のような感想を述べていたのである。

・もし、あんなことが、今、起ったらとても恐ろしいことになる。だから、もう戦争はしないことを願う。（A男）
・今の人たちは、広島・長崎のことを忘れてしまっている。こういうことは二度とあってはならない。このことを子どもたちに伝えていかなければならない。（B男）
・あのような悲劇にあわれた人たちがかわいそうだ。なくなった人、今なお苦しんでいる人々、大変だと思った。アメリカは残酷だ。（C男）

　しかし、次時の「"戦争と平和に関するアンケート"結果を見て考えたこと」になると、A男は、「自衛隊をなくすという意見が多いけれど、攻めてこられた時、何もなかったらなんの抵抗もできないからあった方がよいと思う。」という意見を強く主張するのである。このような意見は、A男、B男、C男にかぎられたことではない。「私は、六年生の時、長崎に修学旅行にいきました。いろいろ見てきました。本当にかわいそうです。」と映画感想を述べたA子も「もし、戦争がおきたら、やっぱり軍隊がいないと困る。」と言う。涙をいっぱいため、震えながら映画を見ていたB子も、自衛隊のことになると「よくわからないのです。あるというのは戦争する気が少しはあるということになるし、ないと攻撃された時、無抵抗になってしまうし……」と悩むのである。

　このように、生徒たちは、核戦争に対する危機と憎しみをもち、自衛隊・武力に対しても「小さくしたほうがよい」という気持ちをもっていながらも「いまは……」という言い方をして自衛隊＝必要を支持する傾向がでているのである。「戦争と平和のアンケート」結果もこのような生徒たちの平和意識の反映であると考える。

「戦争と平和に関するアンケート」

(1) 第三次世界大戦はおこると思いますか。
　　ア　おこる——————————65名（57%）
　　イ　おこらない————————19名（17%）

```
    ウ　わからない────────────30名（26％）
(2)　核兵器について、今後どうすればよいと思いますか。
    ア　あった方がよい──────── 6名（ 5％）
    イ　へらした方がよい───────13名（11％）
    ウ　なくした方がよい───────91名（79％）
    エ　わからない─────────── 5名（ 4％）
(3)　これからの自衛隊についてどう思いますか。
    ア　もっと大きくすべきだ─────16名（13％）
    イ　今のままでよい────────33名（27％）
    ウ　もっと小さくすべきだ─────18名（14％）
    エ　なくすべきだ─────────42名（34％）
    オ　わからない────────── 15名（12％）
(4)　憲法改正（軍隊を持てるように）という意見を
    どう思いますか。
    ア　賛成──────────────20名（16％）
    イ　反対──────────────70名（56％）
    ウ　わからない────────────34名（27％）
```

　私たちの平和教育の大きな課題の一つに、この「武力はないほうがよいが、いまは危険だ」という生徒たちの平和意識のつまずきをどう克服するかという問題があると考える。

(2)　自衛隊＝必要論をささえる論理は
　「いまは危険だ」という生徒たちのなかにある現代認識・世界認識の視点をもう少し分析してみたい。生徒たちは、どのような理由で「いまは危険だ」と言っているのであろうか。ひとクラスの自衛隊必要論の意見のすべてをあげてみる。
＜「自衛隊必要」の生徒の意見＞
・自衛隊を大きくするのは望まないが、それをなくしてはアメリカから見はなされてしまいこまる。（D男）
・自衛隊というのは、憲法に反していると思うが、なければ攻めてこられた時なにもできないと思う。（E男）
・本当は、自衛隊はない方がよい。だけど世界がそれを許さないのである。（F男）
・自衛隊があったらよいのか、悪いのか、まだ、自分にはよくわからない。でも、戦争がおきたら、やっぱり、戦わねばならないと思う。だから、今のうちに、大きな国の下についていればいいと思う。（O男）
・私は、自衛隊は、今のままで十分だと思う。もし、自衛隊をへらして何かがあったら大変だし……。（C子）
・もし、戦争がおきたら、やっぱり軍隊がいないと困る。（A子）
・自衛隊をなくすという意見が多いけれど、せめてこられた時、何もなかったらなんの抵抗もできないからあった方がよいと思う。（A男）

この意見は、前述の「戦争と平和に関するアンケート」の結果について感じたことを書かせたものである。これらの意見にみられる自衛隊必要論の根拠となっている現代・世界認識の特色は、次の点にあると言える。
①もし戦争が起きたらという発想から世界・日本を見ると自衛隊が必要となってくる。
②他国を信頼できないために、自己防衛策として自衛隊が必要となってくる。
③力が勝負という発想で世界・日本を見ると自衛隊が必要となってくる。
　この発想や現代・世界認識のワク（土俵）をそのままにして置いて平和学習を進めても、生徒たちの平和認識のつまづき（平和を総論では賛成しても自衛隊には賛成という傾向）をつき破ることはできないであろう。生徒に別の視点を設定して、平和を考えさせることが必要であろう。この視点が、中間研究集会、熊本大会で追求してきた反核・軍縮をめざす平和教育の視点であると考える。

　(3)　ツッパリの論理としての平和認識
　この三つの発想は、実に見事にツッパリのグループの人間認識・現代認識と共通している。修学旅行で多くの学校と接触する奈良公園では、ツッパリグループの緊張がエスカレートする。学級を越え徒党を組み、他校のグループとにらみあいがはじまる。この現象は実に奇妙なことなのである。見ず知らずの生徒たちでぶつかりあうなんらの理由もないままに、相互に緊張を高めあっているのである。この時のツッパリグループの心理は、
・相手がなにをするかわからない（相互不信）
・もし攻めてきた時に対する備え
・力の論理
が直感的に働いているのであり、先の現代・世界認識と重なりあっているのである。
　自衛隊必要論の発想が、ツッパリグループに代表される中学生の人間・現代認識の一定の反映でもあるところに、生徒たちに相当の説得力があり、一般的な公式論では歯がたたない困難さがある。
　このような生徒の現代・世界・人間認識の変革をせまっていくには、第一に、日常的な「平和をめざす学習」の積みかさねが必要である（平和教育の反復練習）。第二に、生徒たちの生活に根ざし、生き方をゆり動かすものがなければならない。(2)の別の視点とは、この生き方をゆり動かすことと密接に結びつくものでなければならないだろう。

二、戦争をふたたびおこさせないための平和学習

　(1)　三つのポイントをおいた「現代社会と平和」の学習プラン
　生徒たちの平和認識を予測して、中学校社会科の最後の単元である「現代社会と平和」（東京書籍）の学習計画を次の表のように計画し、実践してみた。

	学習項目	時間	学習内容
1	映画「にんげんをかえせ」	1	・原爆の被害を知る。そして、未来の戦争を考える。

	資料＝ローマ法王広島アピール		・鑑賞後、感想文を書く。
2	核戦争の危機と世界の政治	1	・核保有の現状を知る。（広島型にすると100万発以上、核実験の回数、原爆の爆風、熱、ケロイドなど） ・部分核停条約、核拡散防止条約、非核三原則などについて知る。
3	国際連合と平和	1	・国際連合のしくみを知る。 ・国連軍縮会総会、世界の反核・軍縮のとりくみ、運動を知る。
4	世界平和と日本の進路を考える―その１―	2	・「戦争と平和に関するアンケート」の結果を見て、自衛隊・憲法改正の問題を考える。 ・自衛隊・憲法改正をめぐっての討論会。
5	世界平和と日本の進路を考える―その２―	2	・「平和をつくりだすもの」（『きみたちと現代』岩波ジュニア新書）を読み、感想や意見を出し合う。 ・非同盟、非暴力、非武装などについて考え、自分の意見をまとめる。

　この授業では、生徒たちの平和認識を深めるために、三つのポイントを置いてみた。
　第一のポイントは、映画「にんげんをかえせ」を見て、核戦争を意識して戦争と平和を考えさせること。
　第二のポイントは、とくに、自衛隊、憲法「改正」をめぐる問題に焦点をあてて意見交換と討論会を試みること。
　第三のポイントは、「平和をつくりだすもの」（『きみたちと現代』）を読み、日本・世界の平和の展望を考えさせること。
　生徒たちが「頭をゴチャゴチャにした」状態から平和の展望を考え、日本の進路についての自分の意見をまとめさせようと試みた。

(2)　**生徒の心がゆり動かされるもの**
　　　――自衛隊の是非をめぐる二時間の大討論――
　自衛隊に対する賛否両論の意見を社会科通信「デモクラシー」に書いているうちから、討論は白熱することが予測できるほど意見が対立していた。次の日の自衛隊・武力の是非をめぐる討論は殺気を帯び一時間では終らず、次の時間の数学をもいただき二時間に及んだ。その討論の概要は次の通りである。
G男　自衛隊がなくなったら、他の国が攻めてきた時やられてしまうと思う。だから、大きくしなくともよいが、いまぐらいはあったほうがよいと思う。なぜ「なくす」に賛成なのですか。
H男　日本は、戦争に参加するのではなく、やめさせる立場に立つほうがよい。戦争には

原因がある。その原因をつくらないように他国とつきあうことが大切だ。
G男　理由がなくとも、いきなりぶんなぐってくる場合もある。(「そうだ」「そうだ」の声)
I男　世間が許さない。(「オーオー」の声、シーンとなる) 日本がもし、軍隊のない状態で他の国からせめられたりする場合も他の国がたくさんあるのだから、おそった国が他の国から批判されてやめるようになる。だから自衛隊はいらない。
A男・C男　他の国はつめたいよ。自分の国に関係ないことは言わないと思う。(G男「そうさ」)
D子　A男君の意見ももっともだと思う。国の信頼がないいまは、である。理想ではないが……。(はじめての女生徒の発言で「静かに聞けよ」の声がとぶ)
　そして元気づいたG男は、
G男　「信頼」、だめだと思うよ、友だちの関係だってそうだろう。力が勝負さ。
H男　力だというが、それは子どものつきあいである。国と国の関係は大人と大人の関係だから信頼が大切である。
A男たち　俺たちの意見は、ガキの意見か。(緊張状態) 甘い、甘い‼　強いものが大人の世界でも強いと思う。
J男　力には限界があると思う。しかし、世界の軍備がふえているなかで日本だけなくせというのも無理がある。世界が軍備をなくす方向のなかで日本もなくすことがよいと思う。
A男・C男・G男　俺たちと同じ考えだ。
B子　核戦争がおきたら、自衛隊があろうとなかろうと「ドカー」と一発で全滅である。自衛隊のことを考えるよりも、核をなくし、戦争をおこさないようにすることがよい。(「すごい」の声)
E子　力ずくの戦争になったら悲劇がつきまとい、行きつくところは全滅である。力ではない平和をさがすことが大切である。
　　……

　この討論会はお互いの主張の批判や拍手で白熱した。はじめは自衛隊必要論が優勢であったが、J男、B子、E子の意見から討論が冷静になっていった。J男たちの意見のなかには必要論を主張していたA男たちが一考するものがあったからであろう。
　J男の発言は、世界の軍縮の方向のなかで日本もなくすことができるという主張である。この意見には、力を主張していた生徒たちも「俺の意見と同じだ」と言い、耳をかたむける。私たちの平和教育のなかで欠けていた部分がここではなかっただろうか。被害・加害・抵抗だけでなく、世界の反核・軍縮の具体的な行動・とりくみ・思想の豊富な知識がないから「他の国は冷たいよ」という発言になり、またこれが一定の説得力をもってしまうのである。この世界の動きの知識がないと、国相互の信頼・連帯・共存という認識は育ってこないし、世界平和をまともに考えられないのである。生徒たちの平和認識のつまづきの克服の鍵の一つはここではないかと考える。
　B子やE子は、核戦争への恐怖を「二度と戦争をおこさせないために」「力でない平和」を求める力につなげている。この意見には、「もし攻めてきたら」という発想との違いがある。この発想の違いが、自衛隊必要論を主張していた生徒を「ハッ」とさせ、心をゆさぶり、新しい思考の発展＝平和意識の掘りおこしをしていくきっかけになっていったので

ある。

(3) 生徒の平和意識を掘りおこす三つの視点
いままで述べてきたような生徒の平和認識のつまずきと、心をゆり動かしている部分を考え、核時代の平和教育の視点（前述の別の視点）として次の三点に力点を置いてみた。

①核戦争・近代戦争への危機感を、力が強ければ中心になれる時代は終わったという現代認識につなげること。

・力が強ければ中心になれる時代はもう終ったのです。いまは、力で解決しようとすれば自分も滅びてしまうのです。いまの科学の力はそこまできているのです。……一つの決心がくずれると「日本は戦争をしない。核をつくらない」ということもガタガタくずれてしまうと思うので、絶対九条は守らなければいけないと思う。（B子）

②「もし○○が攻めてきたら」という発想からではなく「戦争を二度とおこさせないために」という発想から学習・教材を組みかえる。

・私としては、自衛隊はないと良いと思うけど、他の国がせめてきた時のことを考えると考えてしまう。一番いいのは、戦争をおこさせないことだけど、どうしたら戦争をおこさないようにさせるのかわからない。（E子）

③非暴力・非同盟・共存・連帯＝新しい世界平和の新秩序を展望させること。

この三つの視点は、これまでの平和教育の成果や憲法の平和主義を踏まえたものであると考える。

「……核時代の平和教育は、"全人類の共存"か"死滅"かの選択にせまる教育といわなければなりません。べつのいい方をすれば、核時代の平和教育は"人類生存のための教育"にほかなりません。……

つまり、軍事力を背景とした"力"の支配ではなく、人間の"英知"による国際社会の新秩序創出に、今日の教育は貢献し、機能しなければならないということです。

したがって、核時代における平和教育は、すぐれて、"絶対平和主義"をつらぬかなければなりません。」（石田明「平和教育の基本理念と構造」『中学校教育実践選書35巻"平和教育"』あゆみ出版）

憲法九条の非武装規定は、「主権の維持を軍事力によって図る在来の"常識"に対し、根本的な発想の転換を示した規定」である。そして、さらに「世界に類例のない」この条項は"核の時代"にふさわしい理性的選択の所産」であり、「人類主権の確立に向けて、最初の巨歩をしるしたといっても過言ではない……」（小林直樹『憲法第九条』岩波新書より）

この三つの視点のなかでも、今日の状況のなかで③がとりわけ重要な視点であると考える。世界平和への展望をもたない生徒たちの核戦争への危機感は、反核・軍縮へ結びつかず、「だから大きな国の下についていることが大切」という認識へ向ってしまう危険性があるからである。③の視点の実践を深めることが、現在進行形で戦争を語りはじめている生徒たちに対する戦争をふたたびおこさせない平和教育の要石となると考える。

三、世界平和の展望と思想を考える
――平和をつくりだすもの――

　白熱した討論が終りかけた時、生徒から「先生の考えは」と質問がだされた。これは私自身が覚悟していたことではあるが、この質問にどのように応じるかは迷っていた。今回の実践では、この場面を、私の考えの説明ではなく、私が共鳴している文章をそのまま生徒たちに読ませることができないかと考え、資料をさがしたのである。この資料さがしが一番苦労したことである。

　そして、この資料として、『きみたちと現代』（岩波ジュニア新書、宮田光雄）のなかの「平和をつくりだすもの」をとりあげたのである。そのねらいは、第一に、自衛隊是非論を核時代の平和教育の視点③の世界平和の展望や思想とのかかわりで、再度、生徒たちに考えさせたかったからである。第二は、私の説明で討論をまとめるのではなく、生徒たちが直接宮田光雄氏の意見と接し、自分の意見を自分でまとめることが生徒自身の平和認識の形成に役に立つと考えたからである。

```
　　　　＜平和をつくりだすもの＞の内容

　１　剣をとるものは剣で滅びる
　　　……聖書、南原元東大総長の講演など
　２　武器をとらない若者
　　　……西ドイツの兵役拒否の若もの
　３　非暴力のたたかい
　　　……ガンディー、伊江島のたたかい、キング牧師
　４　平和をつくりだすもの
　　　……積極的な平和と消極的な平和
　　　　　平和憲法をよみ直す
　　　　　みんなと平和に生きる
```

　文章の内容は、中学生にとって多少むずかしい気がするが、生徒たちは大討論のあとだけに、くいいるように読んでいった。読後の感想をいくつか紹介する。
・世界の軍縮のなかで日本も、を主張したＪ男は――みんなの自衛隊の意見のなかで戦力がなければたたかえないという意見が結構ありましたけれど、このパンフレットを読んで、武器を使わないたたかいもあるのだということがわかった。
・自衛隊は「憲法違反」とか批判をあびてかわいそうと主張したＪ子は――「剣をとるものは剣で滅びる」その通りだと思います。「平和」を望むこれからの私たちは、あらそいごとやもめごとを剣をとらずに戦っていかなくてはならないと思うのです。まさに「非暴力のたたかい」だと思います。むずかしいことかも知れないけれど「平和」のために頑張っていかなくてはいけない。
・自衛隊は小さくしてほしいがいまは危険だと主張したＤ子は――"汝が戦争を欲しない

なら、平和の備えをせよ"という意見に賛成です。私たちの遠い昔の出来事ではないというなら、この言葉の意味をしっかり、かみしめていくべきだと思います。
- いつも慎重に物事を考えるH子は——「剣をとるものは剣で滅びる」その通りだと思います。でも、いまは、そう思いたくとも本当に納得できません。例えば、ついこの間の「難民ぎゃく殺」これはとても残酷で信じられない出来事ですが、もし、これも「剣をとるものは剣で滅びる」にのっとるなら「人を殺すなら自分も殺される」になると思うのだけれど、実際には、だれ一人、罪になっていないと思うのです。これからは、どうなるのかわからないけれど、私はせめて罪のないひとが一人も殺されたり、苦しめられたりしないようにしてほしいと思います。
- 原爆廃止はあくまで理想で、日本はアメリカとうまくつきあっていくことが大切と主張したD男は——日本は、日清戦争で剣をとり、太平洋戦争で剣によって滅ぼされた。やはり、剣をとるものは、いずれも必ず滅びるのだな——と痛感した。
- 討論のなかで自衛隊必要論を一番強く主張したG男は——非暴力のたたかいについては賛成である。何事も話し合いで解決してほしい。
- 自衛隊をへらして何かがあったら大変だと主張したC子は——せんせいが「剣をとるものは剣で滅びる」と読んだ時、私は、すごく興味をもちはじめた。でも内容は、むずかしかったけど、私は最後まで読んだ。みんな考えていることは、戦争をしたくないという気持だ。

自衛隊に否定的な意見をもっていたH男やI男は、我が意を得たりと自分の主張を自信をもって感想に書いた。日常的にはあまり意見をだしてくれないK男が、一番長い文章（ワラ半紙うらおもて）にいっぱい自分の意見を書いた。「平和をつくりだすもの」の読後の教室は、いままでの白熱した雰囲気とは違い、何か「ホッ」とした雰囲気がただよった。

世界平和への展望と思想のあり方を考えさせることが、生徒たちの平和意識を掘りおこし、平和・現代・世界認識の発想（土俵）変えていく大きな鍵をにぎるような気がしてならない。

しかし、今回のこの実践は、まだまだ初歩的なものであり、生徒たちの意見も抽象的である。さらに、教材の開発とあわせ追求していきたい。また、世界平和の展望の課題は、地理学習における世界地理の学習とも深い関連をもつ。反核・軍縮の平和教育の視点から世界地理学習を再構成していく課題も残されていると考える。

四、生徒たちの自己形成
　　——授業における「他」とのであい——

この授業では、四回にわたり、生徒たちが短い感想・意見を書く場面を設定した。
　A　一回目は、映画「にんげんをかえせ」の感想
　B　二回目は、「戦争と平和のアンケート」結果を見ての意見
　C　三回目は、二時間の討論会を終えての自分の意見
　D　四回目は、「平和をつくりだすもの」の感想
これらの感想・意見は、すぐに、学習通信「デモクラシー」に書いて、生徒たちにかえし、自分の感想・意見と対比させてみた。また、自分と違う意見に対しては、例えば「D

さんは、海軍は無駄であるが空軍はもっていてもよいと言っているが、空軍だってソ連にやられてしまい無駄だと思いますがどうですか」と質問していく形で討論を行い、自分の平和認識をみがいていったのである。

＜F男＞
A　核をなくしたほうがいい。なくさなきゃいけない。米・ソの大統領も自分が生きたいならなくすべきだ。地下シェルターも直撃すればひとたまりもない。もし、たえたとしても、世界には、何十という核がある。
B　自衛隊の陸軍はなくともよい。どうせ戦争がはじまったら核ミサイルしか飛んでこないから。でも空軍はあったほうがいい。ソ連はいつも日本に偵察にきている（本当）。それを、おっぱらう役目をしているのである。もし、自衛隊がなくなったら、ソ連のいいようにされてしまうので、せめて空軍だけは残しておこう。
C　世の中、話し合いですむと思う。自分が兵力をもてば、他国の兵力で死ぬのだ。

＜L男＞
A　前にも一度見たような映画です。一度目はその日一日だけの感情をもち、二度目を見て、あらたに戦争をおこしてはいけないと思いました。それには、いまのぼくたちが戦争に対する気持ち、感情を自覚していかなくてはいけないとつくづく思いました。とても良かった。アメリカもこの映画を見て、もっと核のことを考えてほしい。
B　核があったほうがよいということは、地球のはめつを呼ぶことになるのでこれは絶対になくすべきだ。軍隊をもつのはぜったいやめて、自衛隊はこのままのほうが安全かも……。
C　外国では、核などをつくっている。日本は、その時代をこえて行くには、日本は自衛隊をなくし、中立国にして、まわりの国などに核をなくすように、説得させていく国にするようにしたらどうか。

＜B子＞
A　いままで私は、こういう映画を見たことはありませんでした。というより、見ないようにとさけていたのです。でも、いま見て「ずっと平和でいてほしい」なんて思ったけど、日本で実際にあった原爆を見ずに、そんなことは言えないと思いました。ああいうものを見るのがいやだと言って、気持ち悪がるなんていうのは、本当にひどいことだと思います。何も悪いことはしていないのに、たった一発の原爆であんな悲惨な思いをしなくちゃいけないなんて……。私はそういう人たちに対してどんなふうに思ったらいいのか分かりません。"かわいそう"では済まされないと思いました。いま、本当にショックです。おしゃれな年ごろの人が原爆をうけ、その自分の姿を鏡で見た時の気持ちを考えただけでおそろしくなりました。私は、こういう映画からにげていたこと、少しでも気持ち悪いという気持ちをもっていたことがとてもはずかしく思いました。
B　私は、自衛隊があったらいいのか、ないほうがいいのか分からないのです。あるというのは、戦争する気が少しはあるということになるし、ないと攻撃された時、無抵抗になってしまうし……憲法改正に賛成の人々が多いのにおどろきました。ということは、戦争をやってもいいと思っているということでしょうか。もしかしたら、近く、第三次世界大戦がおこるかもしれないと思うととても不安です。わざわざ高い費用を使って核兵器をつくり、自分たち自ら平和をこわそうとしている人たちの気がしれません。

C 「科学の発展のために核兵器をつくっている」と言っているけど、戦争をやる気がないのにつくるはずがない。だから、今度、大きな戦争がおこったら、きっと核は使われてしまうと思う。だから、戦争をさけることを、いま、第一に考えなくてはいけないと思う。私は、世界というのは、例えば、学校のクラスと同じだと思う。みんなそれぞれ個性をもったちがう考えの人たちの集まりなのだと思う。そして、クラスの場合でも、何か問題があっても暴力で解決できない。最終的には、話し合いで、お互いの気持ちを理解しあって、それで解決しまとまったクラスをつくることができる。世界もそれと同じだと思う。武力を使って問題を解決するなんて絶対無理。みんな人間という仲間なのだから、戦争をしなくてもわかりあおうと思えばできると思う。

D 本当にそうだと思います。力が強ければ中心になれるという時代はもう終ったのです。いまは、力で解決しようとすれば、自分も滅びてしまうのです。いまの科学の力は、そこまできているのです。だから、「非暴力のたたかい」にならなければ地球は滅びてしまうのです。

　一つの決心がくずれると「日本は戦争をしない。核をつくらない」ということもガタガタくずれてしまうと思うので、絶対九条は守らなければいけないと思う。

　生徒たちが、社会科の授業のなかで、自分を飛躍させたり、自分の考えを変化・発展させるきっかけはどんな場面なのだろうか。

　一つは、心をゆさぶられた事実にであうことであろう。教材の役割はきわめて大きい。

　もう一つは、友だちの意見——ときには同意見に励まされ、ときには異質な意見に出会い、自分の意見を見直す。とくに「他人が非常に気になる」「友人の影響が大きい」中学生の自己形成にとって、このことは欠かせない「飛躍」「変化・発展」の要素であると考える。今回は、実践では、教材の質の問題とあわせ、この点を重視して、四回の感想・意見および討論を組織してみたのである。

　なぜ、このことをあえてとりあげるのかというと、いま生徒たちの生活のなかに、討論したり異質の意見に耳を傾け自分を鍛える場（自己形成の場）がきわめてなくなっていると感じているからである。いままで三年間、担任をせず生徒指導を担当し、今年改めて学級にもどって見ると、子どもたちの生活、集団のなかにある「水と油」の関係が非常に目についてきた。

・小グループでかたまり、非常に排他的なグループ
・他のグループを「あいつらはツッパリグループ」「真面目グループで話がわからない」と批判し交流が成立しない状況

　班づくり、教科リーダー、遠足等、何をやっても同じ仲間と行っている傾向があり、他のグループを"こわい""ぶりっこぶっている"と批判することが多い。この傾向が、学級づくりを大変困難なものにしているのである。すなわち、生徒の生活のなかに異質なものを排除する論理が極めて大きく、異質なものとの出会いが少ないために、自分の考えを振り返る場が稀薄になってきているのである。

「あの先公、うるせいな」
「そうだ、そうだ」
「今度、しめてやろうぜ」

「うん、うん」
と、なってしまうのである。自分が変わる土壌、変化・発展する土壌がくずれつつある。この生徒たちの生活の状況が、非行や生活の乱れ、立ち直りの遅れの温床になっているのである。

　この排他主義とものわかりのよさが、授業に入ってきては、討論も思考も成立しなくなる。違う意見に対して、「君は君、僕は僕」となってしまうからである。

　授業でも生き方でも、自己形成に不可欠なものは「他」との出合い、からみを自分に生かすことではないだろうか。中学生にとって討論、友人の感想・意見をまともに聞くということを、思春期にふさわしい社会科の授業論および現在の生徒状況を踏まえて再度とらえ直していくことが必要ではないだろうか。

第一部 − 10.

ワークシートで靖国神社・遊就館を学ぶ

＊掲載誌：「子どものしあわせ」草土文化　2008年8月

　個人的なことですが、私は1945年9月に母の実家・埼玉県秩父で生まれました。父が陸軍被服廠(ひふくしょう)に勤めていましたので両親は、東京都北区・赤羽（北区は東京都23区の中では一番軍関係の施設が多い）に住んでいました。空襲が激しくなり身重の母は、帰郷し私を生みました。「建夫」という名前は、父の憧れの人「加藤建夫」（陸軍少将・加藤隼戦闘隊隊長）から命名したと何回も聞かされました。同級生の中には、お父さんが戦死したためにいつも軍服姿の写真を持っている友人もいましたし、私自身も「もし、疎開していなかったらこの世に生を得たのか……」「父が結核療養中でなければ父の顔を知らない戦争孤児だったのか」等と考えたことが何回もありました。戦後生まれですが、戦争は、私にとっては「生」の問題でもあり、戦争との連続と断絶の中で生まれてきたことは感じてきました。戦後63年目の夏、それは私の年齢でもあります。

ワークシートで学ぶ

　この数年、学生、市民と年何回も靖国・遊就館のフィールドワークを行ってきました。その時々に数枚のワークシートを使い、参加者が私の説明を聞くことばかりでなく謎解き形式で学ぶことを大切にしてきました。それが15枚のワークシートです【資料1】。
　いくつかを紹介してみます。
(1)「あれ？　デザインが」
　読者の方もやってみませんか。「靖国神社」と書いてある社号標(しゃごうひょう)【資料2】を見てください。どこか気になることはありませんか。声も出さずシーンとして見つめ出し、少したつと隣の人と「何か変わったところがある？」「ヒントください」などと話が始まります。「ヒントは、デザインです」この一言でまた見つめ出します。そうして「靖国神社」の四文字が上に詰まっていることに気がつきます。

ワークシートの項目
①あれ？　デザインが（社号標(しゃごうひょう)の謎）
②中央の銅像は誰？
③狛犬(こまいぬ)の贈り主は誰？
④大燈籠の14枚の絵・スケッチしよう
⑤神門の紋章
⑥桜の贈り主は誰？
⑦どこかが違う鎮霊社
⑧動物の像がなぜあるの？
⑨映画『私たちは忘れない』は「何を忘れない」の？
⑩日露戦争のパノラマの言いたいことは？
⑪ニイタカヤマノボレ
⑫誰の金メダル？
⑬東条英機の写真を探せ
⑭この兵器って何？（回天）
⑮なぜ、蒸気機関車があるの？（泰緬(たいめん)鉄道）

【資料1】　①～⑧が境内、⑨以降が遊就館

＜靖国神社ガイド・資料(1)＞

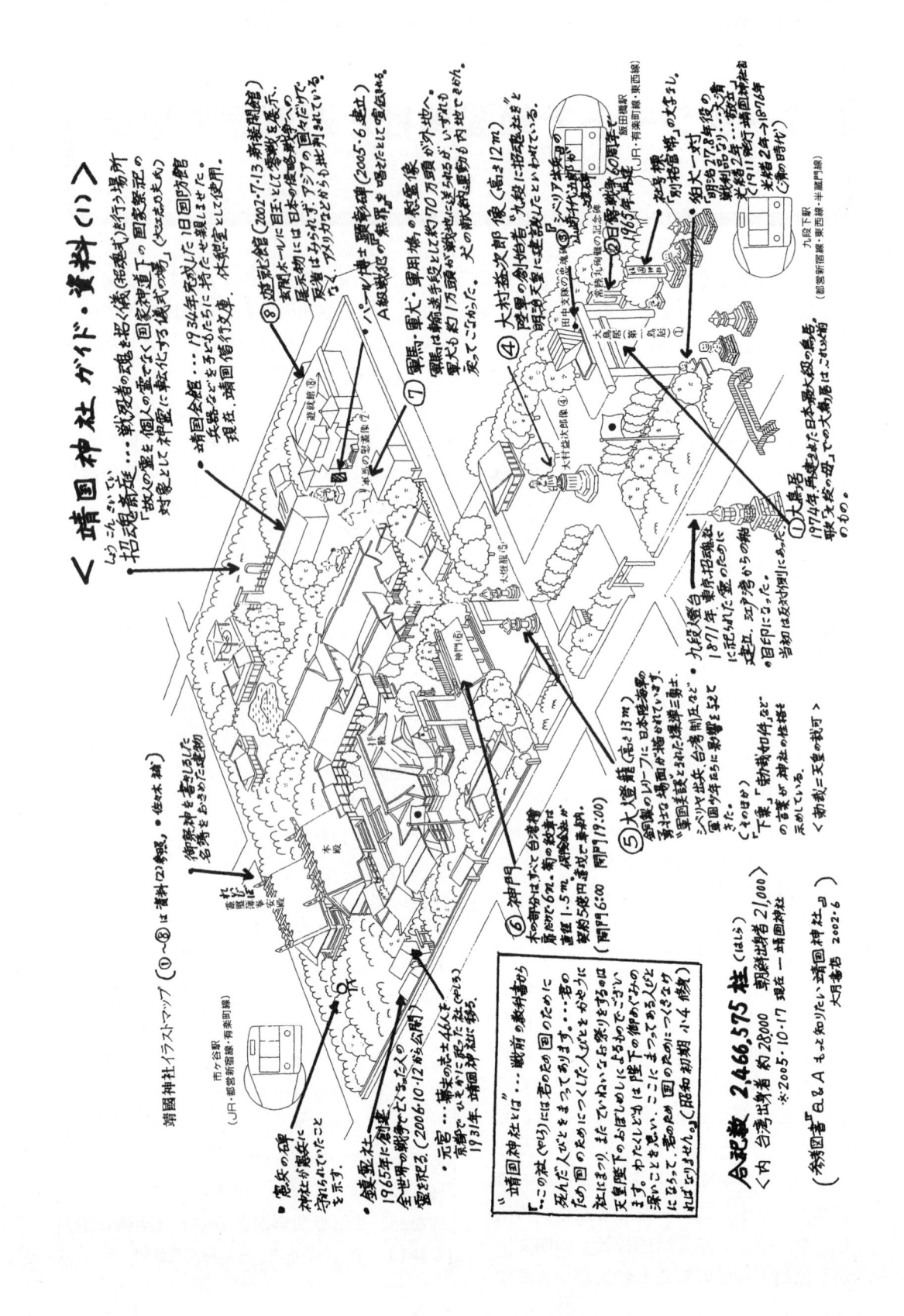

靖國神社イラストマップ（①〜⑧は資料(2)参照, ・佐々木 抜）

招魂斎庭…戦没者の魂を招く儀（招魂の儀）を行う場所「故人の霊を個人の霊でなく国家神道の国民崇拝の対象として神霊に転化する儀式の場」（プロセスの場）。1934年築かれ、1日1回招魂廊として使用。

靖国会館…1934年名称統一した、もともと将校たちに親しませたい名器をとりかえに文化行事。現在、靖国偕行文庫。

⑧**遊就館**（2002·7·13 新装開館）
戦利ホールには「零戦」などを展示。展示物には日本の侵略戦争だけにとどまらず、アジアへの国家そして反省はうち戻らず、アメリカなどからと比肩からし肯定している。

⑦**パール神主要記念碑**の顕彰碑
A級戦犯の無罪を唱えたとしてこのように昭和された。

⑥**軍犬・軍馬・軍用鳩の慰霊像**
戦場には輸送手段として約70万頭が…戦死約17万頭が出征地に送られ、いずれも戦地で斃れたと戦争神への死後鎮魂として入って迎えた。

④**大村益次郎像**（高さ12m）
陸軍の創始者で、九段に招魂社を建立と明治天皇に進言した人物。1865年建立
（旧日帝支那派遣軍／田中支隊の像体）

③**常磐灯**
日露戦争の記念

②**日露戦争50周年記念 別格大鳥居**

①**大鳥居**
1974年再建、明治8年建立。日本最も大きい鳥居。戦争被害の国大島居はここに始めのものた。

九段坂上
1871年 東京招魂社 建設。江戸湾からの船の目印になった。当時は反対側にあった。
（JR, 都営新宿線・東西線 飯田橋駅）

九段下駅
（都営新宿線・東西線・半蔵門線）

⑤**大燈籠**（高さ13m）
銅製のレリーフに日本軍海軍が敵対する場面が描かれている。日中戦議で台湾を三撃し、シベリア出兵、台湾制正など、軍国主義とそれを勇む礼賛。

⑥**神門**
木の神は台湾ヒノキで樹齢1700年、高さ6m、粂の紋章、直径1.5m、昭和15年造改所工事。軒内5億円造営記念事業。（開門6:00 閉門19:00）

（その他）
下等「動我作所件」正気の歌「神兵の歌」が神社の様々に残されている。

＜勅裁＝天皇の裁可＞

御祭神を書いしむ名誉をとどめるための建物
桐荷神社、遊就館

・**皇女の碑**
神社が献花で全世界に神社ができたことを示す。
鎮霊社 1965年創建
全世界の戦争でなくなった人の霊を祀る。
（2006·10·12から公開）

・元宮…幕末の志士により作られた社。（やしろ）
京都「東山に建立。のちに発って靖国神社に移設、1931年 靖国神社境内に。

合祀者 2,466,575柱（はしら）
＜内 台湾出身者 約28000 朝鮮出身者 21,000＞
※2005·10·17 現在—靖国神社
（参照図書『もっと知りたい靖国神社』 Q&A 六月書店 2002·6）

"靖國神社とは"…戦前の教科書から
「この杜（やしろ）には君のためにに死んだ人が大ぜいまつってあります。…君がお国のためにつくしたりすれば、かならずおまつりをうけていられます。またなくなったらおまつりしてもらえるのではないかと思って、ほとんどうれしくいさんで御くにのおんために死んで行ったのであります。天皇陛下におはかりの上、陸軍下の御まつりにあずかるのは、わたくしには国一ばいの名誉と思います。ここにおまつりになるほどになったらば、君の御のためにつくしたといっていえるのであります。」（昭和初期 小4 修）

あれ？ デザインが

大きな鳥居の右手に「靖国神社」と書いてある「社号標(しゃごうひょう)」が建っています。

1. 確認できたらチェックしましょう。

   チェックの印　□　□

2. 社号標を見て「はてな」と思ったことはありませんか。よく見て気がついたことがあったら書いてみましょう。

【資料2】

実は、このことは靖国神社の性格と歴史を知る上では重大な発見なのです。これでガイドの話を聞く気持ちが整いましたので【資料3】の戦前の社号標の写真を見てもらいます。「靖」の上に「別格官幣(べっかくかんぺい)」という四文字二行がありバランスよく「靖国神社」と書かれていたことがわかります。この事実から2つのことが気になります。①「別格官幣」って何ですか。②なぜ、この四文字がなくなったのですか、ということです。

「別格官幣」と刻まれた社号標

【資料3】

(2) 別格官幣と四文字が消えたわけ

明治になると天照大神(あまてらすおおみかみ)を祀(まつ)る伊勢神宮を頂点にして社格(しゃかく)制度が（大きく分けますと官社と諸社）再編成され、それに格付けが行われました。官社では、天皇を祀る神宮（橿原(かしはら)・神武天皇、平安・桓武天皇、明治・明治天皇など）が官幣大社、皇族を祀る宮（鎌倉・護良(もりなが)親王など）が官幣中社です。官幣社は、植民地にも作りました（台湾神社、南洋神社など）。

では「別格」とは何でしょうか。それは、皇族ではないので官幣とはつけられないが天皇のために尽力した人物を特別に祀るという意味です。例えば湊川神社（楠木正成）、阿部野神社（北畠親房）等です。靖国神社は、個人ではなく一般兵士を祀った神社ですが明治天皇の意志で東京招魂社(しょうこんしゃ)から改称された1879年（明治12）に「別格官幣社」となったのです。このような経緯や所轄が陸海軍省（他は内務省）、費用は軍事費からの支出などから考えますと異例な扱いの神社といえます。

日本国憲法のもとでは政治と宗教の分離が行われ、神社は宗教法人となりました。1946（昭和21）年、「社号標ハ従来別格官幣ノ四文字ヲ附シタルモ、今般宗教法人トシテ発足ス

大村像と本殿の間に大きな燈籠が左右にあります。よく見ますとここには絵が描かれています。

1．印象に残ったものを一つスケッチしてみましょう

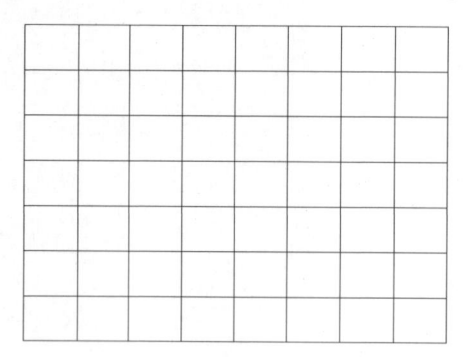

（略）

3．この燈籠は、いつ、誰が靖国神社に寄付したのでしょうか。
　　(1)　いつ　　　　　　(2)　誰が
　　　_____　　　_____

【資料4】

【資料6】　大燈籠の寄贈者と14枚のレリーフ

【資料5】爆弾三勇士

献納
富国徴兵保険相互会社
代表取締役　根津嘉一郎
同　　　　　伊豆民夫
同　　　　　吉田義輝
（略）
昭和八年十一月十日地鎮
昭和八年十二月七日起工
（略）

右（海軍関係）	左（陸軍関係）
・黄海海戦（日清）	・広島大本営（日清）
・広瀬中尉（日清）	・天津攻撃（北清事変）
・東郷元帥（日露）	・奉天入城（日露）
・地中海遠征の日本艦隊（第一次）	・装甲列車（第一次）
	・熱河攻撃（満州事変）
・上海事変空中戦	・爆弾三勇士（上海事変）
・同　海軍陸戦隊	
・日本赤十字社看護婦	・警察隊（台湾鎮定）

ルニ当リ、社格廃止ニ伴ヒ、不用トナリタルヲ以テ削除セリ」として塗りつぶし、さらに、数年後、上部約181センチを切断したので現在はないのです。社号標の変化は、大日本帝国憲法と日本国憲法との靖国神社の位置の違いを表しているのです。

(3) 大燈籠(とうろう)に絵が

神門の手前の左右に大きな燈籠があります。これも靖国神社の性格をよく表していますので必見です。14枚のレリーフ【資料4】が描かれていることはすぐにわかります。このレリーフをよく見るためにワークシートでは「一つスケッチ」しましょうとしました。

スケッチをするためには観察が必要なことと、書きながらこのレリーフは何を描いたものかを考えるからです。

①爆弾三勇士の絵【資料5】

ここに描かれているものは、国家のためにアジアを侵略している陸海軍といわゆる「英霊(えいれい)」の様子です。爆弾三勇士とは、江下、北川、作江一等兵のことで上海事変（1932年）で鉄条網破壊のために破壊筒を抱えて突入、爆死した三名を「死を覚悟の自爆」とし軍国美談と誉め称えました。しかし、上海事変は、まもなく開催される国連総会での満州事変の論議から目を背けるために日本軍が意識的に起こした事件で、「三勇士」そのものも自爆か事故死かなど真相が解明されていません。戦意高揚のためのレリーフから自国中心、侵略戦争と死を美化する靖国神社の性格が見えてきます。これも社号標と同様に1947年に塗りつぶされ、1957年に復元されたものです。

②徴兵保険

さらに、大燈籠を見ていくと絵ではないものがあることに気づきます。これがスポンサーで、誰が寄贈したのかがわかります。それは富国徴兵保険相互会社で創立10周年と保険契約3億円達成を記念して寄贈したものです【資料6】。「徴兵保険……？」が気になってきます。徴兵保険とは、軍隊に入隊しても一定の費用がかかるので男子が生まれた時に加入し、徴兵検査に合格した時に保険金がおりるシステムで、今にたとえると学資保険のようなものでした。富国徴兵保険相互会社は、1923年に根津嘉一郎(かいちろう)（東武鉄道等の社長、日本の鉄道王とも呼ばれた、根津美術館等所有）によって設立された戦争請負的な保険会社でした。当初は、軍備拡張を見積もり100名中10人の徴兵と計算していましたが日中戦争後は入営率が大幅に上昇したため多くの保険会社が倒産、経営の危機に陥り、戦後まで存続したのは第一徴兵（東邦生命）、日本徴兵（大和生命）、国華徴兵（第百生命）、富国徴兵（富国生命）の4社のみでした。徴兵保険からは、子どもを戦場に送る両親の想い、それをビジネスに利用する戦争社会・企業、格差社会の典型である軍隊の階級と死亡率（階級が高いほど死亡率が低く、靖国神社に祀られている皇族は2名のみ）などを考えることもできます。

(4) 同期の桜と鎮霊社(ちんれいしゃ)

境内には、まだまだたくさん調べたいことがあります。紙数の関係で2枚の写真のみ紹介します。【資料7】は、島倉千代子の「東京だよおっかさん」（野村敏夫作詞、船

【資料7】　同期の桜

村徹作曲）等でも唱われた靖国神社の桜です。よく見ると"白い札"がついているものがあります。この桜は遺族や同期による献木、同期の桜なのです。ここに出てくるアッツ島、ガダルカナル、硫黄島などはどのような戦場だったのでしょうか。その実相を調べたいものです。

また、本殿の左奥には小さな社（鎮霊社）があり、2006年に32年ぶりの公開がされました。この社は①鳥居がないこと②祀っている人は、ペリー来航以来の日本人と、世界中で戦争で亡くなった全ての人という説明文がありますが、どのようなことを意味しているのでしょうか。

【資料8】　鎮霊社

「全ての人」となると西郷隆盛、会津の白虎隊、空襲などで亡くなった人々など「英霊」の対象外も入り、さらにA級戦犯も祀っていたことになります。

32年ぶりの公開を報じた毎日新聞で、保阪正康氏は「鎮霊社は靖国の在り方と整合性が取れない面があり、隠したいという思惑があったのではないか。合祀前にA級戦犯が祀られていると考えた神官もいたろうし、これからA級戦犯の合祀先にもなり得ると考える人もいるのでは。靖国神社がどう世論と折り合いを付けるのか模索する動きとして注目される」とコメントしています。公開は靖国神社のA級戦犯の分祀問題等へしたたかな作戦が見え隠れしています。

戦争と平和の主体的な学び方

フィールドワークは、現地見学ともいわれ地域で学ぶ学習方法のひとつです。その特色は学習対象が目の前にあることです。しかし、目の前のものがすべて学習対象となるとは限りません。何も気づかずに通り過ごしてしまうことも多くあります。

(1)　ものをしっかり見る

ワークシートの役割は、ものをしっかり見ることをサポートすることです。その方法としてスケッチは有効だと思います。「レリーフを描く」「神門の紋章を描く」「特攻機・桜花や回天を描く」「動物の像を描く」などを通して事実を見つめることができます。また、ワークシートで「探す」こともできます。「鳥居のない社を探そう」「東條英機の写真を探そう」「皇族で祀られている人を探そう」「金メダルを探そう」（西竹一　ロサンゼルス大会・馬術・硫黄島で戦死）など境内や館内を探検しあいます。しっかり見ることと探すことは観察・調査の基本です。人に案内されて聞くだけでなく主体的に学ぶことがワークシートでの学びです。

(2)　見たものから靖国神社の本質に迫る

しっかり見ると「はてな」がたくさん出てきます。別格官幣の四文字があったわけ・それが消えたわけ、大村益次郎が左手に「双眼鏡」を持っているわけ（官軍の指導者として上野に立てこもる彰義隊攻撃を指揮し戦況を見つめる）、馬・鳩・犬の像があるわけなど

見えるものからその背後にあるものが気になり、靖国神社の本質（侵略戦争美化、生命軽視、天皇の軍隊のみを祀る差別性など）が見えてきます。このような具体的なことから要因や本質を追求することは興味深いことです。フィールドワークは楽しいのですが、ガイドの一方的な伝達で消化不良を起こす場合もあります。ワークシートは、ガイドの「教え＝説明」と見学者の「主体的な学び」をつなぎ、「見る」「聞く」「さわる」「書く」「考える」など五感を通した行動的な学びを可能にします。

(3) 靖国を読み解く多様な方法を

国民投票法の成立、改憲が政治日程にのぼり始めていますが、平和を求める人々の靖国ツアーも盛んになってきています。しかし、その方法はまだ啓蒙的、一方的な伝達型の傾向もあります。ワークシートだけでなくスケッチ会、写真会、ビデオを作るなど靖国神社・遊就館を読み解く多様な方法を探りあうことも平和運動、平和教育に求められています。

今回、そのためのささやかな試みを紹介いたしました。読者のみなさん、親子、友人と靖国神社・遊就館を探検しながら戦争と平和を学んでみませんか。

第二部

子どもの成長を支える社会科

> 第二部－1．
> # 社会科で中学生に語りかけたいもの
> ── 人間をさがす旅としての社会科の授業 ──
>
> ＊掲載誌：歴史教育者協議会編「歴史地理教育」1997年9月

一　小学校時代とは別人の中学生の発見

　私は小学校教師から出発した。1968年当時、千葉県では開発が進められ県西部で人口が急増した。とくに小学校教師が不足していたのである。免許証を持っていないため身分は助教諭、三等級臨時教員とも呼ばれていた。小学校教師も楽しかった。この際、低学年の担任も経験してみようと思い、小学校一年生の担任もしてみた。低学年では教育・学習内容をかみくだいて教材としなければ授業にならない。教育内容と教材、教授行為と学習行為の違いなど経験を通して学ぶことができた。小学校二校ののち10年目にして待望の中学校社会科教師となったのである。

　私の中学校教師生活は、一学年13学級の学年主任からはじまった。学年教師集団20名、31歳の私は、ベテラン女教師についで二番目の年上であった。この中学校は開発に伴う教育行政の遅れから超マンモス化（最大一学年16学級）し、問題行動が多発していた。そのため転勤希望者がなく、学級増に伴う教員増を新採者、他地区からの転入、そして私のように中学校への転勤を希望している者で補充していたのである。教員経験の少ない教師集団が、学年で500人をこえる生徒たちを指導したのである。それは、まさに波瀾万丈の日々であった。

　私はここで思春期という怪物に出会った。学区の小学校から中学校へ転勤したため小学校四年から六年まで一緒だった生徒たちと再び中学校で生活することになったのである。小学時代のA君、Bさんは、中学生A君、Bさんではなかった。それは、成長などの言葉で言い表せるものではなかった。別人といった方がぴったりしていた。良きにつけ、悪しきにつけ、これが思春期という怪物なのかと感じた。「中学生・中学時代とは何だ」このことが最大の関心事となったのである。

二　人間をさがす旅へ

　これは学級通信の名前である。それまでは学校と家庭を結ぶという意味から「D51」としていたが変えた。そのきっかけは青木悦氏の『「人間」をさがす旅──横浜の「浮浪者」と少年たち』（民衆社、1983年）を読んだことである。1983年のはじめ、横浜・山下公園のホームレスに対して市内の公立中学生を含む10人の少年たちが襲いかかり、重傷を負わせたり、殺すまでにいたった不幸な事件が起こった。青木氏はこの事件の真相を追っていく。その追求の課題は「少年たちの置かれたところ、野宿せざるを得なくなった人たちの置かれたところ、両方を考えていくと、私の目の前に荒涼とした現代という時代の断面が

浮かんで」くるということであった。青木氏は、殺された須藤さんがなぜ山下公園で生活するようになったのか、なぜ少年たちはひっそりと生きていた須藤さんを殺してしまったのかを追っていく。須藤さんは青森県出身で中学卒業後、菓子屋に丁稚奉公し、その後満州へ出兵した。戦後、青森で菓子屋を開業したが奥さんが過労死してしまう。このことが須藤さんの人生を大きく変えた。須藤さんは青森を出て日雇労働をしながら山下公園で生活するようになったのである。

青木氏は「少年たちが、須藤さんという個人を知っていたら、決して殺したりしなかったと私は思います。"浮浪者"として、その"浮浪者"に人間らしい歴史などあるはずがないと思ってしまって、少年たちがあんな残酷なことをしてしまったのではないでしょうか。」と事件の背景を分析していく。

1983年は、いわゆる第三の非行のピークの時期であった。校内暴力、対教師暴力、薬物乱用などが吹きあれていた。なぜ、生徒たちは荒れるのか、生徒たちに何を語りかけていけばよいのかという課題意識が青木氏の取材と共通していた。そこで生徒に語りかける学級通信を「人間をさがす旅」と変更したのである。

三　中学生が変化するきっかけ

私は退職してから三年目である。現在、地域で母親と「いじめ、不登校を考える会」を行っている。私の今の関心は、生徒が変化するきっかけの問題である。生徒が不登校になったり、自分をとりもどしたりするきっかけは何だったのかということである。このことを考えることによりその指導の筋道をさぐりたいと思っている。問題の渦中にいた時は、緊急の対応に追われ冷静に事態を分析することができない傾向があったが、今、改めてこのことを考えているところである。

Aは、小学校時代、成績の評定は「4」と「5」の「よい」生徒であった。中学校でも一年生では学年で二番にもなった。二年生で少し成績がさがった。本人は「少し遊んでしまった」と言っている。成績が上下することはよくあることなのだが、「よい子」のAにとって下がるということは、未知のことでもあり、「どうしたんだ」「いけない」とあせったのである。とくに、数学がわからなくなった。そして、学校がこわくなってしまったのである。その後、不登校、高校中退、精神科への通院、定時制への再入学をくりかえした。今考えてみると、Aの挫折のきっかけは、自己評価のものさしにあった。Aのものさしは、評定であり、学年順位であった。これをあげることが生き甲斐だったのである。このことが思うようにならなくなった時、Aは学校がこわくなり、自分の進む方向を見失ったのである。しかし、このことはAだけにあてはまることではない。多くの生徒の、いや教師も大人もこの評価をものさしにしている。非行・不登校へ対応するなかで、今このものさしのあり方と、このようなものさしでしか自己評価をすることができない教育の状況をどう変えていくかを生徒とともに考えていく必要があると考えている。

Bは、小学校五、六年生の時、ほとんど登校していない。中学生になっても昼と夜の生活が逆転しているので、怠学、遅刻をくりかえしていた。このBの生活が変化したのは、若い技術科担当の教師との出会いであった。この教師は、Bが父親ゆずりの職人芸を持っていることを発見し、Bの作品を市内の展覧会に出品して評価した。定期テストの点数は、

ほとんどとれないにもかかわらず。最高の評点をつけた。Bは、小学校の評定は登校していないため評定不能に近い状態であったので、とっても喜んだ。Bは、技術の授業がある日は欠席しなかった。三年の文化祭で、Bの力量を信頼して「大迷路」をつくることになった。Bは、設計から製作、そして材料のリストアップまで全員に指示した。この作品は、見事その年の文化祭大賞となったのである。自分の力を認めてくれる友人や教師がいれば学校は通うのに値する場所となる。悩みや行きたくないというっ積したものを持ちながらも「行こう」と思うようになるのである。私は、このような学校で友人のなかで自分の姿を描くことができる状態を展望が見えた時と考えている。思春期の中学生にとってこの展望を持つことが、成長への、また自分を励まし生きていくことへのきっかけになるのではないだろうか。

　このことはCからも教えられた。Cはすぐれた学力を持っていたが、離婚して三人の子どもを養っている母親のことを考えると就職しなければいけないことはわかっていた。弟はどうしても高校までは行かせたいとも思っていた。今の偏差値ならば県立の進学校にも合格可能である。三年になり進学のことが大きな話題になるに従って、Cは荒れだした。つっぱりのリーダー的存在になっていったのである。二学期、Cは何を考えたのか「家につっぱりを集めるから勉強を教えてくれ。」というのである。数日後、Cは「○○高校を受験する。しかし、合格しても入学しない。就職する。自分の力を確かめるために受験する。」と言うのである。Cは15歳の胸で精一杯、今の自分をどこかに置こうとしたのである。入学しない高校受験を考えることにより気持ちを落ち着けようとしたのである。今を一生懸命生きようとしているCをいとしく思った。展望を、友人や教師からもらうのではなく、自分で見つけだしたのである。Cは、結局は、進学校への受験はしないで定時制に進学し、卒業した。

　私は、中学生は、展望をいろいろなきっかけから見失った時、閉塞状態となり、小さくとも展望を見つけた時、再びあゆみ始めるのではないかと思うようになってきたのである。

四　中学生に語りかけてきたもの

　中学生は、感性的な激励だけでは納得しない。理屈を求めるのが特色である。だからどうしても語りが必要となってくるのである。

⑴　「学校はガラスの城である」
　K校長先生の朝会や始・終業式などでの講和はいつも楽しみであった。ある生徒指導上の事件後の全校集会での話である。
　「学校は、あるものにたとえれば"ガラスの城"である。とってもきれいでまぶしく輝いている。しかし、なにせ材料がガラスのため石を投げたり、蹴とばせば、もろくもこわれるものでもある。こわれたあとのガラスは無残であるばかりではなく、鋭くとがった破片は凶器ともなる。学校を美しいものにするか荒々しいものにするかは、城の住人である君たちにかかっている。……」
　大きな事件のあとだけに校長先生からお説教されると思っていた生徒たちは、静かに語りかける話を真剣に聞き「学校は"ガラスの城"」という言葉が心のなかにすいこまれて

いく。この校長先生は、生徒たちだけでなく教師たちにもいろいろな問題提起をした。退職時の歓送迎会での最後の歌が、石川啄木の『雲は天才である』にでてくる代用教員新田耕介作詞・作曲の「"自主"の剣を右手に持ち、左手に翳す"愛"の旗、"自由"の駒に跨がりて、進む理想の路すがら……」であった。この歌は、この作品のなかでは校長先生から生徒に教えてはいけないと注意されているものである。私は翌日、この歌詞を全文印刷して教員室で配った。すばらしい管理職は、生徒にも教師にも語りかけるものを持っている。

(2) 高村光太郎「私は青年が好きだ」・相田みつを「にんげんだもの」

　詩などを使い語りかける時も多い。学年はじめや別れの時に必ず紹介したのが「私は青年が好きだ」である。この詩には、青年像（展望）がある。また、好きだということで教師の生徒への想いを表現することができる。相田みつをの短い詩もよく使った。この詩は、三年のはじめの進路の学年集会の時に読んだ。内申点、点数などは花、枝、幹などの見える部分である。それを支えているのが見えない根である。「この一年、根とは私たちにとって何を指しているのか考えてみよう」と語りかけるのである。相田みつをの詩では「つまづいたって　いいじゃないか　にんげんだもの」「一番わかっているようで　一番わからぬ　この自分」など生徒がほっとするものを多くよく読んできた。

　このようなことは、どこの中学校でも工夫され行われていることである。計画的なものもあれば、偶発的、緊急的なこともある。この語りかけや対話のなかに今日の中学校教育の実像とその展望を切り拓くものがあるのではないだろうか。

五　社会科で中学生に語りかけたいもの

　私は当初、前述してきた中学生への語りかけと社会科学習は別なものと考えていた。社会科は教科の系統に基づいて進めるものであり、生徒の状況とかかわりがないとも思っていた。このことに疑問を持ったのは、中学校（生）の荒れの問題であった。学校で暴力事件、対教師暴力が起こるなかで、自衛隊＝合憲論が増えてきた。「人間なんて信用できない。力だけが頼りだ」という論理が生活のなかでまかり通っていたからである。この時、生徒の生活の論理をゆり動かす社会科の内容でないと暗記の対象にしかならないと感じたのである。この時期にすでに三上満氏は、中学生の発達とのかかわりで社会科の果たす大きな役割を指摘していた。「"自分を探す"という青春の最大のテーマに、これまた学校の最大の営みである"授業"がどれだけきり結びこたえているでしょうか。……」と問い、「"自己を探す"という青春のテーマにきり結び"人間"そのものを直接教える教科は、いうまでもなく社会科」であることを強調していたのである。（「人間を教え青春を支える社会科を」『教育』1982年8月号）

　私もおそまきながら学級づくり、進路指導などとしての「人間をさがす旅」から社会科学習として「人間をさがす旅」を考えはじめたのである。その一例を紹介してみる。いじめが社会問題となっている時だからこそ企業内でのリストラ・差別問題を社会権の学習としてとりあげてみたのである。準備した資料は①石川島播磨争議団の渡辺鋼氏の「働くということ―父から子どもたちへの手紙」（『わが子は中学生』より）、②岩手交通で有給休暇をとり民謡大会に参加したため六か月の停職処分を受けたバスガイドさんの佐藤三枝子

氏の新聞記事である。ともに会社での考えられない差別に生徒たちは唖然とした。そして、つぎのことに深くうなずくのである。第一は、渡辺さんが息子たちにつぎのように語りかける部分である。「おまえはあまり学校の勉強が好きじゃないことを父さんは気にしません。しかし、自分を甘やかしてもいけないと思います。その上で、おまえたちに考えてみてほしいことがあります。それは学校の勉強から"わかる喜び"が奪われていることと、"雇われた労働"から"成長する喜び"が奪われていることは、"もうけと効率（受験のための詰め込みときり捨て）が第一"という同じ原因から生まれていることです。"奪われたもの"を取り戻そうと努力することで"みじめな被害者"から脱却することができると、父さんは思っています。」生徒はこの部分をわかると言うのである。「私たちは"できない"のではなく"できなくさせられている"のだ」、しかし、「そのことを理由に努力を怠ってはいけないということ。この言い方ならわかる。」と言うのである。第二は、佐藤氏の返信の手紙である。手紙は「学校にて憲法を学習なさっている中学生の皆さん、私へのこの様に貴重な励ましのひとこと、ひとことに心から感謝申し上げます。私は、皆さんのようにあまり勉強しなかったのですが、この会社に入って、組合活動の中からありとあらゆることを学び教えられ今日まできました。……」からはじまり、生徒一人ひとりに返事が書かれていたのである。そこには、自分が行っていることへの確信が満ちあふれ、支援している方への信頼があり、明るさがある。佐藤氏の生き方に対するうなずきから、授業後、何人もの生徒が「今日の授業よかった」「父の会社でもリストラがあった。ある人がやめさせられた。父はお酒を飲むと守ってやれなくて悪かったという」などと話しかけてくるのである。この授業ではひとつはいじめ・差別を相対化して見つめることができた。もうひとつは、人間を介して社会権を学ぶことができたのである。ここでの人間（渡辺さん・佐藤さん）とは、いじめや差別から個人の尊厳を守るために、みんなと協力して明るく生きている生き方なのである。中学生は、青年特有の正義感とみずみずしい感性からこの様な人間に共感していくのである。私が「これからの中学校社会科」（『歴史教育・社会科教育年報1997年版』三省堂、1997年7月）のなかで中学生と社会科で学びたいものとしてあげた①個人の尊厳、②連帯・共存、③生きる展望、とは、このような教材・授業をイメージしているのである。

　現在、「ともに学ぶ」「共同」「協同」等をキーワードとした授業論が主張されている。しかし、ここから授業づくりの展望は私にはあまり見えてこない。教師が中学生に何を語り、何をともに学ぼうとしているのかが見えてこないのである。中学生は学校知を否定していない。意味を感じ、知ることによって世界が見え、広がり、自分が大きくなるような感じがする知識を求めているのである。また、中学生は、知識と知識をつなげたり、比較したりすることにより、自分の考え（理屈）をつくっていくことが好きである。新たな知識や事実との出会いが学びへとつながっていくのである。多くの授業の場面では、まず教師から生徒にボールが投げられる。どのような質のボールが生徒の学びへと転化していくのだろうか。このことは社会科で中学生に何を語りかけるのかということでもある。私は、現在の中学生の状況のなかで、未来にも生きる力となるものとして、個人の尊厳、連帯・共存、生きる展望という三つの視点を考え、これを軸に「人間をさがす旅」につながる中学校社会科の教育課程づくりを、ささやかであるがしていこうと考えている。そしてここ数年の課題を、社会科50年のなかで教師たちは、中学生に何を語り、生徒の自立をどのよ

うに促してきたか──社会科における教師の指導性に置いてみたいと考えている。指導を伝達、管理と同一視してとらえるのではなく、豊かなものとしてとらえ直すことが授業づくりをさらに進めていくものと思っているからである。前掲拙稿「これからの中学校社会科」と併読してご批判いただきたい。

> 第二部-2.
>
> # 思春期を支える学び
>
> ＊掲載誌：教育科学研究会編「教育」国土社　2002年3月

　本稿では、教科教育をめぐる基礎・基本、学力問題、授業づくりについて学習内容の魅力回復に焦点をあてて考えてみます。それは、まもなく始まる新学習指導要領への対応が「総合的な学習の時間」に集中し、教科教育、とりわけ教科課程についての論議が不充分だと考えているからです。この問題について、中学校社会科歴史学習から考えてみます。

一　中学歴史・江戸時代学習三つのプランを比較・検討する

　教科課程を取り巻くハード面（授業数の削減など）の問題は、後に検討することにして、いきなりですがカリキュラムの問題に入ります。ここでいう「三つのプラン」とは、①教科書という制約がありますが、東京書籍の教科書および指導書、②歴史教育者協議会大阪中学校部会プラン（以後、大阪プランとする）、③私のプラン（以後、マイプランとする）を指しています。

①東京書籍プラン

現行	新教科書
1 江戸幕府の成立	1 江戸幕府の成立と支配のしくみ
2 支配のしくみと身分制度	2 さまざまな身分と暮らし
3 さまざまな身分と暮らし	3 貿易の振興から鎖国へ
4 貿易の振興から禁教の強化へ	4 鎖国下の対外関係
5 鎖国	5 産業の発達
6 農業や産業の発達	6 都市の発達と元禄文化
7 都市の繁栄	7 享保の改革と社会の変化
8 元禄の政治と文化	8 幕府と諸藩の改革
9 享保の改革	9 新しい学問と化政文化
10 社会の変化	10 外国船の接近と天保の改革
11 幕府政治の改革	11 開国と不平等条約
12 新しい学問と化政文化	12 江戸幕府の滅亡
13 外国船が出現する	
14 大塩の乱と天保の改革	
15 開国と不平等条約	
16 尊王攘夷から倒幕へ	
17 世直しと王政復古	

②歴史教育者協議会大阪中学校部会プラン

現行	新
1 将軍と大名	1 将軍と大名
2 朱印船貿易と鎖国	2 幕府と外交
3 農民と町人	3 農民と町人
4 農業の発達	4 大和川のつけかえ
5 江戸と大阪	5 三都と元禄文化
6 元禄文化	6 二つの改革（享保、寛政）
7 商品作物と農村の変化	7 武左衛門一揆
8 幕府政治の改革	8 ききんと一揆
9 百姓一揆とうちこわし	9 ペリー来航と開国
10 化政文化	10 尊王攘夷運動
11 工場制手工業	
12 ききんと改革	
13 ペリーの来航と改革	
14 尊王攘夷運動	
15 倒幕と世直し	

③石井プラン（マイプラン）

1 天下普請の江戸城づくり 　―大名たちは文句を言わなかったのだろうか―	2時間	・幕藩体制 ・身分制度（士・農工商）
2 象の旅から見えてくる鎖国 　―これで鎖国と言えるのだろうか―	2時間	・幕藩体制　・禁教 ・対外貿易の独占としての外交政策 ・東アジアの様子と日本（17〜18世紀の東アジア）
3 三井高利の商売替え 　―高利は、なぜ大名貸しから庶民向けの商売に変えたのだろうか―	3時間	・大名の没落と町人の台頭 ・商品経済の発展 ・商品作物、農業の発展 ・幕政改革（三大改革）
4 前野良沢は、なぜ解体新書の著者にならなかったのだろうか	2時間	・学問の発達 ・いろいろな生き方 ・江戸時代の文化
5 黒船以上の大きな出来事 　―南部三閉伊一揆とはどのような一揆だったのか―	3時間	・ペリー来航、開港 ・百姓一揆、世直し ・江戸幕府の滅亡

　新学習指導要領では、中学校社会科歴史学習は、年間105時間ですが、実際は85〜90時間になると思います。大阪とマイプランは、90時間と想定しています。学習項目を東京書籍は約30％、大阪プランは約33％減らして「三割削減」を守っています。マイプランも12

時間扱いですから、時間数ではほぼ共通しています。

　このように比較しますと東京書籍、大阪プランとも単純な削減ではないことにも気がつきます。東京書籍では、江戸幕府の支配のしくみ、幕政改革、民衆闘争などの項目が削減の対象となっていますが、鎖国下の対外関係などは現行よりプラスされています。大阪プランでは、文化を元禄中心としたり、幕政改革などを削減していますが、民衆闘争などは重視し、地域教材なども新たに組み込んでいます。江戸時代の時間数の削減率が東京書籍より若干多いのは、全体をプランとして近現代史の削減率を押さえているからです。（近現代は、54時間から50時間へ、削減率7.5％、アジア太平洋戦争では、10時間から14時間に増やしている。）

二　マイプランへの批判

　東京書籍、大阪プランと比較しますとマイプランは、異質ともいえます。私は、修正を加えながらも基本的な枠組み（90時間30テーマなど）は変更しないで、このようなプランを1997年から提案してきました。この間、いろいろ批判をいただいてきました。その主な意見は、つぎの通りです。
- 現場で、高校入試を控えているなかではできない。
- 通史的な取り扱いをしていないで、テーマ学習になってしまっている。そのテーマには、関心を示しても歴史全体がわかるか疑問である。
- 子どもに考えさせようとしているのだが、考えるための知識はどのように身に付けているのか。
- もっと子どもたちに考えさせたいことがあるのではないだろうか。
- 子どもたちの学びに応えた授業ができていないのは、学習内容というより学習方法の改善ができていないからなのではないか。
- 学習内容にこだわりすぎていないか。
- 問いは、教師から出してよいのか。
- 教科書の取り扱いは、評価をどうしているのか。
- はじめは興味をもつだろうが、パターン化してつまらなくなるのではないだろうか、など。

　しかし、私は現在プランの修正（全体的には、日本史中心であり世界史的なものがない。これをたとえば、従来のように日本史、世界史と分離しないで世界的な視野をもった日本史中心のプランなどへ修正）は考えていますが基本的な枠組みは変えないで提案を続けたいと思います。それは、次のような理由からです。

三　教科課程の「再編成の時期」である

　端的にいえば、ハード面（学校完全五日制、授業時間数の削減など）、ソフト面（授業改革、自ら学ぶなど）の両面から教科教育は「再編の時期」にきていると思っています。しかし、新学習指導要領は、新しい中学校社会科歴史学習の構想を示していません。相変わらず、従来のものから「精選」「厳選」しようという修正の案しか示していないのです。

私は、器と内容量がミスマッチを起こして、ますます伝達的な授業が増えてしまうのではないかとさえ危惧しています。大阪プランは、内容的には学習指導要領とは異なり、単純な「精選」「厳選」でないことは前述した通りですが、あえて言えば、修正の域を脱していないのではないかと思っています。今、必要な教科課程は、修正にとどまることなく新たな教科教育の新築の方向を求めあうことだと思っています。

　新学習指導要領での社会科の授業時間を見てみますと、時間数が最多であった初期社会科の上限と比較すると50％から27％へ、三分野制が実施された1958年学習指導要領からでも二度の大きな精選（1977年の「ゆとり」と今回の学校五日制、「総合的な学習の時間」の導入）をへて削減率は、一年＝25％、二年＝40％、三年＝51.4％に達しています。「三割削減」とは、現行学習指導要領との比較に過ぎないのです。戦後の教科課程全体のなかで削減の実態を捕らえなければ新しい構想が見えてきません。さらに子どもが主体の授業を加味すれば、一部修正にとどまらず新たな構想が求められていることは明らかだと思います。マイプランは、その一つの試みとして提起しているものです。

（表1）中学校社会科授業数の変遷

年	1年	2年	3年
1947年	175	175	210
1951年	140～210	140～280	175～315
1958年	140	175	140
1968年	140	140	175
1977年	140	140	105
1989年	140	140	70～105
2002年	105	105	85

（表2）削減率

	1年	2年	3年
最多の1951年に対して	50	62.5	73
1958年以降に対して	25	40	51.4

四　思春期に学ぶ・歴史学習を考える

　マイプランの学習内容に入ります。つぎの二点から学習内容の再構成を試みようと考えています。

1 社会科歴史学習とは何か

　教科教育の大きな「再編期」であるがゆえに、改めて歴史学習とは何かを考え、そこから新しい構想の枠組みを考える必要を感じてきました。

　鹿野政直氏は『歴史を学ぶこと』（岩波書店）のなかで、ゴシック体の人物、出来事、重要語句などを暗記する学びを「したこと史観」と命名しています。その欠点は、英雄偉

人の足跡や権威に自分の人生の実感が飲み込まれてしまうことだと指摘しています。ここからは、社会の形成者としての主体性が育ちません。

遠山茂樹氏は、歴史教育の目標として「基礎的な知識の学習」と「基礎的な思考の訓練」を指摘しています。後者は、事項の関連の認識を指していますが、前者も反復繰り返しの丸暗記でなく「他の事項への関連に方向づけられた知識」であり、バラバラなものではないと指摘しています。このようなことを通して、子どもたちが事実を関連づけて歴史像を構成する能力をつけることが社会科歴史学習の目標としてみます。学習内容は、この目標を意識して再構成していきたいと考えています。

2 思春期の自立を支える学びを

日本の歴史学習は、小・中・高で繰り返して学習するラセン型の履修形態をとっています。このことをけっして、上にいくほど難しくなるという単純なものではないと思っています。子どもたちの発達段階にあった学習内容を構成することによってその校種独自の学習の魅力が引き出せるのだと考えます。

中学校での実践は、思春期を抜きにして教科学習の生徒指導もできないことは自明のことです。しかし、私は、しばらくこのことに気がつきませんでした。1980年代の「荒れ」や授業崩壊に遭遇し、「中学生とは、何なんだ……」と考えるようになってから思春期を意識した教科学習（中学校教育全体のなかでの歴史学習）を考え始めたのです。大変遅い気づきでした。マイプランは、このことを強く意識し、また主張として打ち出して作成したものです。

(1) 大学生が語る中学時代

大学生に「第二の誕生」＝今までの自分と違うことを感じた時を振り返ってもらうと、中学生の特色がわかります。その特色は、①性へのめざめ　②他人の眼差しへの意識　③大人への反発　④悩み　⑤新たな自分の発見の五つにまとめることができます。中学生は、男子であれば、肉体的にも精神的にも「男」を意識し「女」の存在を感じ始め、それまでの、いわゆる「好きな娘」はいても「好き」でいるだけで良いというわけにはいかなくなってきます。それまでは、他人は自己の意識を拡大していけば理解できると考えていましたが、周囲を見渡すと単純にはそうはいえないことに気づき、理解できない「他者」の存在が気になってきます。そして、他人の目、死なども考え、世界、日本、周囲、自分への疑問をもち始めます。そして、そのなかで懸命に自分さがしの旅をしているのです。

私は、大学生の短い振り返りの文章を読んでいて、教え子たちの「あの時」を思い出します。そして、そのことを理解できなかった私自身の未熟さを感じるのです。私たちは、このような心境の中学生と歴史学習をしているのです。

(2) 思春期の頭と心の発達

私は、理論書から「思春期とは何ぞや」と考えるよりも、はじめにこのような体験を聞いたほうが理解を深めることができます。その上で、高垣忠一郎氏の『揺れつ戻りつ思春期の峠』（新日本新書）などを読むと、その内容が理解できます。高垣氏は、思春期は、①日常的な世界と抽象的な世界の両方に生きるようになる。だから、見かけの背

後にある隠された問題や、矛盾を鋭く見抜く力や正義、自由、平和、民主主義、友情、愛などの理念や価値にも魅かれる。②時々の感情で左右される「情動」とは違った、知性と結びついた「情操」が育ってくる。③しかし、まだ主観的、独断的な傾向も強く、自己を客観視する力を育てることが課題である。そのためには、感情や気持ちを見つめ、言葉にしていく言語化が大切である。など発達の特色と課題を指摘しています。

さらに、私にとりましては待望の著作であった『中学生の世界』シリーズ（大月書店）のなかで田中昌弥氏は、「本来、問題意識に富むはずの思春期という条件を生かした授業づくり」として、セントラル・パーク・イースト中等学校の①どうしてそれがいえるのか（証拠）②それは誰の視点から見たものなのか（視野）③その出来事は他とどのように関係しているのか（関係）④事情が変わったらどうなるのか（仮定）⑤なぜそれが大事なのか（意味）など思春期の学びへの切り口を指摘しています。

これらは、私の中学教師の経験と理論をつなげる指摘で、思春期の授業づくりを示唆していると考えています。

五　思春期を支える社会科歴史学習の内容

中学校の社会科歴史学習は、学習内容と適切な指導しだいで、見える世界から抽象の世界への両方に生きようとしている子どもたちに魅力ある学びになる可能性があると確信しています。それは、歴史認識を深めるとともに自分さがしにもつながるからです。教科学習は、訓育的な側面ももっていると思います。改めて、マイプランの学習内容を検討してみます。ここでは、実践の詳細を報告することはできませんが、江戸時代の五つの学習で、つぎのように「思春期（青春）を支える歴史学習」を構想してみました。

(1) 見えるものからその背景をさぐる楽しい学び

「天下普請の江戸城づくり」では、江戸城の広さを安土城、名古屋城などと比較させ、その広大さを調べさせます。さらに、城内を探索させます。造りは、層塔型で安定性があり、九九の門、二一の櫓があることがわかります。つぎは、どのように石や木材を運んだのか、城づくりの様子を調べます。この城づくりが「天下普請」として、大名の負担でつくらせたことを話し、「こんなにお金、人員、負担がかかる仕事を大名たちは、断ることができなかったのだろうか」と質問し、幕府と大名の関係、武士と農工商の関係などの幕藩体制を学んでいきます。

「象の旅からの鎖国」では、「鎖国」中に、貿易許可書を持っていない中国船の入国許可、その積み荷は意外な象、さらに、その象を長崎から74日間の旅をさせ将軍に見せ、その途中で民衆に公然と輸入品を見せているという事実から、「鎖国」という外交政策を民衆、大名、将軍という視点から分析し、「民衆は鎖国、大名も鎖国、幕府・将軍は、情報や輸入品を含め独占していた。鎖国ではない。」と考え始めます。

「三井高利」では、伊勢・松坂での大名中心の商売から江戸・日本橋での庶民向けの商売にかえた事実から、その背景を考え、開幕から70年ぐらいで財政事情が悪化する大名と、生産を上げ力をつけてきた農民、町人の姿を調べさせます。

「南部三閉伊一揆」では、完全勝利の要因を探りあいます。

(2) 出来事のかかわりを探究し、歴史の流れがわかる学び

　「三井高利」では、三井の商売替えと農商業の発達、幕藩体制の改革で武士社会を維持しようとする政策（三大改革、諸藩の改革など）などを関連づけて考えます。
　「江戸城づくり」では、天下普請の江戸城と幕府の大名支配、参勤交代、武家諸法度、さらには、藩での民衆支配のしくみと関連づけながら学んでいきます。
　大きな歴史の流れのなかに出来事や知識が位置づいた時、子どもたちは歴史がわかるし、学びが楽しくなるのだと思います。歴史を系統的に学ぶとは、出来事を羅列することではないでしょう。限られた授業時間数のなかで、「主たる出来事」に関連づけながら、出来事のかかわりや歴史の壮大な動きを実感させることが大切だと思います。「江戸城づくり」、「三井高利」などは「主たる出来事」としています。マイプランにたいしては、テーマ学習、トピック学習で通史学習ではないという批判がありますが、私は「通史的学習のとらえ直し」として問題を提起しています。

(3) 人間にたいして共感し、怒り、疑問をもちつつ歴史を学ぶ

　「解体新書」では、『蘭学事始』などから当時の医師たちによる学問の発展への努力や苦悩を調べさせ、そして「ターヘルアナトミアの翻訳の中心人物であった前野良沢がなぜ、『解体新書』著者になっていないのだろうか」と質問をします。翻訳の努力、「もっと良い医学書を」「十分な翻訳ではないが出版することに意義がある」など出版をめぐっての意見の違いなど当時の様子を考えさせます。「君だったらどうする」とも質問します。ここでは、杉田玄白派か前野良沢派かを問うのではありません。その時代の人々に共感しながら歴史を実感させる学びをさせたいのです。子どもたちは、この論議のなかから解体新書は、学問の夜明けにつながる研究ではあるが完璧なものではないことがわかります。そうすると解体新書の前と後の医学研究が気になってきます。子どもたちが気になってきたらしめたものです。教育とは「そそのかすこと」なのですから。山脇東洋の『臓志』、その後の大槻玄沢（玄白と良沢の一字をとって命名）らによる解体新書の改訂作業へと学びは、独り歩きをしていくのです。
　山本典人氏の近著『子どもが育つ歴史学習』（地歴社）では、小学校での「人体解剖をした人たち」の実践が紹介されています。解剖の劇化を試みたものです。山本実践に学びながら、思春期の学びを構想しています。この著で山本氏は、解体新書の図を担当した小野田直武について、『蘭学事始』ではほとんど触れていないことを指摘しています。なぜなのか私はわかりませんが、中学生は、このようなことに大変興味をひかれるのです。マイプランでは「聖徳太子はなぜ天皇にならなかったのだろうか」「君は、松岡洋右、田中義一、幣原喜重郎、石橋湛山の誰を支持しますか」など人物をとり上げた学びを行っています。自分さがしの旅の渦中にいる中学生に生き方とかかわって歴史を学ばせたいからです。

　児美川孝一郎氏は、中学校教育について時代にあわなくなりはじめた制度と内容と方法の創り直しを呼びかけました（『人間と教育』No.19、1998）。マイプランは、歴史学の研究の成果と思春期の学びの特色を関連づけて、中学校社会科歴史学習の教科課程をどのように創り直していくかを試みたものです。中学校社会科歴史学習のなかで、中学生が真剣に考えるようになる「戦争と平和」「愛・友情」「正義と悪」「生き方」「命」「未来・展望

があるのか・歴史は変わるのか」などをもっと学習の対象にする必要があるのではないかと感じています。私の提起が再編成＝新築の構想を示しているかご批判下さい。

〔注〕

(1) 大阪プランは、『歴史地理教育』2000年3月号、および2001年3月号、樽野美千代論文として掲載されている。歴史教育者協議会での中学校社会科教科課程論議については、『2001年度歴史教育・社会科教育年報』（三省堂）の小堀俊夫、安井俊夫論文を参照。

(2) マイプラン（第一次案）は、最初に『人間と教育』No.18（1998）に発表した。

(3) 「象の旅からの鎖国」は『子どもが主役になる社会科の授業』（国土社）、「三井高利」は『社会科教育研究』No.83（2000）、「南部三閉伊一揆」は『基礎・基本と共通教養　下』（フォーラムＡ）に掲載している。

第二部 - 3.
いま、平和と民主主義を担い、生命を大切にする子どもを育てる歴史教育

＊報告：第16回千葉県歴史教育研究集会　基調報告（千葉県歴教協機関紙）1983年2月

　私は、現在、市川市の南部にある、36学級、生徒数約1500名の市内第一の大規模校に勤務しています。今年の生徒数は、これまでも少ない方で、以前は約1800名までふくれあがった時もありました。今回の報告では、ずばり社会科教育や平和教育の問題にしぼった方が課題が鮮明になるのでしょうが、そこで生徒指導を担当していることもあり、生徒の状況を語ることぬきに、社会科教育を論ずる気持ちになれません。ここでは大きくわけて、二つのことを報告します。第一は、現実の子どもの問題、とりわけ、非行をめぐる問題を、戦後史の課題とかかわってどのようにとらえるか。第二は、今日における、歴史教育・社会科教育の視点をどこにおいたらよいか、ささやかですが実践を報告します。

《私と中学生とのかかわり》

　私は、はじめ9年間、小学校に勤務していました。その後、同じ学区の中学校に転勤したため、小学校で指導した子どもを再び中学校で指導するという貴重な体験をしてきました。小学生から中学生へ子どもたちの心と体は大きくかわっていきます。ある子は、小学校ではみられなかった生き生きとした姿で活動しています。「ずいぶん頑張っているな」と声をかけると「中学校で気のあった教師と出会い、楽しくてしょうがない」と明るい声がかえってきました。また、ある子は、目立たないおとなしい子でしたが、中学校では、人も驚ろくスケバンとなり容貌も一変していました。私の中学校教師生活は子どもたちの変化に対する驚きからはじまりました。

　その後も、次の三つの課題を抱いて今日にいたっています。第一は「中学生とは何なのだろう」という問題意識です。中学生の心理、中学生を対象とした書物（『心に翼をつけて』『ぼくは負けない』等）を読み、生徒の内面をゆり動かすものを考えました。第二は、はじめての進路を担当し「高校にいかないんだから授業はうけない」「14才で子どもを産みたい…」と言う子どもに、「学ぶとは」「愛とは」「生きるとは」を生き生きと語る力をつけたいと思いました。第三は、生徒指導を担当し、一過性ではなく最後まで残ってしまう子どもたちと接する中で、もうひとまわり広く、社会、歴史の中で子どもをまるごととらえていかないと、しっかりした指導が、社会科の授業ができないのではないかと考えるようになってきました。

《非行を現代史の課題の中でとらえる》

　私は、学生時代、児童文化研究会というサークルに所属し、人形劇をもって千葉県下の

小・中学校を巡回公演していました。ここでの子ども研究は、小川太郎氏の研究に学び、"社会の中で子どもをどうとらえるか"ということが基本でした。今、非行の道から最後までぬけきれない子どもと接し、私たちだけではくやしいけど解決できない壁に何度もぶつかった時、もう一度、子どもを、家庭をこのようにさせている社会とのかかわりで子どもをとらえ直してみようと思うようになりました。そしてこのことにより子どもの苦しみや現状打開の対策を一層つかむことができるのではないかと確信しています。このような観点から、非行や生活の乱れを戦後史の中でとらえ直してみました。

今までの児童問題は、児童労働の問題として大きくとりあげられてきました。「野麦峠」「女工哀史」にみられる青少年の姿は、日本の資本主義の原始的蓄積の反映だったのです。大日本帝国憲法下の子どもたちは、「未来の兵士」であり「銃後を守る少国民」であり「天皇の赤子」として育てられたのです。この様に社会とのかかわりで現代の子どもをとらえ直してみるとどのようなことがいえるのでしょうか、考えてみました。

何人かの人からの指摘を紹介しこの問題について考えていきたいと思います。

(1) 子どものとらえ直しは、これが戦後三回目です。(田中孝彦氏講座『日本の教育』1)
　　一度目は、1940年代末から50年代前半にかけて、日本の平和・独立の危機、「民主化」への反動の強化、教育における「逆コース」の中で、二度目は、1960年代前後、安保問題を中心とした日本の進路が国民的な規模で問われ「高度経済成長政策」が推進され「能力主義」と「国家主義」が展開される中で、そして三度目は今日で日本の社会が「未曾有の構造的危機」をむかえるなかで、真の民主主義を実現するという国民的目標にむかって努力を集中しようとしている時です。

(2) 非行は戦後第三のピークを迎えています。1951年をピークとする「第一の波」、1964年をピークとする「第二の波」、そして今日の「第三の波」。

(3) 平和教育は、第三期目を迎えています。(安達喜彦氏＝歴教協平和教育分科会世話人)
　　第一期は、1950年代朝鮮戦争時、第二期は1960年代のベトナム戦争時、第三期は、今日の反核、軍縮の平和教育……

ここでは、それぞれ、子どもの生活や教育にかかわっている専門家の指摘が、社会的背景についてほぼ共通の認識があるということに注目しておきたいと思います。もう少し、子どもたちの生活にそくして戦後史を考えるために、金田茂郎氏の『子どもの現代史』を調べてみました。金田氏は、「子どもの遊びからみた戦後史」を四期にわけて分析していますので紹介してみます。

第一期は、遊びの高揚期です。(1945～1953)「六・三制野球ばかりがうまくなる」に代表されるように、屋外で遊ぶ子どもたちの姿が目に入った時期です。

第二期は、遊びの停滞期です。(1953～1964) テレビが普及し、コカコーラ、即席ラーメンがはやってきました。子どもを対象としたテレビ番組が、食品産業(明治・森永・雪印・グリコなど)のスポンサーの手によって子どもの生活にどんどんおしよせてきます。そして"でっかいことはよいことだ"というキャッチフレーズとともに、ものも大きく、値段も高くなっていきました。子どもの生活は屋外からテレビへと移動してきました。

第三期は、遊びの沈滞期です。(1964～1973) オリンピック以後、テレビ中心の生活となり、子どもたちの早寝早起がなくなってきました。学校では音楽会や体育祭

も簡素化されていきます。地域では「巨人の星」の影響もあり、地域子ども組織の指導者が"近所のおじさん"から"専門化"へ移り、監督中心の管理的なものになっていきました。

第四期は、遊びの断絶期です。(1973〜　) インベーダーやゲームセンターに見られるように、遊びが個人的なものとなり、お金で遊びを買う時代となってきました。

この様ないくつかの指摘をうけて考えてみますと、私は、やはり、学校・地域でかかえている非行、生活の乱れの問題は、決して、子どもたちの自己活動のあらわれではなく、社会的につくられてきたものであると考えます。社会的背景を背負ったところに、非行の根の深さがあるということを見落としてはいけないと思います。そこで、もう少し、今日における非行問題を社会構造とのかかわりでみつめていきたいと思います。

今日における、体制側の児童観とはどのようなところにあるのでしょうか。現代資本主義のもっている児童観は一口で言えば、大量生産、大量消費時代の人間づくりに基底され、未来の大量消費者、それも大人よりもずっと衝動的で、未熟で、操縦されやすい大量消費の金の卵として位置づけられていることです。人間の搾取が仕事の場だけでなく、全生活に拡大されてきており、もうここでは、今まであった、「大人は大人、子どもは子ども」という一定のルールすら破られ、大人の文化が子どもの生活にストレートに入りこんでいるのです。(『経済』「非行・学力問題の経済的基盤」成瀬龍夫　参照) 私たちが、日常、困っている　・かけごとの遊びのはんらん　・スポーツ、遊びをお金で買う　・めまぐるしくかわる子どもたちのファッション（昨年はポニーテール、今年は段カット等）等の生活の乱れは、体制が子どもたちの全人格をコントロールしているあらわれであり、今日における体制側の児童観の反映なのです。

《ファシズムが子どもたちの生活の中に入りこんできている》

子どもたちの思考の中には着々とファシズムが入りこんできています。私がまず感じることは、第一に、力の解決、暴力主義が根強くあるということです。とくに、男子の暴力主義は影響力は強く大変です。下ばきで教室に入っている生徒を注意すると「ムカツク」「ナンダヨ、うるせいな」とむかってきます。私が、今集会の準備をしている時、ある男子生徒がやってきて、「先生、3月15日が楽しみだよ」と言ってきました。「卒業式だよな」と言いかえすと、「先生、血をみるぜ、テメエはしっこいからな」と脅迫をかけてくるのです。この様なことは日常的にあるといっても過言ではありません。第二は、御都合主義で客観的に自分が行っていることがみえない思考のせまさです。第三番目は「チクルなよ」「ムラハチだぞ」という言葉に代表される、不正義と差別イジメの構造です。清掃の時間に大ぜいの生徒が見ている前で非常ベルが鳴らされても、誰も知らないと答えるのです。そして、第四には、展望のないその場的ななげやりの生き方です。「就職、するさ、何、月給7万円、ダサイゼ、オレ、バイトだって12万ぐらいなるぜ」と言って誠実に就職のことを考えず卒業式をむかえてしまいます。この様な中で、あるまじめな生徒が「あまりにも先生、オレたちの学校、無秩序だよ、だから先生、オレ高校でたら自衛隊に入るヨ」と言ってきたのです。「こんな無秩序ではしょうがない、テレビで見る自衛隊の整然とした行動はあこがれの的である」というのが、この子どもの言い分なのです。すなわち、子どもた

ちの中にある退廃は一方では、ニヒリズムと同時に、強い力により取り締まりの強化を要望する根底ともなっているのです。この様な管理主義迎合論的な雰囲気がモンモンと学校の中には広がっていっているのです。この雰囲気がファシズムの前兆ではないかと思います。自衛隊賛成論がふえている背景にはこのような子どもたちの思想状況があるのです。

《いま、子どもたちに何を》

　社会の構造と子どもの生活を関連しながらとらえながらも、いま、平和と民主主義の担い手を育てるために、何が必要なのでしょうか。私は、まず、荒れくるっている子どもたちも含め、すべての子どもたちを教育の対象としてみる＝個人の尊厳の思想を根づかせることが大切だと思います。『教育は死なず』の篠ノ井旭高校の実践の精神は、すべての子どもたちの学習要求を保障するために、「35人学級にする」「担当持ち時間数をへらす」等にみられる個人の尊厳を大切にするところにあると思います。つぎは、連帯、共存という意識や認識をもたせることが必要だと思います。人間不信が満ちあふれている中で、人間疎外からの回復のひとつは、誠実に働いている人々への共感、平和を求め行動している人々へのたえまない共感を持ち続ける、連帯、共存の思想を根づかせることだと思います。さらに、自分の中に展望や未来を見いだせる人間に育てることが大切だと思います。先日、三年生の女子で大変荒れている者がいました。その女子生徒は、深夜、パブスナックで働いていたのです。この子の場合、一時、完全に自分の展望を見失なってしまいました。大変、勉強のできる子でしたが、進路選択の過程で経済的、家庭的状況（母離婚、母、自分、弟と３人暮らし）のため、偏差値が60近くもありながら高校進学をあきらめざるを得なかったのです。「なぜ、私がいけないのか」という疑問が、荒れくるう背後にあったのです。その子がある日「先生、勉強、教えて」と言うので、毎週、火、金の二日間、その子の家で数名集めた（すべてツッパリ）勉強会がはじまりました。ある時「君、ずいぶん頑張っているな。それなら県立〇〇高校だいじょうぶだな」と声をかけると、その子は、「先生、私、高校へ行かないよ」というのです。「ええ、どうして、だって君、この勉強会そのためにあるんだろう」といいかえしますと「先生、私、前から高校へ行く気はないよ。就職するさ。でも、私、県立〇〇高校を受験するんだ。うかっても行かない。自分の学力をためすために受験するんだ。」と言うのです。私は、この時、自分自身の学習観のせまさにがっかりさせられました。この子は、中学時代のフィニッシュに自分が行かない高校受験をうけ、自分の力をためすことにより、自分のくやしい気持ちをここにぶつけようとしたのです。この様に、子どもたちは、自分自身の中に身近かな展望を見いだせば、どんなツッパリでも落ち着いてくるのです。今、私たちが、子どもたちに個人の尊厳、連帯、共存、そして展望、未来を、熱っぽく語りかける必要があるのではないかと思います。

《「個人の尊厳」・「連帯」・「展望」と社会科教育・平和教育》

　私は、この様なことを視野に入れた実践が、今、一番大切なことだと思っています。ささやかですが私の社会科の実践をいくつか報告します。
　(1)　対馬の農民から秀吉の朝鮮侵略を考える。

千葉県歴史教育者協議会会誌第13号に述べてある通り（「個人の尊厳と歴史の授業」石井）対馬の人々は、中央の権力者の意志とはかかわりなく歴史的に地理的に朝鮮と国交を行っていました。この対馬に、秀吉から朝鮮侵略のために領地を使用することと兵士を徴用すること等の命令がくだるのです。ここでの授業のポイントを、秀吉の命令は対馬の人々にとってどのようなものであったかにおいてみました。このことは、どのような意味をもっているかというと、朝鮮と国交をもっていた対馬の人々の生活は、ここでの生活に根ざした民の論理であるが、秀吉の命令は、この民の論理に対して軍の論理を押しつけようとしたものです。戦争とは、ごくあたりまえの民衆の中にある民の論理を軍の論理でおいやることなのです。ここが侵略、戦争の中味であると思います。秀吉の朝鮮侵略を対馬の人々、農民から教えるということは、民衆の中にある連帯とそれをひきさく軍の論理としての戦争を教える重要なポイントではないかと思います。このような視点で教材選択を行い通史学習を試みることが必要ではないでしょうか。

(2)　他人を信じあつい友情が農民一揆をささえた──幕末の南部三閉伊一揆を教えて──
　この実践は『安家村俊作』（茶谷十六）を教材化したものである。南部三閉伊一揆は、幕末、南部藩の三閉伊地方におきた大規模な民衆運動です。南部藩は、北上川流域での一揆によってこれ以上の増徴が不可能になると新たな徴税対象として新興産業地帯である三陸沿岸の民衆に目をむけはじめました。この政策に対して民衆の抵抗運動がはじまりました。この運動は隣藩の仙台藩や幕府への領地・領民化等を求め約16000人の人々が仙台藩に越訴を行うのです。（詳細は、『安家村俊作』地歴社、茶谷十六、および千葉県歴史教育者協議会会誌13号を参照）、運動は、45人の交渉団を残して帰郷という形になります。授業のポイントを、45人の交渉団の活動におくのではなく、「結果は一人の処分者もださなかったのですが、仙台で交渉している45人を支援するために、帰郷した人々はどのような行動をしたのか」ということにおいてみました。子どもたちは、・45人がどうなっているのか監視を置く　・45人の家の仕事を手伝う　・45人の家の妻、子どもを大切にする　等、いろいろな意見をだしてきました。すなわち、この授業では、運動の結果を先に示し、闘争の過程における民衆の心のつながり、連帯性に最大のポイントを置いたのです。今まで何となく一揆やいろいろな抵抗運動を教えていた時の言葉主義を克服し、それらの運動をささえていた、担い手の中にある連帯、信頼、あつい友情を教材にしてみたのです。授業後ある男子生徒が「だれの処分も出さなかったという事はそれだけ農民の力が強くなったということだと思う。この頃から"びょうどう"という言葉が生まれたのではないだろうか。45人が残った時……他人をしんじるというあつい友情みたいなものがあったのか」という感想をのべました。私は、実際の農民運動や民衆運動には、この様な運動に参加した人々の心のつながりや連帯がたくさんあったのだと思います。また、それなしに運動の要求をすすめることができなかったのです。しかし、この点を私たちは、ていねいに扱ってきたでしょうか。いつのまにか協力でき、一揆や運動が起こったと思われ勝ちな指導をしてこなかったでしょうか。個人の尊厳や連帯をぬきに一揆や民衆運動は勝利しないし、また、そのような農民、民衆に成長したからこそ要求が通せたんだという視点を大切にしていきたいと思っています。

(3) 「平和は賛成」・「自衛隊は必要」という中での平和教育

　中学生最後の授業は「現代の社会と平和」の学習です。まず授業は、テンフィート映画『人間をかえせ』を視聴します。視聴後の教室は、反戦の気持ちで満ちあふれます。泣いている女子生徒もいます。「あのネクタイをしている人が国連にも行った山口仙二さん」「ローマ法皇の広島アッピールは……」という私の声が子どもたちの心の中にすいこまれていきます。教室は「もう戦争はいやだ」という雰囲気で満ちあふれています。しかし、自衛隊の存在について学習をすすめますと、教室の雰囲気は一変して、武器、軍隊の必要論がたくさんでてきます。「平和は賛成、自衛隊、軍備は必要」という意見が相当強くでてくるのです。平和に対しては総論では賛成、各論では反対ということになってしまうのです。映画をみせて、満足していると大変なことになってしまうのです。ここをどうするのかということが現在の平和教育に問われている大きな課題なのです。この点について、考えてみたいと思います。

　子どもたちの中には、核戦争の中で人類が生き残れるのかという危機感があります。このことがある面では「もしも、○○がせめてきたらどうする」「もしも、武器がなかったらどう戦うのか」という、もしか論の根底となっているのです。現代の平和教育が克服しなければならないのがこのもしか論ではないかと思います。そこで、大胆に「核戦争の危機の中で、どうしたら戦争を防止し、人類が生存し続ける世界ができるのか考えよう」と問題を提起してみました。この課題提起に思いもよらず、子どもたちは、二時間も続けて討論をはじめたのです。（次時の数学の時間も「話をしよう」「討論をしよう」という声で社会科の授業をした）私は、子どもたちのあまりにもの真剣さにびっくりしました。この討論経過については、ここでは述べませんが、このようなある意味では抽象的な課題提起でさえ、二時間も討議がはじまるほど、子どもたちの核戦争に対する危機意識は大きなものなのです。「もしか戦争がおきたらどうなるのか」という発想からではなく「戦争をおこさせないためにどんなことが大切なのか」という発想からの平和教育が大切だと思います。

　討論の最後に『君たちと現代』（岩波ジュニア選書）の中から「平和を創りだすもの」を読んで、話し合いました。とくに、この本では"剣をとるものは剣で滅びる"という言葉に代表されるような非同盟・非暴力による平和の求め方が書かれています。この本を読んだ時、今までの白熱した討論の熱気が残っている学級の雰囲気が「ホット」和らぎました。子どもたちは、今、現代における平和の求め方、未来の世界の有り方を求めています。この要求に応えていく平和学習が必要だと思います。そのひとつとして（平和の求め方）「非同盟」「非暴力」「共存」という認識が大変、大切ではないかと思います。この点の追求がまだ私たちの実践には欠けているような気がしてなりません。

＜「平和を創りだすもの」を読んで＞
・力が強ければ中心になれるという時代は終わったのです。今は力で解決しようとすれば、自分までも滅びてしまう。今の科学は、そこまできているのです。だから「非暴力のたたかい」にならなければ、地球はほろびてしまうと思います。（N子）
・"汝が戦争を欲しないなら平和の備えをせよ"という意見に賛成です。戦争が遠い昔の出来事ではないというなら、この言葉の意味をしっかりかみしめていくべきだ

と思います。（E子）
　「だまっていれば殴られる」「人間なんて信用できない」という論理が子どもたちの生活の論理の中でまかり通っていては、平和は考えられにくいのです。日常ふだんの生活の中で、いじめられっ子がいない学級、友情あふれ、正義がまかり通る学級、学年、学校をつくりあげることと平和教育は同時に進行していくものです。とりたてた平和教育だけでなく、平和を志向する人間づくりが根底にないと平和教育は成立しないのです。私たちの子育ての中身をふくらませることとあわせ、社会科の授業における知識と学習形態を再検討していきたいと思います。

第三部

教科書問題

第三部 – 1.
「日本史・歴史教科書争点」50問50答

＊掲載誌：歴史教育者協議会編『日本史歴史教科書の争点　50問50答』国土社　2003年2月

【Q23】五箇条の誓文で明治天皇は何を誓ったのですか

　明治維新がそこから始まるとされる五箇条の誓文。明治天皇は神々に誓う形式で、政策の基本方針を明示しました。近代的な立憲国家の出発点だった、とする扶桑社の教科書。本当にそうなのでしょうか。

・扶桑社の記述の特徴は
　「五箇条の御誓文」についての教科書記述を見てみましょう。

出版社	内容
東京書籍	1868（明治元）年3月、世論を大切にして政治を進めること、外国との交際を深め国を発展させることなどを、新しい政治の方針として定めました（五箇条の御誓文）。
日本書籍	1868（明治元）年3月、天皇は神の前で五か条の誓文をちかい、広く意見を取り入れること、外国との交際を進めることなどを明らかにした。しかし、民衆に対しては、幕府の考えを受けついで一揆やキリスト教を禁止した。
扶桑社	1868年3月、明治天皇は公家・大名の前で、新しい国づくりの大方針を明らかにする五箇条の御誓文を発した。そこでは、会議を開き、公論（公議輿論）に基づいて政治を行うこと、言論活動を活発にすること、などがうたわれていた。これによって、日本が世界の文明を取り入れ、近代的な立憲国家として発展していく方向が切り開かれた。

　東京書籍、日本書籍などが「広ク会議ヲ興シ万機公論ニ結スベシ」などについて「世論を大切に」「広く意見を取り入れる」と説明しているのに対して、扶桑社版は「立憲国家として発展していく方向」を指し示したものと踏み込んだ意味づけをしています。立憲国家とは、憲法に基づいて政治を行う国づくりのことです。
　そこで、五箇条の御誓文は、立憲国家の方向を示したものなのだろうかなどについて考えてみます。

・新政府の公約としての五箇条の御誓文

　はじめに五箇条の御誓文が出された1868年3月とはどのような状況であったのかを考えてみます。1867年の大政奉還以降も旧幕府軍と新政府軍の争いが続いていました。鳥羽・伏見の戦い以後、新政府軍が有利に戦いを進め、3月15日には江戸城の明け渡しを迫っていました。御誓文が発せられた3月14日は、新政府軍による江戸城総攻撃が予定されていた前日でした。この日、高輪の薩摩藩の屋敷では幕府陸軍総裁・勝海舟と新政府軍参謀・西郷隆盛が江戸城の開場をめぐって話し合っていました。また、当時は、攘夷（外国を追い払おうという考え）を主張する人々もいました。

　五箇条の御誓文の内容を考えるときには、このような状況のなかで出されたということを理解しておくことが大切です。五箇条の御誓文は、まだ日本国内での権力争いが続いているなかで新政府が内外の勢力を吸収するという意味から出されたのです。ですから新政府側の公約とも言えます。このような意味あいからどれひとつとっても清新さを感じさせるのです。

・作成者はだれでしょうか

　公約はともすると美辞麗句になるのは今でもあることです。まず、五箇条の御誓文の作成の過程を調べていきましょう。

　直接作成したのは、長州藩出身で当時新政府の太政官にいた木戸孝允（通称・桂小五郎）らです。しかし、発足当初の新政府は討幕派だけでなく宮廷勢力、下級武士等さまざまな勢力による「連立政権」的なものでした。そのために基本となる政治方針の統一が不可欠でした。したがって、五箇条の御誓文以前にも「公約」の案が出されていました。この過程をさぐることが内容を考えるためには大切です。どのような議論を経て五箇条の御誓文は作成されたのでしょうか。

・「万機公論に決し私に論ずるなかれ」

　最初に政治方針案を提案したのは、越前藩出身の由利公正でした。（五箇条の「議事の体大意」）

　由利公正「議事の体大意」
　一　庶民志を遂げ人心を倦まざらしむるを欲す
　一　士民心を一にし盛に経綸を行うを要す
　一　知識を世界に求め広く皇基を振起すべし
　一　貢士期限を以て賢才に譲るべし
　一　万機公論に決し私に論ずるなかれ

　由利案は、初めに「庶民志を遂げ」から始まり民衆の力を集めて新しい政治の基礎とすることを示しています。次に「士」と「民」との身分の差別をすることなく経綸（国を治め秩序を整えること）を行うことを述べています。

　また、「貢士期限を以て」とは、西洋の議会制度で議員の任期が定まっていることから

考えた条文で、官職・地位の身分的な独占に反対したものでした。さらに、「私に論ずるなかれ」とは、個人独裁をしないようにとのことです。

・「列侯会議を興し万機公論に決すべし」

この由利案に対して土佐藩出身の福岡孝弟が修正を加えました。福岡は、初めに「列侯会議を興し、万機公論に決すべし」をもってきました。また、「士民心を一にし」を「上下心を一にし」として「上」と「下」の区別を示しました。さらに「貢士」を「徴士」に改めています。「貢士」とは諸藩が推薦するもので、「徴士」とは政府が推薦するものですから「貢士」はそのままにして、期限がつけられるのは上から推薦される「徴士」としたのです。福岡案と由利案を比較すると、福岡案は庶民の地位を大幅に後退させています。福岡案での「公儀輿論」と諸藩の代表＝列侯会議になってしまっています。政治は朝廷と諸侯が行うものとされ、由利案の平民的な視点が後退しているのです。

福岡孝弟「会盟」

一　列侯会議を興し、万機公論に決すべし
一　官武一途庶民に至る迄、各其志を遂げ、人心をして倦まざらしむるを欲す
一　上下心を一にし、盛に経綸を行なふべし
一　智識を世界に求め、大いに皇基を振起すべし
一　徴士期限を以て、賢才に譲るべし

・天皇が公家・大名を率いて神に誓う

このような過程を経て木戸孝允が中心となり三条実美、岩倉具視らが福岡案に修正を加え、五箇条の御誓文を作成したのです。ここでは由利の平民的な視点、福岡の列侯会議という提案も削除され、「広ク会議ヲ興シ」と一般的な表現になりました。

五箇条の御誓文

一、広ク会議ヲ興シ万機公論ニ決スヘシ
一、上下心ヲ一ニシテ盛ニ経綸ヲ行フヘシ
一、官武一途庶民ニ至ル迄各其志ヲ遂ケ人心ヲシテ倦マサラシメン事ヲ要ス
一、旧来ノ陋習ヲ破リ天地ノ公道ニ基クヘシ
一、知識ヲ世界ニ求メ大ニ皇基ヲ振起スヘシ

このようなことから「広ク会議ヲ興シ」は、木戸らが天皇中心の政治体制をつくり、天皇と国民の一体化を強く打ち出した方針だと言えます。このことは天皇と大名の盟約（会盟）として準備されていたものが、最終的には、天皇が公家・大名を率いて天神地祇（天と地の神）に誓約する「誓文」という形式で行われたことにもあらわれています。

【Q31】日本が中国に侵略したのは、排日運動が高まったためですか

　扶桑社の教科書は、満州に日本軍がいるのは日露戦争の結果手に入れた地域を警備するため、北京周辺に日本軍がいるのは義和団事件後に中国と結んだ条約に基づくもの、と説明しています。侵略のための軍隊ではないと言いたげです。では、なぜ日本は中国と戦争をするようになったのでしょうか。その原因を探ります。

・満州事変前夜

　1931（昭和6）年9月18日、現在の瀋陽郊外の柳条湖で、日本の関東軍は南満州鉄道の線路を爆破しました。関東軍は自らが行ったことを中国軍のしわざだとして、中国側に攻撃を仕掛けました。この事件は、以後15年にわたる長い日中の戦争の始まりとなりました。扶桑社の教科書は、この「事変前夜の満州」について、次のように述べています。

　「昭和初期の満州には、すでに20万人以上の日本人が住んでいた。その保護と関東州および満鉄を警備するため、1万人の陸軍部隊（関東軍）が駐屯していた。関東軍が、満州の軍閥・張作霖を爆殺するなど満州への支配を強めようとすると、中国人による排日運動もはげしくなり、列車妨害などが頻発した。さらに日本人にとって、北にはソ連の脅威があり、南からは国民党の力もおよんできた。」

　この「事変前夜」の記述は、次のような構図からできています。
(1)　満州での日本の権益は、ポーツマス条約等で国際的に認められている。
(2)　満州事変を引き起こした関東軍は、この権益を守るために駐屯していた。
(3)　しかし、中国人の排日運動とソ連や国民党の動きによって日本の権益がおびやかされるようになってきた。

・当時の中国の様子

　他の教科書の記述を見てみましょう。清水書院の教科書には、次のようにあります。

　「蔣介石が中国国民党の指導者となり、諸地方の軍閥と戦いながら、1927年には南京に国民政府を建てた。国民政府は中国の統一をめざし、それまで協力関係になった中国共産党をおさえながら、北方への勢力拡大と外国の利権の回収をはかった。」

　また、日本書籍の教科書は、国民党の勢力は、「1928年には北京に入り、日本の権益が集中する満州もその勢力下に入った」と書いています。

　扶桑社と比較してみると、他社の教科書は、当時の中国の国内の様子に注目して、国民党の影響が華北、満州方面にまでおよびはじめたことを述べていることがわかります。

　1928年、国民党はそれまでの不平等条約を廃棄すると宣言しました。これに対してアメリカは、7月に中国の関税自主権の回復を承認し、11月には国民政府を承認しました。イギリスやその他の主要国も年内にはそれぞれ承認し、日本は取り残されることとなりました。同年12月29日には、中国の東北地方に影響力を持っていた張学良が、それまで対立していた国民政府に合流し、青天白日旗（国民政府の旗）が中国東北部にはためきました。さらに国民政府は、満州における日本の南満州鉄道の独占的な地位を破ることを目指して、自国の鉄道などの建設を進めてきました。中国国内には日本をはじめとする外国の軍隊な

どがいたため、いろいろなトラブルが起こっていました。このような中国の動きは、基本的には「排日運動」というよりも、欧米諸国や日本などの支配に対して中国の主権を回復しようとした運動だったといえます。扶桑社以外の教科書も、このような中国の主権回復を目指す運動をしっかりと記述しているとは言えませんが、「外国の利権の回収をはかった」こと等はおさえなくてはいけないでしょう。

このようにして中国の主権回復運動と日本の中国への進出・侵略とがぶつかりあうこととなったのです。このことが約15年間も続く日本と中国の戦争の根底には流れているのです。

・日本に向けて何者かが発砲──盧溝橋事件

1937年7月7日の盧溝橋事件をきっかけとして、日中両国は全面戦争に突入しました。扶桑社の教科書は、次のように記述しています。

「北京郊外の盧溝橋で、演習していた日本軍に向けて何者かが発砲する事件がおこった。翌朝には、中国の国民党軍との間で戦闘状態になった（盧溝橋事件）。」

その他の教科書では、次のとおりです。

「ペキン（北京）郊外の盧溝橋で、華北に駐屯していた日本軍は、中国軍と衝突した。これをきっかけに、日中戦争がはじまった。」（日本文教出版）

「北京郊外の盧溝橋で日本軍と中国軍との衝突がおこり、宣戦布告もないまま、日本軍は中国と全面戦争をはじめた（日中戦争）。」（日本書籍）

「北京郊外で日本と中国の軍隊が衝突した。事件後、現地軍や陸軍内部で拡大派と不拡大派が対立していたが、政府の和平交渉も失敗し、全面戦争へ戦火はひろがっていった（日中戦争）。」（清水書院）

扶桑社版の特色は「日本軍に向けて何者かが発砲した」（「何者」なのか──中国人か──については断定していませんが）と明示していることです。たしかに1937年7月7日午後10時過ぎ、盧溝橋で2回にわたって日本軍が射撃を受けたのは事実です。しかし、問題は、どのような理由から、誰が発砲したのかということです。この日の夜、何があったのでしょうか。

当時この付近には、鉄道をはさんで（約1000mぐらい）日本軍（清水中隊演習所）と中国軍（宛平県城）が配備されていました。この日、日本軍は午後7時30分から夜間演習をしていました。はじめの射撃の要因については、次のような説があります。

①日本軍が練習中止の伝令を出したが、この伝令を中国軍だと勘違いした日本軍が威嚇のために空砲を使った。これに対して中国軍が日本軍を射撃した。

②伝令であった日本兵（志村菊次郎二等兵）が道に迷い中国軍に接近し、それに対して中国軍が発砲した。

2番目の射撃については、はじめの射撃に対して日本軍の集合ラッパが鳴ったが、それに対するものではないかなどとされています。

このようにごく近くに両軍の軍隊が配備され、それが日増しに増員されていったのです。こうしたトラブルは、この日がはじめてではありませんでした。今までもことあるごとにもめごとの交渉が行われ処理されてきていました。7月7日のこの事件もすぐ現地で交渉がもたれ、11日に停戦協定が成立し問題は解決されたかのようにみえました。

・日本政府の戦争拡大

ところが日本政府は7月10日に、この事件は中国側の計画的な反日武力行為であるとして、派兵を決定する重大決意を発表したのです。それはなぜでしょうか。清水書院の教科書が記述しているように、中国侵略拡大派（「満州国」だけでなく、華北も中国から分離して日本の支配権を強める）が勢力を強めていたからです。このようなことに対して、中国では国民党と共産党が協力して抗日民族統一戦線を広げていったのです。抗日運動が起こったからではなく、日本による満州さらに華北への侵略拡大政策が中国への侵略を広げていったのです。

【Q40】戦争中、国民はよく戦ったというのは本当ですか

扶桑社の教科書の大きな特徴は、戦争を正当化し、戦いを美化していることです。東南アジアでの戦争と中国との戦争の書きぶりの違いにも注意しながら、この教科書の描こうとしている人間像にせまり、戦場の事実をさぐることの大切さを訴えます。

・戦勝ニュースのような記述

いままでの教科書の常識を覆すような戦争記述が、扶桑社の教科書の特徴です。「大東亜戦争」への国民の戦争参加について、次のように記述しています。

＜大東亜戦争（太平洋戦争）＞

「日本の陸軍部隊はマレー半島に上陸し、イギリス軍との戦いを開始した。自転車に乗った銀輪部隊を先頭に、日本軍は、ジャングルとゴム林の間をぬって英軍を撃退しながら、シンガポールを目指し快進撃を行った。」

「沖縄では、鉄血勤皇隊の少年やひめゆり部隊の少女たちまでが勇敢に戦って、一般住民約9万4000人が生命を失い、10万人に近い兵士が戦死した。」

また、銃後の守りについては、＜戦時下の生活＞で次のように書いてあります。

「物的にもあらゆるものが不足し、寺の鐘など、金属という金属は戦争のために供出され、生活物資は窮乏を極めた。だが、このような困難な中、多くの国民はよく働き、よく戦った。それは戦争の勝利を願っての行動であった。」

さらにガダルカナル島、アッツ島、ニューギニア、マリアナ諸島での「死闘」や「玉砕」にも触れています。

「死闘の末」「快進撃」「一歩も引かず」「勇敢に」と、日本の軍隊の活躍を賛美しています。まるで軍部に統制されていた戦争中の新聞・ラジオの戦勝ニュースのようです。

・戦後はじめての軍部賛美の中学校歴史教科書

このような記述は、戦後の中学校の社会科歴史教科書にはありませんでした。ぜひ、ほかの教科書と比べて見てください。他の教科書として一例（清水書院）だけ紹介してみます。

「日本は、開戦後ほぼ半年で東南アジアを占領したが、1942年、ミッドウェー海戦の敗北をきっかけに、アメリカを中心とする連合国軍の本格的な反攻がはじまり、戦局は

急速に悪化していった。」

他の教科書の戦局の記述もこれとほぼ同じもので、形容詞や感情的な言葉を使うことを避けて経過をたんたんと記述しています。

なぜこのように書かれているかを考えてみてください。戦争には相手の国があります。また、どのような戦争だったのか、戦争の性格や評価の問題があります。自国の軍隊、兵士に対する「快進撃」「一歩も引かず」「勇敢に」等という言葉は、自国中心的なものの見方になりがちです。

中学校学習指導要領の社会科の目標として2002年度から「広い視野に立って、社会に対する関心を高め、諸資料に基づいて多面的・多角的に考察する」ということが新たに付け加えられました。戦争を自国の言い分だけでなく相手国・世界的な視野で考えることが真実をつかむためには大切です。扶桑社のこのような記述では、出来事を多面的・多角的に考えることをかえって邪魔してしまうことになりかねません。

・中国との戦争では「よく戦った」とは書けない

扶桑社のこのような"よく戦った日本軍"の記述は、「大東亜戦争」の項目で目立つのですが、満州事変、日中戦争など中国国内での戦局の場面ではまったくありません。中国との戦争では、他の教科書と同じように経過をたんたんと書いています。中国国内では、日本軍は「よく戦わなかった」のでしょうか。なぜ、扶桑社の教科書でさえ中国との戦争には日本軍を賛美する記述がないのでしょうか。それは、日本と中国の戦争は、扶桑社の教科書でさえ「満鉄の線路が爆破された。関東軍はこれを中国側のしわざだとして、ただちに満鉄沿線都市を占領した。しかし実際は、関東軍がみずから爆破したものだった（柳条湖事件）」と書かざるをえないほど日本による侵略戦争であることが明らかだからです。中国との戦争に「死闘の末」「快進撃」「一歩も引かず」「勇敢に」等という賛美の言葉をつけることはできないのです。

"よく戦った日本軍"といった記述は、「数百年にわたる白人の植民地支配にあえいでいた」東南アジア・南アジアと、アメリカとの戦いであった太平洋上の島々での戦局に限られていて、一貫性はありません。

・国家のために献身する人間を描く

「わずか2000名の日本軍守備隊が2万の米軍を相手に」「降伏することなく、次々と玉砕していった」「死を覚悟した特攻をくり返していった」などと、"よく戦った"ことをたたえる記述は続きます。

そしてこれを裏づける具体的な素材として、特攻隊に関する二つの資料（「出撃する特攻隊」（写真）と「特攻隊員の遺書」）をのせています。これについて、教師用指導書では、次のように指導するようにすすめています。

> 特攻隊の人たちはどんな思いで出撃していったと思いますか。想像してノートに書きなさい。

扶桑社の教科書では、上官、国家からの命令に対して死をも覚悟して献身することを"よく戦った"と美化しているのです。国家の命令に対して疑うことも批判することもなく、

従順な人間を賛美する記述は、扶桑社の教科書では一貫しています。「日清戦争と日本の勝因」では、日本の勝因について「軍隊の訓練、規律、新兵器の装備がまさっていたことがあげられるが、その背景には、日本人が自国のために献身する『国民』になっていたことがある」と述べています。教育勅語について、「父母への孝行や、非常時には国のために尽くす姿勢、近代国家の国民としての心得」を説いたものと説明し、この"教え"にそって「近代日本人の人格の背骨」を持った人間が作られていくことを高く評価しています。その究極的な人間像が特攻隊員だったのです。

・戦場の事実をさぐろう

「よく戦った」という評価は、(1) どのような戦いであり、(2) その戦いの目的がどのようなものであり、(3) 誰のための戦いであったのかなどを考えないと判断できないものです。そのためには東南アジア、南アジア、ガダルカナル、ミッドウェー、アッツ島等の太平洋上の戦場での日本軍の様子について事実を知ることが大切です。たとえば、扶桑社版が「よく戦った」例としてあげているアッツ島では、どのような戦闘がおこなわれたのでしょうか。

1943年5月12日、アメリカ軍約12000人が上陸して来ました。この時にアッツ島にいた日本軍は2638人でした。日本軍はしだいに東部へ追いつめられました。日本軍の戦争指導部（大本営）は、5月20日にアッツ島への増援は不可能とし、放棄を決定しました。アッツ島の日本軍は見殺しにされたのです。その結果、負傷して捕虜となった29名を除く全員が戦死または自決したのです。死亡者の割合は約99％にもおよんでいます。このような戦いを「一歩も引かず」「抵抗を続け、玉砕し」"よく戦った"と言えるのでしょうか。「勇敢に」「死を覚悟して」などという言葉におどらされることなく、戦場の事実を調べてみましょう。

第三部 – 2．

すべての教科書から「慰安婦」が消えた

＊掲載誌：「週刊金曜日」株式会社金曜日　2005年4月

　中学校歴史教科書は、扶桑社以外に7社が発行している。扶桑社が教科書に参入した2002年度使用版、そして今回の7社の記述の大きな特色は、近現代史における日本のアジアの人々に対する加害の事実が大幅に削減ないしは削除されたことだ。

すべての教科書から慰安婦が消える

　たとえば、慰安婦問題の記述の変化を、表にまとめると次のようになる。

1997年度使用	2002年度使用	2006年度使用
すべての教科書が「慰安婦」問題（「従軍慰安婦」、「慰安婦」、慰安施設など）を記述した。教育出版「台湾や朝鮮の多くの男性が兵士として戦場に送られた。また、多くの朝鮮人女性なども、従軍慰安婦として戦場に送り出された」	「慰安婦」の記述は1社（日本書籍）、慰安施設については2社（清水書院、帝国書院）のみが記述した。清水書院「戦地の非人道的な慰安施設には日本人だけでなく、朝鮮や台湾などの女性もいた」	慰安施設については1社（帝国書院）のみが記述した。帝国書院「戦時中、慰安施設へ送られた女性や、日本軍人として徴兵された韓国・台湾の男性などの補償問題が裁判の場にもち込まれるようになりました」
（備考）扶桑社は発行をしていない。中学校歴史教科書は7社であった。	（備考）扶桑社版発行、「自虐史観」として加害の記述などに攻撃をかける。「慰安婦」を記述した教科書は、採択率が大幅にダウンした。	（備考）従来の「従軍慰安婦」、「慰安婦」が教科書から消えた。

　「慰安施設」という文言を残した教科書（帝国書院）でも、本文ではなく、「注」扱いである。今回すべての教科書の本文から「慰安婦」問題が消えた。前回唯一、「慰安婦」の記述を残した教科書（日本書籍）は、新しく日本書籍新社となり記述は次のように変わった。

2002年度使用	2006年度使用
「まぼろしの大東亜共栄圏」 　また、朝鮮などアジアの各地で若い女性が強制的に集められ、**日本兵の慰安婦**として戦場に送られました。	「まぼろしの大東亜共栄圏」 　また、軍の要請によって、日本軍兵士のために朝鮮などアジア各地から**若い女性**が集められ、戦場に送られました。

さらにこの教科書は「日本の戦後処理」のコラムで戦後補償を取り上げ、資料として元従軍慰安婦35人が賠償請求をしている新聞記事を紹介し、「慰安婦」問題を取り上げようと努力をしている。

しかし、表のように「まぼろしの大東亜共栄圏」の記述では、若い女性がなぜ集められ、戦場に送られたのかが中学生に伝わる記述にはなっていない。

このようにして、「慰安婦」は、すべての教科書で記述されてから約10年で教科書から消えてしまった。

強制連行の記述も２社だけに

日中戦争が始まると国内での労働力を補うために朝鮮人・中国人を日本に強制連行し、炭坑や鉱山で働かせた。その数は、朝鮮から約70万人、中国華北地方から約４万人ともいわれている。また、強制連行は東南アジアでの鉄道建設、満州での労務などでも行われた。

この事実は97年度使用版、および現在使用している７社のすべての教科書で強制連行（「**強制的に連行されて**」「**強制的に連れてこられ**」などの表現）は記述されてきた。しかし、今回は、日本書籍新社（「**強制連行**」）、清水書院（「**強制的に連行**」）の２社だけの記述になっている。他社の記述の変化は次の通り。

2002年度使用	2006年度使用
東京書籍 　日本やドイツは、不足する労働力を補うために、外国の人を**強制的に連行して**、本国の鉱山や工場で働かせました。	東京書籍 　いっぽう、日本に**連れてこられて**、意志に反して働かされた朝鮮人や中国人などもおり（後略）。
帝国書院 　日本国内で労働力が不足すると、**強制的に**朝鮮人や中国人を日本に**つれてきて**、各地の炭坑、鉱山、軍事施設で働かせることも行われました。	帝国書院 　日本国内で労働力が不足すると、企業などで半ば強引に割りあてを決めて朝鮮人や中国人を集め、日本各地の炭坑・鉱山などに**運び**、低い賃金で、厳しい労働をおしつけました。

「連れてこられ」は扶桑社現行版と同じ表現である。しかも今回この表現にしているのは３社（東京書籍、教育出版、日本文教出版）ある。

かつて東京書籍の教科書（92年検定済）では、「**戦時下の朝鮮人**」という小見出しがつけられ、「**強制的に日本に連れてきて**」のあとに「**1945年には、在日朝鮮人の人数は、それまでに移住してきた人々と合わせて、朝鮮人総人口の１割に当たる二百数十万人に達した**」という記述もあった。

他社でも「**約70万人の朝鮮人**」「**約４万人の中国人**」などと具体的な数字を入れて記述されていた。強制連行の記述も、語句が使用されなくなったと同時に抽象的になってきたのが特徴である。

「扶桑社版化」に要注意

　この20年間の中学校歴史教科書は歴史学の研究成果を基礎に過去の負の歴史にも向かい合い、アジア・世界との共存・共生に向け大きく前進をしてきた。「**進出**」から「**侵略**」へなどの記述が1980年代の初めごろから行なわれてきた。その背景には日韓共同コミュニケ、日中共同声明に基づく82年11月の教科書検定基準条項「近隣諸国条項」があった。

　現在進められている教科書記述の後退＝逆流は、歴史研究や教育実践から導き出されたものではなく、政治的な圧力によるものだ。その動きは、「日本の前途と歴史教育を考える若手議員の会」（当時）の副代表を務めた中山成彬文部科学大臣の「従軍慰安婦や強制連行などの言葉が教科書から減ってよかった」という発言に端的に表れている。①文部科学省による学習指導要領の拘束性の強化、②自民党を中心とする教育委員会、教科書会社への政治的圧力、③「新しい歴史教科書をつくる会」による大手マスコミをも使った「自虐史観の克服」という「宣伝」と教科書づくり、などの「改憲のための三位一体」の攻撃が、戦争の教訓を生かし、アジア・世界の平和と共存・共生を求める歴史教科書づくりの行く手を阻止しようとしているのである。

　扶桑社版の批判と同時に、他の教科書が扶桑社版に引きずられている「扶桑社版化」にも目配りをしていく必要がある。

第三部 - 3.

教科書検定と思想統制

＊掲載誌：「平和通信」第31号　日本平和教育研究協議会編　2005年9月

　中学校教科書の採択の結果がでました。ここでは採択の結果、「つくる会」教科書の問題、教科書と教育実践について考えてみます。

1．今回の教科書攻撃の特色

　今回の教科書採択の特色は次のことです。
　①中学校社会科教科書の需要数は、歴史は約125万冊、公民は約122万冊です。「つくる会」教科書は、歴史で4860冊、公民で2390冊の採択でした（採択一覧は、表の通りです）。それぞれ全体の0.39％、0.2％で、「つくる会」の目標である10％確保には遠く及びませんでした。

＊「つくる会」歴史教科書採択一覧
☆市町村立中学校（583地区中2地区）

採択地区	使用生徒数
東京都杉並区	約2000名
栃木県大田原市	約 730名

☆都道府県立中学校

採択地区	使用生徒数
東京都立中高一貫校	約 600名
東京都ろう・養護学校	約 50名
滋賀県立河瀬中学校	約 80名
愛媛県立中高一貫校	約 480名
愛媛県ろう・養護学校	約 10名
公立学校（68校）	約3950名
私立学校（11校）	約 910名

＊「つくる会」公民教科書採択一覧
☆市町村立中学校（583地区中1地区）

採択地区	使用生徒数
栃木県大田原市	約 750名

☆都道府県立中学校

採択地区	使用生徒数
東京都ろう・養護学校	約 50名
公立学校（30校）	約 800名
私立学校（13校）	約1590名

　9月1日、子どもと教科書ネット21などは「市民の良識と民主主義の勝利」という共同声明を出しました。一方、「つくる会」は、9月2日に惜敗率が高く、4年後には中学地理、家庭科、国語などの新規事業も行うとの声明を出しました。
　②今回の「つくる会」の運動の特徴は、直接に自民党の政治家などを動かし首長・教育委員会に圧力をかけるという政治活動に徹したことです。杉並区では、4年前の「2対3」を逆転させるために区長が教育長を替え、採択させました。また、自民党は各地で「つくる会」教科書採択促進のシンポジウムを開催し、現職の教育長がパネラーとして出席したところもありました。
　③今夏、被爆60年・広島で開催された研究会に参加しました。「校長から年休で行くことは自由だが、学んできたことを2学期に生かさないで欲しいと言われた」と言う発言がありました。

すさまじい教育実践に対する管理統制の嵐です。教科書などの教育内容の改悪と教職員への管理統制の強化が結びついて進められています。このことは、自由民権運動時に、その影響を恐れ「改正教育令」(1880年)で教科書を取り締まると同時に、「集会条例」で教員の政治集会への参加などを禁止したことと似ています。国家が教育の支配を強めるときの常套手段なのです。

④「つくる会」以外の教科書も従軍慰安婦が消え、強制連行の記述など大きく後退し、「つくる会化」がさらに進行しました。このことは、「つくる会」教科書とは別の「もう一つの教科書問題」として今後の大きな課題です。

2．子どもの学びと教科書－「つくる会」教科書の危険性

(1) 教科書の2つの役割

改めて、「教科書とは何か」を考えさせられた半年でした。教科書は、子どもの学びにとって2つの役割を持っています。第一は、その教科に関する学問・文化の成果を伝える（学ぶ）役割です（文化性）。そのために教科書には、学問の研究成果に基づく共有財産としての科学的で公正な内容が求められます。第二は、教科書は、子どもたちが、その記述や資料を覚えるだけでなく、そのことを基にしてさらに事項や事象に対し問い心を抱き、新たな学びへの誘いという役割を持っています。（問題提起性）。授業の時も、教科書や教師の発想を越えた子どもの意見（子ども性）に出会うことは、教育の仕事の喜びだと思います。「つくる会」教科書の危険性は、教科書が持っているこの2つの役割を決定的に欠いていることです。

(2) 「つくる会」教科書のトリック

①はさみと糊での「切り張り教科書」

「大東亜会議とアジア諸国」（市販本p206・207）の学習項目を検討してみます。

★新たに半ページ以上を使いコラム「アジアの人々を奮い立たせた日本の行動」（マレーシアでのこと）、「日本を解放軍として迎えたインドネシアの人々」を追加し、アジアの独立のための戦争論を補強しました。ところが、「奮い立ち」「日本軍を解放軍として迎えた」はずのマレーシア、インドネシアの代表が同じ項目に掲載されている「大東亜会議」（写真）には出席していないのです。なぜ出席していないのでしょうか。日本は、これらの地域を資源供給地として独立をさせる意思はありませんでした。そのために会議に招集さえしていないのです。大東亜会議に参加した国のほかにマレーシア（当時は英領マレー）、インドネシア（当時は蘭領東インド）等も「アジア人による大東亜共栄圏」をつくろうとしていたと印象づけようと仕掛けているのですが、このトリックは「なぜ、マレーシア、インドネシアは参加していないの」という疑問ですぐに壊れるのです。

★「大東亜会議」の写真では、国・政府名は書いていますが出席者の氏名がありません。そこで、出席者調べをしてみますとトリックが見えてきます。出席者は次の通りです。

> 日本＝東条英機総理大臣、ビルマ＝バ・モー首相、中華民国＝王兆銘行政院長、満州＝張景恵国務総理、フィリピン＝ラウレル大統領、タイ＝ワンワイタヤコン首相代理、自由インド仮政府＝チャンドラボース

「当時の中国のリーダーであった蔣介石、毛沢東、周恩来は、この会議をどう見ていたのだろうか」「汪兆銘ってどのような人なのですか」「満州は独立国扱いでよいのですか」「自由インド仮政府ってなんですか」「ネール、ガンジーは来ないのですか」等の質問がでればこの写真のトリック（民族自決権の尊重などではなく、傀儡的な政権を呼び集めた会議）は、もろくも崩れます。

他社本では、大東亜会議を扱っていません（1社「まぼろしの大東亜共栄圏」と批判）。『昭和の歴史』（小学館）では、「茶番に終わった大東亜会議」の小見出しをつけ、出席したアジアの人々が日本軍による軍政の実態と日本の主張の矛盾を敏感に感じとった会議であったと記述しています。日本国内でも認知されていない歴史観ですから、アジアからますます孤立するだけです。

★さらに大変わかりにくい記述なのです。それはこの2ページだけでも文科省から4つもの検定意見が出されたために「書きたい独立への希望」と「書きたくなかったアジアの人々への加害」が、整理されることなくはさみと糊で切り貼りされているからです。「くさいものには蓋をする」という叙述がほころび、わかる教科書としての「文化性」を保つことが出来ないのです。

②戦後60年の「終戦」ということば

戦後60年、ドイツと日本の歴史認識の違いを感じます。「過去に目を閉ざす者は結局のところ現在に盲目となります。非人間的な行為を心に刻もうとしない者は、またそうした危険に陥りやすいのです。」……ヴァイゼッカードイツ大統領の演説は、20年前（戦後40年）の1985年です。しかし、日本では今でも「つくる会」教科書の問題なのです。大統領演説を読み直してみました。今回は、次の部分が気になりました。

　　日一日と過ぎていくにつれ、5月8日（ドイツ敗戦）が解放の日であることがはっきりしてまいりました。このことは今日われわれ全員が共通に口にしていいことです。ナチズムの暴力支配という人間蔑視の体制から解放されたのであります。

「5月8日」は「解放の日」という言葉は刺激的でした。私たちは「敗戦60年」「被爆60年」等とよく言います。しかし、「解放60年」という言葉は、アジアからは届きますが国内からはあまり聞こえてきません。「天皇制軍国主義から解放60年」という近現代認識が出来にくい間隙を「つくる会」はついてきているのです。改めて「1945年8月15日」を考えてみたいと思います。

③問題提起性のなさ

私は、この視点からの批判を強調したいと思います。戦後当初、小学校歴史教育で貴重な実践（『あたらしい地歴教育』）を行った相川日出雄さんの学級通信は「わいわいがやがやっ子」でした。社会科の授業は、同論や異論と出会い「わいわいがやがや」と行うことが大切であると教えられました。学習指導要領でも社会認識、歴史解釈の多様性を認めています（多面的・多角的な考察）。相川実践は、社会を「多面的・多角的」にみんなで学ぶという現在の授業論にもつながっています。しかし、「つくる会」教科書のどこにこのような教科論や授業論があるのでしょうか。意見が分かれている事象に対する両論併記という柔軟ささえもほとんどないのです。

ルソーが『エミール』の中で「人間がはじめ子どもでなかったなら、人類はとうの昔に滅びてしまったにちがいない」と指摘しています。子どもたちは大人の縮小コピーではあ

りません。子どもは、歴史を引き継ぐと同時に未来に発信する存在です。教科書には、問題提起性としての余白の部分も必要だと思います。「つくる会」教科書は、歴史解釈の自由を保障しないで、自分たちの歴史観、社会観のコピーを押しつけています。手法に強引さと余裕のなさを感じます。教育の論理、さらに学習指導要領にも反するという声を挙げていく必要があるのではないでしょうか。

3．教科書攻撃とここで闘う

　最後に、今後のことについて考えてみます。
　(1)　子ども・授業レベルで考える
　私はこの間、「つくる会」教科書を使用した模擬授業という方法で、危険性と課題を訴えてきました。それは、教科書は、授業で子どもと教師が使うという至極当たり前の発想からです。授業をすることにより、その教科書の本質が見えてくるのです。選ぶのは教育委員会（現在は）ですが、学ぶ子どもたちの視点で考えることが一番大切にされなければいけないのです。近々、大田原で模擬授業「大東亜戦争」を行います。採択が決まった段階で、子どもたちや父母に不安が広がっているとのことです。「つくる会」教科書との闘いは、採択で終わったのではなく、授業実践のレベルで賛否が問われていくのだと思います。杉並でも大田原などでも闘いはこれからです。
　(2)　教科書のイメージを豊かなものに
　中学校理科・検定外教科書と検定教科書を比較すると前者の厚さは２倍、文字数は３倍です。評判の良さは、「読むとわかる」という意見です。教科書は、薄ければよいものともいえません。現在の教科書は資料が豊富でカラフルな反面、本文が大変に短く説明が不十分な傾向もあります。語句をつなげているだけで読んでもわかりにくいという声もあります。個人的には、テーマ的、問いかけ的なものがよいのではないかと思っています。しかし、現在の教科書は、検定や価格などで拘束され、内容的には「コンパクトで満遍なく」という特色（制約）があります。年間のプラン作成の際に、実践と「見開き２ページ」で１時間の授業を想定している教科書とは一定の距離を置かなくてはいけないことに気がつきました。
　「教科書を教える」のではなく授業づくりの中で「教科書を活用する」という教師の自主編成こそ、より良い教科書づくりが出来る土台だと思います。創造こそ最大の批判です。守旧的にならないでよりよい教科書のイメージを広げていきたいものです。

第三部 − 4.

歴史教科書問題顛末書

＊掲載誌：雑誌「ちば」2002年春季号

　この夏、千葉県において「戦争賛美の危ない教科書（扶桑社）を一冊たりとも子どもたちに渡さない」運動に参加しました。千葉県では教科書執筆者の方がたくさんいます。私は、フリーの立場で、この間14ヵ所（船橋2回、千葉3回、習志野2回、白井2回、市川3回、四街道、鎌ヶ谷）の学習会に参加しました。そこで学んだことをまとめてみました。

1　主催者の予想を超える参加者

　多くの地域で資料が足りなくなるほどの参加者だったことが今回の運動の第1の特色でした。教科書ネット・千葉の呼びかけで行なわれた組織的運動の第1ランド・船橋集会（5月18日）では、会場定員の約2倍の参加者が集まりました。主催者は、資料のコピーの増ずりで大慌て、会館側から苦情が来ましたが、みんな「やったー。」という顔でした。この時、「『あたらしい歴史教科書をつくる会』（以下「つくる会」とする）の教科書の内容を明らかにしていけば、勝つ……」という手ごたえを感じました。右翼の妨害があった習志野集会（6月3日）でも120名が参加しました。参加者の特色は、①戦争体験者の世代の方・とりわけ軍人体験者　②小中学生の子どもを持つ父母　③教師たちでした。四街道の集会（6月30日）では、自分の学徒出陣の際に書いた詩を示し「2度とあのような時代を、教育させてはならない……」切々と訴える方もおりました。鎌ヶ谷（9月30日）でも当時の新聞を持参して「今でも兵隊さんを賛美する歌が唄える……」と大きな声で唄い、当時の軍国主義教育の恐ろしさを訴えた方もいました。私の話など無視（？）して、用意してきた戦争体験や平和への想いを述べる多数の人たちが「つくる会」教科書に危機感をもって学習会に参加してきたのです。

2　模擬授業・ワークショップ『つくる会教科書をさがせ』
　　──多彩な学習会の広がり──

　印旛郡白井市（6月16日、7月5日）の集会は、民主党・共産党・無所属の超党派の議員の呼びかけでした。1回目は「危ない教科書」の実態の学習会でした。その後、保守的な議員が「つくる会」の学習会を開いたこともあり、2回目を開くことになりました。そこで2回目は、実際に教科書が採択されたらどのような授業になるのか実践的に批判・検証しようと、「つくる会」教科書を使った模擬授業をということになりました。30名の参加者に数十年前の中学生に戻ってもらい「大東亜戦争」の授業を行ないました。

(1)　模擬授業「大東亜戦争」
①日本のお陰で独立がはやまった？
　「なんでインドの人は『日本のお陰で30年も独立が早くなった』と言っているのでしょうか。」と「つくる会」教科書の白表紙本に記述されていた弁護士・デサイの言葉の紹介から授業が始まります。
　参加者は、意外な発問に驚きます。「デサイは、更に言っています。『インドだけではない。ビルマ、インドネシア、ベトナム、東南アジア諸民族に共通する』と……」「なんで日本に感謝しているの？」ワイワイガヤガヤと話し合いが始まります。「デサイは、なぜこのように言っているのでしょうか」グループ討議をして意見を出し合います。他のグループの意見に対して質問もします。
②その頃の東南アジアはどうなっていたのか調べよう。
　「当時、インドはイギリスの植民地になっていた。そのイギリスに日本が戦っているので感謝している。」という意見が出されました。
　「当時の東南アジアの様子はどうなっていたのだろう？」
　「ベトナムは、ビルマは、インドネシアは……？」
　「イギリス、フランス、アメリカ、オランダなどの植民地になっていた。」
　植民地だった様子を地図に色をぬって確認しようと当時、独立を保ったタイ以外の国々に色が塗られます。
③日本は、東南アジアの国々にどのような応援をしたのだろうか。
　「欧米諸国に植民地にされていた東南アジアを日本はどのように助けたのか話し合いましょう。考え合いましょう。」
　「植民地にしている国といっしょに戦ってくれた。」
　「戦い方を教えてくれた。」「工場や鉄道を作ってくれた。」
　などの意見が出されます。ここで2枚のカラー資料（①「独立運動のメッカ『聖地』だった日本」、②「欧米諸国の植民地支配に一撃」・ともに『歴史パノラマ写真館・第4巻』・名越二荒之助・展転社）を配布します。この資料は「大東亜戦争」がアジア解放の正義の戦争であったという立場から作成されています。①では、当時東南アジアから多数の留学生を受け入れたこと。②では、その留学生たちが政治家、軍人として母国に帰り、欧米諸国との独立戦争に参加したことが図示されています。
　「日本とこれらの人々の協力を深める会議が開かれました。この会議が教科書にのっている『大東亜会議』です。参加者は誰でしょう。」と授業は進みます。
　この資料は1980年代の高校日本史教科書問題にもかかわり今回も「つくる会」に関わっている側から作成されているものです。
④この戦争に名前をつけよう。
　授業の最後は、戦争の名前をつけることです。生徒（参加者）からは、「太平洋戦争」「興亜戦争」「アジア解放戦争」などという意見が出ました。支持投票の結果「アジア解放戦争」ということになりました。

(2)　模擬授業「大東亜戦争」・3つのトリック
　模擬授業の後、もし採択されたらこのような授業を行なわれることの恐ろしさを確認し

あいました。そして、「つくる会」教科書には、3つのトリックがあることを話しました。ここが私の話の一番のメインでもあります。

　第一のトリック……当時の日本の政府、軍部に都合の良い人物や出来事だけを記述していること。「つくる会」教科書では白表紙本では、大東亜会議出席者のチャンドラ・ボース（インド）などを記述していました。ボースも日本への留学生の一人でした。中国では、汪兆銘でした。汪は、中国国民党副総裁などもしたこともありますが、日本軍部工作に協力し「純正国民党」を結成、1940年には事実上は日本の傀儡政権である南京政府を発足させた人物です。1944年に日本で死去しましたが、妻は戦後戦犯として逮捕され、上海監獄で病死しています。ビルマからはバモーが参加しました。バモーは、日本が認めた「ビルマ独立」政府の首相となったが、敗戦によって日本に逃れ、戦後戦犯として巣鴨刑務所に抑留、その後ビルマで政治的影響力を失った人物です。汪のように当時の中国の人々の代表とも思えない日本の軍部にとって「都合のよい人物」を紹介しながらも、ビルマでいえば現在でもビルマの人々に独立のシンボルとして敬愛を集めているアウンサン将軍（アウンサン・スウチーの父）などには触れないというトリックの構図です。アウンサンは、日本軍が育成したビルマ軍の国防大臣をしたこともありますが、その後、ビルマでの日本軍の実態を見る中で、反ファシスト機構を作り日本軍に抵抗しました。このような日本の侵略に抵抗した「都合の悪い」人物は蓋をするトリックです。

　第二のトリックは、国家戦略が強調され、人々の生活が軽視されていることです。

　第三のトリックは、植民地にした朝鮮や侵略が長期化した中国での出来事に覆い隠して「大東亜共栄圏」が記述されていることです。紙数の都合で第二、第三について詳しく述べることは出来ませんが、模擬授業を行なう中で「つくる会」教科書の危険性とトリックを指摘しました。

(3) ワークショップ「『つくる会』教科書をさがせ」

　千葉での2回目は生活者ネット（若葉ネット）での学習会でした。（7月18日）ここでは「『つくる会』をさがせ」という学習をしました。韓国併合と大日本帝国憲法の制定の部分の5社の教科書を資料として、「このなかのどれがどのような理由から『つくる会』と言えるか」考え、話し合います。教科書記述、使用されている資料などを個人やグループで検討し自分たちで教科書を分析しあいます。

　「何番は、日本の韓国併合に抵抗した安重根が書かれていない。」

　「伊藤博文の服装に注目しました。伊藤が朝鮮の服装をしている社と朝鮮人に羽織、袴を着せている社があります。」

　「朝鮮総督府の写真が違います。ある社は、周囲の様子をものせていて総督府が朝鮮の王宮を隠しているようすがわかります。」

などいろいろな意見が出され、「つくる会」教科書がどのような危険性があるか話し合いの中からわかりあっていきました。このような学びあいは、教科書分析の視点につながるので他の箇所を読む力にもなります。

　このように参加者を学びの主体にし、いつ指されるのかハラハラドキドキしながら、楽しく・わかる学びを行なってきました。

3 「つくる会」教科書は新学習指導要領に最もふさわしいか？

　東京都や愛媛県での採択の理由は、このことでした。本当にそうなのでしょうか。今回の学習指導要領では、学校完全五日制による学習内容の精選・厳選が強く打ち出されています。現行歴史教科書では、中学生が定期テストで覚えなければと思っている太文字の重要語句が約340語あります。新しい教科書ではこの重要語句も約250語程度に押さえられています。しかし、「つくる会」教科書は、このようなことは無視しています。重要語句は現在よりも多いのです。人物も他社が押さえている中でダントツの260名を記述しています。(千葉県での採択が多い東京書籍は154名) そして、人物索引のなかには「大国主神」「日本武尊」「スサノウの命」など神話の「人物」も入っているのです。
　新学習指導要領の方針に「最もふさわしい」などと何をもっていえるのでしょうか。

4 「つくる会」のリベンジを許さないために
　　　——住民に開かれた教育委員会を——

　教科書運動が新たな教育運動をつくりだしています。それは、従来「密室」で「名誉職的」に開催されていた教育委員会が公開、傍聴という形で市民・住民に"開かれ"始めたことです。教科書採択の「密室」制と地域ボス的な支配は栃木から崩れ始めました。各地で「どのような審議でどのような教科書が選ばれるのか」という当然の要求が出され教育委員会の公開・傍聴の運動が広がっていきました。しかし、千葉県では県教育員会からの通知によって教科書採択の教育委員会の公開は行なわれませんでした。だが、教育委員会討議内容の開示は可能となっています。私は、数年後の「つくる会」のリベンジを許さないためには、「開かれた」教育委員会を作る運動が決定的に大切だと考えています。西尾幹二氏(「つくる会」会長)は千葉県では千葉地区(習志野、八千代、市原)で、もう一歩であったと残念がっている危険な状況があったことも踏まえて運動を進めることが必要でしょう。(『諸君』2001年10月号)
　そのために私は、市川で開示された教育委員会の討議の記録を分析し、それに対して再質問、公開質問状、教育委員会との懇談会などを行なう準備をしています。近く、市川教育委員会に対して①450冊近くの教科書をどのような日程で審議したのか審議経過の公開 ②東京書籍の「広島」の記述に対する批判的な意見とは、誰のどのような意見か(市川は、東京書籍を採択) ③教科書研究調査員の「公正かつ適切な」選出について ④教育委員会の公開についてなど6点の質問を提出し、懇談会を行なう予定です。
　教科書問題は、憲法改悪、教育基本法改悪の運動と連動しています。教育基本法改定の諮問が文部科学大臣から中央教育審議会にだされました。「つくる会」以外の教科書記述も含め、4月から使用される教科書について分析も含め、日常的な草の根運動の真価がこれから問われそうです。

第三部-5.(1)

中学校の歴史にみる指示の強化と特徴

＊掲載誌：しんぶん「赤旗」1999年1月19日

　文部省は、98年12月、2002年からの学習指導内容などを定めた学習指導要領を発表した。その中学校社会科歴史分野を検討してみたい。

改訂五つの特色

　10年ぶりの改訂となった今回の特色は、つぎの五点である。

　①目標に、新たに「我が国の歴史に対する愛情を深め」ることが加わった。現在は、小学校にはあるが中学校にはない。②「歴史を学ぶ意欲」「歴史の学び方」が強調された。③現在は、「奈良時代」「鎌倉時代」等となっている時期区分が「古代」「中世」「近世」「近現代」と大きく区分された。④そのなかでも「近現代」の学習が重視された。内容の項目数をみるとその比重は高まっている（次表）。（学習内容の削減は、明治以前になることが予想される）。⑤「内容の取扱い」での指示が強化された。

高まる近現代の比重（内容項目数の変化）

改訂年	全項目数	明治以前の項目数	明治以降の項目数（割合）
1978年	33	21	12（36％）
1989年	25	16	9（36％）
1998年	19	11	8（42％）

これで「規制緩和」なのだろうか

　そのなかで⑤について検討してみたい。学習指導要領では、学習内容についてはどの教科も「目標」「内容」「内容の取扱い」の三つが書かれている。そのなかで際立っていることは、「目標」「内容」が減っているにもかかわらず「内容の取扱い」の項目数が大変増えていることである。その変化は、5（78年）→12（89年）→28（98年）という激増である。今回の改訂の特色は、地方教育委員会や学校の創意工夫を生かした「規制緩和」「弾力化」であるはずだが、どうなっているのだろうか。もう少し、詳しく見ていきたい。

　「内容の取扱い」を読んでみて目につくのは、学習内容を減らすということがあるのだろうが、やたらに「深入りしない」「網羅的にならないように」「詳細にわたらないように」等の注意事項が多いことである。この注意事項が改訂のたびに倍増してきている。

　「深入りしない」という指示は、全体で九カ所（改訂案では八カ所）である。78年では一カ所、89年では二カ所（具体例としては後述の③の一カ所）であったので、まさに激増ということになる。また、指示の仕方もこれまでは「配慮する必要がある」「工夫も必要

である」「留意する」等の表記であったが、「深入りしないようにすること」「詳細な経緯は取り扱わないこと」等語気を強めていることも気にかかることである。この点に関しては以前より統制を強めており、規制緩和、弾力化とは異なる文部省の強い姿勢を感じる。

厳選から見えてくるもの

では、どのような内容が、深く学ばなくてよいものなのだろうか。「深入りしないもの」九カ所のうち具体的な指示はつぎの七カ所である。①氏姓制度②律令制の変質や律令制度の実態③武家政治で土地制度の細かな史実や政治機構の詳細④宗教改革⑤徳政令や一揆⑥商業の発達、百姓一揆の高度な内容や細かな史実⑦織田、豊臣の政治の細かな史実。まとめると「抽象的で高度な内容や複雑な社会構造」である。

これらを中心に「網羅的な取扱いにならないように」（六カ所）や「詳細にわたらないように」（三カ所）の注意項目を見てみるとつぎのようなことがわかる。

厳選の対象（学習しなくてもよいもの）は、大きく二つある。ひとつは、文化史の学習である。このことは仏教の影響、中世、町人、近代文化まで一貫している。もうひとつは、社会のしくみにかんする項目……。氏姓、律令、土地制度など。とりわけ、中世の農村にかかわった徳政令、一揆の扱いにかんしては「網羅的な取扱いにならないようにするとともに、それらの内容に深入りしないようにすること」という念の入れ方である。

「近世」では、ふたたび「百姓一揆の高度な内容と細かな史実」が「深入りしないもの」にあげられている。一揆のような社会への人々の働きかけでは、さらに大正デモクラシー時の「国民の政治的自覚の高まり」も詳細な経緯は取り扱わないこと」と指示されている。

80年代に財界、国際勝共連合などによって中学校社会科教科書への攻撃がかけられた。そこでは、要求や権利を主張している人々の姿の記述にたいして「一揆、デモばかりの疑問だらけの教科書」というキャンペーンがくりひろげられた。このようなことが教科書検定段階からおこなわれていないか危惧する。学習内容面での指示の強化は、今後の教科書検定、行政指導、研修などにおいて、新たに目標として加わった「我が国の歴史に対する愛情」とかかわって具体化されていくので注意深く見ていく必要があろう。

第三部−5.(2)

地域から、さらに「つくる会」教科書 ノーを

*掲載誌：しんぶん「赤旗」 2001年9月7日

　この夏、千葉県内において「戦争賛美の危ない教科書（扶桑社）を一冊たりとも子どもたちに渡さない」運動に参加しました。私は、この間十カ所（船橋二回、千葉二回、習志野、白井二回、市川二回、四街道）の学習会に参加しました。船橋では会場定員の二倍近くが、習志野では右翼の妨害にもかかわらず120名が集まりました。ある戦争体験者は学徒出陣の際の自分の詩を読みあげ二度とこのようなことを起こしてはならないと切々と訴えました。会場は、教科書の内容を聞きたいと同時に、一言発言をしたいという熱気に満ちていました。この熱気が、国・市町村立中学校で「つくる会」教科書・採択ゼロにした大きな力だと思います。

〔学習会で模擬授業〕

　地域で行う学習会・運動では、参加者が「学ぶこと」と講師の「話すこと」を結びつけ、知をどのように力にするかが大切です。このことを意識して運動を進めてきました。今回の取り組みに触れながら運動の成果と課題を考えてみました。

　白井市では、民主党、共産党、無所属の超党派の議員の呼びかけで学習会がもたれました。ここでは、「つくる会教科書でどんな授業が行われるのか？ 模擬授業『大東亜戦争』」を行いました。

　参加者に数十年前（？）の中学生になってもらい「日本のおかげでインドの独立が30年も早くなったとはどのような理由からか」、「当時の東南アジアの植民地の様子を地図に色を塗りながら調べてみよう」などグループ討議や作業をしながら進めました。そして、まとめとして「この戦争の名前をつけよう」と呼びかけました。生徒たち（参加者）からは、太平洋戦争、アジアを奮い立たせた興亜戦争などの意見も出されましたが、支持投票で「アジア解放戦争」と命名されました。模擬授業後、もし採択されたら、このような授業が行なわれることの恐ろしさを確認しあいました。

　授業は問題提起です。この授業のどこがおかしいのか考えあうことが学びあいです。

　「この授業には三つのトリックがあります。第一は、当時の日本政府・軍部に都合の良い人物・出来事しか示さないこと。第二に国家戦略ばかり扱い、アジアの人々の生活に触れていないこと。第三に、植民地にした朝鮮・台湾、長期にわたって侵略を行った中国を抜きにして大東亜が語られていること」と話しかけました。その時の生徒（参加者）たちの私を見つめる真剣な眼差しを忘れることはできません。

〔開かれた教育委に〕

　千葉市若葉区では、「扶桑社の歴史教科書をさがせ」という学習会をしました。五社の

韓国併合の記述の教科書を資料として「どれが話題の教科書・扶桑社のものでしょうか」と呼びかけます。「さて、何番がどのような理由から扶桑社と言えますか」、参加者はハラハラ、ドキドキしながら意見を述べ合います。学校での授業と同じように意見交流、学びあいを大切にすることが地域での運動の良さだと思います。一人一人の発言が、笑いが、緊張が、しっかりした学びとなって運動の力になったのです。

　小学校教科書への参入を計画している「つくる会」のリベンジ（雪辱）を許してはなりません。とりわけ千葉県教育委員会は、今回、地域の教育委員会に公開しないように通達を出しました。開かれた教育委員会にさせることがリベンジを許さないための鍵です。今回の成果を確かめあいながら、この運動に取り組みたいと思います。

第三部 − 6．

教科書問題を考える
── なぜ模擬授業か ──

＊報告：第19回日本民教連交流研究集会 第5分科会 2005年12月

1．扶桑社教科書「大東亜戦争」の授業

(1) 授業のねらい

①大東亜戦争……大東亜戦争の推移を、「真珠湾攻撃などの初期の勝利」と「ミッドウェー海戦の敗北から沖縄での戦闘」の二つの面からとらえさせる。また、当時の人々の気概や心情、奮闘の様子などを学ぶことを通して、大東亜戦争とは何だったのかを考えさせる。

②大東亜会議とアジア諸国……大東亜会議を開催し、大東亜宣言が発せられたことによって、わが国の戦争に対する理念が明らかになったことに注目させる。また、大東亜共栄圏におけるアジア諸国との関係では、さまざまな問題もあったが、日本の進出によって独立を早めるきっかけになったことを理解させる。

(2) 授業の進め方（マイプラン）

①導入『○○の独立は、日本のおかげで30年早まった』（デサイ）
　・○○とは、どこの国か、デサイとは、どのような人か。
　・デサイだけではない。ボーズは、資料のように語り、『日本に感謝』している。
　今日は、アジアにおいて日本が関わった第二次世界大戦について考える。

②「考えよう1」

どのようなことからデサイやボーズは日本に感謝しているのだろうか

　・当時の東南アジアの様子を調べてみよう。
　　多くの国が欧米の植民地になっていた。
　・その東南アジアに1941年12月8日、日本軍がコタバルに入ってきた。
　　そして<u>欧米諸国と闘った</u>。
　・当時の東南アジアの人々は、日本軍をどのように見ていたのか。そのことがデサイ、ボーズの言葉でわかる。

③「考えよう2」

欧米諸国と闘っただけでなく、日本は東南アジアの国々にどのような支援をしたのだろうか

　・グループで考える
　　意見を黒板に書く

・資料を提示し、いろいろな面からサポートしたことを確認する。
④教科書の「大東亜会議の記念写真」に注目させる
　・これは、どのような会議なのだろうか。
　・出席者は、誰なのだろうか。
　・戦争の呼び方、「太平洋戦争」「15年戦争」「アジア・太平洋戦争」やはり「大東亜戦争」である。
⑤まとめ
　教科書を読み、今日の授業を確認する。

2．「大東亜戦争の授業」のトリック

　模擬授業後に、この授業の主なトリックを3点指摘しています。

(1)　**大東亜戦争肯定論に都合のよいことのみを「糊」と「はさみ」で切り張りした授業**
　　例えば
　　・「大東亜会議」出席者
　　　　中国……王兆銘？　　　蒋介石、周恩来、毛沢東は……
　　　　インド仮政府……チャンドラ・ボース　　　ガンジー、ネールは……
　　　　ビルマ……バモー　　　アウンサンは……
　　・インドネシアの教科書は日本軍のことをどう記述しているのか
　　・新教科書では、「ボース」が顔写真入りで登場

(2)　**東南アジアへの戦争拡大は「欧米諸国からの独立の支援か**
　　1941年12月8日　コタバルへの上陸の背景は
　　・「予想を超える」中国の抵抗
　　・「援蒋ルート」の遮断
　　・長期戦となった物資の確保
　　・「大東亜省」は、外交権は課題とならない。（東条英機の発言）など
　　　　「独立」を前提としていない、日本の軍政であった。
　　・「大東亜」といいながら「中国」、「朝鮮」などについては「独立の夢を育む」とは言えない。（自己矛盾）

(3)　**加害も被害も記述しない**
　　・国家戦略のみでアジアの民衆にとっての戦争が記述されていない。
　　・原爆の記述も数行、日本の被害も書かない。
　　・日本兵の「勇敢な」闘いの強調。
　　　　　　　　　↓
　　　　　　戦争の反省がない教科書
　　　　　　日本の侵略を隠す教科書
　　　　　　戦争の苦しみを隠す教科書

＊以上のトリックは、4年前の教科書よりさらに強められている（資料にある新旧教科書を比較して欲しい）。さらに、「やってみよう」「考えてみよう」で、子どもたちへの「調べ学習」という体裁をとり、戦争美化は強化されている。

3．栃木県・大田原市での教科書問題学習会（2005年10月30日）の感想から

大田原市は、市町村立学校として扶桑社版歴史、公民教科書を使用する唯一の市町村です。この地域では「子どもの未来を守る会」が頑張っています。10月30日（日）の学習会に参加しました。その時の感想です。

＜教科書を学ぶよい機会であった＞
40歳代の私は、今まで戦争については何年にどこで何が起きたぐらいは覚えましたが、深く内容まで学んだかどうか定かではありません。今日は、とてもよい機会でした。戦争体験は両親や祖父母から聞いていましたが、今日は皆様の意見の中に"歴史は教科書の中だけでない"きちんと伝えるべきことを感じ、今後勉強していきたいと思いました。

＜こわい＞
聞けば聞くほど「大東亜戦争」復活のきめ細かなレールに乗っているように思いました。ここで「大東亜戦争」という意味を知り、軍国化のレールは着々と引かれていきそうで怖い。

＜「つくる会」の問題点わかった＞
・「つくる会」教科書の問題点がとてもよく分かりました。
・授業を聞いていると中学生になってみると「日本はアジアにこんなに貢献したのに反日運動を起こしている中・韓はとんでもない。戦争は世間でいわれているようなことではなく、正しい戦争だったんだ」という気になってきます。自分の暮らしている目線でなく、ゲームを進める為政者が気になりました。
・参加者の発言一つ一つが胸を打ちました。これから生まれてくる子孫（日本人だけでなく）に、二度と悲惨な苦しみを味わさないように、今、生きている者の責任を果たしたいと思います。

＜一方的＞
一方的に教えられることの恐ろしさを感じました。両面から見ることが大切だと思います。

＜二度と戦争は起こさないで＞
いろいろな価値観があるのだと改めて感じました。ただ、とても怖いです。中学生を持つ親として多くのことを考えさせられました。二度と戦争を起こさないで欲しい。そう願うばかりです。来年度は、採択しないで。

<経済の行き詰まりを戦争で>
　政治や経済の行き詰まりの打開を戦争で切り抜けようとしている姿を教科書問題から感じる。憲法から何から何まで、今、本当に反動的にされようとしている状態を何とかしなければと思います。

<教科書見たのは初めて>
・本物の教科書のコピーを見たのは初めてですが、実に巧妙につくられている印象を持ちました。
・今回先生が行われたような授業を中学生が受けたら間違いなく「つくる会」が期待するような中学生が生まれることになるだろうと思います。
・実際に使われる大田原市でどのような運動を起こさなければならないのか、また、おこし得るのかを考えなければならないときだと思う。今回そのきっかけに出来ればと思います。
・「生徒たち」のいろいろな意見もよかった。
・先生の最後のまとめもよかった。

<庶民の観点がない>
　○○に勤務しています。職場にいる同僚から借りた本に、侵略戦争の本がありました。その本では、日本の侵略と世界の侵略の違いが書かれていました。日本がアジアを侵略から解放するために頑張った内容が描かれていました。それはそれで納得した内容でした。今までの歴史観とは違う意味で新鮮さを感じました。でも、そこには国民、庶民の観点が欠落していることに気がつきました。これからもこの会に参加させていただきます。

<実践的学習は必要>
　真に迫った授業で思わず「つくる会」教科書を信じてしまいそうになりました。確かに上手な教え方です。深くつっこんだ内容で、よく理解することが出来、日頃の理解の浅さが恥ずかしくなりました。こうした実践的学習方法は本当に大切です。そしてこれを生かしたさらなる活動に結びつけて行くことが大切だと思います。

<ひどい>
　扶桑社の教科書が、こんなにもひどいとは思わなかった。ひどい。戦後、教科書問題で闘ってきた家永さんも、まさかここまではと驚くだろう。しかし、過去、私たち教師がもう少し戦争のことを憲法のことについて、絶えず自覚して、教えてきたら、団結して権力と闘ってきたらここまではこなかっただろう。若い教師は、この教科書をこの通りに生徒達に教えてしまうのだろうか。侵略戦争の事実をあらゆる方面から知らせていかなければ……。

<面白かった。そして怖ろしい>
　とても面白かった。そして怖ろしい。完全にあの戦争を肯定している。しかし、現場の教師たちが、石井先生のように様々な観点から学んでいるのだろうか。石井先生ほど上手

じゃないことを期待しています。

<戦争の真実を>
　来年度から子どもが新しい教科書を使い「戦争について」正しい歴史が伝えられていないことに不安を感じました。間違った考え方や偏った見方にならないように子どもたちに伝えていきたいし教えていきたい。授業で学ぶことは真実であって欲しい。"今まで"と"これから"の歴史教科書の内容を知ることができ、改めてこの教科書は、使って欲しくないと思いました。

４．なぜ、模擬授業なのか

　私は、４年前から「つくる会」教科書の批判の方法として「模擬授業」にこだわってきました。直接の動機は、次のことでした。
　①４年前、地理教育研究会、全国民主主義教育研究会、歴史教育者協議会で教科書問題の連続講座を開催いたしました。私は、その３回目の問題提起者になりました。すでにそれまでの２回で、「つくる会」教科書の問題点は報告者により出し尽くされていました。そこで、報告のしかたとして「模擬授業」を試みることにしました。
　②私は、中学校の教員でした。いうまでもなく教科書は、授業の教材です。「つくる会」教科書の批判として、歴史学研究者並びに歴史に造詣の深い教員（特に高校教員）が大きな役割を果たしていました。私は、中学社会は教師は……と思いました。この教科書は、中学の子どもたちが学び、中学の教員が教えるのです。この視点から教科書問題を考えると、「この教科書だとどのような授業になるのか」という発想が至極当たり前に出てきました。ここで勝負だと思いました。

　このような動機から模擬授業形式の「闘い」を始めました。４年前に比べ、全国各地でこのような「闘い」が進められたのが今年の特色だとも感じています。改めて、「模擬授業での闘いの特色」を整理してみます。
(1)　「つくる会」教科書の危険性がわかりやすい
(2)　教員が行いやすい
　　教員は、いつも授業をしているのですから、教科書を教材として授業を構想することになれています。難しいことではありません。
(3)　参加者が「参加型」の学びが出来る
　　「○○年前の中学生になってもらいます……」から授業に入ります。参加者が講師の「聞き役」だけでなく「生徒役」として主体的に学習会に参加します。
(4)　子どもの目線で教科書問題を考える
　　(3)は、言い換えますと「子どもの立場」（子どもがどのような歴史認識をすることになるのか）で教科書問題を考えることになります。このことが教科書問題の根本的なことだと思います。
(5)　教科書とは何かに迫れます
　　「こんな一方的な記述でよいの……」という意見が出されます。教科書とは何かとい

うことです。完璧な教科書などありません。教科書は ①その時点の研究の成果を反映されていること。②対立的な意見があれば両論併記の民主主義があること、この2点が「文化性」です。③子どもが「覚える」だけでなくそこから「考える」ものであること（「つくる会」は持論を押しつける）、このことが「問題提起性」です。

ですから教科書は、どのようなものでも実践の一つの教材なのです。「より良い教科書を」と同時に教師の授業づくりが問われているのです。

「模擬授業による闘い」は、「つくる会」教科書批判だけに留まらず、私たちの教科書観、授業づくりの在り方を問うものであると考えています。

扶桑社教科書歴史分野"考えてみよう"一覧

章	考えてみよう
第1章 原始と古代の日本	1　人々は巨大なマンモスをどのような方法で捕獲したのだろうか、上の絵（マンモス狩る旧石器時代の人々・想像図）をなども参考にして、その集団の知恵を想像してみよう。 2　上の写真や図（貝塚、土偶の写真、竪穴式住居の内部・想像図など）をよく見て、縄文時代の人々の生活を想像してみよう。 3　p22の地図（文明が起こった地域）を参考に、文明がおこった地域の共通点を考えて、なるべくたくさんあげてみよう。 4　聖徳太子から見て、推古天皇と蘇我馬子は、それぞれどのような続柄になるのだろうか。 **5　17条の憲法の内容で、現代の日本にも通じると考えられる条文をあげてみよう。** 6　2官8省の役所が、それぞれ今日のどの官庁にあたるかを考えてみよう。 **7　藤原氏が実権を失うとすれば、どのような場合だと考えられるだろうか。**
第2章 中世の日本　◎	8　源頼朝は、幕府を開く場所として、なぜ鎌倉を選んだのだろうか。 **9　日本が武家社会の時代になっていたことと、元を撃退したこととの関係を考えてみよう。** 10　建武の新政が長く続かなかった理由をあげ、どうして天皇親政がうまくいかなかったか考えてみよう。 11　上の勘合の絵を見て勘合貿易のしくみを想像してみよう。
第3章 近世の日本	12　右のポルトガル語の言葉は、いずれもこのころに日本に伝わった品々である。日本語の何にあたるか考えてみよう。 13　上のおもな大名の配置の地図を見て、大名の統制のためにどのようなくふうがなされているか考えてみよう。 14　幕府の財政を豊かにするための吉宗の政策と田沼意次の政策の違いを書き出し、くらべてみよう。

	15　上の人足寄場の図を見て、どんな職業訓練が行われていたか考えてみよう。	
	16　元禄文化と化政文化のちがいをあげてみよう。	
第4章 近代日本の建設	17　19世紀に、ヨーロッパの国々が、他の地域よりも優位に立ったのはなぜだろうか。	
	18　綿織物の輸出額の推移のグラフを産業革命と結びつけて説明してみよう。	
	19　廃藩置県にあたって藩が反乱をおこさなかった理由を考えてみよう。	
	20　p146の小学校の授業風景はp126の江戸時代の寺子屋とどこが違うだろうか。絵を見て気づくことをいろいろあげてみよう。	
	21　地券の写真をよく見てみよう。土地の持ち主はだれで、面積、地価、地租はそれぞれいくらだったのだろうか。	
	22　大日本帝国憲法の条文は国家のしくみとどのように関係するのか考えてみよう。	
	23　明治時代の学問や文学・芸術に、西洋文化がどのように吸収されているか考えてみよう。	
第5章 世界大戦の時代と日本	**24　第一次世界大戦当時は、「第一次世界大戦」というよび名はなかった。その理由を考えてみよう。また、この戦争を日本はどうよんだか調べてみよう。**	
	25　第一次世界大戦後、アジアの独立運動が活発になったのはなぜだろうか。	
	26　藩閥勢力が中心の内閣から、政党中心の内閣にしだいに移り変わってきたようすをたどってみよう。	
	27　上の二つの見解の資料（幣原喜重郎と米外交官マクマリー）をもとに、日本の協調外交が挫折した原因を考え、討論してみよう。	
	28　日中戦争はなぜ日米戦争へとつながったのか、その理由を考えてみよう。	
	29　p211の上のコラムを読んだうえで、もしルーズベルト大統領が急死せずに、アメリカの戦争指導を続けていたら、日本はどうなっていたかを想像してみよう。	
	30　アメリカはなぜ、占領政策を転換し、日本の独立を早めようとしたのだろうか。その理由を説明してみよう。	
	31　日米安保条約の改定は日米両国が対等になることだったのに、なぜ反対運動がおこったのだろうか。	

扶桑社教科書歴史分野 "やってみよう" 一覧

章	やってみよう
第1章 原始古代の日本	1　近くに弥生時代の遺跡があれば見学してみよう。 2　中国の歴史書に書かれている限りでの弥生時代の日本のようすを、年表にまとめてみよう。 3　近くに古墳があれば、休日などを利用して見学してみよう。 4　朝鮮半島や中国の国々と、大和朝廷との連合関係や対立関係の変化を図にあらわしてみよう。 5　聖徳太子が成しとげたことを年表にまとめてみよう。 6　大化の改新において、中国の制度に学んで取り入れたところと、日本独自のところを箇条書きにまとめてみよう。 7　白村江の戦いに敗北したことが、日本にどのような影響をあたえたのか、まとめてみよう。 8　現在の都道府県の境界線が入った白地図に、奈良時代の国名とその範囲を書きこんでみよう。 9　「万葉集」の中から有名な歌や、気に入った歌を各自で選んで、朗読会を開いてみよう。 10　摂関政治と院政のちがいを表にまとめてみよう。 11　p58の表（かな文字の発達）を参考にしながら、かな文字のもとになった漢字を調べてみよう。
第2章 中世の日本	12　源氏と平氏のかかわったいくさにあらわれる源氏・平氏それぞれの人物を、系図などの資料をもとに図や表にまとめてみよう。 13　鎌倉時代の美術作品を1点選んで、作者やつくられた経緯について調べてみよう。 14　桑・こうぞ・うるし・えごま・藍がそれぞれ何に用いられる作物か調べてみよう。 15　あなたの住んでいる地域に、この時代に成立した特産品があれば、調べてレポートにまとめてみよう。 16　みなさんの住んでいる地域で、室町時代にさかのぼる年中行事があるか調べてみよう。また、その起源や地域独特のならわしなどについて調査してみよう。 17　室町幕府の守護大名と戦国大名をくらべて、移り変わりを表にしてみよう。
第3章 近世の日本	18　大航海時代のヨーロッパ人の世界進出の動きを調べて、年表にまとめてみよう。 19　上の南蛮貿易の絵で、それまでの日本にはなかったものを見つけ、なるべくたくさんあげていよう。 20　近くに戦国大名の拠点があったら、その大名の業績や人物の

		性格などを調べてみよう。
	21	秀吉の生涯と業績を<u>年表</u>にまとめてみよう。
	22	1549年のキリスト教伝来から1639年までの、ヨーロッパ人とキリスト教に対する日本側の政策を<u>年表</u>にまとめてみよう。
	23	4つの窓口ごとに、輸入品や輸出品を調べ、リストをつくってみよう。
	24	江戸時代の身分制度について、テレビやマンガにえがかれている話を出し合い、実際とどのようにちがっていたか調べてみよう。
	25	自分たちの地域に江戸時代に発達した特産物があれば、その発達の歴史をレポートにまとめてみよう。
	26	教科書にあらわれているこの時代の人物を一人取り上げ、短い<u>伝記</u>を書き、その**思想や作品の価値**をまとめて発表してみよう。
	27	享保の改革から天保の改革にいたる幕府政治の流れを<u>年表</u>にまとめてみよう。
	28	幕末に外国とのあいだにおこった事件の一つを取り上げ、くわしく調べて、<u>短い物語</u>にまとめてみよう。
	29	この時期に活躍した人物を一人取り上げ、その生涯や業績を調べ、伝記を書いてみよう。
第4章 近代日本の建設	30	イギリス以外のヨーロッパの国々のアジア進出についても調べてまとめてみよう。
	31	大名からはどんな意見が出たか予想を立てたうえで、調べてみよう。
	32	尊王攘夷派と幕府の相互の動きを図にまとめてみよう。
	33	ペリー来航から徳川幕府の滅亡までの15年間の歴史を、幕府と倒幕派の両者の動きがわかるようにくふうして、<u>年表</u>にまとめてみよう。
	34	明治政府のしくみを律令国家のしくみとくらべてみよう。
	35	各国との国境の画定について<u>年表</u>にまとめてみよう。
	36	西郷隆盛の伝記をまとめ、**彼の行動と思想**をたどってみよう。
	37	明治時代の前半までにヨーロッパから導入された制度や文物をできるだけたくさんあげて、<u>年表</u>にまとめてみよう。
	38	1871年から1911年までの条約改正の歩みを<u>年表</u>にまとめてみよう。
	39	民間の憲法草案をどれか一つ選んで、その特徴をあげてみよう。
	40	日清戦争の結果、東アジアと日本にどんな変化が生じたか、箇条書きにまとめてみよう。

	41	日露戦争の日本の勝因をまとめてみよう。
	42	日露戦争のころ、世界には①列強、②不平等条約を強いられた国、③植民地の3種類の国があった。それぞれにあてはまる国を、なるべくたくさんあげてみよう。
	43	本文にでてくるおもな輸出品の数量の年ごとの変化を調べてみよう。
第5章 世界大戦の時代と日本	44	第一次世界大戦で新しく出現した兵器、戦闘方法、社会制度を列挙し、前の時代との比較表をつくってみよう。
	45	日露戦争後の日米関係を年表にまとめてみよう。
	46	大正期の大衆に広まった新しい文化を調べて、一覧表にしてみよう。
	47	二つの全体主義の共通点とちがいを表にまとめてみよう。
	48	リットン調査団の報告書の内容をくわしく調べてみて、日本の行動を非難している部分と、満州における特別な状況を述べている部分をそれぞれ書き出してみよう。
	49	西安事件における中国の国内情勢を図にあらわしてみよう。
	50	ABCD包囲網を形成した4か国の国名の英語表記を調べてみよう。
	51	日米の生産力と軍事力の差を調べ、比較する表をつくってみよう。
	52	大東亜会議に参加した国の中から一つを選び、独立運動と日本の軍事行動とのかかわりを調べてみよう。
	53	近くに空襲を受けた都市があれば、そのようすを調べ、体験者にインタビューしてみよう。
	54	占領下で使用を禁止された言葉や、報道することを禁止されたテーマについて、予想を立てたうえで調べてみよう。
	55	高度経済成長やその後の日本経済の発展を支えた企業家や技術者を一人選び、その伝記と業績をレポートにまとめてみよう。
	56	年鑑などを使って、1991年の湾岸戦争以後、この戦争と関係ありそうなできごとを、現在にいたるまでひろい出して年表にまとめてみよう。

第四部

「はてな」の社会科の教育課程

> 第四部-1.
> # 地域に根ざし、平和と民主主義をきずく歴史教育の教育課程を創ろう
> ＊掲載誌：歴史教育者協議会編「歴史地理教育」2003年10月

　自衛隊が戦争状態のイラクにまで出ていく法律の強行成立、教育基本法の改悪が政治日程に上るなど、日本国憲法・教育基本法体制に、今、銃口が向けられています。このようななかだからこそ自由民権運動のさきがけとなったここ高知で、「地域に根ざし、平和と民主主義をきずく歴史教育の教育課程を創る」ことの一点に絞った基調報告を致します。

平和と民主主義への銃口
　　　——動き出している「つくる会」の歴史教育の教育課程づくり

　7月下旬『学校で学びたい歴史』という小学校の歴史学習の本が出版されました。産経新聞社発行、扶桑社発売です。著者は、自由主義史観研究会の埼玉県の公立小学校教師です。その中の「東京裁判について考える」授業は、一枚の法廷（東京裁判）の写真を見せることから始まります。先生は「気がついたこと、わかったこと、こうじゃないかと考えたこと、ありませんか？」と問いかけます。子どもたちは「兵隊さんがいっぱいいる」「会議をしている」「裁判をしている」などと答えます。……先生は「日本が戦争に負け、アメリカの軍隊が入ってきて、東京で行われた裁判の写真である」ことを説明します。そして、「東京裁判」と板書し、ノートに書かせ、声を揃えて「東京裁判」と言わせます。
　次に、先生から東京裁判での検察側と弁護側の主張のプリントが紹介されます。それに対して子どもたちが感想を述べあいます。
　本で紹介されている子どもの感想から見た授業の特色は次の2点です。
　①子どもたち全員が、弁護側の主張（被告・日本は無罪である。日本は自衛戦争を戦った。中国にも責任がある、日本は東南アジアを領土にしようとしたのではない。日本だけでなくすべての国が戦争犯罪を犯したなど）を支持し、東京裁判の不当性を述べていることです。
　②その根拠として「何で日本だけが裁かれなくてはいけないのか。南京大虐殺なんて事実と違うのに」「真珠湾を攻撃してきたのもアメリカが貿易を止めたのが悪い」「どうせアメリカは日本に攻めてきた」などをあげていることです。
　2つの資料を示し、あたかも話し合いをしながら授業を進めているかのような印象を与えようとしていますが、数時間前までの戦争学習（彼らでは大東亜戦争）で「ついに理解し得なかった日本と中国」「国のために命を捧げた人々」など日本の侵略戦争を正当化・美化する授業をたっぷりと行っているのです。従って、ここでの授業は、2つの意見から戦争を考えることではなく日本の弁護側の意見・主張を確認するためのものなのです。
　この授業は、「『わが国のあゆみ』の大きな物語」という小学校68時間の歴史学習のひと

こまです。決して国民のあゆみではありません。平和と民主主義への銃口は、このように政治情勢と連動して具体化され学校、教室、子どもたちに向けられているのです。

なぜ、今、歴史教育・社会科教育の教育課程づくりなのか

　私たちは、これまでも日本の教育が大きく変えられる時に、歴史教育者協議会の元委員長の高橋磧一さんの言葉で言えば「私たちはどこからきて、どこへ行くのか」（私たちの教育課程）を考えてきました。「ゆとりの教育」というキャッチフレーズの教育が始まった1977年（秋田大会）で『私たちの社会科教育課程－その考え方と一次案－』を発表しました。さらに、臨時教育審議会の最終答申が出された1985年（和歌山大会）には、『社会認識の形成と教育課程－第二次案にむけての中間報告－』を発表しました。そしていま、次のことから再び教育課程づくりの体制をつくる必要性があります。

　第一は、どれひとつをとっても教育の大「改革」となる施策が矢継ぎ早に、トップダウン的に押し寄せ、教育現場や父母には戸惑いがあります。さらに教育の憲法である教育基本法の危機が迫っています。だからこそ私たちの実践・研究の羅針盤としての教育課程が求められています。

　第二は、学校五日制と「総合的な学習の時間」「選択教科の拡大」「習熟度別学習・学級」「少人数学習」「二期制」の広がりなど教育課程がハードとソフトの両面から揺り動かされています。教科教育が一つの「壁」にあたっているといっても過言ではありません。中学校の歴史学習を例としますとこの間、歴史学習の授業時数は週5→4→3と削減されました。しかし、「通史的扱い」には変わりはありません。教科書は大型化、カラー化し一見華やかに見えますがページ数が減り、具体的な記述が少なくなりました。精選・厳選という発想はすでに限界にきています。教科教育の「壁」とは、その方向性が見えにくいこととともに時計を逆戻りさせた伝達的な教え込みの授業や、指導を抑制した子どもへの「丸投げ」の授業が起こりかねない状況が出てきていることです。

　第三は、このような状況ですから「一時間・一単元の授業づくりと年間プラン（教科課程）」を同時に考えなければならなくなっています。

　いま、子ども、父母、教師たちに、私たちが考える歴史教育・社会科教育は「どこへいくのか」を提起し、ともにつくることを呼びかける時です。

どのように歴史教育・社会科教育の教育課程をつくるのか

　ここ数年間の『歴史教育・社会科教育年報』（三省堂）、大会と大会をつなぐ中間研究集会（毎年1月）の記録をぜひお読み下さい。そこには必死に教育課程をつくろうとしている私たちの姿が見えます。「堂々巡りをしてしまい論議の土台がない」「つくりたいがつくる展望が見えにくい」との声も出されましたが、今までの論議の成果から土台と方向性が見えてきました。歴史教育・社会科教育の教育課程づくりのために次の3つのことを全国的に論議することを提起します。

1．どのような子どもを育てたいのかを語り合うことです。
　教育基本法第1条の「平和的な国家及び社会の形成者」がこのことにあたります。教育

基本法改悪のねらいもここに集中しています。私は、教育基本法を生かすとは自分たちの実践・研究の課題に引き寄せ、具体化することであり、そのことが大きな力になると確信しています。苦い経験から考えますと、1980年代の荒れる中学校問題の頃、私は1学年14～16学級というマンモス校で学年主任・生徒指導主任をしていました。1日に何回もの事件が起きるのが日常茶飯事のなかで三重県尾鷲中学校の川上先生の取り組みに学んだり、東京の能重真作先生の学校を訪問しながら、20代の教師たちと学年目標「力をつける―学ぶ力とみんなの中で生きる力」をきめました。そして、荒れまくる校内校外での暴力と薬物乱用などのなかで、教科、領域を越えて、①人間の尊厳を大切にすること、②生きることや死ぬことの意味を考えること、③自分、友達、家族、地域、日本、世界の未来や展望を考えることのできる子どもを育てようと取り組んできました。それは、身体を張り、教師生命をかけた仕事だったと言っても過言ではありませでした。

私は、この時に考えた3つのことが学力だと昨今の少年事件が起こるたびに考えます。教育課程づくりの土台は、歴史教育・社会科教育でも子ども論です。おおいに子どもたちの過去・現在・未来を語り合いましょう。教育課程とは、「今の自分」から「なりたい自分」へ（「なりたい自分」の発見も含め）のジグザグなプロセスとも言われています。

2．歴史教育・社会科教育のねらいを語り合うことです。

私たちの実践・研究は何を大切にしてきたのでしょうか。改めて何のための歴史教育・社会科教育かを考えあいたいと思います。「つくる会」教科書などの教科書攻撃との闘いのなかで一番問われたことはこのことでした。歴史教育でみれば、これまで、①歴史学の研究成果に学び事実を大切にした歴史教育、②国際的な研究と交流の成果に学ぶ世界に開かれた歴史教育、③戦争を反省し平和な21世紀をきずくための歴史教育、④権力者の歩みではなく国民、民衆の歩みとしての歴史教育、⑤子どもの思想信条の自由を保障する歴史教育などを目指してきました。いま、このことをさらに豊かなものにしていきたいと思います。

3．時代や単元のねらいを語り合うことです。

ここまで授業に近づけて考えていきたいと思います。大会要項では、アジア・太平洋戦争を例として「私たち」「つくる会」「指導要領」のねらいを対比してみました。これほどまでの違いがあることが明らかになりました。

とりわけ指導要領のねらいが、戦争を日本とは関係がない他人事のように記述していることが問題であり、この曖昧さが「つくる会」教科書などができるもとにもなっていることに対する批判が大切です。実践・研究を通して各時代・単元のねらいをいくつかに絞っていくことが、論議を活発にしていくと考えます。

以上の3つのことは、特別のことではなく日常の授業づくりで行っているという声が出ることと思います。まったくその通りです。今回の提起は、その日常的な討議を全国的に集中的に行い、意見交流をして大綱を時間を決めてまとめることです。キーワードは、「全国的」「集中的」「日程を決めて」です。

改めて言うまでもありませんが、これらの取り組みは歴史教育者協議会版指導要領、年間プラン、教材一覧などをつくることではありません。教育課程は、地域に根ざし、子どもの実態にあわせて地域、学校でつくるものです。それを豊かなものにするために、その

土台となる3つのことについての意見交流が大切だと考えます。

私たちの教育課程を山形大会までにつくろう

最後に、いつまでをめどにという時間の問題です。1年後の山形大会とします。常任委員会も私個人でも山形大会までにという提案を行うことは決意が必要でした。しかし、情勢と私たちのこれまでの取りくみの成果という2つの側面から考えて、本大会の討議、各県での1年間かけた論議により作成が可能だと確信しています。山形大会までに①指導要領・教科書を批判、検討しましょう。②教育課程づくりの3つのことを支部・県で討議し、マイプランをどんどん出し合いましょう。③『歴史地理教育』・中間研究集会などで、率直かつ活発に論議をしましょう。私たちの教育課程づくりは、トップダウンではありません。取り組みの過程に多くの会員や支部・県が参加することこそ重要なことです。

今日から始まる高知大会を「歴史教育者協議会・教育課程年」のはじめの一歩とし、私たちから平和と民主主義をきずく歴史教育をめざして大きくうって出ましょう。その実践、研究、運動を通して、教育基本法改悪や2005年の教科書採択などをはじめとする平和と民主主義への銃口に対して、積極的な闘いを広げていくことを訴え、基調報告と致します。

第四部-2.

教育課程づくりの到達点と課題

＊掲載誌：『歴史教育・社会科教育年報』三省堂 2003年

1．私たちの社会科教育課程づくりのあゆみ

　一つをとっても教育の大改革になる「改革」がやつぎばやに出されています。また、同時に「新しい歴史教科書をつくる会」（以下「つくる会」とする）の教科書が発行されました。とりわけ「つくる会」教科書は、教育基本法改悪と連動した教育内容、教育課程の改悪でもあります。本稿は、歴史教育者協議会（以下「歴教協」とする）における社会科・歴史教育の教育課程づくりに触れながら、今日における歴史教育の教育課程づくりの研究・実践課題について述べるものです。

(1)　「私たちの社会科教育課程―その考え方と一次案」

　歴教協が全国大会の分科会構成で「社会科の批判と創造」を正面から掲げたのは1974年（兵庫大会）です。その後、『歴史地理教育』（1977年7月号）で「私たちの考える社会科・教育課程＜序論＞案」を発表しました。さらに、1ヶ月後の全国大会（秋田大会）最終日の全体討議において各学年の各論をも含めた「私たちの社会科教育課程―その考え方と第一次案」が報告され、社会科の教育課程についての組織的な論議を呼びかけました。（『歴史地理教育』1977年10月臨時増刊号参照）

　その内容は、考え方の基本となる「序論」と小学校各学年、中学校三分野、高校の日本史、世界史から構成されています。「序論」では、若い人々が歴教協に参加してきていることを背景にしつつ、四半世紀の「成果の点検」として3つのことを提起しています。

　①＜民族の課題＞わかって楽しい授業づくりを深めるために社会科の基礎学力、国民的教養とは何かを検討していこう。
　②＜地域に根ざす＞地域民衆の教育要求の実現としての教育内容を創ろう。
　③＜地域・日本・世界を串ざしにする＞社会科を創ろう。

　「一次案」は、歴教協の教育課程づくりにとって画期的なことでした。1977年7月に文部省（当時）から、いわゆる「ゆとり教育」の学習指導要領（小中では1981年完全実施）が告示されたことに対するまさに迅速な対応でした。この「一次案」は、その後、社会科の学力をめぐって活発な論議が展開される呼び水となりました。その様子は、1977～78年の『歴史地理教育』紙上に反映されています。

　・1977年12月号　安木吉樹「『受験社会科』と私たちの社会科」
　・1978年2月号　長田光男「私たちの社会科教育課程―小学校中学年を読んで」
　　　　　　　　　石渡延男「私たちの社会科教育課程」二次案づくりをどう進めるか
　・1978年3月号　小林正弘「すべての生徒に国民的教養を―社会科基礎問題50選をつくって」

- 1978年5月号　小沢圭介「社会科の基礎学力とは何か」
- 1978年6月号　特集『社会科の学力とは』（山下国幸、奥西一夫、遠山茂樹、樋口賜、本多公栄、安井俊夫、本間昇、臼井嘉一）
  富井康夫「私たちの社会科教育課程―高校社会科の現実から」
- 1978年7月号　井上司「社会科の学力をめぐって―山下・奥西論文を読みながら」
- 1978年8月号　小嶋昭道「社会科の学力研究の課題は何か」
- 1978年10月号　臼井嘉一「歴教協30年と社会科教育」はじまる
- 1978年10月臨増号　特集『社会科の全体像と新高校学習指導要領の実践的批判』
- 1979年1月号　本多公栄「再び社会科の学力について」
- 1979年6月号　本多公栄「知識の構造と社会科の全体目標」（以後「社会科の学力について」連載）
  ＊『社会科教育の本質と学力』（日本民間教育研究団体連絡会編・1978年発行）

(2)　「社会認識の形成と教育課程―第二次案にむけての中間報告」

　さらに、第二次案の検討が進められ、歴教協・教育課程検討委員会から「社会認識の形成と教育課程―第二次案にむけての中間報告」（『歴史地理教育』1985年12月臨増号）が発表されました。中間報告は、臨時教育審議会答申、教育課程審議会の発足（1985年9月）、日教組・第二次教育制度検討委員会最終報告・「現代日本の教育改革」（1983年7月）等の改革案が出されている中で提案されたものでした。ここでは、社会科・歴史教育の目標、教育課程の視点、授業の組み立ての提起が行われました。しかし、残念ながら今日まで「二次案」としてまとめるまでに至っていません。勿論、歴教協はこの課題をそのままにしていたのではありません。各地域・個人で実践研究が行われ多様なプランや授業づくりが展開され、時には激しい論争をしてきました。改めて考えますとこれまでの幾多の論争は授業づくりの違いだけでなく教育課程に対する考えの違いをも内包していたのです。

　ともあれ、「第一次案」が出されてから4半世紀が過ぎました。さらに日本の教育は完全学校5日制をはじめとする「大改革」が進行しています。また、「つくる会」の教科書・指導書・自習ドリルや自由主義史観研究会の小学校社会科歴史教育のプラン（齋藤武夫「『国のあゆみ』の大きな物語」・2002年）が出されるなど今までにない緊急かつ重要な時期を迎えています。私は、1977年秋田大会以後常任委員・研究委員として「第二次案」づくりに参加してきましたが、任期終了までに「二次案」を作成することは出来ませんでした。その後、個人的には、中学校歴史分科会、民主教育研究所教育課程研究委員会、日本の教育をともに考える会などで中学校社会科歴史教育の教育課程について問題を提起してきました。これまでの論議のどこに光をあて、これからの社会科・歴史教育の教育課程を創り出していくのかささやかな意見を述べてみます。

2．教育課程づくりの基盤・2つのこと

　2002年、2003年1月の中間研究集会では、2年連続で歴史教育の教育課程がテーマでした。また、全国大会の地域に学ぶ集いでも討議を行ってきました。更に、『歴史教育・社会科教育年報』でも2000～2003年版で教育課程づくりを連続して特集してきました。しかし、十分討議や関心が深まるまでには至っていません。「討議をする基盤が見えにくい」

「どこからひもといていけばよいのか先が見えにくい」との声もあがっています。そこで建設的に論議を発展させるために、中学社会科歴史学習を通して「教育課程づくりの論議の基盤」について述べてみます。

(1) 今をどのようにとらえるか

　第一は、今をどのようにとらえるかということです。社会科・歴史教育課程を内容・方法、領域、編成主体などから考えてみると2002年4月以降の教育の動向は、戦後教育の「四期目」の新たな段階に入ったといえると思います。

　現代の課題を掴むために戦後教育を大きく次のようにとらえてみました。

第一期（1947年～1957年）
　　戦後初期の教育。（1950年代から形骸化が進んでいるが）
　　生活単元学習が中心　2領域（教科と教科外、教育課程ではなく教科課程）
　　学習指導要領は試案　編成主体は学校・教師

第二期（1958年～1989年）
　　系統学習が中心　1977年以降学習指導要領で学習時間が減少
　　3領域（教科、特別活動、道徳）
　　学習指導要領の拘束力の強化　教科書検定の強化　日の丸・君が代の押しつけ
　　その後のいくたびかの改定は、基本的には1958年版の修正の繰り返し

第三期（1989年4月～2002年3月）
　　第二期と基本的に同じ
　　12年制社会科から7年制社会科へ
　　小学校低学年社会科の廃止（生活科の発足）、高校社会科を「地歴科」と「公民科」に分離

第四期（2002年4月～）
　　学校完全五日制の体制と学習指導要領の改定
　　教育・学校の複線化（学区自由化、特色ある学校、習熟度学習・学級など）
　　教育課程のオプショナル化（総合的な学習の時間、選択学習の拡大など）
　　教科書問題の新たな段階（「つくる会」教科書をめぐる問題）
　　競争加速と国家主義　中教審による教育基本法改定の答申

　第四期の動きは、1990年代（「新学力観」、高校の学科数の増大、中等教育学校の選択的な導入等）から進行してきていました。そして、今回の学習指導要領では新たな学校の「かたち」がつくられようとしています。義務教育の平等性や共通性が崩され、教育・学校・授業のこれまでの常識が変えられようとしています。とりわけ教科教育は時間数の削減にとどまらず、教科の統廃合・再編成を視野に入れなければならない段階まできています。「教科とは何か」が問われているのです。

　現在は、私たち側からも積極的に社会科・歴史を学ぶとはどのようなことか、新しい社会科・歴史学習の「かたち」などを提案する時期です。その構想は、過去の研究・実践の成果に学びつつも、精選、厳選という引き算の発想ではない新たな構想（「かたち」）が求められています。教育課程の基盤の問題として、教科教育の「今」をこのように考えています。

(2) 教育課程とは何か

　私は、今まで歴史教育の教育課程について歴教協大阪中学校プラン（『歴史地理教育』1999年9月号）とマイプランの比較、及びマイプランに対する批判等から考えてきました（大阪、マイプランとも総時間数を90時間としているので比較しやすい）。特に何を論議すれば建設的なものになるかということです。そして、違いこそ論議の対象にすべきだと思うようになりました。大阪プランの年間90時間86の学習項目と私の30テーマは、あまりにも違い過ぎます（江戸時代のプランを表で比較・資料1）。ここ数年、この違いは教育課程に対する考え方からきているのではないとかと思うようになりました。

　私は、教育課程を次のように考えています。

＜資料1＞江戸時代学習・プランの比較

```
                江戸時代・5つのテーマ（石井プラン）
 1  天下普請の江戸城づくり（藩幕体制の成立）
    ―大名たちは文句を言わなかったのだろうか―
 2  象の旅から見えてくる鎖国（幕府と外交）
    ―これで鎖国といえるのだろうか―
 3  三井高利の商売替え（農村と都市、幕政改革）
    ―高利は、なぜ大名貸しから庶民向けの商売に変えたのだろうか―
 4  前野良沢は、なぜ「解体新書」の著者にならなかったのだろうか
                                    （江戸時代の文化）
 5  黒船以上の大きな出来事（江戸幕府の崩壊・幕末）
    ―南部三閉伊一揆とは、どのような一揆だったのか―
```

```
            歴史教育者協議会大阪中学校部会プラン
 1  将軍と大名
 2  幕府と外交
 3  農民と町民
 4  大和川のつけかえ
 5  三都と元禄文化
 6  二つの改革（享保、寛政）
 7  武右衛門一揆
 8  ききんと一揆
 9  ペリー来航と開国
10  尊王攘夷運動
```

ア　教育課程とは、学校・教職員が子どもたちを指導するにあたって準備している意図的・計画的な教育活動の総体である。

イ　教育課程づくりは、領域、教科などを越えた「大きな学力」が基本となる。これにあたるものは一般的には教育基本法での「人格の完成をめざし、平和的な国家及び社

会の形成者」（第一条）であるが、子どもの実態にあわせて具体的にする必要がある。

　私は、1980年代、荒れまくる「第三の非行」の渦中で一学年14学級というマンモス校の教育課程づくりについて悩んだ。それは、教師生命をかけてといっても過言ではなかった。その中から中学生は、「個人の尊厳の大切さ」「生と死を真剣に見つめる」「自分・社会・日本・世界の未来・展望を考える」の3つの力が少しでも育ってきたときに「変わる」「成長する」ということに気がついた。以後、今日まで、この3つを「大きな学力」と考えている。（『歴史地理教育』1997年9月号「社会科で中学生に語りかけたいこと」参照）

ウ　教科や領域は、「大きな学力」を実現させるために構成される。社会科・歴史教育も、教科の一つである。教科の内容はその固有の教科の領域から「大きな学力」に迫るものとなる。教育課程としての社会科・歴史教育は、このような筋道の中で論議する必要がある。

エ　学校・教師が意図的・計画的な教育活動を持つことは、教師から子どもへの一方的な引き回し・伝達ということではない。意図的・計画的な教育活動は、学びの主体である子どもの主体的な学びを促すものである。刺激を与えたり、異論と出合わせ思考を深めるなど多様な内容を含んでいる。教育課程は、計画に基づいて展開されうる教師と子ども、子ども相互の諸活動（調べあう、討論、質問など）をも含めてとらえなければならない。従って、教育課程は、かなり弾力的であると同時に余裕のあるものとしなければならない。

教育課程をこのように考え、教科教育の構図を、次のように整理してみました。

①教育課程の3つの要素

　教科教育は次の3つの内容から構成されています。

> 第一は、領域、教科を越えてどのような子ども・青年を育てるかということです。「大きな学力」です。
> 第二は、この「大きな学力」に対する、その領域、教科の構成と固有の迫り方です。歴史学習では、学習の大きなねらいや時代のねらい等です。このことを歴史学習の視点とします。
> 第三は、領域、教科の教育・学習活動の総体としての内容です。どのような事実や教材で歴史認識を深めるのかというプランや授業づくりです。

　第一の「大きな学力」は、学校の教育目標や学年目標などにあたります。教育基本法をめぐる争点は、このことをめぐる問題です。中央教育審議会や「つくる会」等は、教育基本法第一条にある「平和的な国家及び社会の形成者として、真理と正義を愛し、個人の価値をたつとび、勤労と責任を重んじ、自主的精神に充ちた心身ともに健康な国民の育成」という教育の目的を変えるために「心豊かでたくましい日本人」という抽象的な人間像を掲げ出しました。その中で、ことさらに「公共心」、「日本の伝統・文化」、「日本人であることの自覚や、郷土や国を愛し、誇りに思う心」等を強調し始めています。「つくる会」教科書は、これらのことをもとに作成されているのです。

　教科教育としての社会科・歴史教育の固有の課題が、第二のことです。歴史教育の

視点は、教科教育の中心事項です。ここでも「つくる会」教科書と私たちは、決定的な違いがあります。それにつきましては、対比し、違いを明らかにします。第二のことを深めることが教育課程の基盤として、当面の緊急な課題です。

第三のプランや教材などは、子どもや地域の実態によってつくられ、それぞれの地域でかなりの独自性を伴うものだと理解することが必要だと考えます。

私の歴史教育の教育課程に対して小堀俊夫氏（中学校歴史分科会世話人）は、子ども論からねらいを（「大きな学力」＝個人の尊厳などの３つ）考えことは現場にいる者としてわかるのだが、「そのためにテーマが、中学校歴史学習の通史としての必要条件をやや離れていってしまっているように思える。」（『歴史教育・社会科教育年報』2001年版）と指摘をしています。この批判は的を射ています。今まで私の教育課程の特色は、第一の「大きな学力」を置いたことです。このことに対しては、多くの賛意がありました。しかし、そこからいきなり第三の授業づくり・プラン・教材につなげてしまっていました。第二の歴史教育固有の視点が抜けていたのです。今回、前述の通りの３つの構図に修正しました。小堀氏の意見をこのように受け止めてみました。

②**教育課程とは教材のリストではない。**

もう一つ検討したいことは、教育課程をどのようにとらえるかということです。

山田栄氏は、教育課程（カリキュラム）の規定について次のことを紹介しています。

「カリキュラムとは何か……フランスの代表は、カリキュラムというのは、教師が生徒の授業を組織し、指導する際の『学習プログラム』であると述べた。この見解のもとでは、カリキュラムは、教師の指導のもとに学ぶ生徒の『教科（教材）のリスト』のようなものとなるのである。これに対してアメリカ代表は、カリキュラムというのは、『学校および教師によって計画され、指導されるところの生徒のあらゆる経験』であると定義した。」（『現代教育課程入門』共同出版）

子どもの意見表明権、参加等を大切にする授業づくりの発展から考えて教育課程を「教材のリスト」としてだけでなく子どもの学び・活動をも含めて教育活動の総体と考えること（アメリカ代表の意見）が一般的になってきています。

私のプランはこのことを強く意識して作成しました。ですので90時間で30テーマとしたのです。大阪プランの年間90時間86項目では、子どもの活動が入る余地があまりありません。中学校歴史学習は、義務教育最終学校として通史的な扱いから避けることは出来ません。戦後最大で週５時間で教えていた通史的扱いを３時間で行うことになったのです。さらに、子どもの活動、主体的な学びを重視しなければなりません。

現在、私たちが直面している課題は「歴史の授業改革は、カリキュラム改革と同時展開でなくては目的を達成しにくい」（『歴史教育・社会科教育年報』2001年版・安井俊夫論文）という状況なのです。

3. 私たちの歴史教育の教育課程を創る

当面の緊急な研究・実践課題は歴史教育の大きな目標とそれにつながる各時代の学習のねらいをどこに置くのかということで一定の合意を得ることです。このことは、歴史学習の視点の問題です。（資料２　歴史学習のねらい）

自由主義史観研究会副代表の齋藤武夫氏は2002年の大会で「『国のあゆみ』の大きな物語」（小学校歴史学習プラン）を報告しました。藤岡信勝氏は、このプランを「戦後初めてマルクス主義流の社会経済史から完全に自由になった歴史教育の内容体系になっている」と絶賛しています（『歴史と教育』第66号）。齋藤プラン、学習指導要領での歴史教育と対比しながら私たちの歴史教育の視点について考えてみます。

(1) 私たちの歴史教育の視点

　齋藤プランは「ご先祖さまのあゆみ」からはじまる68時間のプランです。このプランの特色は、次の通りです

　ア　人物学習が中心となっています。学習指導要領で示されている42人はすべて登場しています。とりわけ聖徳太子（4回）、大久保利通、伊藤博文（3回）、西郷隆盛、小村寿太郎（2回）の扱いが重視されています。学習指導要領外の人物としては吉田松陰、高杉晋作、阿部正弘が1時間扱いとなっています。

　イ　「国のあゆみ」を中国、ヨーロッパの「外部」との「衝突」の中でとらえ、日本の歴史と文化の特色と伝統をきわだたせようとする単純な構図をもとにしています。齋藤プランは、「国のあゆみ」を次の表のように5期に区分しています。

　　今までの歴史教育は「外部」がなかったので国内での「階級対立」「支配」に目がいってしまい「私の国」という愛国心が持ちにくかったと総括し、「国」内部の矛盾には目隠しをします。

　　そして「外部」と比較した日本の歴史と文化の

	わが国の歩みの大きな物語（試案）
1	国家以前（民族文化の基層形成）の物語
	縄文時代
2	中華文明との出会いと古代国家形成の物語
	弥生・古墳・飛鳥・奈良時代
3	中華文明と距離を置いた日本の自己形成の物語
	平安・鎌倉・室町・戦国・江戸時代
4	西洋文明との出会いと近代国家建設の物語
	幕末から明治時代
5	世界の中の日本の自己形成の物語
	大正・昭和・平成時代

特色・独自性を天皇制に置いて構成しています。

　ウ　はじめは「ご先祖さまのあゆみ」というキャッチフレーズでしたが、国家戦略中心で「ご先祖さま」であるはずの日本・世界の民衆が出てきていません。人々の暮らしや圧政への抵抗等は完全に無視されています。アメリカのイラクへの侵略戦争の報道規制のように民衆が出ないで「前進している部隊」だけで歴史が描こうとしています。歴史教育を為政者のプロパガンダとしています。

　エ　小学校6年の社会科は100時間です。学習は歴史、政治、世界の中の日本の3つの内容です。歴史学習に何時間当てるつもりなのでしょうか。68項目のプランでは、小学校の授業の特色である「表現としての学び」（『子どもが育つ歴史学習』・山本典人・地歴社）、歴史新聞づくり、劇化なども出来ません。教師による伝達中心の教えこみのプランといえます。

　このような歴史学習は、私たちが目指す歴史教育とは明らかに違いがあります。その違いをまとめると次の表にようになります。

<資料2> 歴史学習のねらい

	私たちの歴史教育	学習指導要領・教科書など	「つくる会」など
教育の目標	・人格の完成をめざし、平和的な国家及び社会の形成者として、真理と正義を愛し、個人の価値をたつとび、勤労と責任を重んじ、自主的精神に充ちた心身ともに健康な国民の育成（教育基本法第1条） ・「個人の尊厳・命の大切さ」「生と死、暮らしをしっかりと見つめる」「自分・社会・日本・世界の未来と展望を考る」を考える力	・「大競争時代に生き抜く」「たくましい日本人の育成」 ・国際社会に生きる日本人として国際社会に貢献する意識とともに郷土や国に愛国心を持つこと ・「知」の世紀をリードする創造性に富んだ「人材」 ・「公共」を創造し社会に参画する「人材」（中教審最終答申など参照）	・伝統の尊重と愛国心 古来、日本では皇室を国民統合の中心とする安定した社会基盤を作ってきた。教育の第一歩は、先人の遺産を学ぶことである。 ・宗教的情操の涵養 個人の生命をも超えた「大いなるもの」に対する畏敬の念 ・国家と地域社会への奉仕（「新しい教育基本法を求める会」の要望書から）
歴史教育のねらい（視点①）	①歴史学の研究成果に学び事実を大切にする歴史教育 ②国際的な研究・交流の成果に学ぶ歴史教育 ③平和な日本・世界を築くための歴史教育 ④民衆、国民のあゆみとしての歴史教育 ⑤子どもの実態、発達段階を考え教育学研究の成果に学ぶ歴史教育 ⑥子どもの思想信条の自由を保障し、子どもが歴史像をつくる歴史教育	①文化や伝統を広い視野から考え日本の歴史への愛情を深める ②歴史上の人物や文化遺産を尊重する態度を育てる ③国際関係、文化交流を理解させ国際協調の精神を育てる ④歴史事象を公正に判断するとともに表現する態度を育てる（学習指導要領・中学社会歴史分野参照）	①歴史を国家の対立と衝突の構図で描く国家対立の歴史教育 ②歴史学の成果や国際交流から学ばない自国中心の歴史教育 ③国家内部の矛盾を覆い隠す国家一体の歴史教育（その中心に天皇制を据える） ④戦争の反省がない歴史教育 ⑤神話と事実を混同し事実を大切にしない「物語」としての歴史教育 ⑥子どもの主体的な学びを無視する押しつけの歴史教育
時代・単元のねらい（視点②）	<例 アジア・太平洋戦争> ①日本のアジア侵略の実態を学ぶ ②国際社会の動向との関係で戦争の経緯を学ぶ ③朝鮮・中国・東南アジアでの日本の加害と日本に対する抵抗を学ぶ ④他国への侵略は自国の民衆への圧迫が伴うことを学ぶ ⑤困難な中でも侵略戦争に抵抗した人々がいた事実とその考え方を学ぶ ⑥戦争責任と戦後補償を考えるアジアの人々、日本国民に対するものとして考える	<昭和初期～第二次世界大戦> カ 昭和初期から第二次世界大戦の終結までの我が国の政治・外交の動き、中国などアジア諸国との関係、欧米諸国の動きに着目させて、経済の混乱と社会問題の発生軍部の台頭から戦争までの経過を理解させるとともに、戦時下の国民の生活に着目させる。また、大戦が人類全体に惨禍を及ぼしたことを理解させる （学習指導要領・中学社会歴史分野<内容>該当項目）	<例 大東亜戦争> ①中国での排日運動に対して日本軍部が危機感を持ったことを学ぶ ②アメリカの対日政策や対ソ戦略から全面戦争にならざるをえなかったことを学ぶ ③自存自衛とアジアを欧米の支配から解放し大東亜共栄圏を建設するための戦争であったことを学ぶ ④総動員体制で国民が一体となって戦ったことを学ぶ ⑤昭和天皇の聖断で戦争が終結したことを学ぶ

歴史教育の教育課程づくりでの当面の最重要課題は、表の視点①、②を子どもの発達段階に応じて豊かにしていくことです。このことがプランや1時間の授業づくりの土台となります。

(2) 子どもの主体的な学びと取りあげる知識

　教科教育の教育課程は、視点に基づいてプランや教材、教育方法へと具体化されていきます。ここでは、さらに教室・子どもたちへとつながる取りあげたい事柄（これを基礎知識とします）について考えてみます。

①教科教育における基礎知識論議の3つの問題点

　教科教育における基礎知識の論議が混迷しています。このことが教育課程づくりの展望をわかりにくくしています。私は、最近の教科教育における基礎知識の論議として次の3つのことが課題だと考えています。

　Ⅰ基礎知識の定義が論者によって違うまま論議が進められていることです。
　Ⅱ教科教育の授業数の削減との関わりで論じられているために、該当の教科の授業数確保と結びついた主張になりがちなことです。また、時間数減にもかかわらず基礎知識が肥大化している傾向もあります。
　Ⅲ Ⅱと関わって教科教育の基礎知識の論議が、従来の教育内容を死守しようとする保守的な論議となっています。新たな教育の状況に対応した教科教育の再編成へと発展させる論議になっていない傾向もあります。

　限定された授業時間の中で取りあげる事柄（基礎）をどのように創り出すのかが子どもとの接点として授業づくりの課題となっています。

②知識、思考、認識につなげる

　このことで歴教協に現在でも一番影響を与えているのが本多氏の学力像です（『社会科の学力像』・明治図書・1980年）。本多氏の主張の中で多くの方が引用しているのが次のことです。

　基礎的知識とは、知識の構造の土台となるもので、状態・用語・事実・現象の把握にとどまり、概念を含まない。
　基本的知識とは、学習者が基礎的知識の土台の上に、豊かなイメージを肉付けしつつ、自由な思考で、新たな概念を組み立てたもの。
　この基礎が土台で、基本が組み立てであり、それが保障される授業が"子どもがわかる授業"だと思う。その段階で子どもが身に付けた能力が基礎学力だといえよう。
　　　　　　　　　　　　　　　　　　　　　　（『社会科の学力像』・明治図書 1980年）

---

③本多氏の基礎基本論のどこに光を当てるのか

　ア『社会科の学力像』の副題は、「教える学力と育てる学力」です。本多氏は、「基礎的知識」を「教える学力」、「基本的知識」を「育てる学力」と分離して、その接点で"わかる授業"を構想しました。
　イ勝田守一氏の学力論（『教育』1962年7月号）での測定可能なことを学力の中心に置き、価値観に関わるものに対して慎重な立場をとりました。

ウ 本多氏がこの学力論を構想したのは、1970年代です。当時は、1968年学習指導要領による「つめこみ教育」の矛盾が吹き出て、偏差値が「学力」という風潮が支配していました。高校に入れない中学生もでていました（加藤文三『すべての生徒が100点を』1976年・地歴社参照）。

本多氏は、基礎的知識と基本的知識の「分離と関連」を主張しましたが、「関連」があまり意識されないまま実践に影響を与えてきました。現在、私たちにとって必要な基礎知識の論議は、「○○も△△も基礎知識だから必要」という事実・知識の量の論議ではありません。子どもがどのような事実・知識と出合ったときに歴史に問いかけ始めるようになるのかと事実・知識の質の論議です。本多氏の学力論の基礎と基本の分離ではなく「関連」にこそ光を当てて発展させることが必要だと考えます。

④安井俊夫氏の実践に学ぶこと

私は、安井俊夫実践は、本多氏の知識（基礎）と思考（基本）の分離の強調に対する批判的実践だと考えています。安井氏の「他人事としないで」「切実なものとして」「共感しながら」などの主張は、遠山茂樹氏の「知識の習得（生徒が覚えるべきもの）と、事項と事項の関連の認識を訓練する場としての歴史像作り、この二つのかなり性格のちがう学習をあわせて歴史学習の基礎学力」とする主張の「あわせて」にあたります。安井実践は、知識、思考、認識の関連、知識の質を問題としたのです。

授業時間数の削減に対して精選、厳選という引き算の発想でなく、どのような知識が思考、認識につながるのか知識の再構成という積極的な対応が必要です。私の「90時間30テーマ」の中学校社会科歴史学習の構想は、安井実践に学びながら新たな状況へのささやかな試みです。

4．山形大会に、地域から歴史教育の3つのことを持ち寄ろう

教育基本法改定、教科書問題など深刻な事態が急テンポで進んでいます。私たちの歴史教育の羅針盤としての教育課程を創ることが急務です。おわりに、2004年の山形大会でこの課題を集中的に論議することを呼びかけます。

論議したいことは、次の3つのことです。

(1) 学習指導要領、教科書を批判検討する

この間の教科書問題の取り組みの中で改めて感じたことは、「つくる会」教科書が生まれる学習指導要領の問題点です。表で対比したアジア・太平洋戦争に関わる記述を再度読み返してください。

> 昭和初期から第二次世界大戦の終結までの我が国の政治・外交の動き、中国などアジア諸国との関係、欧米諸国の動きに着目させて、経済の混乱と社会問題の発生、軍部の台頭から戦争までの経過を理解させるとともに、戦時下の国民の生活に着目させる。また、大戦が人類全体に惨禍を及ぼしたことを理解させる。

ここでは「政治・外交の動き」「アジア諸国との関係」、戦争の「経過」「国民の生活」「惨

禍」などすべて曖昧に書かれています。他人事として記述されています。
　①アジア諸国への侵略という本質が欠落されています。また、②戦争の責任があきらかにされていません。このようなことが「つくる会」教科書の登場や他の教科書での加害の記述の後退をはじめとする教科書問題を生みだしているのです。私たちの歴史教育の教育課程づくりは、学習指導要領と教科書の批判・検討のなかで進められます。出された意見を持ち寄りましょう。

(2)　歴史教育の「大きな視点」を深めましょう
　地域での今までの研究・実践、たたかいのなかで大切にしてきた私たちの歴史教育の「大きな目標」とは何だったのでしょうか。前述の対比表での「歴史教育のねらい・視点①」は、そのためのたたき台です。厳しい状況だからこそ私たちの原点に立ち戻り意見を持ち寄りましょう。

(3)　各時代・単元の目標・ねらいを明らかにしましょう
　(2)を授業づくりに具体化するためにこのことが必要です。ここまでふみ込まないと教育課程づくりは進みません。表の「時代・単元のねらい・視点②」は、アジア・太平洋戦争学習を例としたたたき台です。
　プラン、教材は、この３つのことを内包しながら作成されています。それは、視点①、視点②に基づいて地域で多様なものであり統一する必要はないと考えます。
　私たちがめざす社会科教育・歴史教育の教育課程「第二次案」づくりは、四半世紀に及ぶ課題です。期は熟しています。この１年間、各地でこの３つを集中的に論議し、『歴史地理教育』などで意見交流しながら総力を挙げて私たちの主張を創りましょう。

第四部 − 3.

社会科歴史教育の教育課程をどう創るか

＊掲載誌：『歴史教育　社会科教育年報』三省堂　2004年

　本稿では、歴史教育者協議会の研究担当としてこの1年間（2003年〜04年）歴史教育の教育課程づくりに対して問題提起を検討してきた立場から歴史教育者協議会第56回全国大会（山形大会）における丸浜昭氏の基調報告、並びに「歴史地理教育」・2004年7月号（特集）に対する私見を述べるものです。

1．教育課程づくりへの関心

　少し遠回りでもあり個人的なことになりますが、私が教育課程ということにどのようなことから関心もったかということからを述べます。「きっかけ」は、かなり本質につながるという想いがあるからです。

(1)　アフリカ学習に7時間もかけて、あとはどのような授業をしているのですか

　私は、1987年第39回岡山大会地理分散会（中学校分科会で3分散会の分科会構成の時）で、「『学びあう』社会科（地理）の授業」（アフリカ・飢えている国からの食料輸出）を報告しました。（注1）当時の学習指導要領、教科書は世界を満遍なく教えることでしたので中・南アフリカの扱い時間数は約3時間でした。そこに私は、「食糧支援を受けている地域から食糧が輸出されていることをどう考える？」「シスカイという国をさがそう」（シスカイは、南アフリカ共和国のアパルトヘイト政策によりつくられた「ホームラウンド」のひとつ）などという学習課題で7時間の授業づくりを報告しました。南アフリカの日本人の名誉白人問題の扱い方など貴重な意見をいただきましたが、一番の批判は、「7時間もかけて、あとはどのように扱っているのか」ということでした。（注2）この時は、アフリカの実践で精一杯でしたので何も答えることは出来ませんでしたが、それ以後、実践報告を行う際には「部分」だけでなく「全体」に裏付けられた「部分」を報告しなければ説得力ある実践にならないことを痛感させられました。今から考えれば、この問題は年間プランの問題ですが、教育課程（教科課程）を考える契機となりました。

(2)　「荒れる」中学校で平和教育をどう創るか

　1970年代後半、中学校に転勤しました。マンモス校で最高時は、1学年16学級もありました。この学校で学年主任7年、生徒指導主任2年の9年間を過ごしました。この9年間は、歴史教育者協議会の常任委員をしていたときと重なりますが、いろいろの事件が多発し、その日の予定がわからない日々の連続でした。ここで私は授業づくりで何度も立ち往生をしてしまいました。

　公民で、憲法9条を学んでいた時です。普段おとなしいA君が、自衛隊の増強を主張しました。この主張は、よくあることですから驚きませんがA君の意見には考えさせられま

した。A君の意見は、「力には力が必要である。学校の様子を見ればこのことがよく言える。この学校では、暴力が蔓延しているが、誰も押さえることが出来ない。民主主義をつくるためにも力が必要である。人間、他の国など信用できない。力＝自衛隊の増強を求める。」という主旨でした。（注３）授業では、民主主義や平和を語っていますが、学校の民主主義や平和に手をこまねいている生徒指導主任の私に対する痛烈な批判でもありました。立ち往生ばかりしているわけには行かないと思い、次時では『きみたちと現代』（宮田光夫・岩波ジュニア新書）から、良心的兵役拒否、非暴力で戦っている人々の姿などを紹介したのですが、このときはそれで精一杯でした。

　この出来事は、ショックでした。A君が自衛隊増強を支持したからではありません。A君の中にある学校認識、人間認識（教師、友人不信など）が、自衛隊増強論の土台になっているのです。このことは社会科の授業だけでは解決できない問題です。民主主義、平和、人権認識などは、社会科の知識、思考などだけでなく学級、学校づくり、集団づくりなど学校全体の教育課程と関わりながら身に付くものだと痛感させられました。

(3) いまどう戦争を学ぶか─山田朗氏の指摘（三重大会）

　(2)のことは1980年代の過去のこととは思えません。2002年・歴史教育者協議会全国大会講演で山田朗氏は、冒頭に、いま、どう戦争を学ぶかについて次のように問題を提起しました。少し長くなりますが重要な指摘ですので引用します。

　「過去の戦争を否定しても現在の戦争を否定することには必ずしもならないということがあります。いくら過去の戦争の悲惨さを強調しても、それだけでは戦争の抑止力に十分にならない場合もあるのです。過去の戦争は自由を抑圧するための戦争だったけれども、今度の戦争は自由のための戦争なんだとか、正義のための戦争なんだとか、こういう形でプロパガンダが行われたときに、必ずしも過去の戦争を否定しているからといって未来の戦争をも否定するとは限らないのです。ですから、過去の戦争を学ぶと同時に、現在の戦争あるいは戦争の準備にも目配りをしなければならない。」（注４）

　この指摘に「はっ」とさせられました。私は、「現在の戦争」「戦争の準備」への目配りと同時に、A君の意見に見られるように、生活の中にある人間不信、未来への不透明感、力の支配へのある種の「期待」などの人権認識や現代認識が「テロとの闘い」などという情報操作の中で戦争推進に利用されていることに注目する必要性を感じています。

　子どもたちの状況や学校の教育活動の全体（教育課程）との関わりの中で社会科の教育内容と方法を位置づける視点をもったときに社会科・歴史の授業は子どもたちの生きた力に結びついていきます。社会科教師としてどう生きるかというだけでなく、「中学校社会科教師」としてどう中学生に向かい、学級づくり、生徒指導、進路指導などとの関わりの中でどのような社会科を実践するかを考えることが教育課程づくりだと考えてきました。（注５）

２．教育課程へのせまり方

　日本民間教育研究団体連絡会（通称・日本民教連）には、54の団体が集っています。団体名は英訳しますと「Japan Federation Non-Governmental Educational association」（民教連ニュースから）となります。「Non-Governmental」ですから、どの研究団体も学習

指導要領とは一定の距離をおいて研究・実践の自主性を大切にしてきました。自主性を大切にしてきたということは、教科・領域の教育課程を創造しているといい換えることが出来ます。

(1) 学校体育同志会の教育課程づくりに学ぶ

　1989年版学習指導要領の年間時間「70～105」（中学3年）から一気に「35」へと激減された技術・家庭科教育を研究・実践している技術教育研究会は、改めて子ども・青年にとって技術・家庭科教育とは何かという教科の本源的な問いと教育課程づくりに取り組んでいます。また、学校体育同志会は、「水泳・全員見学」「サッカーの試合中に喧嘩が始まる」などの状況のなかでも胸の熱くなる教育実践を求めて「教育課程自主編成プロジェクト」を組織し『教師と子どもが創る　体育・健康教育の教育課程試案』第1・第2集を作成しました。（注6）それらの取り組みは教科・領域を越えて学ぶことが出来ます。ここでは、学校体育同志会の教育課程づくりについて、『体育・健康教育の教育課程試案』（創文企画）・「体育の学力と教育課程づくり」（海野勇三論文）を取り上げてみます。

①教育課程づくりの基本

　ここでは教育課程づくりの基本を次の2つにおいています。

　第一は、教育課程の編成主体の問題です。この点につきましては、「学びの主体である子どもの現在の生活と発達課題」に応えるために「学校または地域を単位として、教師集団の手による」とし、「試案」という形式で提案しています。

　第二は、体育科の固有の研究・実践課題を明らかにしていることです。教育の課題を全体として「文化の継承と発展」とし、体育科の固有の課題を「運動文化の継承と発展」ととらえています。さらに、具体的には、運動文化を「技術性」（ともにうまくなる）、「組織性」（ともに楽しみ競い合う）、「社会性」（ともに意味を問い直す）という三つの領域からの設定し実践しています。

②体育科で保障すべき学力と教科内容

　体育科の学力保障を考えるにあたって大切にしていることは、教師の「子どもたちの生活と発達段階について率直に語りこむ」ことです。小学校低学年での個人的な遊びが主流となっており集団的な遊びがなかなか出来にくい問題、中学生のおける「固定的な能力観」など発達段階における運動文化の系統的・体系的な習得の不十分さなどを直視し、そこから改めて授業づくりを始めようとしています。また、「オレはオレ」という他者との応答、共感し合う関係づくりが出来にくいために試合が楽しく出来ないなどの状況を踏まえつつ、運動文化の国民的基礎教養＝達成としての学力と子ども一人ひとりが個性を生かしてつける＝育てたい学力の両面を目標としています。

　さらに、「運動文化の継承・発展」という固有の教育内容については、運動文化の「総合性」を理解させる視点を提起しています。「総合性」とは、①スポーツの技能習熟や技術認識などの技術的能力　②集団の組織・運営・管理能力　③スポーツに関する法律、行・財政政策など条件や制度に関する認識です。この三つの学力を総体として身につけることを高校の出口に設定しています。

　学校体育同志会の取り組みは、教科教育の教育課程づくりの方向を示しています。第一に「子ども論」の論議を大切にすることです。「今の子ども」と「求める子ども像」とをどのように「つなぐ」かを考えることです。第二は、この課題を教科の固有な視点から取

り組むことです。第三は、教師一人ひとりがマイプランとして作ることです。研究会での提起は、「試案」であると言うことです。そして、この三点は、私が『2003年度社会科教育・歴史教育年報』(三省堂)で述べている「教育課程の三つの要素」と共通していることです。(注7)

(2) 高知大会から山形大会へ・この１年間

高知大会（2003年）から山形大会（2004年）での丸浜昭氏の基調報告まで、この１年間、研究担当として『歴史地理教育』を通して次の取り組みをしてきました。

『歴史地理教育』での問題提起

地域に根ざし、平和と民主主義をきずく歴史教育の教育課程を創ろう	高知大会基調報告 石井建夫『歴史地理教育』10月臨時増刊号
「日本史の背景としての世界史」さようなら（中）	桜井千恵子『歴史地理教育』11月号
第22回中間研究集会 （2003年1月）	①山田朗「日本近代史をどう見るか」 ②丸浜昭「近現代史の教育課程検討のために」 ③大谷猛夫「中学校の近現代史学習をどう進めるか」
大阪歴教協中学部会　歴史教育の教育課程づくり	樽野美千代『歴史地理教育』2月号
90時間のプランづくりの視点	小堀俊夫『　同　』2月号
自分のくらしとのかかわりで学ぶ歴史学習（小）	倉持祐二『歴史地理教育』6月号
授業実践から教育課程の創造を	峯岸由治『　同　』6月号
世界のなかの日本を考え、現代につながる歴史学習をめざして 　―中学歴史学習の 　　教育課程づくりのために―	丸浜昭『歴史地理教育』7月号
日本近現代史をどう見るか 　―戦争認識を中心に―	山田朗『　同　』7月号
日露戦争をどう教えたか（中）	小浜健児『　同　』7月号
3時間の韓国併合の授業（中）	三橋広夫『　同　』7月号
子どもたちの思考を広げる 　近現代史学習に（小）	中妻雅彦『　同　』7月号
「青い目の人形」で学ぶ 　アジア太平洋戦争（小）	棚橋正明『　同　』7月号
世界の中の日本を考え、現代につながる歴史教育をめざして 　―中学校歴史学習の 　　教育課程づくりのために―	丸浜昭『歴史地理教育』11月臨時増刊号

これらの報告・実践は、すべて『歴史地理教育』7月号の丸浜昭提案と深く結びついています。また、上記の表の報告・実践以外にも教育課程づくりを視野に入れた提案もだされました。この1年・歴史教育の教育課程の論議は、課題や論争的な要素を含みつつ進んできました。

①私たちの「歴史教育」の視点を探りあった1年

「学習指導要領の歴史教育者協議会版をつくろうとしているのか」という意見が、高知大会全体討論、中間研究集会の討議で出されました。私たちは、学校体育同志会の取り組みと同様にこのようなことはまったく考えていません。教育課程の編成主体は個々の教師、学校です。このことと「歴史教育の視点」を問題提起し論議することは矛盾するものではありません。丸浜報告では、詳細な教育内容や指導計画（プラン）などは提示していません。各時代でのこれまでの共有財産を「歴史教育の視点」として提示し、個々の教師、学校での授業づくり、教育課程論議を活性化を提起しているのです。

とりわけ、この1年間は「歴史教育の視点」についての貴重な提起が出され、今後の歴史教育の教育課程づくりの土台が築かれました。以下簡単にその状況をまとめてみます。

＜桜井さん提起＞　桜井氏は、中学校社会科歴史学習で大幅に削減されてきている世界に関わる学習を問題として「日本史の背景としての世界史さようなら」を提起しました。これを具体的にするために歴史教育の視点に関わって①世界史の視点を大切にする　②人と人、人と物の関係性を大切にする　③歴史の進歩をとらえる―民衆の成長を大切にするを主張しています。

＜樽野さん、大阪中学校部会の提起＞　大阪中学校部会の提起の基本は、「誰でも、どこでも、いつでもできる」実践、さらに共通の学びとして最後の歴史学習としての中学校社会科歴史の在り方です。プランを支えている大単元ごとの「目標」（2〜3つ）が歴史教育の視点です。ここが注目点です。

＜倉持さんの提起＞　倉持氏は、「学ぶ意味の喪失」「自らが暮らしの主人公になりえていないことから起こる歴史認識の土台の崩れ」という子どもの学びが危機的な状況を指摘しています。そこで、従来からの「内容の科学性や順次性」や「子どもの認識・発達」という視点から細切れなものを学ぶのではなく子どもの命やくらしをつなぐという新たな視点からの歴史学習の転換を主張しています。

さらにこの1年間で『歴史地理教育』では、多数の教育課程に対する提言、歴史教育の視点に関わる実践、論文が掲載されました。ここでは『歴史地理教育』2003年12月臨時増刊号の小牧薫論文と本庄豊実践に触れておきます。

＜小牧薫さんの提起＞　「日本とコリアの関係史を教える視点」

小牧氏は、歴史教育者協議会における日本とコリア（朝鮮半島全域を指す）との関係史研究の総括を試み、「今日の課題と関わって」、近現代史学習で留意すべき「20の事項」と「4つの視点」を提示しています。4つの視点は次のことです。

(1) 日本政府、日本軍は、一貫して植民地支配の事実をかくし通そうとしてきた。
(2) 一部の研究者や教育者は、「原罪論」の立場から日本とコリア、コリアンの関係を「差別・被差別」の関係でしか見ず、友好と連帯の歴史を見ようとしてこなかった。
(3) 近現代における日本の侵略、植民地支配の歴史を教えると同時に友好と連帯の歴史

を教えることが重要である。
(4) 戦後補償の取り組み、国交正常化などを考えさせることが大切である。

<**本庄豊さんの提起**> 「平和教育の課題と授業」

　本庄氏は、敗戦後の平和教育の課題は、戦争の悲惨さを理解させることでは大きな前進があることを踏まえつつ戦争違法化、非暴力平和主義の流れを理性的に理解させることであると指摘しています。そして、平和教育の時期区分を試み、今日を「米単独行動主義の下での平和教育の模索」の時期とし、次の7つの実践課題をあげています。

(1) 戦争を身近なものとして受け止めさせていく課題
(2) 戦争違法化と国連の役割を教える課題
(3) 日本の戦争責任をあきらかにする課題
(4) アメリカの戦争犯罪をあきらかにする課題
(5) 旧社会主義国での人権抑圧の問題をあきらかにする課題
(6) 日本の国際社会での役割を考える課題
(7) 憲法第9条に示されている非暴力平和の思想を根付かせる課題

　両氏のこれらの提起は私たちがこの1年間追求してきた歴史教育の教育課程づくりの「歴史教育の視点」に関わる貴重な指摘です。

3．歴史教育の視点に迫る・丸浜報告

　丸浜昭氏の山形大会での基調報告は、『歴史地理教育』・2004年度7月号の丸浜論文と対をなすものです。私は、丸浜報告を次のように読みとっています。第一は子どもたちの歴史や平和に対する関心、意欲と学習指導要領が乖離していることの指摘です。第二は、教育課程の編成と関わって学習指導要領の問題点を明らかにしていることです。第三は、学習指導要領に対して私たちが何を大切に歴史学習を進めてきたか「歴史学習の視点」を提示していることです。（近現代史学習において）

　とりわけ第二、第三のことは、私たちが歴史教育の教育課程をつくる上で避けて通ることはできないことです。

　A．たとえば、近現代史における「国際的地位の向上」を取り上げてみます。学習指導要領（中学校）では、このことについて自由民権運動と大日本帝国憲法の制定、日清・日露戦争、条約改正を通して理解させることとされています。
　B．このことは日露戦争の項目では教科書で次のように叙述されます。

	日露戦争の要因	日露戦争後の日本と世界
A社	このとき（義和団事件）、ロシアは、事件ののちも大軍を満州にとどめ事実上占領し、さらに韓国へも進出しました。日本は、1902（明治35）年に日英同盟を結んでロシアに対抗したため、戦争の危機がせまってきました。	日本の勝利は、インドや中国などアジアの諸国に刺激を与え、日本にならって近代化や民族の独立の動きが高まりました。一方、国民には、日本が列強の一員になったという大国意識が生まれ、アジアに対する優越感が強まっていきました。

B社	満州と韓国をめぐる日本とロシアとの交渉がいきづまる、戦争の危機が高まった。	アジアの多くの民族は、日本がヨーロッパの強国を破ったことを喜び、自分たちも植民地支配から解放されることを期待した。しかし、日本は、南満州鉄道株式会社を経営し、沿線の炭坑や鉱山を開発するなど、南満州に権益をもち、列強とならび立つようになった。
C社	危機感を深めた日本は、ロシアの満州での権益の拡大を認めるかわりに日本の韓国への支配権を認めさせようと交渉した。	日露戦争での勝利で、日本の東アジアにおける影響力は大きくなったが、欧米諸国の日本に対する警戒心も高まり、日本の国際的立場はしだいに困難となった。

　要因では、A社は、ロシアの南下政策を強調しています。B社では、何が交渉のいきづまりかが曖昧となっています。C社は、日本の韓国への進出をも記述しています。また、戦後の日本の立場では、A社、B社では、「インドや中国などアジア」「アジアの多くの民族」に独立、解放の動きを高めたことを強調すると同時に日本のアジアへの進出にも触れ、中学生にはわかりにくい記述となっていると言えます。C社は、日本の国際的な立場は「困難」になったとし、A社、B社とは日露戦争の評価を異にしています。

C. 最近の『社会科教育』(明治図書)では、「つくる会」的な実践が多く紹介されています。例えば、拉致問題と関わらせて「100年前のロシアに対する日本人の恐怖感は今よりももっと大きい」とし、日露戦争のキーワードを、「日露戦争は祖国防衛戦争だった」という類の実践が掲載されています。(注8) これらの実践を批判することは難しいことではありませんが、学習指導要領や教科書がこのような実践を生む一つの要因になっていることは大変な問題です。

D. 歴史教育者協議会での「国際的地位の向上」や日露戦争のとらえ方は、過去において論争的なこともありましたが、鈴木亮氏、山田朗氏などによってあきらかにされています。(注9) 私たちの多くの実践は、鈴木氏が指摘している①日露戦争を朝鮮との関係でとらえる　②日本の支配だけでなく朝鮮の抵抗との関わりでとらえる　③その過程で形成させられたゆがんだアジア認識と少数ではあるが抵抗した人々のアジア認識の拮抗としてとらえる　④これらのことを通してこの時期は、帝国主義の国際的な地位の低下とアジア・アフリカ諸民族の国際的地位が向上した時期としてとらえることと関わって行われてきたといえます。

　さらに、「国際的地位の向上」について考えるにあたり、次の遠山茂樹氏の指摘は重要だと考えますので紹介しておきます。

　「日露戦争で『国際的地位が向上したのか』それとも『侵略戦争と見るべきか』、いきなり論ずるのではなく、五大強国の一になったとは具体的にどんなことか、領土はどこに広がったのか、そのことは朝鮮や中国の人には何を意味し、日本の資本主義にはどのような影響をもったのか、できるだけ具体的な事実におし下げていって、それをしっかり学んだ上で、それらのもろもろの事実の間の関連を見出し、それを綜合的

にとらえるにはどのような歴史の見方が正しいかを考えさせるという形で歴史観を処理するのです。はじめに歴史観ありきではないのです。」(注10)

まさに、目から鱗が落ちる指摘だと思います。

E．丸浜氏は「中学校近現代史学習の視点」で「国際的地位の向上」について次のようにまとめています。

学習指導要領もつ問題	私たちがおさえること
弱肉強食（パワーポリティックス）の世界の中で、指導者の努力で独立を維持し、さらに大国となって成功してきた、という一面的な像が浮かぶことになる。	「国際的地位の向上」とは、帝国主義世界の中で、日本がアジアで唯一の帝国主義陣営の一員になることだったことをみる。ここでも、東アジア、そして世界とのかかわりで日本の在り方をとらえることがかかせない。

　私は、丸浜報告は「歴史教育の視点」への迫り方とその内容の提起であると考えています。

この１年、高知大会全体討議で私の基調報告に対して滝沢正氏から子どもたちが「書かれた歴史を学び直すプロセス」を大切にする立場から「何を教えるかにこだわりすぎていないか」という意見をいただいたことが気になっていました。(注11) しかし、丸浜報告に見たような「歴史教育の視点」を教師が持つことと子どもたちが「歴史を学び直すプロセス」を大切にした歴史学習とは対立するものではないと考えます。あえて言えば学校体育同志会が教科の固有性から教育課程を創造に取り組んでいると同じように私たちも歴史教育で「何を教えるか」が益々問われてくるのではないでしょうか。しかし、歴史教育の授業論についての提起が少なかったために「何を」だけが印象づけられてしまったように思います。

4．これからの課題を考える

　この１年間、意見がでつくしたとは言えませんが、「私たちの教育課程づくり」が全国的に意識的に追求されてきたという大きな成果がありました。とはいえ憲法、教育基本法の改悪に連動する学習指導要領の改訂の動向を考えますと情勢に見合った取り組みが求められています。今後の課題として、次のことを考えてみました。

(1) 教育課程づくりを多面的に追求する

　教育課程づくりは、この１年間に追求してきた「歴史教育の視点」で完結するものではありません。教育課程を「学校において、望ましい人格形成を促すために行う、教育的働きかけの全体計画、それに基づいて行われる教育実践の足跡」(注12) と考えますと左のような多面的な要素があります。この１年間で主に追求してきたことは「２」の「歴史教育の視点」でした。授業論や学力論などを中心に教育課程を考

教育課程の要素
1．どのような子どもを育てるのか
　　教育・学校目標、子ども論
　　大きな学力像など
2．教科の固有性から１にどう迫るか

>   教科論、教科独自の学力論
>   教科教育の視点など
> 3．どのような授業をつくるか
>   授業論や教材論、プランなど
> 4．評価をどう考えるか
> 5．子ども・父母の参加権をどう保障するか
> 6．教科書をどう批判的に活用するか
> 7．誰がどのように教育課程を創るのか
> 8．教育課程づくりのサイクル　など

えてきた方から見ると「方向が見えにくい」という意見になると思います。教育課程づくりの全体を見つめつつ多面的な論議が必要です。例えば『歴史地理教育』（2004年5月号）での小林朗実践（「開国か攘夷か？」）をめぐって意見交流です。この問題は教材論や授業論や学力論でもあります。もっと活発に論議することが必要です。そこでの論議は教育課程づくりを豊かなものにすることにつながります。（注13）

私たちは教育課程を追求する豊富な実践をもっています。個々の分野の論議だけにしないで多面的、重層的な追求が求められています。

(2) 研究体制をどうするか

第一は、研究推進の組織体制をどうするかということです。1970年代、1980年代の教育課程の取り組みは、研究委員会を組織して行われてきました。今回は、特別の組織を作らず常任委員会の研究担当が中心になって中間研究集会、全国大会・地域に学ぶ集い、『歴史地理教育』誌上を通して取り組んできました。他の民間教育研究団体ではプロジェクトをつくって取り組んでいるようです。第二は、現在ある組織間の有効なつながりのことです。とりわけ全国大会の第二テーマでの校種、学年、分野別分科会と「社会科の学力と教育課程」「授業方法」分科会との共同ということです。このことは大会の分科会構想の問題でもあります。組織面での検討も重要な課題です。

(3) 2005年教科書問題の中で教育課程を創る

全国教育研究会では「教育課程・教科書問題」分科会などがおかれている通り、教科書問題は教育課程の重要な問題です。とりわけ2005年度の中学校社会科歴史・公民教科書問題は、大きな闘いとなります。"創造こそ最大の批判"です。「つくる会」教科書の批判、不採択運動の中で私たちの社会科・歴史教育の教育課程が創り出されるのだと考えます。

この1年間での論議を土台にさらに実践・研究の羅針盤としての教育課程を出版活動の視野に入れながら大きく前に進めていきたいものです。個人、地域から大いにマイプランを出し合いましょう。

（注1）　拙稿「飢えている国からの食糧輸出」（『歴史地理教育』1988年4月号）
（注2）　『歴史地理教育』（1987年10月臨時増刊号・中学地理分散会報告参照）
（注3）　拙稿「15の春、今、平和を考える」（『歴史地理教育』1983年12月号参照）
（注4）　山田朗「戦争の歴史に学び現代の戦争を考える」（『歴史地理教育』2002年10月臨時増刊号参照）
（注5）　拙稿「社会科で中学生に語りかけたいもの」（『歴史地理教育』1997年9月号）
（注6）　『体育・健康教育の教育課程試案』（学校体育同志会・創文企画）
　　　　学校体育同志会では教育課程自主編成プロジェクト編で『教師と子どもが創る体育・健康教育の教育課程試案』1～2巻を作成した。（2004年）

(注7)　拙稿『教育課程づくりの到達点と課題』(『2003年歴史教育・社会科教育年報』・三省堂参照)
(注8)　一例として安達弘「日露戦争」(『社会科教育』2003年9月号・明治図書)
(注9)　鈴木亮「世界史からみた日露戦争―「国際的地位の向上」について」(『歴史地理教育』1991年9月号)、山田朗「日露戦争はアジアの人々にどう見られたか」(『歴史地理教育』2004年2月号)、尚、「国際的地位の向上」についての論争は『歴史地理教育』においては1959年11～12月号、1960年～61年にかけて展開されている。『総目録』を参照のこと)
(注10)　遠山茂樹「歴史教育に対する研究者の責任」(『歴史評論』1959年1月号)
(注11)　高知大会「全体討議・閉会集会のまとめ」(『歴史地理教育』2003年10月臨時増刊号参照)
(注12)　『教育課程のルネサンス』(民主教育研究所年報2003・第4号参照)
(注13)　坂本昇「読者のひろば」での意見(『歴史地理教育』2004年8月号)、小林朗「読書のひろば」での意見(『歴史地理教育』2004年9月号)を参照

> 第四部-4.
>
> # 「基礎・基本」を考える３つの視点
>
> ＊掲載誌：「人間と教育」民主教育研究所　1998年7月

　私は現在、中学校の現場を離れているが、本稿では中学校歴史学習の内容を通して基礎・基本について考えてみたい。かつて本多公栄氏が『社会科の学力像』（明治図書）で基礎的知識と基本的知識について「基礎的知識とは、知識の構造の土台となるもので、状態・用語・事実・現象の把握にとどまり、概念を含まない。基本的知識とは、自由な思考の働きのもとで、豊かな表象（イメージ）をもち、言語で説明できるもので概念を含む」と両者を区別した。この提起は貴重であり、厳密な研究が必要であろう。しかし、本稿においては、基礎・基本をともに共通に身につけ、考えていきたいめやすという意味で考えていく。

一　生徒の考えに立ち往生——学習の転換の契機

　私は、27年間（小学校＝９年、中学校＝18年）教職についていた。このなかで、ある男子生徒の意見に立ち往生し、それ以後転換を迫られた。それは、中学三年の憲法学習のときのことであった。私の「自衛隊を①もっと大きくする、②現状維持、③もっと小さくする、④廃止する、このどれに賛成ですか」という質問に対して、この生徒は①の「もっと大きくする」に賛成した。その理由として、次のような趣旨の意見を書いた。

　「①に賛成する。もちろん、自衛隊は合憲である。社会でも学校でも争いは常にある。人間なんてそんなに信頼できるものではない。万一の時に備えて軍備を持っておくことは当然なことである」

　なぜ立ち往生したのだろうか。この生徒が①を支持したからではない。下線のように自分の生活実感に依拠しながら①の意見を導き出しているからである。このような意見にどのように揺さぶりをかけていこうか、はたと困ったのである。

　当時は、「第三の非行のピーク」といわれていた時期であった。私は、１学年14～16学級という超マンモス校に勤務していた。学校はまさに荒れまくり、今でもその当時のことを夢に見ることもある。私たち教師は、日常茶飯の荒れの指導に手をこまねいていた。この生徒がいう「社会でも学校でも争いは常にある」とはこの学校の日常的な様子を指していたのである。

　学校の荒れは、生徒たちを次のような心理状態に追い込んでいった。第一は、人間不信である。この不信は荒れを解決できない教師に一番鋭く向けられていた。第二は、力の論理である。無法とも思える暴力に対しては力が必要であるという生活実感である。この生徒の自衛隊増強論はこのような状況の反映だといえよう。

　生徒に意見を突きつけられて改めて私の授業づくりが問われたのである。ここでいう授

業づくりとは授業技術や授業方法だけではない。教育活動全体のなかでの授業の位置づけといえる。私はこのときから、

　(1)　学級・学校づくり、教育活動全体のなかに授業を位置づけなければならない。授業だけがうまくいくということはないし、授業だけで生徒の認識が変わるわけでもない。

　(2)　とりわけ生徒たちは、人権、平和、民主主義を扱っている社会科教師を、授業だけでなく学校づくりのなかで見ている。人権、民主主義を唱えても体罰、管理主義的指導をしているのでは授業が本物にならない。授業づくりは教師＝人間が問われていくのである。

　(3)　生徒の実感にねざし、実感に揺さぶりを、実感を越える論理をつくりだしていく教育内容が求められている。

等を授業の転換の重い課題とするようになった。したがって、その後の1990年代の「新学力観」をはじめとする授業・学習の転換論の技術主義には辟易していた。

二　授業が変わった──「秀吉の朝鮮侵略」を例に

　私は、歴史学習では通信『歴史の時間』を発行してきた。しかし、この生徒の意見に接したことを契機に、通信の内容が大幅に変化してきた。ひとつは、それまで15年戦争の終了まで通信を136号発行してきたが、77号とほぼ半分になったことである。量の変化・減少である。もうひとつは、内容（質）の変化である。ともに教育課程・授業論の変化なのであるが、ここでは、一つの授業づくりを例にして内容の変化について述べてみる。

　「秀吉の朝鮮侵略」の授業では、今までは①秀吉軍の加害の問題（耳塚などを通して）、②朝鮮の人々の抵抗（李舜臣）、③日本人だが投降し朝鮮の人々とともに秀吉軍と戦った沙也加を主な教材として、加害、抵抗、連帯を理解させることを学習目標にしてきた。生徒にとってみると、どれもはじめて知ることであり、この授業は、かなり「おもしろい」授業と受けとめられていた。しかし、力の論理が生徒たちの間にまかり通っているなかで戦争、侵略の実相を教えるとき、戦いの場面が中心でよいのかと考えた。

　そこで、学習の主なねらいを次のことにおいてみた。秀吉軍の朝鮮侵略で最も大きな影響が及ぶと思われる朝鮮に一番近い対馬から戦争を考えることである。対馬は釜山の灯が見えるぐらい朝鮮に近い。そのため朝鮮との交流も深かった。交流とは、ときに争いであり、また友好でもあった。当時この対馬を支配していたのは宗氏であった。そこで「朝鮮に近く、関係が深い対馬の宗氏に秀吉から朝鮮侵略の命令が出された。当然、対馬は秀吉軍の通過地域であり、どの地域よりも戦争に巻き込まれるのだろう。さあ、宗氏や対馬の人たちはこの秀吉の命令をどのように考えたのだろうか。どう対応したのだろうか」と問いかけた。戦闘状態になると一番影響を被る対馬の苦悩を考えあうことを学習の中心にしたのである。そして、この授業のねらいを①戦争、侵略とは人々の日常的な結びつき、友好を壊すものであることを理解させること、②それに苦悩する人々の姿をイメージできること、においてみた。

三　何を軸にして中学校歴史学習をつくるのか

　このねらいは、それまでの加害、連帯の授業とはかなり変化したものである。転換の要

因は、生徒の実感、学びを中心に授業内容を考え始めたことになる。自分くずしと自分づくりの葛藤のなかで、生徒にとって友情、信頼は日常的で切実なテーマである。秀吉と朝鮮のはざまで選択を迫られる宗氏や対馬の人々に対しては「どうしたのだろうか」「どうなってほしい」等好奇心を持ち始める。授業では「こうなってほしい」という共感的な意見だけではない。「朝鮮との結びつき、友好を裏切ってほしくないと思いつつも、秀吉の命令を断ることはできないだろう」という共感を相対化し、歴史を読み解いていく意見も出されてくる。このような生徒の歴史の学び方を大切にすることにより、学びが成長、生き方と関わり意味のあるものとなっていくのではないだろうかと考えたのである。従来取り上げてきた加害、抵抗、連帯の事実は、意見交流の過程で示していったのである。

　私にとって授業・学習の転換のポイントは教育内容＝基礎・基本の変化である。従来は、歴史学習の内容を歴史学の成果から抽出してきたが、現在は、学び手である中学生の発達にとって意味がある内容を歴史学の成果から抽出することにしている。そして、基礎・基本を①個人（人間）の尊厳を考えあう内容、②人々はどう生き、どう死んでいったのか、生きる意味・生き方を考えあう内容、③誰がどう歴史を変えてきたのか、展望・未来を考えあう内容、の三つの視点から再構成を試みている。前述した、「秀吉の朝鮮侵略」学習の変化は、①の「個人（人間）の尊厳」の視点から教育内容を転換した試みである。私にとっては、教育内容＝基礎・基本の再構成が授業・学習の転換の最大の関心事である。

四　90時間30テーマの歴史学習・マイプラン

　基礎・基本については、従来から教科カリキュラムと経験カリキュラムのとらえ方の違いがあった。またこのことは過去の問題ではなく現在でもある。現在の中学校社会科では、世界地理の地域を満遍なく学習するのか絞り込むのか、歴史に単元学習を取り入れることの是非、選択社会科・総合的な学習をめぐる論議等となってあらわれている。

　私は、歴史では単元的な学習に魅力を持っている。昨年の歴史教育者協議会・宮城大会で前述した三つの内容をもとに「中学校歴史学習試案」として表で示した第一次構想（30テーマ）を提案した（資料１）。

●資料１●中学校歴史学習試案

時代	テーマ
原始	1　相沢忠洋は何を発見したのか（岩宿の発見） 2　吉野ヶ里遺跡——なぜ集落が濠で囲まれているのか 3　魏志倭人伝では倭の様子はどのように書かれているのだろうか
古代	4　聖徳太子はなぜ天皇になれなかったのか 5　下総国分寺はなぜ法隆寺式なのだろうか 6　アテルイと坂上田村麻呂
中世	7　「1192つくろう・鎌倉幕府」は正しいのだろうか 8　元寇はなぜ失敗したのだろうか 9　平家物語を読もう（祇王） 10　南北朝２つの政権でどのような政治が行われたのだろうか

	11	堺の商人と信長
	12	対馬からみた秀吉の朝鮮侵略
近世	13	天下普請の江戸城づくり。大名たちは文句を言わなかったのだろうか
	14	象の旅からみえてくる鎖国。これで鎖国といえるのだろうか
	15	三井高利はなぜ大名貸しから庶民向けの商売に変えたのだろうか
	16	前野良沢はなぜ『解体新書』の著者にならなかったのだろうか
	17	黒船以上の大きな出来事・南部三閉伊一揆とはどんな一揆
近現代	18	岩倉・大久保と西郷・板垣
	19	小学校の設立に反対する一揆はなぜおこったのか
	20	農民と自由民権運動はどうしてむすびついたのか──福島事件
	21	馬の顔が彫られている馬頭観音──日清・日露戦争
	22	野麦峠の女工たち（映画鑑賞）
	23	田中正造は何を天皇に訴えようとしたのか
	24	魯迅はなぜ医師をやめ小説を書きはじめたのか
	25	君は誰の意見を支持しますか──「満州は日本の生命線」をめぐって
	26	「山芋」・大関松三郎の一生
	27	「聖断は遅すぎたか」
	28	単独講和か全面講和か
	29	村にノーベル平和賞を──沖縄・読谷村の取り組み
	30	「川田龍平は現在」──歴史と若者

(1) 「見開き二ページ」の歴史学習、さようなら

江戸時代の学習を資料2のように構想してみた。

●資料2●江戸時代の歴史学習

指導書（東京書籍）17時間	試案
1 江戸幕府の成立	1 天下普請の江戸城づくり 　　──大名たちは文句を言わなかったのだろうか
2 支配のしくみと身分制度	
3 さまざまな身分と暮らし	
4 貿易の振興から禁教の強化へ	2 象の旅から見えてくる鎖国 　　──これで鎖国といえるのか
5 鎖国	
6 農業や産業の発達	3 三井高利の商売替え 　　──なぜ大名向けから庶民向けに変えたのか
7 都市の繁栄	
8 元禄の政治と文化	
9 享保の改革	4 前野良沢はなぜ『解体新書』の著者にならなかったのだろうか
10 社会の変化	
11 幕府政治の改革	5 黒船以上の大きな出来事 　　──南部三閉伊一揆とは、どんな一揆だったのか
12 新しい学問と化政文化	
13 外国船が出現する	

14　大塩の乱と天保の改革 15　開国と不平等条約 16　尊王攘夷から倒幕へ 17　世直しと王政復古	

　趣旨は、指導書に見られるような「見開き二ページ」＝１時間完結型の授業を変えることにあった。17の学習項目を５項目とし、１項目に数時間かけ、調べる、話し合う、討議する等の生徒の学習活動を保障できる授業を構想してみた。そのためには、江戸時代で何を教えたいのかがなくてはならないだろう。私は、①幕藩体制のしくみ、②民衆の動向、③文化の特色の三つにしてみた。試案では、①が「江戸城づくり」「鎖国」、②が「三井高利」「三閉伊一揆」、③が「前野良沢」となる。

(2)　手ごたえがあった授業・語りから歴史学習の構想を

　この提案は、「大胆すぎてそんなことはできない。現場では絵にかいた餅」と一笑されることを覚悟していた。しかし、「一見冒険とも思えたが、参加者はおおむね好意的に提案を受けとめた」（小堀俊夫『歴史地理教育』大会報告号・中学校歴史1997年10月臨時号）のである。なぜだろうか。個々の単元的学習項目では検討を要しながらも、今、授業改革は切実なものなのである。

- １時間座って板書を写してという授業にもたない１年生の話が東京から出ました。私もカタカナをかけない１年生と毎日せめぎあって授業をしています。その中で石井報告にあった「教え」と「学び」をどう結びつけるのかに焦点を当てる提起を大切にしたいし、三つの教育内容には大いに共感しました。完全五日制を迎える前に準備しておくことが必要だと思います。（大阪）
- 教えと学びの考え、中学校現場から社会科の内容を考えることに納得しました。私も今、精選づかれで行き詰っていた所だったので励みになりました。私なりのプランを作ってみようと思います。（北海道）

等の意見が寄せられ、びっくりしてしまった。

　「通史的学習を小、中、高で何回も繰りかえす必要はない」「小学校で前近代、中学校で近現代を……」という意見も出されている。私は、小、中、高いずれも歴史学習があってもよいのではないか、内容が薄墨的なものではなく、生徒の発達段階にあった内容と学び方の創造が求められているのだと考えている。中学校では、教科だけでなく進路指導、学級活動、緊急的な学年・全校集会などを通して、教師は生徒に多様な語りかけをしている。その語りかけ（中学校教育の課題）の延長上に歴史学習の内容を位置づけることにより学びと生き方（生きる力）の乖離を埋め、中学校独特の学習をつくりだしていくことができるのではないだろうか。そのひとつの試みとして「個人の尊厳」「生と死の意味」「展望・未来」を設定し、マイプランを作成したのである。

　このプランは、厳選という発想ではない。生徒に必要なものをたっぷり保障するというものである。現行のものから何を削り取るのかということでは、学びから「逃走」する生徒にとっては授業・学習の転換にはならないだろう。今、手ごたえがあった授業を分析、まとめ、いろいろなマイプランが澎湃と出されることが中学校の歴史学習の基礎・基本の

追求に必要なことではないだろうか。ぜひ、検討、批判をお願いしたい。

第四部−5.

中学校社会科歴史学習の「かたち」

＊掲載誌：日本社会科教育学会「社会科教育研究」(No.83) 2000年3月

1. 問題の所在
――中学校社会科歴史学習のカリキュラムづくりを――

　中等教育の前期（中学）が義務教育で、後期（高校）との間に入学試験があるということが、社会科にかぎらず中学校の授業づくりを制約している。1990年代前半には授業論の転換（例えば伝達型から対話型へ）が、行政からも民間教育団体からも声高に叫ばれたが、中学校社会科歴史分野の実践は、それほど大きな転換をしなかった。転換は、個人的なレベルにとどまり教育現場の大きな流れにならなかった[1]。それはなぜなのだろうか。高校入試の網羅的な内容の改善などの条件の整備に手が触れられないままで、「自ら学ぶ」などの転換論が主張されていたからである。

　中学校社会科教師たちは、いじめ、不登校、第4の非行のピーク、学級・学校崩壊などの現実の中で、授業を成立させるための悪戦苦闘をしている。ある中学校では社会科の目標を「生徒たちが、頭をあげるような授業をしよう」と取り組んでいる。しかし、高校入試の重い制約のなかで、教科書の呪縛から教師も生徒も父母も逃れにくいのである。教科書がいち教材であることを十分承知しているのだが、満遍なく学ばないと不安になるのが中学校の現実である。しかし、中学校教育の現状とのかかわりで中学校社会科を論じているものにあまり出合わない。中学校社会科実践の危機というより、実践を支える中学校社会科研究が教師の悩みから乖離しているのである。

　中学校歴史学習の実践課題をつぎのように考えている。

(1) 通史的学習の再考の課題

　義務教育の最終学校である中学校の歴史の授業は、これまで一貫して通史的学習とされてきた。しかし、戦後当初コアとされていた社会科の授業数は、その教科観の変遷と学校5日制の実施などにともなって1977（昭和52）年以降、削減の一途をたどっている。最高時には週5時間＝年間175時間（1969年版）であったのが2002（平成14）年では、週3時間＝年間105時間となり、最高時の60％へと削減される。それにもかかわらず通史的学習という位置づけは変わっていない。是非はともかくも地理分野は、現行と今回学習指導要領の改訂で強化が変わるほど改定された。歴史分野では週3時間＝年間105時間で通史的学習（それもサンドイッチ型世界史学習を含む）が可能なのかという問題を含みつつ、従来とは違った中学歴史学習の「かたち」が求められている。

(2) 中学校で生徒主体の歴史学習をどのようにつくるか

かつて上原専禄は、歴史教育の目標について「たかだか歴史知識の伝達に過ぎなかったではあるまいか。歴史の学習とは、教科書や参考書に書かれている歴史的事実や事件を知識として受けとることではなく、それに記されていることをいわば一つの見本として、生徒自身が歴史像を創造的に描き出そうとする試みのこと」であるが、現状では「遺憾ながら、否、とこたえざるをえないだろう。」と指摘した[2]。

この問題は、歴史学研究会が開催した『国史教育検討座談会』（1945年11月10日）で論議になっていた。そこでは、従来の教科書が多くの史実をただ断片的に羅列し、そのために歴史の学習とは暗記をすることだと、誤って考えられていたが、これからは人類の歴史における進歩発展の概念をもって内部関連を教え、歴史を考える学問にすべきだということが論議された[3]。しかし、なぜ50年近く前に、いや社会科発足当初から主張されていた考える歴史学習が、上原の指摘から40年以上経過した現在でも十分に実現していないのかということこそ問われるべきである。生徒が考える歴史学習を実現させるためには何をどのように整理していったらよいのかその方向を探ることは重要な課題である。1時間、1単元の授業改革を、個人レベルのものにとどめないためにも、切実な1時間の授業づくりを意識的に教育課程論議と連動させて追求することにより、授業づくりの新たな地平が開けてくるだろう。

本稿では、週3時間での通史的な学習のカリキュラムを「かたち」とあらわしている。カリキュラム＝「かたち」を①「3割削減」等という引き算の発想ではなく②新制中学校50年の軌跡の中から中学校教育の制度、教育内容、教育方法の創り直しに連動させながら③当面、21世紀の前半を射程として考えてみたい。以下、「かたち」についてカリキュラムづくりと授業づくりの2つの側面から述べていきたい。

2．カリキュラムづくりから「かたち」を考える

(1) 社会科通信「歴史の時間」の激減

私は、歴史学習を社会科通信「歴史の時間」を中心に進めてきた。通信の発行は、最多時で136号であったが、77号へと暫時減少していった。当初は、私の教材研究ノートが社会科通信であった。その後、学期ごとに授業、通信へのアンケートをとり、生徒の反応を検討し、新たに加わるものも含めて77号へと改定していった。

この変化は「歴史知識の伝達」から「考える歴史」学習への20年近くかけての緩やかな移行であった。実践的にはカリキュラムは、1時間の授業づくりの延長戦場にある。しかし、カリキュラムづくりに1時間の授業は制約される側面もある。社会科通信の激減は授業づくりからカリキュラムづくりへという従来からの発想の転換を教えてくれた。個から全体ではなく、全体から個へという視点で「かたち」を考えることから始めてみた。

(2) 年間プランをかえる
　　―江戸時代の学習を例として―

授業づくりは、精選にとどまらず歴史学習のカリキュラムの変更にまで及んでいった。このことに論及しないで、通年の「自ら学ぶ」歴史学習は実現できにくい。しかし、教育

現場からは、教科書、入試などとかかわって提起が出来にくい問題でもある。研究的に大胆な構想を提示することが論議を進めるために重要な時期である。私は、カリキュラムとして別表の通りの30テーマの歴史学習を構想している。

時代	テーマ
原始	1 相沢忠洋は何を「発見」したのか（岩宿の発見） 2 吉野ヶ里遺跡―なぜ集落が濠で囲まれているのか 3 魏志倭人伝では倭の様子はどのように書かれているのだろうか
古代	4 聖徳太子はなぜ天皇になれなかったのか 5 下総国分寺はなぜ法隆寺式なのだろうか 6 アテルイと坂上田村麻呂
中世	7 「1192つくろう・鎌倉幕府」は正しいのだろうか 8 元寇はなぜ失敗したのだろうか 9 平家物語を読もう 10 南北朝・2つの政権でどのように政治が行なわれていたのだろうか
近世	11 堺の承認と信長 12 対馬から見た秀吉の朝鮮侵略 13 天下普請の江戸城づくり　大名たちは文句を言わなかったのだろうか 14 象の旅から見た鎖国　これで鎖国と言えるのだろうか 15 三井高利はなぜ大名貸しから庶民向けの商売に変えたのだろうか 16 前野良沢はなぜ『解体新書』の著者にならなかったのだろうか 17 黒船以上の大きな出来事・南部三閉伊一揆とはどんな一揆か
近現代	18 岩倉・大久保と西郷・板垣 19 小学校の設立に反対する一揆がなぜ起こったのか 20 農民と自由民権運動はどうして結びついたのか（福島事件） 21 馬の顔が彫られている馬頭観音（日清・日露） 22 野麦峠を越える女工たち（映画鑑賞） 23 田中正造は何を天皇に訴えようとしたのか 24 魯迅はなぜ医師をやめ小説を書き始めたのか 25 君は誰の意見を支持しますか「満州は日本の生命線」をめぐって 26 少年は馬のいななきを忘れない（国家総動員体制） 27 「聖断は遅すぎたか」（原爆、沖縄戦、敗戦） 28 単独講和か全面講和か 29 村にノーベル平和賞を・沖縄、読谷村の取り組み 30 『川田龍平は現在』―歴史と若者―

　江戸時代の学習を例にして指導書とマイプランを比較してみたい。
　指導書との違いは、①指導書は、1時間1テーマ・17時間の計画であるが、マイプランでは、江戸時代を5テーマにしぼり1テーマに2～3時間かける。(教科書の"見開き2ページの歴史学習さようなら"と呼んでいる) ②歴史学習が週3時間となるので、1週1テー

江戸時代の学習の「かたち」の比較

指導書（東京書籍）	マイ・プラン
1　江戸幕府の成立	1　天下普請の江戸城づくり
2　支配のしくみと身分制度	大名たちは文句をいわなかったのだろうか
3　さまざまな身分とくらし	
4　貿易の振興から禁教の強化へ	2　象の旅から見えてくる鎖国
5　鎖国	これで鎖国と言えるのだろうか
6　農業や産業の発達	3　三井高利の商売替え
7　都市の繁栄	なぜ大名貸しから庶民向けの商売に変えたのだろうか
8　元禄の政治と文化	
9　享保の改革	4　前野良沢はなぜ『解体新書』の著者にならなかったのだろうか
10　社会の変化	
11　幕府政治の改革	5　黒船以上の大きな出来事
12　新しい学問と化政文化	（南部三閉伊一揆）
13　外国船が出現する	
14　大塩の乱と天保の改革	
15　開国と不平等条約	
16　尊王攘夷から倒幕へ	
17　世直しと王政復古	

マ年間30テーマで構成する。（"今週は○○について学習しよう"となる）③このようにすることで、生徒たちの、調べ学習、話し合い活動、表現活動などの時間を保証するなどである。

　このプランは、この2年間、各種の研究集会で報告しているが、必ずといって良いほどつぎのような質問がでる。

　「3大改革は扱わないのか」

　「村方騒動、百姓一揆を扱わないで世直しでよいのか」

など「○○は教えなくともよいのか」というものである。この質問は、当然出ることが予想されるものである。でもなぜこのような提案をしているのか。中学校で「考える歴史」の授業づくりは、カリキュラムの提案を伴わないと、一時的な実践となってしまうからである。

　第1に、指導書のように順序立てて学習を進めていくことが通史的学習の鉄則なのだろうか。一つ一つの年代、事件を知っていてもその関係がわからなければ歴史認識が育たないし、通史を学習したことにならないだろう。1時間1テーマの従来型の学習は、通史学習をしているようで、歴史認識を育てていないことが多くあったのではないか。

　第2は、従来型の授業に対する生徒たちの不満という現実が、指導書型のプランでは授業が成立しにくいという状況がでてきている。このことについては、共通に感じていることであろう。今、どう授業をつくっていくのかが求められており、新たなカリキュラムを求める状況に満ちている。

　第3に、1977年以降、精選を繰り返してきたが、中学校歴史分野においては順調に進行

してこなかった。従来のものから、3割削減するという「引き算の発想」では、限界状況までにきている。今、必要なことは「引き算の発想」からではなく、新たな枠組みをつくることである。とりわけ、生徒たちが、覚えなければいけないと思ってきた教科書のゴシック体でかかれている重要語句数を調べてみて、「引き算の発想」の限界をつくづく感じている。

別表の「東京書籍・中学校歴史教科書重要語句の変化」を見るとつぎのことがわかる。

①1969（昭和44）年は、週5時間の時であり、重要語句も最多である。1978（昭和53）年は、週4時間となり、重要語句は数字的には約100近く減少した。その多くが前近代である。

②1969年版では、その後ほとんど扱われていない「空也」「源信」なども重要語句になっていたが、削減された多くが「源氏物語」と「紫式部」が「源氏物語」に、「浄土真宗」と「親鸞」が「浄土真宗」にとセット物の片方が削減されているという場合が多い。生徒にとっては、重要語句から外れてもセットで覚えることが要求されているので、減ったという実感がわかない。

③1978年以降、その数は安定してきているが、精選が叫ばれていた1993年には微増している。

④1978年以降、約77％が重要語句として固定されてきた。

⑤仮に3割削減ということならば、固定されてきた以外の23％が削減の対象になる。学習指導要領の内容から見ても前近代が削減の対象となろう。そのようになると例えば単元「文明の起こりと日本の成り立ち」は「たて穴住居」「貝塚」「イエス・キリスト」「シャカ」の4つ（共通の重要語句）を中心に学ぶこととなる。このようなことで従来型のこの時代の学習が可能だろうか。

要するに、従来のもの（実質的な土台は、週5時間当時のもの）を前提として、そこから何を引こうかという方法では、どうにもならないという現状認識が必要ではないだろうか。精選で息詰まっている状況を打開する新たな発想が求められている。

東京書籍・中学歴史教科書・重要語句の変化

時代＼時	S44 1969	S53 1978	H2 1989	H5 1993	平均 全体	共通	平均 (53年以降)	共通	共通の割合
古代	90	50	68	73	70	25	64	48	75％
中世	64	45	50	53	53	29	49	38	78％
近世	75	52	52	54	58	28	53	45	85％
近代ヨーロッパ	63	45	35	37	42	21	39	27	69％
近現代	108	106	96	104	104	44	102	79	77％
ペリー	62	51	47	48	52	26	49	42	86％
1〜2次から	36	31	28	31	31	12	30	22	73％
戦後	10	24	21	25	20	6	23	15	65％
合計	400	306	301	321	327	147	307	237	77％

3．授業づくりから「かたち」を考える
――現銀安売り掛値なし――三井高利の商売替えの授業から――

　私の実践で数少ない考える歴史の授業を例にして「かたち」をさらに考えていきたい。前述の通り江戸時代の学習を5テーマで構想しているが、今まで、「象の旅から見えてくる鎖国」「黒船以上の大きな出来事―南部三閉伊一揆―」の実践は、発表済みであるので、ここでは「三井高利の商売替え」の授業を授業書的に示していきたい[4]。

(1) 授業のねらい
①三井高利は、伊勢・松坂での大名貸しから江戸での「店前売り」に商売の方法を変えた。高利の商売の新しさとはどのようなものだったのかを理解させる。
②高利は、なぜ商売の方法を変えたのかについて推論し、話し合い活動をさせる。
③大名、庶民生活の変化とのかかわりで高利の商売変えを理解させる。さらに近世社会とのかかわりで三大改革など幕府の政治を理解させる。

(2) 授業の展開
①三井高利とは、どのような人か
　三井高利は、今日の三井・三越などを経営している三井の家祖である。元和8年から元禄7年（1622〜1694）に生存した江戸時代前期の商人である。
　伊勢の松坂に生まれ、若い時、江戸の兄の店で修行し、その後は松坂に帰郷し金融業を営んだ。延宝元年（1673）52歳の時、江戸に進出、江戸及び京都で越後屋（呉服店）を創業、両替業も営み、その後の財閥三井家の基礎を築いた。
②越後屋の商売
　―どんなところが新しい商売なのだろうか―
Ⅰ．駿河町越後屋呉服店大浮世絵から新しさをさぐる
　これは、浮世絵師・奥村政信（1686〜1764）が描いた享保頃の越後屋の店頭風景である。店頭には大きな「三井越後屋」の看板が掲げられていた。高利の商売の方法は、当時、新しいものといわれ、古くから江戸で商売をしていた大商人から妨害を受けた。絵の中から、高利の商売の新しさをさがしてみよう。
Ⅱ．"越後屋は「大商人のお手本」"といわれているが、どこが「お手本」なのだろうか
　井原西鶴は、三井高利より20歳ぐらい若いが、この頃活躍した浮世絵作家である。西鶴は、その著書『日本永代蔵』のなかで、越後屋のことをつぎのように絶賛している。絵と文から越後屋の商売方法のどこが新しく、商売人のお手本なのかさがしてみよう。

　ⅠとⅡから高利の新しい商売方法について調べさせる。
　高利の伊勢・松坂での商売は、①紀州家をはじめとする大名への貸付、②武士たちに対する貸付、③農村村々に対する貸付などであり、その中心は、①の大名貸しであった。しかし、江戸での商売は、それまでの大名・公家・大商人など特定の相手に対する商売ではなく、店頭売りといって一般庶民を相手に引札（商業チラシ）を使い「現銀安売り掛値なし」といった新しい商法をあみだしたのである。これを今までの商売と対比させてまとめ

させる。

つぎのようにまとめてみた。

従来の商売方法	高利の新しい商売方法
大名や旗本の家に反物を持っていき、座敷に広げ、相手が気に入ったものがあればそのまま置いていく。そして、代金の支払いは、盆と暮れとの2回というシステムになっていた。その間、代金の督促は絶対にしない。これが常識的な商売である。	・客を大名や高級武士から一般の庶民に切り替える。 ・そのために、反物を庶民が買いやすいように一反、二反という単位の売り方でなく客が端切れがほしいといえば、それに応じる。 ・その代わりに、絶対に掛売り（信用ある買い手に対して、即金でなく、一定の期日に代金を受け取る約束で品物を売ること）はしない。すべて品物と引き換えの現金取引とする。 ・越後屋の商法をPRするために、諸国から来る行商人にも卸売りをする。 ・その場ですぐに仕立ててほしい客があれば、その求めにも応じる。

③三井高利は、なぜ新しい商売の方法をとりはじめたのだろうか。
・「それまでは○○○だったけれども、今後は○○○になると考えたから」という方法で仮説を立て、意見の交流をする。仮説を立てさせるまで、前時で行ない、いくつかの仮説を次時に紹介し、それに基づいて、高利の新しい商売を始めた背景（時代像、高利の世の中の見方）を追求する。
＊『町人考見録』（享保17＝1732年）は、高利の孫の高房が父である高平（高利の長男）に、昔から町人たちがどのようにして没落していったかを尋ね、それを記録し、後代への戒めにするために書かれたものである。上、中、下の3巻からなり48人の商人の例が示されている。ここから高利や三井家の商売替えの考え方を読み取ることができる。特にここで指摘されていることは、大名貸しへの不信である。例えば、
・町人に比べると、大名貸しは、約束通りならばこのうえもない良い取り引で、人数はいらず、帳面一冊、天秤一挺でらちがあく。寝ていて金儲けができるとはこのことだ。ところが、大名貸しは、ばくちのようなもので、年貢米の大阪回しを担保として貸し付け、その年は、まあまあでも翌年になると、「やれ江戸藩邸で臨時の出費がある」「幕府から工事を命ぜられた」などいって、だんだん借金が増えていく。初めのうちに現金をおとりにうまいこといって罠にかける。まるで、油揚げに釣られるネズミのようなもので、ばくちと同じく初めから負けると思ってかけるものはないため、後を引いて大損をしてしまう。
・武士は、計画をめぐらし、勝つことに専念しており、士農工商の頭とあって頭が良い。殿様のお目見えの名誉を与えるということで、家老や役人に贈り物をさせた上、殿様

からじかに「よんどころなき入用銀じゃ、よろしく頼むぞ」といわれてしまって引くに引けない。結局、他借までして入れ込んだ上、まったく返してもらえなくなるか、永年の割り払いということになり、破産にいたるのであって、まるで町人の竹槍でもって武士の真剣に向かうようなもの、とても相手にならない。そのうち、わけて細川家は、前々より不埓なお家柄、たびたび町人借銀の「御断」（返却打ち切り）をなさる。このため何人もの町人が潰れてしまった。

　など、没落した48人中30人ほどが大名貸しの被害者であったことが具体的に語られている。17世紀後半は、近世初期の様子が崩れ始める時期であった。それまでの豪商は、輸入品や高級織物を扱い領主層から銀座、糸割符などの特権を与えられ、顧客を領主層としていた。しかし、この頃になると輸入品に代わって国産品の生産が盛んになり、木綿、生糸、絹織物の流通が活発化し、今までの経済基盤がゆらぎ始めてきた。また、急激に膨張する町方人口の需要に答える商品の仕入れ、売買方法なども必要になったのである(5)。

　大石慎三郎は、三井高利が新商売に乗り換えた理由として㋐それまで庶民の手に届かなかった呉服ものが急速に庶民の間に広がり始めたこと㋑それまで安全確実な投資対象であった大名貸しの地位が崩れ始めたことをあげている(6)。この変化は、元禄から享保期であり、幕府成立からまだ80年あまりしかたっていない時期から始まっていたのである。

④17世紀から19世紀初めまでの庶民の生活の変化を教科書をもとにつぎのような表にまとめてみよう。

世紀	村（農村）の生活	町（町人）の生活

⑤このような中で、幕府は、どのような対策（改革）をしたのだろうか。

　江戸幕府が成立して80余年しかたっていないのにもかかわらず、幕府や大名の地位が揺らいできている。これに対して幕府は、いろいろな対策を行なってきた。享保、寛政、天保の改革を＜当時の様子＞＜改革の内容＞＜結果＞という形式ノートにまとめてみよう。
　・どのような状況の中で
　・誰がどのような改革を試みたのか
　・その結果は、どのようだったか

⑥三井高利の「商売替え」から、どのような社会の様子、変化がわかるかまとめる。

(3) 授業づくりの力点

以上のように、授業のテーマは「三井高利が、なぜ伊勢松坂での大名中心の商売から江戸での庶民中心の商売に変えたのか」である。そして、つぎのような5つの学習活動を行なった。

①「駿河町越後屋呉服店大浮世絵」から、どこが商売の新しさなのかを探しあう。

②三井高利の新しい商売の特色をまとめる。
③三井高利が、なぜ商売替えをしたのかその理由を考えあう。
④商売替えの歴史的背景を調べる。
　・大名、武士、農民、庶民の生活の変化
　・町人の進出など
⑤世の中が変化していく中で幕府政治の対応（三大改革を中心に）をまとめる。

　学習の中心は、三井高利の商売替えの謎解きをしていきながら④の社会の様子、時代が武士社会から庶民社会へと変化していく歴史的背景を理解することである。高利は、教材であり、④が教育・学習内容である。生徒たちが、歴史の学習を「暗記」と感じるのは、重要語句とされている年代、人物、出来事等の相互関連がわからないままバラバラに覚えることが要求されてきたからである。従来の通史的な学習は、時代順に学ぶことを大切にしていながらも個々の事実を関連させ時代像を理解することには弱点を持っていた。それは、生徒たちの歴史認識の仕方の問題ではなく、その多くは授業づくりに要因があった。
　この授業の力点は大石のつぎのように江戸時代の「重大変化」という指摘を軸に個々の事実を繋げることにおいたのである[7]。

　　「家康が、年貢は『百姓を生かさぬように殺さぬように、ぎりぎりいっぱいまで取り立てるのが理想だ』といったという有名な話が残っている。このように農民の手元に一粒の剰余も残さず収奪する体制を学問的には全剰余労働部分収奪体制といい、江戸時代初頭の年貢は、ほぼそのとおりだと考えられている。しかし、四代将軍家綱のはじめごろになると、このような体制はくずれ、農民の手元にも年貢納入後一定の剰余が残るようになる。これが全江戸時代をとおしてみると注目すべき重大変化で、その影響はあらゆる方面におよんでいる。」

　ここでの「重大変化」「あらゆる方面」への影響とは、つぎのようなことである。
　第1は、農民の体質の変化である。全剰余労働部分を領主にとられていた頃の農民たちは、年貢納入後は、非経済人的な体質を余儀なくされていた。ところが、手元に剰余労働部分の一部が残るようになると状態が変わってきた。より多くの品を交換に出そうと生産意欲がかきたてられ、経済人的労働人間へと変わってきた。
　第2は、このことが基本となって「売るための農業」が生まれ、米以外の商品作物、肥料等への関心が高まり、農業技術（「農書」等）が進歩した。
　第3に、この動きが商業の世界に影響した。今まで領主権力と結びついていた特権商人に代わり「新しい商人」が登場してきた。この商人たちは、庶民の生活物資の流通に関心を持ってきた。
　このような「重大変化」とかかわって江戸時代の文化、幕府の諸政策等が行なわれたのである。この相互関連をとらえることが通史学習の本来の意味であろう。
　中学社会科歴史学習の「かたち」は、授業づくりの力点とかかわっているのである。

4. 社会科歴史の「かたち」を
——社会科歴史と歴史学習——

　最後に、これからの中学社会科歴史学習の「かたち」をつぎの2点を視野に入れつつ追求していきたいと考えている。

(1) 中学生が学ぶ歴史学習の独自性
　世界の中等教育での歴史カリキュラムは、大きく「ラセン型」と「直線型」に分類できる。更に統合と分化との方法を組み合わせて、①広領域統合・ラセン型②広領域分化・ラセン型③独立歴史・ラセン型④独立歴史・直線型に分類できる。ラセン型とは、小学校から高校まで繰り返して学ぶ学習であり、直線型とは、小学校では前近代、中学校では近現代などを1回で終了する「かたち」である。日本の中学校の歴史学習は、「社会科歴史」であり、ラセン型であるから、分類では、広領域統合・ラセン型となる[8]。
　ラセン型では、繰り返し学習であるから校種別の特色が求められる。小学校での歴史学習は、人物、文化遺産等を教材として時代像をイメージするという「かたち」ができている。しかし、中学校の歴史学習は、通史的という以外にどこにラセン型で学ぶ独自性をみいだしているのかが混迷している。その通史的ということさえも「一通り」「満遍なく」ということ以外にどのような共通理解があるのだろうか。
　そこで中学校での歴史学習の独自性を2つのことから考えたい。一つは、歴史認識の独自性の問題である。例えば、歴史認識には欠かせない「移り変わり」や「発展」という概念をどのようにとらえればよいのだろうか[9]。前述の「高利の商売替え」の実践は、「移り変わり」（変化）だけでなく「発展」を意識したものである。「商売替え」という現象の変化をもとにしながら、その歴史的背景（農村の変化、都市の発展、庶民の生活の向上等）をさぐりあい、商売の中心が「武士」から「庶民」へと質が変わっていったことをとらえさせる。このようなことを「発展」と考えてみたい。中学校での通史学習の意味は、「一通り」「満遍なく」ではなく時代と時代の質の変化に迫ることではないだろうか。ここが中学校での歴史認識の独自性である[10]。
　もう一つは、中学生の発達の独自性である。このことも大変難しい問題である。最近、学級崩壊、授業崩壊等の問題から「なぜ、この学習をするのか」「学ぶ意味」の問題が大きな問題となり、生徒から授業をとらえ直さねばならなくなってきた。学級・授業崩壊の中心が中学校である。中学生の発達課題を避けて、歴史学習を論じても「先生は、お経を唱えるお坊さんであり、教室全体は、お経を聞いているお葬式のようなもの」（学級日誌から）になりかねない。私は、中学生が学ぶ歴史学習のネーミングとして「青春を支える中学校歴史学習」としてきた[11]。中学生は、はじめて自分を考え理想の自分と現実の自分とのギャップに悩んでいる。まさに「自分くずし」と「自分づくり」の渦中にいる。何か行動するにも、慎重になっている。心の揺れは、友人の変化にもあらわれてくる。「親友、親、先生、そして、自分とは何か」を自問自答し出す。このようなことは現場の教師であればわかっていることである。しかし、このわかりきっていることと授業づくりがかかわっていたかというと問題がある。歴史認識の系統の問題だけでは、ラセン型の中学校・歴史学習の独自性を出すことはできないだろう。高垣忠一郎は「思春期の頭と心の発達」の特色

として①目に見えない、手で触れることのできない抽象的な世界をかけ巡ることが可能になってくる。②日常的な世界と抽象的な世界の両方に生きるようになり社会、政治という問題への理解が可能となり、正義、自由、平和、民主主義、友情、愛などの理念や価値に心を魅かれる「情操」が育ってくる。③自分の思考を自覚し、反省し、コントロールすることができる反省的思考が伸びてくる。④自己を客観視する力（自分の言動をもう一人の自分がいて見つめ直す）を育てるために自分の感情や気持ちを言葉としていく「言語化」が大切である。「言語化」することにより反省的思考が可能になる。等を指摘している[12]。これらの指摘を授業に中で吟味、検証していくことを大切にしたい。歴史学と歴史教育のかかわりについて、相対的独自性か一体化かが論議されてきたが、今、あえて生徒論を軸にした中学校歴史学習の独自性を強調したい。このような試みを「青春を支える」と表現している。

(2) 「社会科歴史」の「かたち」

1969年（昭和44）版学習指導要領から精選を繰り返し論議、追求されてきたが、大事なものを見落としてこなかっただろうか。独立歴史（ヨーロッパ型）と社会科歴史（アメリカ型）の問題である。戦前は独立歴史、戦後初期は、社会科の成立と国史が存続し、並立していた[13]。そして、1958年（昭和33）以降は、分野制となり、建て前としては社会科歴史になった。しかし、独立歴史の色彩が強く、実践は両者のはざまで揺れ動いてきた。従って、実践者の立場により精選、厳選の方法も違ってきていた。両者のキー概念は、アメリカ型（社会科歴史）が『経験』であるとすれば、ヨーロッパ型（独立歴史）は『理解』である[14]とされているが、昨今の学び、教育方法等の定義のなかで、このようにわりきれるかどうかは、課題であろう。「経験」と「理解」を対立ではなく繋げていこうとする研究も行なわれている[15]。私は、これまで積み重ねてきた生徒たちの学習活動を大切にし、生徒の発達課題にみあった歴史学習の内容をつくりだしていきたいと考え、「社会科歴史」という立場から「かたち」をつくりたいと考えている。前述の江戸時代のプランもこのような立場から作成したものである[16]。

社会科は、現行学習指導要領で12年制から7年制へと縮小された。さらにクロスカリキュラムも話題にのぼっている。学習指導要領の次期改定では、社会科の名称すらなくなることも考えられる。

ここ数年は、まさに社会科の教科としての存立が問われることとなる。一人の教師が、学年進行とともに3分野を指導することが多い中学校こそ社会科の特色を発揮できるところである。社会科発足の初志だけに固執するのではなく、今日の生徒論を基礎に、「社会科歴史」の今日的可能性を実践的に追求し、きたるべき教科の再編に備えたい。

注
(1)拙稿「これからの中学校社会科」『歴史教育・社会科教育年報　1997年版』（三省堂　1997年7月）参照。全日本教職員組合などによる全国教育研究集会社会科分科会の司会を1992年から1995年まで4年間行なってきた。中学校の教科実践報告が極めて少なく授業論の転換の主張に対して戸惑いを感じている現場の実態を痛感してきた。
(2)上原専禄「歴史教育の目標」『歴史地理教育』創刊号（1954年4月号　6ページ）

(3)臼井嘉一「戦前歴史教育の反省と社会科歴史教育」『あたらしい歴史教育　6』(大月書店　1994年4月)参照
(4)拙稿「象の旅から見えてきた鎖国」『子どもが主役になる社会科の授業』(国土社　1994年7月)、「黒船以上の大きな出来事」『基礎基本と共通教養　下』(日本の教育改革をともに考える会編フォーラムＡ　1999年8月)を参照
(5)宮崎勝美「新旧商人の交代」『日本の近世5』(中央公論社　1992年11月)、童門冬二『江戸のビジネス感覚』(朝日文芸文庫　1996年10月)参照
(6)大石慎三郎『江戸時代』(中公新書　1997年8月　172ページ)参照
(7)大石慎三郎・(6)と同じ
(8)田中史郎「中学校歴史の実践」『現代社会科教育実践講座19巻・諸外国における社会科教育』(現代社会科教育実践講座刊行会　1991年1月)参照
(9)遠山茂樹は『歴史学から歴史教育へ』(岩崎書店　1980年2月)のなかで社会科教育、歴史教育の系統性、小学校、中学校の特色について述べている。
(10)遠山茂樹・前掲書(9)参照
(11)拙稿「青春を支える中学校歴史学習の構想」『基礎基本と共通教養　下』(5)参照
(12)高垣忠一郎『揺れつ戻りつ思春期の峠』(新日本新書　1991年4月)参照
(13)加藤章「『社会科』の成立と『国史』の存続」『長崎大学教育学部教育科学研究報告第25号』(1978年)参照
(14)伊藤亮三「比較教育的に見た日本の社会科教育の特色」『現代社会科教育実践校講座19巻・諸外国における社会科教育』(現代社会科教育実践校講座刊行会　1991年1月)参照
(15)宮原武夫は、『子どもが歴史をどう学ぶか』(青木書店　1998年3月)のなかで問題解決学習と系統学習を対立ととらえられていたことに対して、「歴史学習の研究」の立場から見直しを試みている。
(16)本多公栄『歴史教育』(青木書店　1990年4月)には、「社会科歴史への期待」という副題がついており興味深い。本多は、ここで「社会科歴史の校種別諸段階試案(日本史の場合)」を提案している。中学校での歴史学習を「地域・世界と結びつけたりしながらはじめて学ぶ串だんご型通史・ト型学習」としている。

第五部

「はてな」の社会科の学力

第五部 - 1.

新学力観と私たちのめざす社会科の学力

＊掲載誌：歴史教育者協議会編「歴史地理教育」1993年4月（第11回歴教協中間研究集会報告）

一、なぜ、いま、学力が問われているのか

　戦後、何回か学力問題が国民的規模で話題となった。①50年代の「学力の低下問題」・経験主義的な実践のなかで知識が身につくのかという、「新教育」批判との関係で学力が論議された。②60年代、1961年全国一斉の「学力テスト」が実施され、偏差値的序列化が始まった。③70年代、受験戦争の超過熱化が進み、乱塾時代と呼ばれ「落ちこぼれ」が問題となり、差別・選別の教育が進むなかで高校中退者の増加、学習についていかれない子どもたちが多数生みだされていった。

　そして、いま、ふたたび学力問題が国民的課題となってきている。それは、つぎのような状況のなかで問題となってきていると言える。

　(1) 学校五日制が始まり、日本の学校の授業数は、量として減っていく段階に入ってきた。量の変化は、当然、教育内容の質の変化としてあらわれる。どのような内容が残され、どのような内容が減らされるのだろうか。学力の中身が問われている。

　(2) 「高学歴社会」のなかで「受験学力」の商品化がますます進められている。第一に、「私学ブーム」の問題があり、英語・数学などの授業時間数や特進コースなどの教育課程が「売物」にされている。第二に、「早期教育ブーム」の問題がある。大型書店には、早期教育の本が並べられ、NHKTVでは「新日本の条件"ママ、私をどう育てたいのですか"」（1992年12月）が放映され、三歳では遅すぎる、二歳で自分で本を読める子ども、四歳七か月で高校の学習が終了した子ども、そのためには妊娠五か月からの胎児教育まで騒がれるという異常な状況も生まれている。第三に、「業者テスト問題」である。埼玉から問題とされた業者テスト問題は、偏差値が私立高校推薦入学の「取引材料」となっている事実と同時に、多くの子どもたちが、取引材料にも使用できない状態にまできたことの反映でもある[1]。

　(3) 企業にすぐ役立つ学校・学力づくりが進められている。とりわけ、高校の多様化の問題は凄まじい限りである。1988年以降五年間で学科数は299学科から493学科へと急速に多様化が進行し、もはや高校の専門学校化とも言える。そのなかで、高校生としての基礎学力が放棄されようとしている。また、この動向と連動して、新学習指導要領では、中学校へも選択教科の拡大を広げようとしている。

　(4) 「新学力観」による国家主義的な教育の押付けと基礎学力軽視、差別・選別の教育が進められようとしている。この点については詳しく後述したい。

　(5) 不登校、高校中退、公教育の危機がますます進行している。

　このように、いままでの偏差値教育の序列化の末期的状況とあわせ、文部省による学力の再編成（「新学力観」）が進められようとしているなかでの学力問題であると言える。

二、「新学力観」の危険性

(1) おや、変だぞ［1］「新」指導案の登場

昨秋、各地域で文部省・教育委員会指定の公開研究会が開催されたが、「おや、変だぞ」という指導案が登場した（資料1）。これは千葉県S市N小学校での指導案である。「新学力観」を、教育現場で起きていることから検討していきたい。

この指導案で誰もが「おや？」と思うところは、「学習活動での個への配慮事項」の欄である。この欄が、C_1、C_2、C_3、とわかれている。そこでの配慮事項を見てみよう。C_1は「関連づけて発表させる」、C_2は「比べながら確認させる」、C_3は「ノートを見ながら想起させる」と配慮事項が違うことが特色である。すなわちC_1群＝できる、C_2群＝普通、C_3群＝できない等の児童群をさしているのである。ここでは、第一に、学習目標をすべての子どもたちのものにする（基礎知識重視）授業ではなく、子どもにより理解させる内容の違いが強調されている。第二に、はじめて社会科を学ぶ小学校三年生から学ぶ力が固定化されている。第三に、授業が「習熟度別」に進められる傾向もあるということである。このような授業が「個性を生かす」という名のもとに進められているのである。C_3の子どもたちにとって、この授業は、個性が生かされた授業なのだろうか。このまま学年が進むと、C_3の子どもたちの不満（人権上の問題も含み）は積み重なり、どこかで爆発する危険すら感じるのである。

(2) おや、変だぞ［2］選択社会科の授業

東京都・千葉県の研究指定校の選択社会科の授業の見学にいき、いくつかの資料を集めている。資料2の指導案は、昨秋千葉県T市で公開されたものである。授業の内容は、世界地図の上に、国旗と国名の書かれたカードが置かれ、リーダーが読みあげる国の紹介文をもとにカードをとりあう「カルタごっこ」である。何校か参観した選択社会科の授業の共通点は、①授業がおもしろくなく、五分間参観しているとあきてしまう。②子どもたちが生き生きしていない等である。なぜこのようになってしまうのであろうか。第一に、子どもたちが学習を通して、新しい知識・意見に出合い、感動したり、考えたりする場が少ないことである。第二に、中学三年生は、もっと世界や歴史、社会に対して調べたり、発言したりすることができるのに、「カルタごっこ」「新聞づくり」「人物調べ」など夏休み中の課題でも十分できる内容におしとどめ、学習を「遊び」的にしているからである。一言でいうと生活科の中学版である。必修科目を削って中学三年でなぜこのようなことを行うのか批判がだされている。

(3) おや、変だぞ［3］ゲームとパズルの国名指導

新学習指導要領・中学社会科世界地理では、「世界の国々」（国名指導）が新登場した。ここでは、世界の国々の四分の一～三分の一の国名を覚えさせようとしている。その指導事例として文部省は、資料3のようなことを紹介している[(2)]。

この授業が、子どもたちが中学校に入学してはじめて出合う社会科の授業である。パズルから授業がはじまるのである。「おや、変だぞ」という声は、「これなら授業時間にあえてやらなくても家庭学習や朝自習で十分できる」「世界の人々、国々の様子、生活が見え

ないまま国名を覚える典型的な暗記社会科」という意見であり、「全面カット」との声もでている。

―― 資料1 ――

本時の指導　（1）目標
〔関心・意欲・態度〕・戦争に対する自分の考えを意欲的に発表することができる。
〔思考・判断〕・戦争についての自分の考えを他と比較して深め、平和の尊さについて考えることができる。
〔技能・表現〕・様々な資料を活用して調べたことをまとめることができる。
〔知識・理解〕・15年戦争における原因や経緯、日本のみならず外国の国々の人々に与えた傷あと、戦時下における国民生活について理解することができる。

（2）展開

学習過程	学習活動と内容	資料	学習形態	学習活動での個への配慮事項			評価内容と方法
				C_1児童群	C_2児童群	C_3児童群	
ま と め る	1、前時まで学習してきたことを確認する。 ―学習問題― 15年戦争とは、いったいどのような戦争だったのだろう。 戦争への道－政党政治のいきづまり 戦争の経過－満州事変～第二次世界大戦（15年にもおよぶ） 国民の生活－灯火管制、配給制度 敗戦に至った日本－原爆投下、ポツダム宣言受諾	前時までの資料　自作資料	一斉	・悲惨な戦争の原因や経緯、アジアの国々の人々に与えた傷あと、戦時下における国民生活について確かめさせる。 ・原因や経緯、人々の生活など関連づけて発表させる。	・友達の発表と比べながら確認させる。	・自作資料やノートを見ながら想起させる。	・15年戦争における原因や経緯、被害、国民生活について理解できたか。 発表分析
	2、戦争について自分の考えを発表する。 　戦争の拡大　満州事変 　　　　　　　⇩ 　　　　　第二次世界大戦 　国民生活　　⇩ 　戦局悪化　　敗戦 　　　　　　　⇩ ・国民の生活に与えた影響 ・アジアの国々の人々の苦しみ ・今も残る傷跡 ・国際平和への努力 　　　　　＝ 　戦争の悲惨さ・無意味さ 　　　　　⇩ 　　　　平和の尊さ		一斉 個	・戦争に対する様々な事実、影響、傷跡等関連づけながら自分の考えを示し話し合わせる。 ・命令に背けず、人を人とも思わない大量殺人を行う戦争から平和の尊さに気づかせる。	・戦争に対する自分の考えをより確かなものにしながら話し合わせる。	・自分の考えをノートや資料を見ながらでもしっかりと言えるよう助言をして話し合わせる。	・戦争に対する自分の考えをしっかりと持ち、平和の尊さについて考えることができたか。 発表分析
	3、今までの学習をもとに自分の考えをまとめる 　15年戦争を学習して 双六／新聞／人物ポスター／イメージマップ／作文		個 グループ	・戦争は悲惨で、武力で勝ち得た物には、何ら意味の無いことをおさえ、平和の尊さをアピールできるようにまとめさせる。	・戦争と平和を考えさせながら、自分なりにまとめさせる。	・戦争について学習した事柄の中で一番人に伝えたいことをまとめさせる。 ・良い表現を認め励ましていくようにさせる。	・自分の考えをもとに今まで学習してきたことを意欲的にまとめていたか。 行動分析 態度分析

――資料2　地図カードコース指導案――――――――――――――――――――

1. 題材名　　世界地図カードでゲームをしよう
2. 指導のねらい
 (1)世界の主な国々の名称と位置関係などをとらえさせる。
 (2)いろいろなテーマから、地域や国の特色を理解させ、世界が様々な地域から成り立っていることをつかませる。
3. 指導計画
   第1時　テーマを何にするか考える。調べてみたいと思う国を50か国程度選ぶ。
   第2時　テーマに沿って、世界の国々をまとめてみる。
   第3時　テーマに沿って、世界の国々をまとめてみる。
   第4時　世界の国々のカードを作成する。各班ごとに白地図を作る。
   第5時　カードと白地図を作成する。
   第6時　ゲームを行い、世界の国々について学習する。（本時）
   第7時　ゲームを行い、まとめさせる。
4. 本時の活動
 (1)活動テーマ　　世界地図カードでゲームをしよう
 (2)本時のねらい
    ①テーマ別に世界の国々をとらえさせる。
    ②楽しい雰囲気の中で、社会事象に興味・関心を持たせる。
    ③ルールを確認し、ゲームを通して各国の位置関係を知る。
 (3)本時の展開

過程	時配	活動の内容	指導・援助の留意点	資料
始めの活動	5分	・この時間についての活動内容、すすめ方についての説明を聞く。	・ゲームのルールを確認する。 ・グループごとに読み手がテーマごとにまとめた一覧表を読み、カードを取り合い国の位置も確認させる。	
中心的な活動	40分	・班ごとに、テーマ別に世界の国をまとめた一覧表をもとにカードを使ってゲームを行う。	・班長を中心にルールを守ってゲームができるようにする。 ・カードがとれない生徒にも出題者が説明するように指導する。	・カード ・一覧表 ・白地図
まとめの活動	5分	・班長は活動の感想や印象に残った事などを発表する。 ・班長以外の生徒も、初めて知ったことなどを発表する。	・本時の反省点をはっきり確認し、原因を明確にしておく。	

資料3

・『頭文字に「ハ」のつく国が12、「ア」と「フ」のつく国がそれぞれ10、「カ」のつく国が9、「イ」のつく国が8あります。それらの国々を調べてみましょう。』
・『つぎの□にカタカナを入れ、国名にしなさい。』

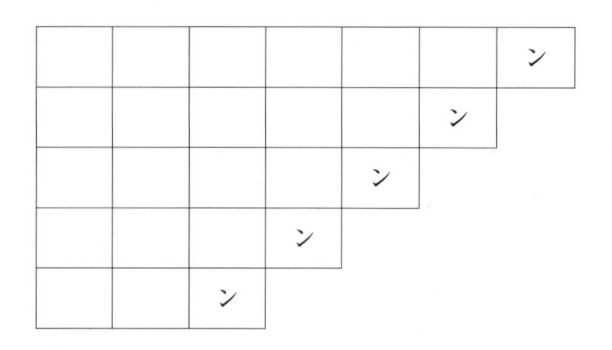

出典は注(2)

(4) 「新学力観」の基礎とは

なぜこのような学習や指導案が登場してくるのだろうか。そこでその背景をさぐってみたい。そうすると1991年11月、国立教育研究所職員のNHKTVでの「指導要領に示されている履修すべき内容に対して、三割ぐらいわかれば良い」という発言が、父母・教師を驚かせたが、この発言がけっして個人的なものでないことがわかってきた。「新学力観」の本質にふれることなので、少し詳しく紹介してみたい。

【(1) 奥田真丈氏の発言】

奥田氏は、都教育研究所の所長であり、今回の指導要領改訂の調査協力者会議の責任者でもある。

「学習指導要領に書いてあることは全部身につけなければいけない建て前になっている。しかし、結果として違いがでたということになると、これは個性の違いによって起こったものだという解釈をする訳だ。努力しても身についたものが三分の一だった。しかし、それは結果であって、はじめからこの子どもは三分の一であっていいとは言っていない。それだけ時間をかけ、方法上も色々な工夫をして、これをマスターさせようと努力した。しかし、結果的にはマスターしなかった子どもがいる。それは、あくまで個性の違いによるのだと言うことだ[3]。」

「個性」がこのような使われ方をされているのである。できないことも個性であると言うことになる。

【(2) 立石喜男氏（文部省初等中等局研究開発担当）の発言】

「こういう考え方もあると言うことで、いろいろ批判もあると思いますが、聞いてください。基礎基本というものを、誰でもが同じ内容を習得するんだという考え方と、人によっては違うんではないかという考え方があると思います。たとえば、私の家の基礎工事と東京タワーの基礎工事とは、当然違うだろう。そういうふうに考えると、基礎基

本を考える足がかりになるかも知れません[4]。」

　両氏の発言とも驚くべきものであるが、立石氏の「私の家の基礎工事と東京タワーの基礎工事の違い」にふれて基礎基本を説明している部分に、文部省の本音が見えてくる。「新学力観」では、すべての子どもたちの基礎学力をつけようとは全く考えていないのである。「基礎・基本とはかなり幅のあるもの[5]」としてとらえるから「基礎・基本」と「個性を生かす教育」は「表裏一体」のものとなるのである。このような「基礎」のとらえ方が、前述のC_1、C_2、C_3の指導案となって現場に登場してくるのである。「新学力観」は、見切り発車の学力観と言える。

　このような「新学力観」に対して、当然、多くの批判がだされている。京都女子大学の水川隆夫氏は、子どもたちの学力不振の実態が深刻ななかで、知識・理解を学力の基本から排除することは、「つまづき」や「落ちこぼれ」の増加に拍車をかけ、また、教育内容が高から低へおろされているなかで教育内容の精選をしないまま知識・理解を軽視することは、小学校の低学年から授業についていけない子どもたちが大勢つくりだされていくと指摘されている[6]。的を射たものである。

　そして、このように、いままでの文部行政を反省することもなく「落ちこぼし」を「個性」と合理化してしまう「新学力観」はいままで多くの教育実践を支えてきた学力観への挑戦とも言える。学力についての概念規定については、いろいろな学説がだされてきた。そのなかでもトータルなものとしてつぎの点が確認できると思う[7]。

(a) 態度などは測定不可能、だからテスト等で測定可能で客観化できるものだけをとりあえず学力ととらえる。

(b) そう限定することによって誰にでも「分かち─伝える」ことができるものを体系化し、それをすべての教師が、すべての子どもたちに「分かち─伝える」ことによってすべての子どもたちの学力保障を図ることに努力する。

　「新学力観」は、測定しづらい「関心・意欲・態度」を第一に位置づけ、すべての子どもたちの学力保障をめざす学力論に対して挑戦してきていると言えよう。

三、私たちのめざす社会科の学力

(1) 子どもたちが学びがいのある「世界の国々」

　歴教協編『たのしくわかる中学地理の授業』(あゆみ出版、1993年4月発行)の全面改訂を担当している。前述のような、パズル、ゲームではじまる文部省編「世界の国々」に対して、資料4のような学習を対置している。

①「一本の鉛筆のむこうに」見える世界の人々

　この実践は、『いっぽんの鉛筆のむこうに』(谷川俊太郎、福音館書店)を教材化したものである。多くの新教科書は、前述の文部省の指導事例にそくした記述がされている。そのなかでT社の「鉛筆の芯はスリランカから」はおもしろい記述であった。ここにヒントを得て実践してみた。

　子どもたちの身近にある鉛筆を素材に、芯の原料の黒鉛を掘っているスリランカのボガラ鉱山で働いているボディマハッタさんの労働や生活を通してのスリランカ調べ、材木を切り出しているアメリカ・シエラ・ネバダのダン・ランドさんの労働や生活を通し

てのアメリカ調べ、これらの原料を日本の鉛筆会社で合成し、仕上げ作業をしている山形・川西市の大河原さんの労働と生活、その他、運搬船のコックさん、文房具屋のおばさんなど大勢の人々の労働や生活が登場してくる。一本の鉛筆のむこうに見える豊かな世界の人々の生活は、興味・関心を引きおこしながら世界認識を深める授業を組み立てることができる。

資料4

```
『たのしくわかる中学地理の授業』での「世界の国々」プラン

1  世界の人々
2  一本の鉛筆のむこうに──世界の人々のつながり──
3  富士山より高地に住む人々の生活
      ──アンデスの人々の生活──
4  シベリア鉄道9000キロ
      ──国土の広い地域に住む人々の生活──
5  ハワイはなぜアメリカの州になったのだろうか
      ──国土のせまい地域の人々の生活──
6  スコットランドの小さな学校
7  「コリア」をさがそう
8  ホンコン(イ)・(イ)は何をさしているの？
9  ザイールの人の涙──原爆と独立──
```

②「ハワイはなぜアメリカの州になったのだろうか」

　この学習は「面積の小さな国々」のなかでとりあげてみた。「太平洋に浮かぶ小さな島々が、独立した国の歩みをしているのに、ハワイはどうしてアメリカの50番目の州になったのだろうか」という疑問から、日本人がよく行っているハワイ学習を試みた。
・ハワイが、大きなアメリカに頼った。
・アメリカが、ハワイの観光収入に目をつけた。
　ハワイがアメリカの州になったのは、1898年、当時は、まだジェット機時代ではなく「観光ハワイ」という状況ではない。ではなぜ？「軍事基地ハワイか」、これも第二次世界大戦からでちがう。ではなぜ？　というように観光・軍事でない「砂糖・パイナップル産業のハワイ」へと学習が進んでいく。そして、独立国家を保ちたいハワイ人と農園大地主のアメリカ人のたたかいから、ハワイはアメリカに吸収されていったことを学習していく。観光ハワイだけでなくハワイの社会のしくみを追究しながらハワイや太平洋に浮かぶ島々・国々調べを行っていった。
紙数の都合で二つしか紹介できないが、そのほか、
・世界卓球選手権で優勝した「コリア」をさがしながら朝鮮半島に住む二つの国々の人々と生活と願いを学ぶ。

・シベリア鉄道の旅をしながら旧ソ連の雄大な自然、国土、多様な民族を調べていく学習。

などを実践していった。このような実践は、パズル、ゲームのような遊び、暗記社会科ではなく、世界認識を深めながら国名知識を獲得していくものになるのではないかと考えている。

四、私たちのめざす社会科学力で考えたいこと

最後につぎの二つのことから私たちのめざす社会科の学力を考えてみたい。
(1) 国民の教育要求と社会科の学力
(2) 学習の権利主体の形成と社会科の授業

(1) 国民の教育要求と社会科の学力

1970年代、「落ちこぼれ」問題が国民的課題になった時、京都府教組は、「革新自治体のもとでの民主教育と京教組運動の新たな発展のために」(学力方針・1972年)をだし、この課題に真正面からとりくんだ。加藤文三氏の「すべての生徒が100点満点を」の実践も1975年であり、まさに「落ちこぼれさせない」という教育要求に応えたものである。私たちが学力を考える時、国民の教育要求にどう根ざすかという問題が大切な視点であると考える。大田堯氏は、『学力とは何か』(国土社)を出版する際、1957年の「農民は学校から何を学んだか」の論文は欠かすことができないと掲載している。その冒頭で大田氏は「まっくろになって年中働いている農民や労働者にたいして、学校はほんとうに力になるような役割をはたしているのだろうか。世の中でなにをおいてもかくことのできない大事な仕事にたずさわっており、国民の圧倒的な多数をしめているこれらの人々が、希望をもって、ぐんぐん住みよい世界を切り開くためのほんものの力を、学校は子どもの教育を通して毎日用意しているのだろうか。これは、われわれの毎日の教育実践や研究の仕方を反省する基準でもある。」と述べている。私はこの文章を非常に新鮮に受けとめた。学校で「分かち＝伝える」内容が国民の教育への期待をがっちり受け止めているのだろうか。また、丸木政臣氏は、民教連の社会科30年の集会で、つぎのような母親の話を紹介している。四日市の母親「どうもおかしい。自分の子どもは、高校にいっているのだが、だいたい親がカッカ、カッカと公害問題や同和問題などに燃えているのに、社会科を勉強しているはずの息子たちは、おかあちゃん好きだねえ、年甲斐もなく一生懸命やるけどなどという。」そして丸木氏は、「父母や国民は、現在の社会科に対して、失望ないしは絶望をしていないか[8]」と警告した。

社会科で教えたい内容、つけたい学力が国民の要求と合致しない場合、批判を受けるのは当然である。この点では、教科書記述を書きかえさせた農民の運動は大切にしたい。G社の小学校の教科書での農業記述は、農民の生活が十分書かれていないと批判を受け、今年度版の書きかえが行われた。批判点は主に二つで、第一は、登場している農家が20ヘクタール以上の土地所有のある専業農家であること。地元、新潟では農家数約11万8千戸で10ヘクタール以上の農家は、約30戸だと言う。教科書に紹介されている農家は、特別な農家なのである。第二は、この農民に、外国から米が輸入されても競争できると発言させて

いることである⁽⁹⁾。この記述とは対照的に、岩手の小学校教師北舘氏は、学区の水田0.8ヘクタール、りんご畑0.9ヘクタール、畑0.1ヘクタールの農家を訪ね、農業学習を試みている⁽¹⁰⁾。どちらが農民の共感を得るかは明らかである。

　私たちがめざす社会科の学力は、国民の教育（社会科）への期待に応え、国民の諸運動に共感し、励まし、支えるものでなければならない。この視点からお互いの実践を見直してみたいものである。

(2) 学習の権利主体の形成と社会科の授業

　私たちの歴教協の設立趣意書に基づいてこれまでも社会科の授業における「子どもの問題意識」「子どもの主体形成」の問題を大切にしてきた。今日、子どもの権利条約とのかかわりでこの課題はますます重要になってきている。子どもの権利条約では、18歳になって突然権利行使の主体に変身するのではなく段階的に自立できるように小学校低学年から徐々に育てていくことの必要性が強調されている⁽¹¹⁾。

　この問題とかかわって昨年の歴教協中間研究集会では、子安潤氏から「共同する社会科の授業」が提起された⁽¹²⁾。子安提起は子どもの主体的な社会認識の形成において、教師と子どもの関係について「主体＝客体」の関係から「主体＝主体」への転換をせまるものであり、子どもの権利条約の主旨に沿った画期的なものであった。この提起を深めることが、私たちのめざす社会科の学力論議を深めることになると確信している。子安提起を積極的に受けとめる立場から、「共同する社会科」について若干の疑問を述べてみたい。「共同する社会科」は、何を「共同」するのかという問題である。子安氏は、典型実践として、長沢・石川・加藤実践をあげており、「共同」の内容について、加藤実践では、つぎの四点をあげている。①教師の「正答」を伝達することをめざしていない。②子どもが自分なりの仮説を設定し論議が組織されている。③最終的に一つの結論が押しつけられていない。自由が保障されている。④この過程で学問の追体験となっている。この四点は、従来の授業論からみれば、子どもの強調であり、教え込みの銀行型授業からの転換をせまるものではある。しかし、共同の内容が、教師と子どもの関係論の言及にとどまり、主体と主体の関係を結びながら、どのような教育・学習内容を共同するのか見えてこないのである。この点が見えてくる授業論でないと、新学習指導要領の「新学力観」を乗り越える私たちの実践の創造の視点が明らかになってこないのではないだろうか。「共同する社会科」で教師と子どもが、どのような教育・学習内容を共同するのかを実践的に明らかにしていくことが、私たちのめざす社会科の学力論議を一層深めていくのではないかと考えている。

《注》
(1)　小島昌夫「文部省"偏差値・業者テスト"批判のねらい」（『赤旗評論特集版』834号）が参考になる。
(2)　文部省『中学校社会科指導資料／指導計画の作成と学習指導の工夫』
(3)　『絶対評価の考え方』小学館。
(4)　『教育』1992年10月号の坂元忠芳論文での引用から、国土社。
(5)　『絶対評価の考え方』高岡浩二氏の発言、小学館。
(6)　『現代教育科学』1992年1月号の水川隆夫論文、明治図書。
(7)　『現代教育科学』同上の豊田久亀論文。

(8) 丸木政臣「国民の教育要求と社会科」『社会科教育の本質と学力』労働旬報社。
(9) 三上満・石井邦子「検証・日本の教科書」参照、『前衛』1993年1月号。
(10) 北舘賢「"一粒の米"をもとめて」『あすの農村』1992年12月号。
(11) 河内徳子『人権教育論』参照、大月書店。
(12) 子安潤「授業の転換――共同する社会科をめぐって」『歴史地理教育』1992年6月号

第五部－2．

教科教育の基礎・基本への迫り方

＊掲載誌：「民主教育研究所年報」2003年1月

1．江戸時代「新しい学問と化政文化」の授業づくり

中学校社会科歴史・江戸時代の学習は表のように5テーマ・12時間扱いで構成している。

```
            江戸時代学習・5つのテーマ
(1) 天下普請の江戸城づくり
    ―大名たちは文句を言わなかったのだろうか―
(2) 象の旅からみえてくる鎖国
    ―これで鎖国といえるのだろうか―
(3) 三井高利の商売替え
    ―高利は、なぜ大名貸しから庶民向けの商売に変えたのだろうか―
(4) 前野良沢は、なぜ『解体新書』の著者にならなかったのだろうか
(5) 黒船以上の大きな事件
    ―南部三閉伊一揆とはどのような一揆だったのか―
```

中学社会科歴史学習カリキュラム案

時代		テーマ
原始	1	相沢忠洋は何を「発見」したのか（岩宿の発見）
	2	吉野ヶ里遺跡――なぜ集落が濠で囲まれているのか
	3	魏志倭人伝では倭の様子はどのように書かれているのだろうか
古代	4	聖徳太子はなぜ天皇になれなかったのか
	5	下総国分寺はなぜ法隆寺式なのだろうか
	6	アテルイと坂上田村麻呂
中世	7	「1192つくろう・鎌倉幕府」は正しいのだろうか
	8	元寇はなぜ失敗したのだろうか
	9	平家物語を読もう
	10	南北朝・2つの政権でどのような政治が行われたのだろうか
近世	11	堺の商人と信長
	12	対馬から見た秀吉の朝鮮侵略
	13	天下普請の江戸城づくり　大名たちは文句を言わなかったのだろうか
	14	象の旅から見た鎖国　これで鎖国といえるのだろうか

	15	三井高利はなぜ大名貸しから庶民向けの商売に変えたのだろうか
	16	前野良沢はなぜ『解体新書』の著者にならなかったのだろうか
	17	黒船以上の大きな出来事・南部三閉伊一揆とはどんな一揆
近現代	18	岩倉・大久保と西郷・板垣
	19	小学校の設立に反対する一揆はなぜ起こったのか
	20	農民と自由民権運動はどうして結びついたのか（福島事件）
	21	馬の顔が彫られている馬頭観音（日清・日露）
	22	野麦峠を越える女工たち（映画鑑賞）
	23	田中正造は何を天皇に訴えようとしたのか
	24	魯迅はなぜ医師をやめ小説を書き始めたのか
	25	君は誰の意見を支持しますか「満州は日本の生命線」をめぐって
	26	少年は馬のいななきを忘れない（国家総動員体制）
	27	「聖断は遅すぎたか」（原爆、沖縄戦、敗戦）
	28	単独講和か全面講和か
	29	村にノーベル平和賞を——沖縄・読谷村の取り組み
	30	「川田龍平は現在」——歴史と若者

　本稿では、「(4) 前野良沢は、なぜ『解体新書』の著者にならなかったのか」の授業を通して、教科教育（社会科）の基礎・基本問題への迫り方を考えてみる。

(1) **文化学習は楽しい……？**
　東京書籍の教科書（2002年度使用）では、「新しい学問と化政文化」では、表のような事柄が記述されている。

```
　　　　　　「新しい学問と化政文化」の主な学習項目
　＜国学と蘭学＞
　　本居宣長「古事記伝」　杉田玄白ら「解体新書」　伊能忠敬
　＜化政文化＞
　　寄席　落語　歌舞伎　俳句　川柳　狂歌「東海道中膝栗毛」
　　「南総里見八犬伝」　貸本屋　与謝蕪村　小林一茶
　　浮世絵　錦絵　喜多川歌麿　葛飾北斎　歌川（安藤）広重
　＜地方の生活文化＞
　　伊勢参り　寺子屋
```

　太文字となっているのは、「国学」「蘭学」「化政文化」「葛飾北斎」「歌川広重」「寺子屋」である。また、資料として解体新書の扉、伊能図、北斎の風景画、写楽の役者絵、歌麿の美人画、広重の風景画など6点が紹介されている。これだけの人物や資料があるので、伝達的な授業を行なうのはそれほど難しいことではない。例えば、文学作品の一部分、人物のエピソード、これらのことと関わる地域資料（私が勤務していた地域には南総里見八犬

士の二人がいたとされている）などを紹介すれば授業は結構楽しく行なうことができる。しかし、これでは授業論にはならないだろう。

(2) 解体新書を切り口とした授業づくり

　これだけ豊富な内容を子どもを学びの主体とする授業として進めていくのにはいくつかの工夫が必要である。その一つが重点化（焦点化）である。「伊能図と今までの地図の違い」「貸し本って何？」から民衆の文化などいろいろな授業づくりの切り口が考えられるが、19世紀（化政＝19世紀初頭）に入ると外国の学問文化の影響もかなり出てくるようになったので杉田玄白らの解体新書を重点に授業づくりを行なってみた。

　①解体新書・3つの学習内容

　授業の柱は次のことである。A当時の解剖は、どのように行なわれていたのか。玄白、良沢たちが1771年3月4日に立ち会った腑分けは誰がされたのか（大罪を犯したといわれる老女）、誰が腑分けをしたのかなどの解剖に対する歴史認識。（1754年に山脇東洋が京都で最初の人体解屍観臓を行なったが、首を切られた刑屍体であり、腑分けを行なったのは刑場で雑務をしていた「えた」身分のものであった。）B辞書がない時代にどのようにオランダの医学書を訳したのだろうか。（ドイツ人クルムスが書いた『アナトミッシェ・ターベレン』をオランダ語に訳したもので『オントレードキュンジヘ・ターフェレン』という本。玄白らは、後にこの本を『ターヘル・アナトミア』とよんだ）。Aは、基本的には質問をしながらも教師が教えることである。Bは、子どもたちに当時の様子を推論させることもできるが、玄白の『蘭学事始』には当時のことが書かれているので、それを紹介することも学習への興味・関心につながる。

　今まで何度かはここまでで「努力の結果、『解体新書』ができました。めでたし、めでたし」で授業を終了した。しかし、ここまででは授業の半分だと考えるようになってきた。そこでC解体新書は、玄白、良沢らの学問研究の成果であると同時に完成本ではないことに気づかせ、解体新書を歴史の中に位置づけることが中学校の歴史学習の方向性につながると考え実践してみた。

　②授業タイトル「前野良沢は、なぜ解体新書の著者にならなかったのか」について

　授業づくりの最大のポイントは、Cの場面をどのような教材で、どのように展開するかということであった。解体新書の発行を歴史の中に位置づけるということはここでの学びを「杉田玄白ら＝解体新書」という知識だけにとどまらせないで、解体新書以前、解体新書以後に興味・関心が行く拓かれたものにするということである。そこでのキーポイントは、解体新書はターヘルアナトミアの完全な翻訳本ではないということである。このことを学ぶことは玄白らの努力に水を差すことにもなるが、かえって辞書のない時代に外国語を学ぶことの実相を垣間見ることや解体新書前後への関心へと歴史認識を深めることにつながる。この場面を解体新書の著者を辞退したとされている良沢にスポットを当てて「良沢は、なぜ解体新書の著者にならなかったのか」として子どもたちに歴史に問いかけさせてみた。

　従って、授業のねらいは次のことである。

> 　玄白、良沢がターヘル・アナトミア（ドイツの医師の医学書の蘭訳本）を大変な努力で翻訳し「解体新書」を発行したことを理解させる。また、翻訳のリーダーであった良沢が「解体新書」の著者になることを辞退した理由を考えあい、学問、文化が時間をかけて発展することに気づかせる。

(3) 中心教材は解体新書の著者名

授業で使用した教材は、次の通りである。

・玄白、良沢の人物像──導入で使用。「私は誰でしょう？」と問う。
　玄白はわかりますが良沢はあまり知られていません。
・蘭学事始図──玄白、良沢、中川淳庵が翻訳している絵図　翻訳の苦労の場面を推論させる。
・『ターヘル・アナトミア』本文第１ページ──「これをどのように訳していったのだろうか？辞書のない時代に」と問い、翻訳の場面を推論させる。
・『解体新書』の第１ページ（著者名）──誰が書いたか漢字が難しいので読み、「『何か変だなー』と思うことはないか？」と問いかける。本時の中心教材である。

(4) 中学生は良沢派か？

　前述の通り本時の授業は、解体新書は当時の語学力から完成本ではないことに気づき学問や文化の発展を歴史的に捉えることがねらいである。子どもたちに玄白派か良沢派を問うことではない。しかし論議の中で「あなたは、玄白、良沢のどちらを支持しますか」を問うてはどうかとの意見も出されたので授業では扱わなかったが、授業後、子どもたちに考えを聞いてみた。結果は表の通りである。圧倒的に良沢派が多いと思っていたので論議させても良かったかとも思った。

君は、玄白派、良沢派		
玄白	7人	18%
良沢	23人	59%
無回答	9人	23%

　玄白支持の理由は「不十分なものでも当時は出していたほうが医学が進歩する」「その後、役に立ったと思う」などであった。良沢支持は、「やるからには最高のものにする」「最後までやり遂げたいという姿勢」などである。

　中学生は、白と黒をはっきりつけさせたい側面や潔癖なところがあるのでこのような意見が多数出された。

　「玄白派、良沢派？　50／50　良沢のまっすぐなところもいいし、玄白の早く伝えたいもいいなー」

　「完成度の高いもののほうが後世のためになるから良沢を支持します。二人の考え方、生き方にはそれぞれ違いがある。しかし、共通点は一つだけある。それは、『解体新書』を完成させて、日本のみんなに伝えたいということ。」

などの意見も出された。玄白派、良沢派の意見交流を通して当時の語学や医学の状況など

歴史認識と関連させて解体新書の発行を捉えていく歴史の見方・考え方を育てていくことも可能だと思った。授業は、次のようなまとめをして終了した。

それ以前　←　　　　解体新書（1774年発行）　　　　→それ以降
山脇東洋『臓志』　　　今日の学習　　　大槻玄沢『重訂解体新書』（1826年）
　　　　　　　　　　　　　　　　　　　より正確なターヘル・アナトミアの翻訳

＊玄沢は、玄白、良沢の弟子で玄白の玄、良沢の沢をもらって命名しました。解体新書の不十分な部分を直しました。

2．基礎・基本への迫り方

(1)　基礎・基本論議の課題

前述の授業づくりを通して基礎・基本を考えてみたい。その前に、基礎・基本の論議として次の3点の課題があると考えている。

①基礎・基本の定義が論者によって違うまま論議が進められている。
②授業時間の削減の中で教科教育の危機とかかわって基礎・基本が論議されていたために、各教科の授業時間の確保と結びついた主張が行なわれている。そのために教育課程の中に教科教育の基礎・基本の論議が位置づいていない傾向がある。
③教育課程改革が進行しているが、基礎・基本論議が教科教育の再構成へと発展しないで、従来の教育内容を死守しようとする保守的な論議となっている傾向がある。

私は、現在、戦後の社会科教育は第三期目を迎えていると考えている。（第一期は、初期社会科の時期、第二期は、1958年学習指導要領以後、第三期は2002年4月）基礎・基本論議は新たな教科教育の再編という課題を意識しながら行なうことが重要である。

(2)　基本と基礎をわけて考える意味

これまで基礎・基本問題については、民主教育研究所教育課程研究委員会公開研究委員会（2000年12月）、全国教育研究集会（2001年1月・青森）で報告してきた。私の第一の主張は、基本と基礎をわけて考えることにより内在している課題を明らかにすることである。まず、基本と基礎は次の通り語意から分けて考えねばならないと思っている。

『基礎』は、物事の土台となるもので、その上に他の物事が積み上げることができるものであるが、『基本』は、軸になるもので、その一部を変えてさらに発展、応用することができるものである。従って、『基礎』は物事の最初の段階であるのに対して、『基本』はどの段階においても必要なものである。

出典：『類語例解辞典』（小学館）

そこで、基本と基礎を次のように考えてみた。
　　基本……教科、領域を越えて教育の軸となるもの。学校（学年）教育目標など教育課
　　　　　　程の中心
　　基礎……基本を具体化するための教科、教科外の個々の教育活動
　基本が基礎の土台である。基本を「大きな学力」と考える。このように分けることは今日的な基礎・基本論議にとって次のような意味がある。
　第一に、基礎・基本論議を各個別の教科の問題だけにしないで教育課程の論議にできることである。基本を考えることにより、分化された教科を離れて子どもの状況を踏まえた学校（学年）目標や教育活動全体を見つめることができる。このことにより個別の教科だけでなく全体が視野に入ってくる。（例えば中学校なら基本を達成するために技能教科、芸術教科の時間数なども）その結果、授業時間数を取り合いというレベルでの論議はなくなる。私は、1980年代の「荒れ」の時から「大きな学力」としての基本（中学校の場合）を①個人（人間）の尊厳②生や死を見つめる③未来、展望を持つの３つと考えてきた。このことが教科教育を考える基本である。
　第二は、「大きな学力」としての基本をどのように実現するのかという問題がでてくる。どのような内容と時間配分を準備するかという教育課程の問題である。教科教育は、このことに制約される。教科教育の基礎・基本論議は「大きな学力」論議に連動することにより再編成の方向が見えてくる。
　第三は、このようなつながりを持たせることにより何のための教科教育なのかということと、あれもこれも基礎という基礎知識の限りない肥大化を防ぐことができる。

(3) 基礎を社会科の授業で考える

　社会科教育の基礎をどのように考えるか前述の江戸時代の文化の授業から考えてみたい。この授業を構成している要素は次の３つのことである。
Ⅰ　どのような出来事だったのだろうか。（知識）
　・杉田玄白、前野良沢、中川淳庵らが大変な努力をしながらターヘル・アナトミアの翻訳に挑んだ。その結果、解体新書が発行された。
　　当時の医学は、中国医学が主流であったが、これを機会に西洋の医学への関心が高まった。
　・翻訳のリーダー格であった前野良沢の名前が解体新書の著者名にはない。
　・解体新書は、ターヘル・アナトミアの部分訳であって、完成本ではない。この仕事は玄白、良沢の弟子たちに受け継がれた。
Ⅱ　その頃どうしていたのだろうか。なぜ、そうなったのだろうか。（思考する、要因を探る）
　・辞書のない時代にどのようにオランダ語を翻訳していったのだろうか。
　・前野良沢はなぜ著者にならなかったのだろうか。
Ⅲ　この事実からわかることは何なのだろうか。（歴史の見方・考え方、歴史認識、学びの意味）
　・学問、文化の発展には経過がある。そのこと（解体新書翻訳）の「以前」と「以後」がある。

・解体新書「以前」の山脇東洋らの『臓志』などに学びつつ、更に「以後」の大槻玄沢らの『重訂解体新書』などによって医学が発展していった。

　Ⅰ～Ⅲまでのうち鍵をにぎっているのは、Ⅱであることは、授業記録で述べた通りである。良沢が解体新書の著者にならなかった要因を探ること（思考力）を軸に知識や歴史認識を育てようと試みた。

　このような実践から教科教育の基礎について２つのことを主張したいと考えている。

①知識を順序良く教えていても歴史認識が育つとは限らない

　私の社会科歴史学習プランに対する最大の批判は、これだけの学習で基礎知識は大丈夫なのかという意見である。対案として出されているものを一つ紹介してみる。大阪歴史教育者協議会プランでは、地域教材を活用するなど工夫がされているが、やはり、教材の精選の域を出ていない。再編の構想が読み取りにくいのである。この間、なぜ、違うのかにこだわってきた。一つは、プラン（教科課程）に対する違いである。プランは、教材のリストではないだろう。教えと学びのプロセスを想定したもの（予測できないものも内包して）である。実際はもう少し重点化しないと実際の授業にはならないだろう。もう一つは知識を順序良く教えていれば歴史認識は育つのだろうかという問題である。バラバラの知識が量として集まっても歴史認識にはならない。知識と知識をつなげるシステムが授業、教科課程だと考える。「○○も必要、△△も必要だ」という事実・知識の量の論議ではなく、知識、思考力、歴史認識などの関連の中で何を知ることが子どもが歴史に問いかけ始めることになるのかという事実・知識の質こそ論議する必要があるのではないだろうか。「良沢が解体新書の著者にならなかった」という事実・知識はこのような構想から選び出したものである。生きる知識とは、それだけにとどまらないで他の知識と結びつき、自分たちの生き方とかかわらせながら、歴史に問いかけるものである。このようなものを基礎と考える。

```
大阪歴史教育者協議会中学校部会プラン

1   将軍と大名
2   幕府と外交
3   農民と町人
4   大和川のつけかえ
5   三都と元禄文化
6   二つの改革（享保、寛政）
7   武左衛門一揆
8   ききんと一揆
9   ペリー来航と開国
10  尊王攘夷運動
```

②知識、思考、認識をつなげて考える

　社会科の学力については、本多公栄氏の貴重な研究がある。とりわけ次の主張は、これまで実践に大きな影響を与えてきた。

>　基礎的知識とは、知識の構造の土台となるもので、状態・用語・事実・現象の把握にとどまり、概念を含まない。
>　基本的知識とは、学習者が基礎的知識の土台の上に、豊かなイメージを肉付けしつ

> つ、自由な思考で、新たな概念を組み立てたもの。
> 　この基礎が土台で、基本が組み立てであり、それが保障される授業が"子どもがわかる授業"だと思う。その段階で子どもが身に付けた能力が基礎学力だといえよう。
> 　　　　　　　　　　　　　　　　　　　　　出典：『社会科の学力像』明治図書

　本多氏の主張は、知識を基礎的知識と基本的知識とに分けて考えたことである。そして、基礎的知識を教師が主導の「教える学力」、基本的知識を子どもが主体の「育てる学力」と整理した。この主張は、本多氏の次のような基礎的知識と基本的知識の「分離と関連」、とりわけ「関連」が意識されないまま実践に影響を与えてきた。本多氏は、前述の「分離」を述べた後、すぐに"子どもがわかる授業"を成立させるための条件として次のことを上げている。

（1）授業方法について。教師がきちんと基礎的知識を選び抜いて教えること。その基礎的知識を子どもが学びとるだけでなく、子どもが自由な思考で基本的知識の組み立てが行なえるよう、教師が子どもたちに対して保障すること。

（2）教材について。何よりも子どもの生活・地域と密着した地域に根ざした教材であること。基礎的知識のみでなく基本的知識も引き出せる教材であること。社会のしくみに迫る内容を含む教材であること。

　　　　　　　　　　　※(3)　(4)は略　　出典：『社会科の学力像』明治図書

　しかし、高校入試を控えている中学校では、「関連」より「分離」としてまず、予習、豆テストなどで基礎的知識を「理解」させてから（「100点運動」など）考える授業を行なうという実践へと影響を与えてきた。本多氏が、このような学力像を構想していくのに影響を与えた論文が臼井嘉一氏の「『基礎』『基本』を授業の中で考える」（『社会科教育』明治図書・1978年8月号）であった。ここでは、次のような実践者の主張が紹介されている。

・「日中戦争が何年か始まったかという年を覚えるのに『理解』などあるはずがないではないか。」（加藤文三）
・「太平洋戦争の開始の年を問うたとき、多くの生徒が1941年としたなかで1931年としたものがあった。いわく『ぼくは太平洋戦争は、満州事変からとらえねばならないと思って1931年にしたのです。』」（鈴木亮）
・「子どもが『基本的な知識』をひとごとのように感じていてなかなか自分自身の問題として考えようとしない。自分の問題として考えるための手立（授業方法）がどうしても必要である。」（安井俊夫）

　本多氏は、加藤氏の意見を基礎的知識、鈴木、安井氏の意見を基本的知識として整理し、学力像を構想した。しかし、このように整理ができる主張だったのか検討が必要である。三氏の主張は、予定調和的なものではなく対立的な要素がふくまれていた。とりわけ鈴木、安井氏は知識と思考、認識をわけて考えることはできないことを主張し、反復繰り返し的な基礎的知識の有様に疑問を投げかけたのである。

1990年代の「学びからの逃走」という主張に象徴される子どもたちの状況のなかで教科教育は、生徒指導、学級づくりと同時並行的に進めなければならない課題を抱えている。このことは教科教育が新たな発展が求められている時期ともいえる。柴田義松氏は、ウシンスキー研究から子どもにとっては、意味がよくわからなくとも覚えたがる時期（「機械的記憶の時代」「学びの時代」）＝一般的に小学校時代と悟性を働かせることにより大きな関心を示す「悟性的記憶の時代」、さらに「理性的記憶の青年時代」があることを指摘している。（『21世紀を拓く教授学』明治図書）私は、「悟性的記憶の時代」（悟性＝自分の理解した諸事実なども基づいて、論理的にものごとを判断する能力『新明解国語辞典』）である中学校教育から教科教育の基礎・基本を考えるときに、知識と思考、認識を二頭建てでとらえていくことはできないと考える。とりわけ今日、「絶対評価」の観点別評価では、社会科では4つの観点からA～Cでバラバラに評価・評定することが強制的に行なわれている。このような中で基礎・基本の論議を本多氏の「社会科の学力像」の枠組みをどのように発展させていくかという視点から再検討を行なう時期にきていると考える。本稿は、再検討の一つの試みである。

3．おわりに

　2002年度都教組教研集会（社会科）に参加した。小学校6年生の憲法学習で、A君は、次のような憲法の条文を提案した。

　「＜いじめ禁止＞いじめられと、学校などに、いかなくなって、あと、大人になると、ストレスが、たまり、ぼう力団などに、なったら、人生だめに、なって、察務署に、入ったらもっとだめに、なって、しまうので、いじめ禁止。」（ママ）

　いじめられていたA君が、2学期後半にこのようなことが言えるようになったのである。6年担当の先生が学年総取替えから出発した学級ではボス的な子どもの支配があった。授業がなかなか成立せず、いじめもあった。3人の担任は、「6年生の教育課程」（年間の指導の見通し）をつくり指導を始めた。その中には、「文化的なことを取り入れること」「自己肯定観が弱いので達成観や誉めること」、「子どもとの人間的なつながりを大切にすること」などを入れた。その結果、ある学級では、10月中旬に、ようやく体育係を中心に体育の準備運動ができるようになってきた。学級が少し落ち着いてくる中でA君が「いじめ禁止」条文をつくるようになったのである。人権、民主主義、平和などの学習内容は、子どもたちの日常の生活と関連して認識されていく。教科教育の基礎・基本を学校全体の教育課程の中に位置づいたとき教科教育は、子どもの発達を支える授業論となるのである。

第五部 − 3．

「問」と「答」の間
― はてなの授業づくり ―

＊掲載誌：歴史教育者協議会編「歴史地理教育」2008年4月

日本一入場者数が多い動物園は？

　世の中には、「はてな」がたくさんありますが、最近の話題では北海道・旭川市の旭山動物園が上野動物園を抜いて入場者数日本一になりそうだということです。旭山は2006年度から上野と並び入場者数300万人台に入りましたが、なぜ、日本最北の動物園にこれだけの人が来るのでしょうか。これは「はてな」です。入場者の推移を調べてみますと、その道のりは厳しいものがありました。1996年には約26万人まで落ち込み、廃園の危機でしたが、この10年で十倍以上に入場者を増やしたのです。漠然とした「旭山が上野を抜くの？」という疑問から「この10年間に何があったの」「再生のキーワードは」等が気になり、旭川に旅をすることにしました。

　誰にでも学びの軌跡を探っていくと、そこには「はてな」があります。「はてな」は学びの原動力です。本稿では、社会科の授業づくりにおける「はてなの実際」と「はてな」にこだわる理由と学力像について述べてみます。

一　「はてな」を探そう

1　靖国神社の「はてな」

　大学の社会科教育法の授業では「はてなを探そう」を課題にしてきましたので、学生が探した「はてな」が五百ぐらい集まっています。まず、私が作成している靖国神社見学の「はてなのワークシート」から「はてなの実際」を紹介します。

> 「あれ……デザインが？」

と社号標の前で問いかけるだけです。そう言われると見学者は、しっかり見つめ、「何かあった」など友人と話し始めます。「ヒントは、デザインです」と強調すると気がつく人が出てきます。それは「靖国神社」という四文字が上端につまっていることです。

　このことは靖国神社の性格をよく表しています。戦前・戦中は、上部に「別格官幣」（四文字二行）という文字がありました。官幣社という名は、天皇・皇族を祀

る神社にしか付けられませんので、陸海軍所轄で一般兵士の戦死者を祀る靖国神社は「別格」の二文字をつけ特別扱いにしたのです。戦後、日本国憲法が施行され政治と宗教の分離が行われましたので「別格官幣」の文字は、1946年に「社号標ハ従来別格官幣ノ四文字ヲ附シタルモ、今般宗教法人トシテ発足スルニ当リ、社格廃止ニ伴ヒ、不用トナリタルヲ以テ削除セリ」として塗りつぶし、さらに、数年後に上部約181センチを切断したため、今の形になりました（注1）。この「はてな」でその後の姿勢が変わります。教えるとはその気にさせることです。

2　学生が探した「はてな」

学生による「はてな」を二例だけ紹介します。

①一本のクレパスから「この色は、何色ですか？」

身近にあるクレパスの色を聞きます。「肌色」と呼ばれていたものの色を聞くとほとんどが「肌色」と答えます。しかし、各社の色名を読むと「うすだいだい」「ペールオレンジ」と書いてあります。

> いつから、なぜ、「肌色」でなくなったのでしょうか

神戸新聞によると最初に色名を変えたのは、ぺんてるで1998年頃からです。2000年に入ると三菱鉛筆、サクラクレパス、トンボ鉛筆も色名を変えました。また、日本での「肌色」の登場は明治時代で、八世紀頃は「宍色」と呼ばれていました。国際的には韓国では2002年に韓国産業規格が改正され「淡い橙色」に変更され、米国では「ピーチ」が一般的、ヨーロッパでは「24色の肌色クレヨン」が販売されています。一本のクレパスから人種、民族を越えた共存、共生、国際理解教育の様子が見えてくるのです。

②バランゴンバナナって何？

バナナでも「はてな」が出されました。紹介されたものはフィリピンのバランゴンバナナで日本で売られているキャベンデッシュとは違います。ネグロス島で栽培され「山バナナ」などと呼ばれています。

> 最近、このバランゴンバナナが日本に入ってきている。それはなぜでしょうか。

どこで売っているのでしょうか。販売元は……。

日本ネグロス・キャンペーン委員会はモノカルチャーに依存しないでネグロスの人が作ったバナナを公正な取引で購入し自立した暮らしを支援する組織です。この「はてな」からは、1989年に民衆交易の会社として株式会社「オルター・トレード・ジャパン」が設立され、アグリビジネス、商社を介入させずにバナナの国際貿易（フェアトレード）が可能になったことを考えることができます。この学生はバランゴンバナナから大津和子実践（注2）に紹介されている農民の「私たちのために何ができるかではなく、バナナを通して、日本とフィリピンの関係がどうなっているかを知り、みなさんの国をどうすればいいのか考えてください」というメッセージを受け止め、南北問題の学習を構想したのです。（注3）

「はてな探し」は、見えるものから見えにくい背景・要因への橋渡しであり、ミクロからマクロの世界を探る冒険心・好奇心を誘う学びを可能にします。

二 「間(あいだ)」の意味

　私は、主に次のことから「はてなの授業」にこだわっています。第一は、大田堯氏の「『問』と『答』の間」という指摘への共感です（注4）。
1．人間は「間」で発達する
　大田氏は、30年以上前から教育の危機を「問と答の距離が非常に短くなっている」ことだと述べていました。息子さんの勉強（三権分立）の様子を見て
　大田……「三権分立とは何だ？」
　子ども…「司法、立法、行政」と鮮やかに答える。
　大田……「司法、立法、行政が分立するというのだが、それはどういう関係にあるということなのだ？」
　子ども…「そういうのは試験にでないんだよ」
　間の少ない授業に警鐘を鳴らし、三権分立で何を教えるのかを問いかけました。
　そして、「間」の大切さの例としてジュール・ルナール（仏）の短編『道をたずねる』を紹介しているのが印象的です。この話は、主人公の旅人が鍛冶屋の親爺さんに次の町までどれくらい時間がかかるか何度も聞くのですが、答えてもらえません。旅人は、この人は聾唖者かと思い、歩き始めます。しばらくすると「旦那」という声が聞こえます。親爺が次の町まで「二時間かかるぜ」というのです。旅人は、「なぜもっと早く言ってくれなかったのか」と尋ねると、親爺は「質問が悪いのです。歩き方を見ないと答えられない」と言いました。この話で、問答とは何か、忘れかけていた大事なことを思い起こさせてくれます。
　大田氏は、自問、他問に関わらず、問に直面してその過程で考え「間で人間は発達をとげる」、問と答の間には教育の本質があり、教師は「間に勝負をかけているといってもいい」と主張しています。
　授業に「はてな」があることは、教授行為だけでなく学習行為を意識することであり、「間」を考えることにつながります。

2．わかるとは
　第二は、わかるとは何かを考えたいことです。わかるにはいろいろな側面があります。「分かる」「判る」は分別知です。フォークボールを投げることができるようになったなどは、技術知・実践知が身についたことになります。社会科では事実の関連や多様な意見を通して「わかった」という了解知が大切です。そのためには事実の相互関係や意見を一回、自分自身の中に含みこませ、意味づけを持った上でわかることが必要です。そのために了解、納得したというわかり方を追究する上で大切なことは、教育内容が真理・真実に基づく科学的なことと同時に、子どもが経験を再構成したり、事実を関係づけていくことができるように学習を組織することです。（注5）「はてな」を繙いていく過程が了解するわかり方の過程でもあります。

三 「はてなの授業」と学力の構図

　佐貫浩氏は学習指導要領が出されたなか、積極的に学力構図を提示しています。図1の通り、「外」に組織されたものを獲得する「基礎知識の層」、それを使いこなす「習熟の層」、この二つの層を組み込み意見や考えを創り出す「表現・創造の層」と三層にしています。（注6）

　とりわけ、目的にしたがって使いこなすことができるような知識や技能を獲得する「習熟の層」を重視しています。その背景には、百マス計算の陰山方式に見られる矮小化された「習熟論」の流布、新学習指導要領での「習熟」という名の下での教育課程・教育方法の押しつけがあることを想定しつつ、豊かな習熟論の必要性という積極的な問題提起があります。

　最後に、今まで述べてきた「はてなの授業」から学力構図を考えてみます。

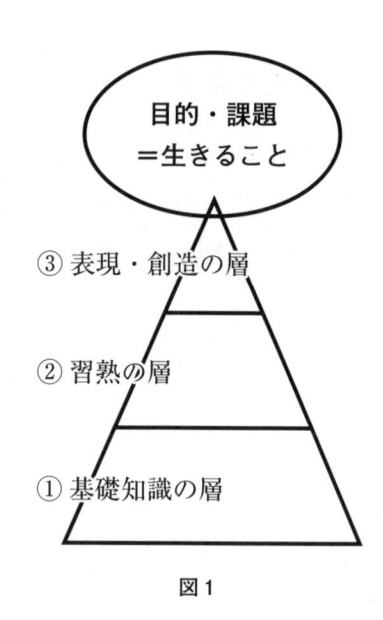

(1) 一定の知識がなければ「はてな」はつくれません。旭山動物園が、10年前は、廃園の危機があったこと等の知識がなければ「はてな」は生まれません。

(2) しかし、「テレビで見たけどすごくておもしろそう」「なぜ、最北の動物園なのに」等という感性的なことや漠然とした知識からでも「はてな」は生まれます。

(3) 生まれた「はてな」を追究（解決）するためには新たな知識が必要です。入園者増の契機がペンギン館とアザラシ館なのですが、「それはどのような館なのか」「泳いでいるペンギン？」「パイプのようなところを出入りするあざらし？」「カバって夜行性動物なの？」。初めて見る動物の姿に動物の生態や動物園の行動展示が知りたくなります。

(4) さらに、「どうしてこのような動物園にしたのだろうか」という再生のキーワードに迫る「はてな」が生まれてきます。動物園の方針（教育課程）が気になりはじめ、出版物（たとえば『戦う動物園』中公新書）も読みたくなり、リピーターとして四季折々何回も行くのです。

　「はてなの授業」での学びのサイクルは、このような軌跡をたどります。その学びは、佐貫氏が分類した層を行き来する行動的な学力像を求めます。階層的な学力像では①各層の学びの行き来が見えにくいこと、②どのような状態に

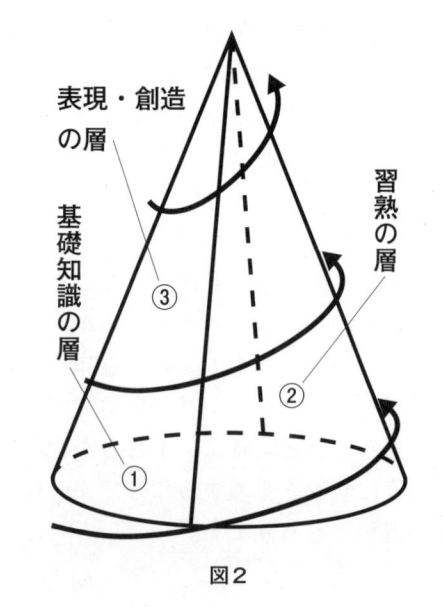

到達したら上の層に進むのかわかりにくく実践が下層に留まりかねないこと、③段階論としてとらえられてしまう傾向があること、などの課題があります。

　あえて学力構造図を示すならば（佐貫氏の三層を例に）図2の「円錐型」を考えあいました。①三層を階層としないで並列に置く、②各層の行き来を表示する、③知識と「はてな」も質量ともに変化発展するのでラセン型とする、等にしたことが特色です。（注7）

　教育課程全体の「道徳化」が強まり、最近まで行政指導での口癖であった精選・厳選という言葉は、姿を消し、教育内容が一挙に増大します。まさに、「間」が短くなろうとしています。だからこそ子どものつぶやきや疑問に耳を傾けたいものです。

（注1）東京の戦争遺跡を歩く会編『学び・調べ・考えよう　靖国神社・遊就館』（平和文化）参照
（注2）大津和子『一本のバナナから』（国土社）
（注3）私家本『はてなを探そう』（千葉大学学生の記録）
（注4）大田堯『学力とはなにか』（国土社）など
（注5）堀尾輝久『教育入門』（岩波新書）参照
（注6）佐貫浩「習熟について」（『教育』2008年2月号）
（注7）千葉大学学生・茂木聡、雨宮正倫の構図

第六部

社会科の未来

第六部－1.

「山びこ学校」を訪問して

＊未発表：2001年9月脱稿

　2001年8月23日～25日、山形県上山市立山元中学校を10名で訪問した。戦後教育として脚光を浴びた無着成恭の『山びこ学校』が実践された学校である。当時と比べると交通の便はすごく良くなったのであるが産業構造の変化に伴う過疎化が進み現在は、児童・生徒数41名で複式学級を含めた「小中学校」である。今回の訪問計画は大東文化大学（社会科教育法、地歴科教育法）、文教大学（社会科教育法、公民科教育法）の自主ゼミとして行なわれたものである。なぜ、今、『山びこ学校』なのか、そして、何を学んできたのか「中間的な」まとめをしてみたい。

1　なぜ、今、『山びこ学校』なのか……現地に立って考える

　今年度、前述の講座で無着成恭の『山びこ学校』（岩波文庫）をテキストとした動機は、次のことからである。

(1) 『山びこ学校』（青銅社）発行50年

　『山びこ学校』は、1951年3月、青銅社から発行された。今年が発行50年である。今年、テキストにした大きな理由は、この節目である。ただ懐古趣味ではない。岩波文庫版は、1995年の発行であり、鶴見和子の「『山びこ学校』は、歴史を創る」という論文も掲載している。本当に歴史を創れるのか、中学校社会科教育の新たな「かたち」（教科構想）が求められている現在、現地に触れながら「創る」を検証してみたいのである。

　現場の教師が単著を出すことは大変なことである。まして、現在とは出版状況も違う戦後初期、それも無着は新採教師であった。しかし、無着が「1948年」に「新採」として教師になったことが、今から考えてみると実践が生まれたことにつながっていったのではないかと思える。確かに、今回の佐藤藤三郎さんの話にあったように無着は、今までの教師と変わっていた。次のような新任挨拶など今では到底考えられないことである。

無着の新任挨拶
　「みなさんが利口者になろうとか、物知りになろうとか、頭がよくなるためとか、試験の点がよくなろうとして学校に来ていれば大馬鹿者です。学校は物知りをつくるため、あるいは立派な人間をつくるためなどといわなければならないほどむずかしいところではなくて、いつどんなことが起こっても、それを正しく理解する目と耳を養い、そして誰がみても理屈に合った解決ができるよう勉強しあうところなのです。とにかく愉快に楽しくくらしましょう。」
　　　　　　　　　　　　　　　　　　　　　　佐野眞一「遠い『山びこ』」文芸春秋

「山びこ学校」の実践はこのような挨拶をした無着の「個性」を抜きにして語ることは出来ないだろう。しかし、「個性」だけで実践を考えたのでは、実践の持つ歴史的な意味が薄まってしまうであろう。なぜ無着のような挨拶が出来たのか、このような挨拶を許したものは何だったかを少し考えてみたい。このことが無着の「個性」だけではない実践の基盤である。

　私は、無着のような実践は、当時（戦後初期）かなり行なわれていたのではないかと推測している。第1の根拠は、現在と違い学習指導要領が「試案」であり、文部省が「自分の脳味噌」で実践を創れと呼びかけていた戦後教育において「貴重な時期」の実践であったことである。教師の教育課程、実践の自由が保障されていた「貴重な時期」であった。このような状況は1958年学習指導要領以後40数年ない。第2の根拠は、ただどんな実践でも良いということではない雰囲気があったことである。当時の実践を支えている思想は「二度とだまされたくない。だましたくない」という上意下達の拒否＝「自分の脳味噌」で考える＝ノーということの大切さ（現在の教育状況とは違う）に満ち満ちていたことである。それは、戦争の反省＝教育の戦争責任＝平和・民主主義としての教育のとらえ直しということでもある。このことは、私は、現在でも当然のことであると考えているが、現在、平和・民主主義が「偏っている」と考える一部の方がいるのも事実である。この2つのこと―天皇制軍国主義教育の反省―が、「山びこ学校」の実践の根底にあったことを抜きにして、実践評価は出来ないだろう。

　私が、最後の勤務校になった千葉県市川市立第四中学校には『魂の技師』という本があった。露木昇の追悼の自主出版本である。出版主体は教え子である。新制中学校一期生で、無着が接した生徒たちより一才先輩にあたる。この生徒たちは今でも同窓会を行なっている。数年前、その同窓会に参加させてもらったが、和気相合としていた。「教え子」たちに「なぜ『魂の技師』などというすごい書名にしたのか」聞いてみた。そうすると「書名は難しくなかった。露木先生は、いつも教師は『魂の技師』だと言っていたからである」と語ってくれた。私は、「露木が自分の仕事を『魂の技師』というのはどのような気持ちだったのか」を推測してみた。私には教師の仕事を『魂の技師』と言いきる自信がないからである。露木は、戦前から教師をしていた。教え子を戦場に積極的に送ってきた教師でもあった。戦後、満州開拓団の一員に送った親から戦争責任を追及され、教師をやめようとも思ったと言う。しかし、露木はやめなかった。戦争責任のとり方として二度と教え子を戦場に送らない教育実践を追求しようとしたのである。これが露木の戦争責任のとり方であった。露木は、その後千葉県の教職員組合の結成に参加し、教職員組合運動を中心に平和と民主主義を追求していった。『魂の技師』……それは、「俺は二度と君たちを戦場に送ることはしない」という「平和・民主主義の魂」を自分も持つが教え子にも持ってもらう教育実践をするという決意であった。

　世代の違いはあるが露木の戦後教育への想いと二宮金次郎の銅像を見て「忍耐」「我慢」ではなく要求、主張する人間像をもとめ、柳田謙十郎の講演の中での「抵抗」という言葉に万雷の拍手をする無着から個性的な実践が生まれたのは文部省もベテラン教師もある種の自信喪失状態であり、新採教師をも含めともに教育を創ろうという謙虚な姿勢があったからである。いや戦争責任を直接課せられていない「新採」教師の実践を誰も文句が言えない雰囲気があったのではないか。このような中で無着の個性が発揮されたと考えたい。

(2) 新教科"社会科"への期待と"社会科を守る"こと

　無着と子どもたちの教育実践の発行は、紆余曲折をたどった。当初は「学生書房」から出版予定であった。出版部長・吉田守の「社会科教育実践記録」という発案であった。吉田は、1947年から始まった社会科教育の成果をまとめられれば戦後新教育の貴重な記録になると考えたのである。しかし、吉田の所に集まった実践は出版までに至るものではなかった。野口肇から子どもたち自身の作文を集める企画が出された。野口は以前に「社会科と子供たち」というルポを発表したことがあるからであった。野口は教育評論家の国分一太郎に相談をした。国分は手元にある作文と全国の仲間に呼びかけを行なった。数日後、野口が興奮して国分を訪ねた。

　「山元中学校の無着成恭先生という人が指導した『きかんしゃ』一本にしぼって一冊にしたいと思います」

　『山びこ学校』誕生の瞬間であった。原稿は印刷屋に送られ、編集部の「あとがき」（1950年4月1日発行予定）も準備されたが、「学生書房」は、1950年7月に倒産し、発行は空中分解してしまった。

　野口は、ゲラをもって「人民社」社長の佐和慶太郎を訪ねた。この時、佐和は経営危機の人民社を見限り「青銅社」という出版新会社の設立を目指していた。佐和は、再スタートのはじめの企画としていけると考えた。書名は『雪の子の記録』『山びこ教室』などが検討された結果『山びこ学校』に落ち着いた。

　ここで私が注目したいことは、ジャーナリストたちによる新教科・社会科に対する期待である。1947年、1951年学習指導要領における新教科・社会科の位置は教育の「コア」（中核）であった。『山びこ学校』の発行の契機は、初期（新教科としての）社会科への期待である。『山びこ学校』に対する評価は、教育論一般だけでなく社会科教育論として論じられなければならないだろう。現在、社会科は「コア」教科ではない。私学では受験科目でもない。そして、以前までの小学校から高校までの12年社会科はすでに解体されている。小学校低学年には「生活科」が導入され、高校では「地歴科」「公民科」に分けられ社会科という名称すらなくなってしまった。残るは、小学校3年生から中学校3年生までの7年社会科である。これすら心許ない状況である。小学校3～4年は「地域学習」（あるいは地域科）といってもかまわない状況がある。小学校5年から中学3年にしてもいつでも「地理」「歴史」「公民」にかえられても良い状況でもある。すでに文部省研究開発校の時間割のなかから社会科が消えている学校すら出てきている。社会科存立の危機である。子どもたちの人間形成にとっていらないものならなくなってもかまわない。戦後50数年しか歴史のない社会科は今、教科存立の危機に立たされている。もう一度、誕生の時期、成長の時期、退潮の時期を吟味する時である。その際、「コア」（中核）として位置づけられた初期社会科の存立基盤に目を向けたいと思っている。人々は、社会科に何を期待したのか。人々は社会科に何を裏切られたのか。社会科は、子どもたちの人間形成にとっていらない教科なのか。もし、いるとすればどのような内容が求められているのか。精選・厳選など「3割削減」という状況ではない。もっと厳しい状況に来ているのである。戦後初期、なぜ社会科は「コア」になったのだろうか。社会科とは何かを『山びこ学校』の実践を通して"社会科を守る"ということを考えてみたい。

　以上の2点から今年度『山びこ学校』を取り上げてみた。

2 社会科のはじまりと「山びこ学校」

　最近考えることがある。私は、いつから"保守派"になったのだろうかと。どうも最近の私の言動を見てみると「憲法を守る」「教育基本法を守る」「○○を守る」などと「守る」が目に付く。野球部の顧問をしていたが、確かに現在の長島巨人のようなホームランの花火より点を与えない守りの野球のほうが魅力的であるという考えは持っている。しかし、20～30代は攻撃的な生き方をしていた。年齢のせいなのであろうか。また、"社会科を守る"などと主張している。私は、社会科の何を守ろうとしているのだろうか。このことと「山びこ学校」の実践は関わっていると思うのであるが、実のところよくわかっていない。しかし、次のことは言えそうである。

　私は、戦後中学校社会科は3期に分けられると思っている。(1)初期社会科　(2)1958年以後の社会科（分野別社会科）　(3)これからの社会科である。(3)について先に述べれば、本来2002年からの学習指導要領の改訂で文部科学省は、このことに大きく踏み込まなくてはいけなかったにもかかわらず、踏み込んでいない。中途半端なものしか提示することが出来なかった。べつに文部科学省に未来像を提示してもらうつもりはない。私たちでマイプランをどんどん創っていくべきである。私の「青春を支える中学校社会科歴史学習の構想」は、そのささやかな取り組みである。

　戦後の学習指導要領社会科編に目を通してみよう。私は1958年以後の分野別社会科に魅力を感じない。とはいえ私自身は分野別社会科の中で実践してきたのであるが……。1947年、1951年学習指導要領社会科編には、社会科はどのような教科で、どのような力を子どもたちにつけていくのか、その方法にはどのようなものがあるかなどが盛りだくさんに語られている。賛否はともかく検討に値する素材が出されている。しかし、1958年以後今日までの学習指導要領社会科編では、目標、内容、内容の取扱いなどが極めて機械的に（官僚の文章的に）書かれているだけで、人を引きつけたり、実践に情熱的に取り組もうという意欲をかきたてるような文章ではなくなってしまった。おそらく後世では研究の対象にはならないのではないだろうか。今、"社会科を守る"ための内容検討では、初期社会科に立ち戻る以外にはないだろう。(1)　(3)をどのように繋げるかが私の関心である。

　初期社会科の中学校実践は「山びこ学校」だけではない。しかし、「山びこ学校」を通して、社会科とはどのような教科でなぜ日本の教育に登場してきたのかということを考えることは十分出来ると考えている。今回現地に立ち感じたことをメモ的に綴ってみた。

(1)　教育実践は、教室・学校・地域から創る

　このことは当たり前でないことは、今回の教科書問題でもわかる。「つくる会」（扶桑社）側は、教科書採択から教師の意見の排除を求め教育委員会の指導性を主張した。教育実践とは上意下達で行なうものと考えているようだ。

　初期社会科は違った理念であった。教育実践は、教室・学校・地域から創るものであるという考え方である。そのために教育行政（文部省・教育委員会など）は、教育実践に対する干渉を極力押さえた。学習指導要領は現在のようにどこでも「君が代・日の丸」を実施しないと処分するというような「押しつけ」をしなかった。教育実践の「大綱的な」ことを示すに過ぎず、あとは現場に任せたのである。中学校社会科は「一般社会科」「総合

社会科」といわれ各学年とも6つの単元が示されただけであった。この単元は、地理、歴史、公民的な要素があったが、分野を分けるのではなく関連が重んじられていた。

1947年学習指導要領社会科編Ⅱ

＜中学1年＞
1　日本列島はわれわれに、どんな生活舞台を与えているか。
2　われわれの家庭生活は、どのように営まれているであろうか。
3　学校は社会生活に対してどんな意味をもっているであろうか。
4　わが国のいなかの生産生活は、どのように営まれているであろうか。
5　わが国の都市はどのように発達してきたか。また、現在の都市生活にはどんな問題があるか。
6　われわれは余暇をうまく利用するには、どうしたらよいであろうか。

＜中学2年＞
1　世界の農牧生産はどのように行なわれているか。
2　天然資源を最も有効に利用するにはどのようにすればよいか。
3　近代工業はどのように発展し、社会の状態や活動にどんな影響を与えてきたか。
4　交通機関の発達はわれわれをどのように結びつけてきたか。
5　自然の災害をできるだけ軽減するにはどうすればよいか。
6　社会や政府は生命財産の保護についてどういうことをしているか。

＜中学3年＞
1　われわれは過去の文化遺産をどのように受けついでいるであろうか。
2　㈭われわれの芸術的欲望を満足させるために、社会はどんな機会を与えているか。
　　㈲宗教は社会生活に対してどう影響を与えてきたか。
3　われわれの政治はどのように行なわれているのであろうか。
4　職業選択に際し、また職業生活の能率をあげるためにどんな努力をしなくてはならないか。
5　消費者の物資の選択に際して、社会の力はどんな影響を与えているのであろうか。
6　個人は共同生活によく適合していくには、どうしたらよいであろうか。

＊「社会科とは何か」（石井）参照

　更に1951年学習指導要領においては学習項目を1年「われわれの生活圏」＝4項目、2年「近代産業時代の生活」＝4項目、3年「民主的生活の発展」＝5項目と絞っている。
　無着の「山びこ学校」は、このような学習指導要領の中学校1年「わが国のいなかの生産生活はどのように営まれているであろうか」の具体的な実践であった。無着のカリキュラム（指導計画）は不明であるが公式的には「いなかの生産生活」に23時間〜30時間程度（現在だと2カ月程度）かけてもかまわなかったのである。この間に自分の家庭の生活調査、分団（グループ）討議、調査活動など多様な方法が駆使された。夏休みの活動などをはさめば数ヶ月単位の「総合学習」の展開が可能な学習指導要領であった。（「山びこ学

校」を総合学習として考えるのもおもしろいと思う）無着は、教科書の「いなかの生産生活」の記述が山元に合わないという教科書批判をもとに教科書から離れ自分たちの"生活台"（東北を中心とする北方性教育運動では"生活台"ということが強調された。今日の地域にねざす教育ということである）である山元、それも自分の家庭の、自分たちが行なっている家庭の生産生活を中心に1947年版学習指導要領を教室・学校・地域から「自分の脳味噌」で具体化していったのである。

(2) 社会科のはじまり

無着の「山びこ学校」の実践を生んだ初期社会科の学習指導要領は魅力的である。それに比べ現行及び2002年度版のメッセージ性のなさにはあきれてしまう。

1947（昭和22）年学習指導要領は、これからはじまる新教科・社会科の理念を教師たちに熱く語りかけている。第一章 序論 第一節は、「社会科とは」で始まっている。

> 社会科の任務は、青少年に社会生活を理解させ、その進展に力を致す態度や能力を養成することである。そして、そのために青少年の社会的経験を、今までよりも、もっと豊かに深いものに発展させて行こうとすることが大切である。

更に第四節 社会科の学習指導法では、このことを追求していく為の指導の留意点が述べられている。

> その学習は青少年の生活における具体的な問題を中心とし、その解決に向かっての諸種の自発的活動を通じて行なわなければならない。
>
> 青少年は社会生活に関する真実な知識理解を与えられなければならないが、これは自分たちでなんらかの行動をなし、社会との交渉を経験することによってのみ得られるのである。なすことによって学ぶという原則は、社会科においては特に、たいせつである。

社会の事実を、真実を、関係を追求していくにあたり教師から青少年への伝達が中心ではなく、青少年の「なんらかの行動」「社会との交渉を経験」することを中心に青少年自らが学習主体となって学んでいくのであるということを強調しているとも言える。

私が、社会科に対して魅力を感じるのはこの学習行為である。私は、社会科、とりわけ中等社会科（中学、高校）では、オープンエンド型の授業が良いと考えている。今まで受験知（研究者によっては「学校知」という言葉を使う人もいるが、私は「受験知」とする）を出口で測定する知識の量を「学力」としてきた。しかし、社会科で大切なことは子どもたちが、「社会との交渉を経験すること」によって得られる学習主体としての知識の内容ではないだろうか。今回の自主ゼミもそうである。大学でテキストをもとにした学習だけでなく、現地に触れる（実践の"生活台"に触れる）、実践された学校を見学する、当時の子どもの話を聞くなどという「社会との交渉を経験」することによって大学での学習が

たしかめられ、さらに追求したい課題が鮮明になってくるのである。社会科は、出口での測定可能な知識の量ではなく学習の過程こそ大切にすべきであり価値認識に関わることについては決して教え込んではいけないということだと思っている。しかし、この社会科の発足理念は、文部省自らの手で1958年以降解体されていってしまった。初期社会科を創った当時の文部省の方々はこの動向に危惧を示し現在でも「社会科の初志をつらぬく会」という研究会をつくっている。

　今日、授業崩壊、学級崩壊という状況の中で授業のあり方が論議されている。その一つとして過程としての学びがある。この動向に対して注意深く賛意を示していきたいと思っている。（政策動向には、学びを個人的な行為として教育のスリム化のために国が基礎・基本をつけることを放棄する乱暴な意見もあるので＝「構造改革」も要注意）しかし、今日、未来の社会科を考えるとき1958年以来40年近い回り道をしてきたが、初期社会科の理念の継承という問題を検討することが必要だと思っている。勿論、継承とは批判的な継承である。岩波文庫が1995年に『山びこ学校』をだし、鶴見和子の「『山びこ学校』は歴史を創る」を終章としたのもこのような意図があると推察している。鶴見論文は、重要な指摘をしているが教育一般論になっている。社会科論として具体化していくのは中学校社会科教育の研究をしている私たちの仕事である。「山びこ学校」から今、何を継承したら良いのだろうか。今回の訪問を機に更に考えていきたい。

　＊授業での『山びこ学校』の実践検討

母の死とその後	江口江一
父の思い出	江口俊一
病院ぐらし	上野キクエ
三輪車	川合貞義
教科書代	川合ヤエノ
学校はどのくらい金がかかるのか	グループ報告
すみやき日記	佐藤藤三郎
米登録	川合義憲
父は何を心配して死んでいったか	川合末男
答辞	佐藤藤三郎
あとがき	無着成恭
はじめに	坪田譲治
解説	国分一太郎
「山びこ学校」は歴史を創る	鶴見和子

　ビデオ　無着成恭50年
　映画「山びこ学校」6月12日　昭和館

3 佐藤藤三郎さんの話

　佐藤藤三郎さんは、予想していた通り理論家であった。お話しを聞いていて無着そっくりという気もした。東北の現役の百姓として、もっと淡々と話をする方かとも思っていたが、いろいろな分野で活躍し講演する機会も多く、私たちの興味にあう話をすることに慣れているとも感じた。

　話の内容は、①無着先生の思い出　②「山びこ学校」当時の山元村の生活　③無着教育について　の3つであった。それぞれが大変印象深いものであったが、詳細に渡って述べることができない。メモ的に綴ってみた。

　①無着先生の思い出　佐藤さんにとって無着はやはり変わった先生であったようだ。「無着の新任の挨拶や風貌を見て、この先生に担任はしてもらいたくないと思っていたら、担任になってしまった……」（爆笑）また、新任挨拶は聞いていたよりももっと過激で「教師を信用するな……」などの話もあったようである。無着は、授業だけでなく、生活全体を通して教育していたこと、給与をさいて子どもたちに本を購入していたことなど青年教師の情熱を垣間見ることができた。

　②当時の山元村　家の仕事が忙しくなると「学校に暇をもらって休んだ、早退した」、「早退の理由は、家の仕事だけでなく、弁当を持ってくることができなかったことにもよる」

　当時の学校は、過疎地域ということもあったのだろうが正式な教員免許状を持っている先生は少なく代用教員だった。それも何人もかわった。教科書ですら全部終わらなかった。その点無着は高い知的水準を持った本当の先生だった。など当事者でなければわからないことを話してくれた。

　③無着の教育について　しかし、佐藤さんの無着への想いは積極的な評価ばかりではなかった。確かに生活綴り方などを通して、生活台をしっかり見つめること、具体的な事象の要因を分析すること、他のことと関連させて分析することなど科学的な認識方法はたくさん学んだ。その成果は、農学校でも大変役にたち論文を書く力は大変ついた。専攻科卒業の論文では400字の原稿用紙150枚の論文を書き、PTAから表彰された。（上山農学校卒業論文「小遣い帳から見た4年間の学校生活」、専攻科卒業論文「わが村の構造分析と有畜農業経営について」）しかし、佐藤さんは、無着教育に疑問も投げかけた。英語や数学の基礎的な知識が身に付いてなく高校で困った経験などからである。

　佐野眞一の『遠い山びこ』（文芸春秋）には第12章に「藤三郎の闘い」があり大変興味を引くものがある。その中に1960年「朝日ジャーナル」誌上で行なわれた「『山びこ学校』師弟対談」が紹介されている。この対談で佐藤さんは、次のように述べている。

　「無着先生の教育は非常に深みがあって、立派な人間教育だったと思う。だが、いわゆる一般的な知識をもっと大切にして、幅広く学んでゆかなければ、自分の問題すら解けないのではないか。世の中が悪いんだから農民は救われないんだと簡単に処理することは危険なんだ。」

　「生活記録運動という手段で世の中の仕組みにとっくんでいかねばならないかもしれないが、もっと直接的に生活をよくする方法があるんじゃないか。例えば、農業技術をもっと高めていくことによって、もっと高い農民の集団、農民としての自覚ができるんじゃないか。畜産の改善とか、村の構造分析とか、専門的に深く見きわめていかなけれ

ば、おれ自身の農民としての筋金が通ってこないと思うんだ。」

　佐藤さんの無着教育批判は、「山びこ学校」の実践は、どのような人間になるのかという道徳教育、生活指導が中心であり、農業の今後のあり方なども論じあった。しかし、百姓で生きていく私たちに必要なことは具体的な農業、畜産経営の技術とそれを支える知識であった。ここがないので百姓の総論で終わっていたのではないかということであった。この批判は的を射ていた。ただし、無着批判ということにとどまらない。無着教育の批判ということを通して初期社会科教育のコンセプトであった「経験主義」「態度主義」を批判しているのである。それに対峙するものとしての科学主義、基礎・基本の定着を主張している。現在の「生きる力」「ゆとりの教育」に対して各層から「学力低下」「基礎・基本の定着」という意見が出ていることと極めて類似している。しかし、このことは大変難しい課題である。無着は、教え子の佐藤さんの批判が相当こたえたようである。東京の私立明星学園での実践は、佐藤さんの批判に答えようとしたものであったが、『続・山びこ学校』はそれほど注目されなかった。科学的知識、科学的概念を獲得させる時、その獲得のさせ方・「科学的方法（過程）の研究」を軽視すると「伝達」「教え込み」の教育となり教育論として経験主義よりもつまらないものになってしまう。佐藤さんのいう科学の系統的な学習の課題は現在でも克服されていない。これからの社会科教育の実践課題だと思っている。また、佐藤さんの無着教育批判は、根本的には無着が非生産者（教師や僧侶）であり佐藤さんが生産者として生きるというところの違いでもある。前者はどうしても総論的となり後者はそれだけにとどまらず各論を求めている。この無着・佐藤論争をこれからの社会科を考える上で生かしていかなければならないだろう。

　佐藤さんの話は、過去の実践を踏まえ今後の社会科教育を考える上で大変貴重なものであった。

4　ぬくもりのある小さな学校・山元小中学校

　8月24日（金）上山市立山元小中学校を訪問した。山形では、すでに22日から2学期が始まっている。事前にわかっていたので授業があるこの日に訪問を考えた。2学期が始まって2日目にもかかわらず校長先生をはじめ全員の教職員の方々が歓迎してくれた。

　「山びこ学校の学校ということで、学生の訪問が多いのではないですか」と訪ねると「最近は多くはありません。教え子の方の聞き取りはあるようですが、学校にはあまり来ません。」という意外な返事であった。「山びこ学校」は、教育、学校実践である。しかし、その実践が、いつしか学校から離れ無着と子どもたちだけが語られてしまったのである。マスコミの弊害でもあろう。

　当日は、小学校の水泳大会であったにも関わらず、校長先生から山元小中学校の様子についてお話をしていただいた。現在、上山市で唯一の複式学級のある学校とのことであった。その後、授業を参観させていただいた。オープン教室の中で机が少し、先生と子どもたちが学んでいる。2年と3年、4年と5年が複式学級、子どもたちは別の黒板に向って学びあっている。先生は、一つの学年の指導をしてスキル（ドリル）をやらせ、他の学年の指導に入る。私自身、複式学級の授業を見たのは初めてであった。「教師になりたい学

生がたくさんいるのだから、先生を増やしたい……」中学生は、栽培活動をしていた。学校中にある農園の草むしり、生徒が数名で先生が３名というゆきとどいた様子だった。（生徒もさぼれないな。平気？）。山元小中学校では、地域学習を中心に「総合学習」を試みている。教務主任の女の先生が理科室、農園などを案内してくれた。

職員室は小中で同じ部屋、校長先生は一人だが、教頭先生は二人。みんなが生徒の名前を知っている学校。水泳大会が終わると農園でつくったスイカをみんなで食べる。私たちもご馳走になった。

現場を見ることにより困難な教員採用の状況の中でもがんばろうという意欲がわいてきたのではないかと思う。今後も現場に足を運びたい。また、戻りたいな。

5　来年もう一度『山びこ学校』へ

学校訪問の帰路、体育館の前に、老人たちがいた。話しかけると「教科書代」の川合ヤエノさんの御両親だった。母は、「無着先生は、いい先生だった……」といっていたが、父親の話は本場の山形弁で聞き取れなかった。この時、「そうだ。教え子の両親がまだいるのだ」と思った。教え子たちは現在66才、そうすると両親は90才前後である。両親は、子どもたちの生活綴り方をどう思っていたのだろうか。家庭生活がみんなに知れる（貧しさ、ヤミをしていること、学校なんか行かないで働けと言っていることなど……）、無着の教育をどう思っていたのだろうか。理解者であったのか批判者であったのか。

今回の自主ゼミで大変多くのことを学んだが、『山びこ学校』の奥は深い。今回できなかった佐藤さん以外の教え子の話も聞きたいし両親の話も聞きたい。私自身は、今年度だけの『山びこ学校』と考えていたのだが、来年度、この講座を担当できたらもう一度、学生と学び、夏、再び訪れたい。勿論、旅館は「伊勢屋」である。

このようなことから「中間的なまとめ」としてみた。

蔵王のお釜、大露天風呂、山寺、そして芋煮、米沢牛など山形の自然と名物にも触れられ学習と楽しみを兼ねた有意義なものであった。協力していただいた皆様と参加者にお礼を申し上げたい。

第六部 - 2.

「山びこ学校」は、歴史を創るか

＊掲載誌：「子どもが主役の社会科の授業」千葉県歴史教育者協議会編　2004年夏

1．無着成恭の社会科の授業

(1)　『山びこ学校』とは

　アジア太平洋戦争後60年余りがたちます。『山びこ学校』について述べますが、この間に「山びこ学校って何ですか」「それは作文、国語の実践ではないのですか」などとの声もよく聞いてきました。ですので少し『山びこ学校』について紹介します。

　『山びこ学校』は、1948年に教師になった無着成恭と43人の中学生が行った3年間の山形県上山・山元中学校での社会科の実践記録です。

　1951年に青銅社から出版されました。当時は社会科が発足（1947年9月）したばかりであり、多くの教師に戸惑いがありました。また、新教科であった社会科に対してアメリカの直輸入だなどと批判も出されていました。このような中で青年教師・無着は、戦前の北方性教育運動の遺産に学びつつ生活綴り方と地域調査を大切にした実践を「自分の脳味噌」で考え進めました。この実践は、多くの教師を励まし、話題となり映画化もされました。無着は、この実践書を、無着成恭「編」とし、生徒を作者として紹介しています。主な内容は、生徒の生活綴り方、無着の「あとがき」、先輩である国分一太郎の「解説」などで構成されています。青銅社、百合出版、角川文庫を経て、現在も岩波文庫として出版されていますので購入することができます。（岩波文庫版は、1995年に発行され、鶴見和子『山びこ学校は歴史を創る』が掲載されている）社会科発足後、中学社会科の実践書としては出版数では群を抜いている実践書でもあります。

　私は、『山びこ学校』発行50年の2001年度より社会科教育法（指導法）の授業で『山びこ学校』を読み始めました。目的は、社会科発足の理念をさぐるためです。そして、2001年度と2002年度の夏に自主ゼミとして無着の実践校を訪問し、当時の子どもたち（現在、68～69歳）に話を聞くことをしてきました。

　今回、山形大会でもあり今まで取り組んできたものの中間的なまとめを試みました。授業で、歴教協や民間教育研究会の実践を紹介すると「教育実習を行ったが、紹介された実践は"非日常的なもの"でお目にかからなかった」等との意見もかえってきます。「社会科とは何か」を『山びこ学校』から考えてみました。

(2)　生活綴り方からはじまる社会科の授業

　無着成恭編の『山びこ学校』岩波文庫版は、「本のはじめに」（坪田譲治・昭和31年2月＝1956年　初版本にはなかったのでしょう）、「この本を読んでくれるお友だちに」（山元中学校2年生一同・1950年）、「生徒たちの生活綴り方」、「作者紹介」、「あとがき」（無着

成恭・1950年)、「新版あとがき」(無着成恭・1956年)、「解説」(国分一太郎・1955年　これも初版本にはなかったのでしょう)、「岩波文庫版あとがき」(無着成恭・1995年)、「『山びこ学校』は歴史を創る」(鶴見和子・1995年)で構成されています。

①無着が、社会科の授業に触れているのは「あとがき」の次の部分です。
　無着は、生活綴り方と社会科の授業の関係についてこのように述べています。
　「私が社会科で求めているようなほんものの生活態度を発見させる一つの手がかりを綴方に求めたということです。だから、この本におさめられていた綴方や詩は<u>結果としてかかれたものでなく、出発点として書かれたものです</u>。一つ一つが問題を含み、<u>一つ一つが教室の中で吟味されている</u>のです。」
　「少し長くなるけれど例を一つとってみたい」として綴り方を出発点とした社会科の授業を紹介しています。(岩波文庫p314～323)
①出発点とした綴り方は、次のものです。

> 　ゆうべ、なわをなっていたら隣りのおっつぁがあそびにきました。おらえのおっつぁんといろいろ話していきました。××でぁ息子さ教育したばんで百姓つぶっ(ためにぶれてしまった)でしまっただな、あれゃあと云っていました。○○さんを学校にいれたばっかりで、○○さんが百姓いやになり、田を小作人に全部貸して自分は月給とりになったため、農地解放で小作人から田を全部とられたんだそうです。私もおっつぁたちの話を聞いていて本当だなあと思いました。百姓はやっぱり田にはいって泥をかまして(かきまわしていると)いるとよいのです。

　作品は、これだけではなかったようです。「同じような問題を含んでいる作品を並べ、お互いの生きた生活感情にしみじみとふれあいながら」導入がはじまります。
②この作品が教室で吟味されていく中で「百姓はやっぱり……というなっとくのしかたはこれでいいのだろうか」「教育を受けるとなぜ百姓がいやになるのだろう」「農地解放などなぜしたのだろう」「百姓の生活は運命みたいなもので、こういう状態から変わらないのだろうか」等の疑問が出されます。いくつもの「なぜ？」「はてな？」の学習問題が出されたのです。
③「百姓は、働く割にはもうからないか」等の疑問に対して班が組織され、調査がはじめられます。「損をする原因は何か」では、自然との関わりだけではなく、人と人の関わりもあるのではないかと学びが進みます。ここでは、江戸時代の武士と農民の関係をも調べていきます。
④父母の厳しい労働を見ている子どもたちからは、機械化の必要性が出されます。世界の農業はどのようになっているのか、世界の農業学習に発展します。
⑤このような学習の結果、次の2つのことが明らかになってきました。
　1．農民をもっと金持ちにすること。
　2．農民は自分さえよければよいという考えを捨てて、力を合わせ、機械化を考えなければいけないこと。
　生活綴り方から出発して、このように社会を見つめる授業が進められていきました。

② 「教科書代」と「学校はどれぐらい金がかかるのか」

「これって社会科の実践ですか？」と言っていた学生たちが「あっ、社会科だ！」と思う綴り方とそこから発展した地域調査が、川合ヤエノの「教科書代」と第一班の報告「学校はどれぐらい金がかかるのか」です。

ア 「教科書代」・いつもびくびくしている

ヤエノは、教科書代や学校の集金を納める時に、いつもびくびくしながら親に言っていることや親から「また金か」などと嫌みを言われることを綴り方に書きました。（義務教育での教科書無償は、1963年から暫時実施され、全学年が無償となったのは1969年度からである。私自身も教科書を買っていました。）

このことを鶴見和子の「概念くだき」で言えば、次のようになります。

理想	現実
義務教育なのだから安心して学校にいきたい。金のことを心配しないで学びたい。憲法26条には、義務教育は無償だと書いてある。	学校に払う金を親になかなか言い出せない。前夜から言えないので当日の朝に言うのだが、親から「また金か」と嫌みを言われて辛い。

ヤエノたちは、そんなに贅沢ではない理想と現実のはざまの中から何故こうなのかという問いを持ち始めるのです。

イ 私も同じだ。何故、びくびくしなければならないのだろうか？

しかし、この問いはヤエノの個人的なものではありませんでした。学級全員とは言えませんが、多くの友人から「ぼくも」「私も」という共感的な意見が出されました。そして、びくびくしなければならない理由・根拠を調べる地域調査が行われました。その報告書が「学校はどれくらい金がかかるのか」です。小遣い帳をもとに調べていきます。中学生が1年間にかかる教育費が一人2,795円です。この費用は、山元村全体の総収入を全人口で割った一人あたりの年間収入（9,181円）の約30％にあたります。さらに子どもたちは分析をしていきます。教育費は、父母が汗水垂らして働き、友人たちが学校を休んで働いている繭収入の約18％、炭収入の約37％にもなります。山元村の総予算に占める教育費の割合は約13％で、隣の本沢村の約14％を下回ることもわかりました。無着の指導の特色の一つは現状に対する告発だけにとどまらないで提言させていることです。どうすれば良いのかを考えさせ発信させています。子どもたちは、学校予算が村の総予算の20％程度になれば、びくびくしながら学校にいくことはなくなるだろうと提言します。

『山びこ学校』の大部分は、子どもたちの綴り方で、その綴り方を社会科の授業でどのように取り扱ったかについては詳細に書かれてはいません。しかし、綴り方から出発する無着の社会科の授業の概要はこの2つのことでつかめると思います。あとは、推測の楽しみを残しているのでしょうか。評価とのかかわってその推測については後述します。

2．「山びこ学校」の評価をめぐって

(1) 『山びこ学校の総合検討』

1951年11月、教育科学研究会の機関誌『教育』が復活＝創刊されました。創刊号では、「日

本教育の良心」と「山びこ学校の総合検討」の２つの特集で構成されています。
　特集２の山びこ学校関係は次の３つの内容です。

---

①　報告　綴方はすべての教師がかかせねばならないものではないのか
　　　　　　　　　　　　　　　　　　　　　　　　　　　　　　　　　無着成恭
②　解説　ぼくもそうだと思う　無着君　　　　　　　　　　　　　国分一太郎
③　座談会　山びこ学校の問題点
　　　　　　出席者　金沢嘉市（東京都小学校教師）
　　　　　　　　　　滑川道夫（成蹊学園小学校主事）
　　　　　　　　　　平田与一郎（山形県教育委員会指導主事）
　　　　　　　　　　船山謙次（山形県教育研究所所員）
　　　　　　　　　　本間甚八郎（山形県山元村中学校校長）
　　　　　　　　　　無着成恭（同教諭）
　　　　　　　　　　依田　新（名古屋大学教育学部長）
　　　　　　　　　　宗像誠也（東京大学教授）
　　　　　　　　　　岡津守彦（東京工業大学助教授）
　　　　　　　　　　富田博之（脚本「山びこ学校」作者）

---

①『山びこ学校』の問題点・船山氏の整理
　ここでは、あえて座談会で出された「山びこ学校」の問題点のみ取り上げておきます。
船山氏は、８つの批判的な意見がだされていると整理しています。
①イデオロギーの押しつけ
②暗い、経済・生産主義
③教師ばかりの個性が出ていて、子どもの個性が出されていない。
④方言の指導がこれでよいのか。
⑤計画性のないムチャクチャカリキュラムである。
⑥生産本意の教育だが、理科教育は行われているのか。
⑦生活綴方教育運動をどのように継承しているのか。
⑧子どもに大人の問題をおしつけ過ぎていないか。

②平田氏の批判
　とりわけ、平田氏は一貫して批判を試みています。その理由は次のことです。
①イデオロギー教育であるという意見に耳を傾けるべきである。経済とか生産とかを取
　り上げているが、中学生はここだけに関心があるとは思えない。他の面（スポーツ、
　ファッションなど）に関心がないのか。
②40分間も出席などに時間をかけていることを高く評価されては困る。教育には、即興
　的なものもあるが、そこには大きな統一的なものがあるのだ。
③人間にとって大切なことはということと同時に、教育技術的なものを大切にして欲し
　い。

④無着成恭をまねしようとすると混乱と相剋がある。誰にもやりなさいとはいえない。

『山びこ学校』が発行された当初に出されていた問題点を、今日どのように考えるかと言うことも「歴史を創るか」という問いにつながることです。

(2) 大槻健氏の評価

大槻氏は『社会科教育実践の歴史　中高編』（あゆみ出版・1984年）の中で「農村の現実にいどむ子どもと生活綴方―1951年・無着成恭『山びこ学校』（中学校社会科）」を執筆しました。

①『山びこ学校』の社会科実践史における位置づけ
　①社会科発足まもない当時、実践の方向にとまどいがあった。その中で、問題解決学習の原型を創った。
　②「地域に根ざす」社会科教育の原型を提示した。
　③社会科教育は、常に子どもの主体的な取り組みをこそ土台にして成立することを示した。

②実践の特色
　①リアリズムの教育の大切さを示した。
　②子どもの興味関心に傾いていた当時の状況の中で教師の指導と子どもの活動は一体となる実践の重要性を投げかけた。
　③この結果、子どもの目を社会科学的な見方までに導いた。
　④そして、子どもたちにねばり強い思考力を育てている。

③『続・山びこ学校』は『山びこ学校』の発展か
　さらに今日的な意義と課題を問うときには、この問題に突き当たると述べています。

3．『山びこ学校』から『続・山びこ学校』へ

無着は、『山びこ学校』から約20年後の1970年に『続・山びこ学校』（むぎ書房）を発行しました。

(1)『続・山びこ学校』での主張

「まえがき」では次のことを述べています。

「『主体的な学習』とかいって、自分で考える能力を育てることに重点をおくという授業がはやっていますが、教室で子どもにがやがやしゃべらすことで考える能力がつくものではありません。そのためには、自然や社会の現象を法則としてとらえた知識をきちんと子どもにおしえなければならないのです。

また、科学的な知識を教えると、科学主義だと批判して、人格形成こそ一義的であると主張する人もいます。しかし、科学というものが必然の認識であって、これが個人の世界観の基盤になることを考えれば、人格の形成と科学的な知識の教授とをきりはなす

ことのできないことがわかります。知識のない人は、つまり自分で状況の判断のできない人たちは、けっきょくは追従主義におちいらざるをえないでしょう。知識は行動の指針です。」

「あとがき」では、『山びこ学校』は、「生活経験主義的な教育の所産」「生活指導」「道徳教育」であった。「学習の出発点に子どもの生活をすえることはたいせつであるとしても、問題をときあかすためには、ながいながい系統的な、理論的な学習」が大切であると経験より系統性を強調しています。そして、『山びこ学校』はそのための「出発点」を提起したに過ぎないとしました。さらに自己批判が続きます。藤三郎たちは、「たしかに　現実を深く見つめ、それを文章化することで、自分の生活現実を客体化することはできました。(中略)それはすばらしいことですが、問題をいざ解決しようとしたとき、なにもできなかったのです。問題を解決するためのもっとも基礎的な、科学的な知識と技術・方法をおそわっていなかったこの子どもたちはなにもできなかったのです。」その例として無着氏は、『山びこ学校』の中の須藤真佐江、佐藤清之助の作品をあげています。

　　　　　山
　　　　　　　　　　　　　　　　　　　　　　　　　佐藤清之助

私は　学校よりも　山がすきです
それでも　字が読めないと困ります

　　　お母さんの言葉
　　　　　　　　　　　　　　　　　　　　　　　　　須藤真佐江

真佐江　つづり方ばかりしないで　国語も勉強しろ
大きくなって　漢字もしらないと困る　よそさ　ではると困る
学校に　はいってときばんだ　えまのうち　がんばて勉強しろ
大きくなると　勉強するひまなんかなくなるのだ　なあ　真佐江

　無着氏は、「当然教えなければならないことを教え」ていたら、このような詩は生まれてこなかったとしています。無着氏は『山びこ学校』の経験主義を自己批判し、『続・山びこ学校』では、教材の体系づけ、個別的な現象に貫かれている法則を大切とした学習に転換し、発展させたと主張しています。

(2)　『続・山びこ学校』での実践

　知識の系統性を大切にしようとした無着氏は、明星学園でどのような実践をしたのでしょうか。『続・山びこ学校』で無着氏は、教科担任制の私立小学校での国語の実践をまとめています。(『続・山びこ学校』は、教師集団で執筆されています)

　そこでは小学校5年生の「『せい』と『おかげ』」という作文が紹介されています。

　お姉さん「定規を貸して」と言われて引き出しをあけているうちに、落ちてしまいました。そこで作者の妹が「もう！こないだ、きれいに整理したばかりなのに！やあね、もう！おねいちゃんのおかげよ！」と言いました。すると、おねいちゃんは、「えっ？　えっ？　おかげだって？　バカみたい。」といいました。そこから○○の「せい」ということと○

○の「おかげ」と言うことの意味の違いを調べていきます。そして、「せい」と、原因ということであり、「おかげ」とは、人から受けた力添え、神仏の助けという意味であるから、この場合は『せい』という方が正しいと言うことに気づいたというものです。

しかし、無着の学習の転換は、発展だったのでしょうか。『現代教育科学』（明治図書）では、1982年11月号で「戦後の『実践記録』を読み見直す」を特集し、『山びこ学校』もとりあげられています。その中で奥平康照氏（当時・大阪市立大学）は、「人間的自立への教育」というタイトルで『山びこ学校』の読み直しを試みています。そこでは、発展というとらえ方に疑問を呈しています。

確かに『山びこ学校』には、限界があり、科学的認識の遺産の系統的な学習は見られない。「科学の方法論や技術」を先にすべきではないかと反省しているのだが、「この反省は正しい方向性をもっているのだろうか」と。そして、奥平氏は「無着は知識や技能を獲得していくことのすばらしさに目を奪われてしまって、知識や技能を学んで、それを用いていくところの、労働し生活する主体の意図的形成の重要性を軽視するようになってしまったのではないだろうか。」とのべ、発展説に疑問を投げかけると同時に『山びこ学校』の光を当てる部分を括りだしています。

4．鶴見和子「『山びこ学校』は歴史を創る」

(1) 岩波文庫としての発行（1995年）

さて、岩波文庫版に戻ります。岩波文庫版『山びこ学校』（初版1995年7月）には、子どもたちの綴り方、作者紹介の後、次の5つの文章——(1)無着成恭「あとがき」 (2)無着成恭「新版あとがき」 (3)国分一太郎「解説」(4)無着成恭「岩波文庫版あとがき」 (5)鶴見和子「『山びこ学校』は歴史を創るか」——が掲載されています。

ここで考えたいことは、なぜ、岩波文庫が戦後50周年という1995年に新版で文庫にしたのかということです。ただ名実践としてお蔵入りさせないで改めて引き出してきたかということです。このことは『山びこ学校』と現在をつないで考えることにもなります。

(2) 鶴見和子の再評価の根拠

岩波文庫の出版の意図をあらわしているのが鶴見和子氏の「『山びこ学校』は歴史を創ったか」です。鶴見氏は、無着実践から45年近くたつ1990年代にどのような理由から「山びこ学校」を再評価したのでしょう。

鶴見氏は『山びこ学校』がサンフランシスコ単独講和が行われた1951年に発行されたことと関わって、人々がどのように軍国主義の呪縛から解放され、平和と民主主義の価値観を形成していくかという問題意識から再評価を試みています。

そして、『山びこ学校』を考える今日的な意味を3点あげています。
①「いじめ」、受験戦争が続いている中で、無着学級の仲間づくり、学級づくりを学ぶ
　意味があります。
②教育方法としての「概念くだき」の大切さ
　　鶴見氏は、「概念くだき」を(ア)抽象的なことばや通念を、そのことば、または通念
　がでてきた日常生活や歴史的経験の場に戻して具体的に考え直すこと、(イ)理想型（こ

うあるべきだということ）と現実型（実際にあること）の矛盾に子どもたち自身が気づいていくことだと説明しています。

『山びこ学校』の中では、職業選択と田畑の反数の報告での理想と現実の矛盾を紹介しつつ、さらに、「聖戦」と加害の矛盾、「国際貢献」などでも「概念くだき」という教育方法の今日的な有効性を指摘しています。

③この方法は、学校教育にとどまらず生活記録運動として社会教育、労働組合運動などに広がりました。

(3) 概念くだきと社会科教育

鶴見氏の評価で授業論として検討したいことは、概念くだきでのことです。鶴見氏は、この書には理想と現実のはざまで葛藤する様子がたくさんあるといい、事例として川合末男の「父は何を心配して死んでいったのか」(教科書に書かれている職業選択の権利と現実)、川合義憲の「くぼ」（田畑の反数をめぐって先生は、ごまかしはいけないと言い、父は、ごまかしがないと生活できないと言う）をあげています。

①概念くだきとは

実践検討の前に概念くだきとは何かを整理しておきます。

概念くだきとは、生活綴方教育運動から生まれたものです。国分一太郎は『新しい綴方教室』(1952年)において、作文指導の中で子どもたちの独断や偏見にとらわれている考えや文章を改める仕事を概念くだきと述べました。それ以後、生活綴方教育の中での認識方法の特質を示す言葉として用いられるようになりました。国分は、認識の仕方として科学や芸術の成果の理解から現実認識という筋道と子どもたちの現実認識を拡大・深化させる筋道があると区別し、後者を生活綴方の特色としました。ここでは、ありのままの事実を書くことによって、事実に対する固定的な見方、独りよがりの見方、美文調の文章などを克服し事実に基づく科学的な認識の土台を形成することが大切にされていると言われています。（『現代教育育学事典』労働旬報社参照）

②川合義憲の生活綴り方

概念くだきについて子どもたちの作品に引きつけてみていきます。『山びこ学校』には、無着学級43人全員の作品が何らかの形で載っています。無着は、子どもたちを作者として紹介し、作品が一つの子どももいれば複数掲載されている子どももいます。作品で一番掲載が多いのが「母の死とその後」の江口江一、「答辞」の佐藤藤三郎ではなく、川合義憲のものです。最初に義憲の綴り方から概念くだきを考えてみます。

ア　作品名「くぼ」

理想・学校の学び	現実
・村の田畑の正確な統計表を作ろう。 ・ごまかしをごまかしと見る目や、身体を作ることが大切。	・そんなに調べなくてもよい。先生は県から頼まれているのだから。 ・多く報告したらご飯も食べられなくなる。そんなことしなくてよい。

義憲　・わかったことはどこの部落が一番うそつきかということ
　　　　　　・先生は、それでいいのだ。そこで君たちが何を考えるかが問題だのだという
　　　　　　・いったい何を考えればよいのだ、どうすればよいのだ。

イ　作品名「やみ」

理想・学校の学び	現実
・やみは法律違反である。 ・親たちは愚痴を言っているだけだ。それだけでよいのか。	・父が小豆のやみをやったことがわかり検察庁に呼ばれ、罰金を科せられた。 ・多くの農家がやみをしている。そうしないと生活ができない。 ・巡査も行っている。見逃している。

　　　義憲　・愚痴ばかり言っていないで役人の前で言えばよい。
　　　　　　・法律に違反した百姓が悪い。やみに頼っているとよい生活にはならない。

ウ　作品名「米登録」

理想・学校の学び	現実
・米の登録を従来からの業者と農協が行うようになった。どちらにするかは個人の判断に任されている。	・村は、農協で取りまとめようとしている。 ・従来からの業者は、登録員を確保しようとして必死である。買収的なこともしている。義憲の家にも来た。 ・村には、以前から業者に世話になった家もあり買収に応じている動きもある。

　　　義憲　・買収を応じることは間違いである。農協が赤字ならばみんなの力で赤字をなくす努力をしなけれなならない。
　　　　　　・綴り方は、仮名で書いている。

　無着氏は、作者紹介で義憲のことを「誰にもずけずけと文句を言いながら憎まれることを知らない。笑えば、えくぼが印象的だ。愛される理論家である。」と紹介しています。子どもの目線で地域の出来事の中に現実と理想の矛盾を感じ、それに対して感じたこと、考えたことをありのままに綴っています。そして社会を認識しようとしています。その認識の仕方は、現実と理想の葛藤から形成されるジグザグなものですが、その中での子どもたちは、親の生き方や村のあり方を批判的に検討し、あくまで理想を追求しようとしていることが義憲の綴り方から見えてきます。

③川合ヤエノ「教科書代」と「学校はどれくらい金がかかるものか」（第一班報告）
　川合義憲の作品が社会科の授業でどのように扱われたのかはわかりません。それに比べて、前述した川合ヤエノの「教科書代」は、この作品が契機となってグループ研究「学校はどれくらい金がかかるのか」が行われ、どのように社会科の授業が行われたかを推測することができます。
　この２つの綴り方から改めて、概念くだきについてもう少し検討してみます。

理想	現実
・無駄遣いはしていない。学校に払う教科書代、旅行費などをびくびくしながらもらう状態をなくしたい。 ・このことは、学級の村の多くの子どもの共通の願いである。	・学校に払うお金を親になかなかいいだせない。 ・前夜にいえないので朝に言うことが多い。 ・その時に、「また金か」などど嫌みを言われる。

「このようでありたい」理想・願いと現実のはざま、それも他人ではなく自分たちの経験の中にある出来事……、ヤエノの「教科書代」は、多くの子どもたちの共感を得て「学校はどれぐらい金がかかるのか」の調査が行われました。

グループ研究は次のように進められました。

(1) 小遣い帳をもとにして1カ月平均一人中学生がかかる支出が約233円（学用品代、本や雑誌、雑費など）となる。
(2) 従って、1年間では約2,796円となり、山元中学校全体では424,992円となる。小学生と合計すると村全体では971,040円である。
(3) 山元村全体の年間総収入は、18,241,177円、一戸平均にすると59,682円となる。一戸平均6.5人とすると、一年間収入の平均は9,181円である。（ここから税金が引かれる）そうすると2,796円は、かなりの比率である。（一人年間収入の30％）
(4) 私たちが学校や小遣いで使う金は、村のまゆ収入の17.6％、炭収入の37.3％になる。かなりの負担である。私たちが堂々と学校に行けるようにするのにはどうしたらよいのだろうか。
(5) 村の教育予算はどうなのだろうか。昭和24年度の山元村の総予算に占める学校予算は、小中合わせると13.74％である。この現状では理科の実験道具などほとんどない。
(6) 本沢村を調べると学校予算は14.4％もある。
(7) 学校予算が20％以上になると私たちがびくびくしながら学校に行く状態はなくなるのではないか。

無着氏は、この綴り方を社会科の授業でどのように扱ったのかについては書いていません。しかし、どのように授業が進められたかを推測することはできます。学習課題（テーマ）は、たぶん、次のようなことが設定されたのではないかと思われます。

> 私たちは、無駄使いをしていない。学校に払うお金を親に言うとき、なぜびくびくしなければならないのだろうか。その根拠とそれを解決する方向を探ろう。

子どもたちは、生活認識に根ざして、現実を規定している科学的な根拠と現実の諸問題を解決する方向を模索しあっていきました。その過程で社会認識を育てることが概念くだきです。この実践は、「概念くだき」や無着氏の社会科の授業を具体的に理解させてくれます。

5. なぜ、今、『山びこ学校』なのか

　私の実践課題は、これからの中学校社会科の「かたち」です。「かたち」について最初に報告したのは1995年宮城大会でした。社会科の授業では社会科通信を発行してきましたが、年々その号数が減ってきたのに気がついたのは1980年代から1990年代のはじめにかけてでした。文部省（当時）が、学習の転換を声だかに言い出したのは「新学力論」を主張し始めてからです。（1990年代はじめ）私は、お上の通達からではなく子どもの実態と実践から学習の転換の必要性を感じてきました。それは次のことからです。

(1) 私にとっての「学習の転換」

　私は、たかだか社会科の教師にすぎないと感じたのは、1980年代の「中学生問題」でした。私の社会科は、日常的に吹き荒れている校内暴力、対教師暴力、薬物乱用による人格破壊など子どもたちの民主主義や個人の尊厳、学級・学校の平和などに関わる問題に無力でした。それは、全体をみないで個ばかり考えていたからです。全体とは、中学教育・中学生の発達であり、個とは教科としての社会科のことです。言い換えると社会科を教育課程（全体）の中にきちんと位置づけていなかったのです。世間では、学習の転換として「教えから学びへ」「学びの主役」などの語句が多用されたがあまり心に響きませんでした。これらの主張はある部分は言い当てているのですが大事なことは中学校教育でどのような子どもを育てようとしているのか、そこに教科としての社会科がどのように関わるのということこそ問われているのだと感じていました。ここに迫らない学習の転換論は、技術主義の域をでません。私は、1980年代の「中学校問題」に遭遇し、いやが上にも今までの授業を変えざるを得なくなったのです。

(2) 学校五日制と中学校社会科の「かたち」

　今、私たちは学校五日制・年間100時間を切る中学社会科をどう創るかという社会科が発足した1947年9月以降、初めての体験をしています。しかし、どうも教科教育論議が進展していません。

（表1）中学校社会科授業数の変遷

年	1年	2年	3年
1947年	175	175	210
1951年	140〜210	140〜280	175〜315
1958年	140	175	140
1968年	140	140	175
1977年	140	140	105
1989年	140	140	70〜105
2002年	105	105	85

(表2）削減率

	1年	2年	3年
最多の1951年に対して	50	62.5	73
1958年以降に対して	25	40	51.4

　教科の論議は、小中では「総合」に押されてほとんど行われていない状況もあります。しかも、授業時間の削減の中で悩みは深刻です。
①教科教育の基礎基本が論者によって違ったまま論じられています。
　　何を基礎基本と考えるかは子どもの発達を見据えて丁寧に論じるべきです。たとえば、いま流行の「百ます計算」は、反復繰り返し学習であり小学校低中学年の子どもたちは知ること、覚えることそれ自体を新鮮と考えているので一定の意味がある学習です。しかし、中学生は事柄の関係や背景などに興味が出てくるので行っても１年生の前半ぐらいまでだと思います。このようなことは討論学習についてもいえることです。中学１～２年生と中３以降とでは違うと経験的に感じています。中学前半（抽象的であるが）では、批判的な意見を"はらませて"自分の意見を言うことは難しいことです。自分の中にもう一人の自分ができてくるなかで討論が可能になると考えます。この時期は高校でしょう。中学生の実践を"討論"で括ることには無理があると思います。ですから私自身は中学校では、討論授業という言葉を避けて「問いかけながら学ぶ」と表現してきました。社会科をはじめとする教科教育の基礎基本の論議を子どもたちの発達と関わらせてどのように進めていけばよいのでしょうか。学校五日制、授業時間の削減の中では、このことを迫っていかないと基礎基本の方向性が見えてきません。
②相変わらず自分が担当する教科の枠組みだけで授業時間数や教育内容が論じられている傾向があります。
　　中学校でいえば一番たいへんなのは週１時間の教科です。全体の中で教科時間数を考える必要があります。担当の教科の時間がもっとほしいならば「週六日制」「７時間目の授業」などの主張もありという前提で行わないと教科エゴとなります。今、必要なことは教育課程全体の中で教科教育を考えることです。
③②と関わって従来の内容を死守ないしは肥大化しようとする傾向があります。
　　このことは学校五日制を前提とする限り無理です。また、中学校では選択教科や総合学習が「邪魔者扱い」にされている傾向も一部に出てきていますが、私は、中学校教育にとってある程度の選択教科、総合学習を是とする意見です。（今は少し多すぎる。特に中学３年）今、大切なのは従来からの教育内容の死守や肥大化ではなく、教育内容の再構成だと考えます。この作業は、本来、学校五日制とは関係なくとも進めなければならないことであって、今がチャンス到来と考えているのですが……。しかし、このことは出口に入試を抱え、かつ少子化の中でも競争加速の方向で進んでいる中では慎重かつ丁寧に進めていく必要があります。
　　ここで強調したいことは、"教育内容の再編"の必要性です。教育方法（調べ学習、体験学習など）の研究も大切ですが探求的、問題解決的な学習を組んでも教育内容の吟味に迫らないと今日的な教育動向を見据えた教科教育の方向が見えてこないという

ことです。

(3) 青少年に再び「生気と希望」を与える社会科に

　文科省の学力テストの結果、受験に関係なければ社会科は学ぶ意味がないと答える子どもが多くなっています。このことは大変深刻な問題です。社会科は「死に体」となっているといっても過言ではありません。教育内容の再編成の方向が見えてこないと益々受験以外の学びの意味が見えにくくなる傾向が出てくることが懸念されます。これからの社会科の「かたち」を考えるために、もう一度社会科発足の初志を見つめる必要性を感じています。なぜ、敗戦後、社会認識を担当する教科が地理、歴史、修身という教科ではなく社会科として発足し、多くの時間を用意したのでしょうか。

Ⅰ　初期中学校社会科（1947年度、1951年度版学習指導要領）特色

①教科構造として「一般社会科」「総合社会科」をとったことである。

　　1947年版学習指導要領（試案）では、「第一章　序論　第一節　社会科とは何か」「第二節　社会科の目標」などを熱く示しています。そこでは、これから始まる社会科の性格を次のようにしています。

　　「社会科はいわゆる学問の系統によらず、青少年の現実生活の問題を中心として、青少年の社会経験を広め、また深めようとするものである。したがってそれは、従来の教科の寄せ集めや総合ではない。それゆえに、いままでの修身・公民・地理・歴史の教授のすがたは、もはや社会科の中には見られなくなるのである。」（1947年「学習指導要領・社会科編・第一章　序論　第一節　社会科とは」）

　　「これまでは、社会科の内容となっている歴史・地理・公民などは、いずれ別々の教科として扱われて来たのであるが、一般社会科としては、本書に示してあるように、中学校あるいは高等学校の生徒の経験を中心として、これらの内容を数個の大きな問題に総合したものであって、教科そのものの内容に系統だてるようなことはやめることとした。」（1947年「学習指導要領」・社会科編Ⅱ・第一章　序論　一般社会科の意義）

　　など従来の系統的な教科構造と断絶したのです。

②青少年の社会的経験を軸とした学習

　　知識の系統に代わるものは青少年の社会経験でした。

　　「今度新しく設けられた社会科の任務は、青少年に社会生活を理解させ、その進展に力を致す態度や能力を養成することである。そして、そのために青少年の社会的経験を、今までよりも、もっと豊かに深いものに発展させていこうとすることがたいせつである。」（1947年「学習指導要領・社会科編・第一章　序論　第一節　社会科とは」）

　　「青少年は社会生活に関する真実な知識理解を与えられなければならないが、これは自分たちで何らかの行動をなし、社会との交渉を経験することによってのみ得られるものである。なすことによって学ぶという原則は、社会科においては特に、大切である。」（同上　第四節　社会科の学習指導法）

③中学校での国史の存続（２つの社会科）

　　小学校社会科は、上記の２点を特色としましたが、中学校では社会科の発足と平行して国史が存続しました。

1947年版では、社会科とは別立てで国史が中2で年間35（週1）時間、中3で年間70（週2）時間当てられていました。1951年版では国史の名前は消えましたが、「備考」で国語の中には習字が、社会の中には日本史（国史改め）が含まれていることが述べられています。この日本史（国史）は、前述した社会科発足の理念とは異なるものでした。重松鷹泰は、初期社会科は、「小学校のそれと、中等学校のそれとが相当いちじるしくちがっているのである」（重松鷹泰『社会科教育法』誠文堂新光社）と述べてます。中学校では「二つの社会科」が並行していたのです。この事実は、しっかり見つめておく必要があります。

　しかし、学習指導要領における国史・日本史については「異例」ともいえる扱いでした。中学校・高等学校学習指導要領・社会科編（1951年）第Ⅱ章社会科の教育課程では、社会科と日本史の関係について次のことを述べています。

　　ア　日本史を一般社会科と別に設ける積極的な理由は存在しない。
　　イ　過去の日本史が極端な日本中心主義の養成になっていたことは不幸なことであった。日本史は、日本の現代社会の歴史的な背景を理解させるために設けたに過ぎない。
　　ウ　社会科と日本史が別立てになっているが、日本史を別個に課さないで一般社会科の中で行うことも可能である。

　これでは、日本史（国史）の否定と同じである。なぜ、このようなことが起こったのかについては別の機会に考えたいと思います。ここでは、初期社会科といっても小学校と中学校では違いがあること、それは歴史教育について顕著に現れていることのみ押さえておきます。

　ともあれ社会科は、上述のような特色を持ちながら子どもたちに社会生活に積極的に参与し、社会の進展に貢献する態度を育成することを狙いとして「青少年の生活に希望と生気」（1947年・学習指導要領）を与える教科として発足したのです。現在の社会科の授業の状況を考えると「生活に希望と生気」を与えるという語句は光まぶしいぐらいに輝いて聞こえる。「今・これから」を考えるために改めて、「初志」に立ち戻り考える必要性を感じます。

Ⅱ　「山びこ学校」への注目

　次のことから『山びこ学校』に注目してみました。
①社会科の初志を検討することは、初志に戻ることでありません。当時と時代は異なり多くのことについては戻ることはできませんしその意味もありません。大切なことは、初志のどの部分にもう一度光を当てるのかを問い、今に生かせる理念を探ることです。
②実践的に学ぶことが大切です。無着成恭『山びこ学校』（1951年3月青銅社から発行）は、このことを考えるにあたっての最適な実践です。『山びこ学校』は青銅社、百合出版（29版）、角川文庫（35版）、そして岩波文庫から出版されました。戦後の社会科関係の実践は社会科教育のみならず多くの教育関係者、父母からも読まれ、発行数では最多の社会科教育実践書と言えます。岩波書店は、敗戦50周年の1995年に新たに文庫にしました。『山びこ学校』は50数年と何をつないでいるのでしょうか。つなぐことができるのでしょうか。できるとすればそれはなんでしょうか。再び「青少年の生

活に希望と生気」（1947年学習指導要領）を与える中学社会科の「かたち」を考えるために検討する価値があると考えます。
③とりわけ、鶴見氏が評価している「概念くだき」という授業論、教育方法論を検討し直すことは、中学生（青年）の社会の学び、さらに、その学びを年間にわたって保障する社会科の教育課程づくりにとって大きな示唆を与えるものだと考えます。

6．今に、何を継承するか

　この３年間、なぜ、社会科教育法を取り上げてきたのだろうか。そして、無着氏の実践校である上山中学校を２度訪問し、そこで何を考えあってきたのだろうか。『山びこ学校』の何を今に生かしたらよいのか４つのことを考えてみました。（今夏の山形大会を通して最終の整理をしたい。今回は中間的なものである。）

(1) 社会科とは何かを考えさせられる―生きた社会科―

　年度当初、綴り方を淡々と読み「『山びこ学校』を手に取ってみると、何のことはない中学生が書いたただの文集かと思った。……」と感想を書く学生が大変に多いのです。しかし、読んでいくと現代でも可能かという疑問を持ちつつも、「私たちが受けた社会科の教育といえば、申し訳程度に稲作の体験や農作物の栽培の体験作業を行うくらいで、経験より知識の習得を重視した教育であった。そして現在の教育も『ゆとり教育』を謳っていながら、系統主義的な知識重視の教育が続いている」、私は、「初めて生きた社会科というものを目にすることが出来た。……」という意見を書く学生が多くなります。『山びこ学校』を学ぶ魅力は、従来の社会科の「概念をやぶり」ながら学ぶ快感です。社会科とは何かという問いを持つことが出来ることです。学生が言う「生きた社会科」とは、何を指しているのでしょうか。第一は、社会科は、社会を認識する教科であるということに改めて気がつくことです。社会科教育の争点は、実践的には問題解決学習か系統学習かということではありません。私が行ってきた、また多くの学生が受けてきた「系統学習」は、何に系統の軸を定めていたのかがわかりにくいものです。あえていえば知識の羅列的なもので、そこに系統を見いだすことは出来たかという疑問もあります。従って、『山びこ学校』で社会科とは社会との交渉の経験や知識（社会に問いかけながら）を通して社会を考える教科であることに改めて気がつき、新鮮さを感じるのです。（教科書の「狭い」社会でなく「広い」社会を）第二は、大槻氏が指摘しているように社会科教育（社会科とは限らず）の土台は、子どもの主体的な学びということに気がつくことです。それも個の学びというより集団での学びです。社会科は、ワイワイガヤガヤしながら学びあう教科です。「生きた社会科」とは、このようなことを指しているのです。このことは継承に値します。

(2) 系統的な知識とは

　無着氏は、子どもたちは綴り、考えあった解決の方向性を出すだけの知識を育てていなかったと自己批判をしています。『続・山びこ学校』は、この課題に挑んだとしています。子どもたちは農村の未来を「機械化」「農業の集団化」に託したが、これは知識が少なかったからなのでしょうか。佐長健司氏（佐賀大学）は、『山びこ学校』には、「世間」と「社

会」が混在しており、顔見知りの排他的な人間関係の「世間」の中で考えているから「団結心」とか「学校はどのぐらい金がかかるのか」、「母の死とその後」（4　考えていることなど）などのような解決になると述べています。（『現代教育科学』1995年5月号）では、「世間」科ではなく、オープンな人間関係で貨幣経済を原理とする「社会」の中で「社会」科として、これからの農業、学校予算、教育、貧乏などを考えさせるためには、どのような学びが必要なのでしょうか。佐長氏は、無着氏が建前は社会、実際は世間という事態に無自覚であったことを指摘していますが、「世間」と「社会」の違いを自覚した実践の方向や知識の系統を提示してはいません。子どもたちや山元村の生活経験を何につなげたら社会に対する認識がさらに深まったのか具体的に検討することの方が重要だと思います。

　『山びこ学校』は、このことを考える素地を提起しています。「学校はどのくらい金がかかるのか」の調査については前述した通りです。確かに、さらに山形県の教育予算、憲法第26条の義務教育の無償、教育基本法での授業料の無償など国民の学ぶ権利と山元村の実態を考えさせることも可能であったでしょう。また、江口俊一の「父の思いで」の綴り方は、戦争、戦争責任などを考える問題提起をたくさんしています。江口家に1947年父の戦死の知らせが来ました。みんなで「ちきしょう」と思いました。しかし、誰に「ちきしょう」といえばよいのでしょうか。父は何のために戦死したのでしょうか。誰のために戦死したのかわかりません。骨箱の届いたときのことです。あけてみると骨はなく位牌だけです。役場の人が天皇陛下からだと杯を持ってきました。弟は「とうちゃんばころして、さかづきなどよこしたってだめだ」といって泣きました。4年前、お国のためにといって送り出した村の人も今では「戦没者の遺族」等と迷惑そうにしています。……と綴り方は続きます。しかし、無着氏は、この綴り方でどのような授業を行ったかについては述べていません。私は、この綴り方から「俊一の父はどこで死んだのか」「なぜ、骨は戻らなかったのか」「そこでの戦闘はどのような様子だったのか」「山形で何人死んだのか」「日本全体で何人死んだのか」「日本は外国の人を何人殺したのか」「この間の戦争はどのような性格のものだったのか」等いろいろな問いが包含されていると思います。このような事例はたくさんあります。このことから「世間」から「社会」を学習の対象にする可能性もありました。『山びこ学校』を単なる「生活経験主義的な教育の所産」（無着・『続・山びこ学校』）としてしまって良いのでしょうか。生活経験を通して科学的な社会への見方を育てる可能性を提起した実践として再評価すべきだと考えます。

(3)　主体的な学びの形成

　また、無着は「知識」と「思考」の関係をどのように考えていたのでしょうか。知識は思考の土台でもありますが、思考から知識に向かう矢印もあります。『山びこ学校』が多くの方に読まれ、鶴見氏が積極的な評価を試みているのは、生活、労働をしながら懸命に、真剣に社会を見つめようとする子どもたちの学びの姿です。そこには教師・無着氏の指導があったのですが、農業体験者としては無着氏よりも多くの経験を持っていた子どもたちの「子ども性」（自主性）を垣間見ることが出来るからひかれるのです。だからここでの学びは労働組合運動や社会教育にも生かされてきたのです。青年期では、知識から思考の矢印だけでなく、疑問や考えたいことから、みずみずしい正義や現代的な感覚などで行動的に知識を獲得しあう学び、その学びの場としての授業を構想する視点も学ぶことができ

ます。奥平氏が指摘した「主体の意図的形成」をこのように考えてみました。
　たとえば、社会科の中で
　　・米ソ対立が無くなったのになぜ戦争が続くのか
　　・大国同志でなく勝負が決まっている大国と小国がなぜ戦争をするのか
　　・大量破壊兵器を持っているとのことで核を持っている国が攻めることをどう考えるか
　　・鉄道（南満州、満州など）と日本の侵略はどのように関係していたのか
など主体的な学びにつながる知識と思考の関係を考えることも可能です。知識を順序よく教えていけば系統的な認識が育ち、主体的な学びが育つと考えるのはあまりにも楽観的すぎないでしょうか。無着氏は、「自分の脳味噌」で考える主体的な学びを、労働に従事している子どもの実態を生かして生活綴り方という方法で始めたのです。生活綴り方の方法に固執するのではなく、現代の子どもたち、地域性を考えながら主体的な学びをサポートする教師の指導性を多様なことから考えていくことの意味を『山びこ学校』から読みとることもできると思います。

(4) 総合社会科

　多くの学生が『山びこ学校』の実践を「総合的な学習の時間」と重ねてその今日的な意義を論じています。そのことも意味はあるのですが、それ以上に必要なことは教科論として考えることです。『山びこ学校』は、総合社会科という位置づけが可能にした実践です。
　中学校社会科は、社会科○○分野とはなっていますが、実際は、「中学校地理、歴史、公民」学習です。社会科が持っている総合性はあまり意識されていません。「これからの社会科」を考えるとき、教育内容の再構成（政策側のクロスカリキュラム論も含め）と実際の授業時間数から考えて、分野ごとの教育内容の再構成だけでは、ことが進まない事態も考えなくてはならないでしょう。中学校の教科課程論は高校入試と関わらないと前に進みにくいので「先取り」はしにくいのですが、当面の問題として、たとえば
　　・地理分野の世界と公民分野の世界
　　・歴史分野の高度経済成長以後の現代史と公民分野
　　・地理分野の世界と歴史分野の世界史的なもの
などの相互乗り入れ的なことから、高校では消えた「社会科」としての総合性を考えることも視野に入れる必要があります。
　以上の４点を今日の中学校社会科の中で考えていくことにより『山びこ学校』を今後に継承していくことが可能であると確信します。

第六部 − 3.

「山びこ学校」を学ぶ

＊掲載誌：『授業記録「山びこ学校」を読む』（私家本）2008年12月

　本冊子は、日本福祉大学こども発達学部・社会科研究の前半レポートをまとめたものである。この授業は１年生が受講する講座で、私としては１年生を対象に教科教育法を担当するのは初めての経験であった。多少の不安もあったが学生による積極的な受講姿勢によりこのように冊子を作成しまとめをすることができたことは喜びである。友人の「山びこ学校観」を熟読し、授業＝社会科の初志を再度、学びなおしていただければ幸いである。尚、『山びこ学校』（岩波文庫）をテキストにし、後期の約半分をかけた意図について若干記しておきたい。

(1) 社会科教育の基礎基本を学びたい

　１年生だから簡単なことから学びたいとは考えていない。私の大学における社会科教育の構想の大綱は以下の通りである。
　①社会科研究……ねらいは次の２つである。
　　　　　　　㋐社会科教育の土台を学ぶ。土台とは初志の理念である。
　　　　　　　　　45分（あるいは50分）を前提とした教育実践から講座には入らない。社会科発足の歴史と戦後導入れた経緯、そこからくる社会科教育の理念や戦後教育の出発と社会科（なぜ、社会科は戦後初期に中核教科＝コアとされたのか）などを学びたい。
　　　　　　　　　しかし、学生は具体的なものを要求している。この初志の理念を『山びこ学校』の実践を通して学び、社会科教育の土台を考えたい。
　　　　　　　㋑その上で、初志を生かした現代の実践をいくつか紹介したい。
　　　　　　　＊模擬授業などは行わない。土台がしっかりしないと行っても砂上の楼閣になる可能性があるからである。このような講座には学生は当初、戸惑うことも考えられるが見通しを持ちたい。
　②社会科教育法・社会科指導法（２〜３年）
　　　　　　　ねらいは次の通りである。
　　　　　　　㋐先行授業の成果をしっかり学びたい（現場教師、学生の模擬授業の成果）。このことをしないで学生に"丸投げ"をしない。理念→先行実践→授業づくりと進んでいきたい。
　　　　　　　㋑とりわけ教材開発を体験させたい。
　　　　　　　㋒このことを踏まえて模擬授業を体験させたい。

このように考えたのは、社会科教育研究及び教育法・指導法をテクニックの問題に終わらせたくないからである。このような私なりの見通しを立て本講座を計画した。本冊子は、その土台に当たる。

(2) テキスト『山びこ学校』

　本講座は、小学校社会科を研究の対象にするものである。『山びこ学校』は、戦後初期に山形県山元中学校で行われた無着成恭と43人の中学生による実践である。なぜ、中学校の実践なのか。テキストにした主な理由は次の3点である。
　①戦後初期に小学校での優れた実践はたくさんあるが、現在でも出版され容易に学生が手に入るものはない。
　②『山びこ学校』は、中学校の実践ではあるが中心は生徒の生活綴り方であり、学生にも読みやすく、現在も岩波文庫として発行されている。値段も735円で手頃である。
　③社会科発足当時の状況や理念がわかり、学生に社会科に対する「概念やぶり」を起こさせる可能性、インパクトのある実践である。

(3) 『山びこ学校』への想い

　かなり前から使用していたが、本格的に『山びこ学校』をテキストにしたのは、発行50年目の2001年からである。この年の夏休みに自主ゼミとして10名の学生と山元中学校を訪れ、佐藤藤三郎さんに話を聞いた。さらに翌年の2002年、再び20名の学生と訪れ川合ヤエノさん、横戸惣重さんなど5人の方のお話を聞き、山形県立教育資料館の学芸員の先生から当時の山形における教育状況などもうかがった。この自主ゼミに参加した学生の多くは現在、教育現場で活躍している。

i　社会科のルネサンス
　1947年の学習指導要領には、社会科は「青少年の生活に希望と生気」を与える教科として誕生したという素敵な言葉がある。しかし、現在の社会科教育は何を目的としているか混迷している。ある時期までは戦争の反省が強く、平和と民主主義が強く意識されたが、1958年以降は、教科の目的があいまいになってきている。「社会の形成者」だというが、そのための社会科像があまり見えない。子ども・生徒にとっての社会科観は、相変わらず「暗記社会科」に支配されている。社会科の役割は終わったのか。現在、格差社会や過度な市場原理が進行している中で子ども・青年は希望と生気を失いかけている。戦後初期とは別な形で今、社会科は再び出番なのであろう。「社会科のルネサンス」のためにやはり初志に戻り、考えてみたい。単純に後戻りするのではなく現在・未来の社会科のために初志に戻ってみたい。その方法として50年以上も発行されている教育書としては稀な『山びこ学校』は最良の実践であると考える。

ii　子どもと社会科
　『山びこ学校』の大部分は、子どもの綴り方である。無着も子どもたちを「作者紹介」

として述べている。社会科教育の論議をする際、学問の研究成果をどう教えるかという視点は科学的な社会認識を形成する上で大切なことである。しかし、教育実践では、その学問研究の成果が教師の論理だけでなく子どもの論理となっているのかこそ最大のポイントである。その際、2つの実践方向が考えられる。第一は、授業のねらいを鮮明に出し、そのねらいに即し教材を選択し、授業方法を考え、授業記録を取る。子どもの社会認識を授業のねらいに即し分析する方法である。第二は、子どもが何を学んだかから、授業方法、教材、ねらいをとらえなおす方法である。機械的に分けるつもりはないが授業研究としては、かなりの違いがあるような気がしている。私自身は、前者から社会科研究を始めた。常に学習指導要領、教科書が研究成果を踏まえ恣意的な歴史像・社会像・憲法解釈などで叙述されていないかを点検し授業をしてきた。しかし、30代になると私が予想もしていなかった子どもの意見に耳を傾けることができるようになってきた。そして、子どもの意見から教材・教育方法などを見直すことを考えた。たとえば、学期ごとに発行した社会科通信のアンケートを取るとそこには私が熱を入れてきたものとは異なるものへの興味が大変気になってきた。教師の論理（教えたいこと）と子どもの論理（学びたいこと）はかなり共通するのだが、異なることがある。この異なることの探究が社会科研究には重要だと思うようになった。言い換えれば子ども側から授業を見直すという後者の方法に大きく舵を変えてきた。この点『山びこ学級』は絶好の書物である。大部分が子どもの綴り方であり、無着は、これを授業でどのように使用したかを書いていない。子どもの学びからの無着の指導を推測することができるのである。教師の指導性から子どもの学びを追求するのではなく、子どもの学びから教師の指導性を考えることの方が教育論になると考える。

ⅲ　地についた社会認識の形成

　本講座でも取り上げたが「教科書代」と「学校はどれくらい金がかかるのか」のグループ研究、無着の「あとがき」の述べられている数行の綴り方からの遠大な社会科の授業の展開は圧巻である。2008年3月、社会科教育を研究している大学関係者と山元を訪ね佐藤藤三郎さんの話を聞く機会を作った。その一部は山形放送が『時を越えて』という番組で県内に放映した。その際、私は藤三郎さんに『「役場に行き年収調べ」「村の主産業と教育費の比較」「隣村との教育費の比較」、さらに「教育費が20％以上でないと文化国家とは言えない」という子どもたちのまとめ・提案は、驚くべき追求であるが、無着は何かアドバイスしたのか』と聞いた。藤三郎さんは、『何も書いていないけれど、先生がああした方が良い、これもやってみろと教えてくれた』と述べた。「そうだ」と思いほっとした。子どもの経験だけでは社会認識は育ちにくい。子どもと地域の実態を知り、一定の教育観・教科観を持っている教師の指導性と子どもの主体性が結合した中で綴り方が生まれたのである。そうだからこそ借り物ではない地に着いた社会認識が綴り方に反映されているのである。

　私は、社会科教育論争を「系統主義」か「経験主義」かと分けて検討することはもはや生産的ではないと思っている。双方の中にある成果と弱点を越えて社会科像を考える時期はすでに何年も前から来ている。しかし、まだこの論争の亡霊から脱却していない。さらに、社会科研究が史的研究にとどまり「今の社会科」から避けている気もしないでもない。研究と教育の乖離である。これはかなり深刻な課題である。教師が研究者の研究をあまり

あてにしない。研究者が、今の社会科教育の動向に批判と創造の立場からあまりコメントしない傾向である。これでは社会科教育の創造は出来にくい。「すべての歴史は現代史」である。史的研究を今の社会科に生かしていきたい。『山びこ学校』を現在どう読むのか問われているところであろう。また『山びこ学校』発行20年目に無着が出した『続・山びこ学校』（東京・私立明星学園小学校における主に国語教育の実践）は、実践の発展でもなく、今までの生活に根付いた良さを「系統主義」に飲みこまれた実践であるとも感じている。これでは自己否定になってしまいかねない。

　私たちの前には、幅広く読むことが可能な57年間も絶えることなく発行されている『山びこ学校』がある。この書の意義と限界を検討することは、これからの社会科を構想する上で貴重なものになると考え、本講座で扱ったものである。

　『「山びこ学校」を読む―社会科のルネサンスを求めて―』で言及されている若い学生の意見に学び、社会科教育研究を深めていきたい。

第六部－4.

「山びこ学校」の子どもたちは？

＊未発表：2008年11月脱稿

はじめに

　　　　　山

　　　　　　　　　　　　　　　　　　佐藤清之助

　私は　学校よりも　山がすきです。
　それでも　字が読めないと困ります。

無着成恭学級の合い言葉

　いつも力を合わせて行こう
　かげでこそこそしないで行こう
　いいことを進んで実行しよう
　働くことがいちばん好きになろう
　なんでも　なぜ？　と考える人になろう
　いつでも　もっといい方法がないか、さがそう

　2004年8月14日、山形県上山市立山元小中学校で「山びこ学校の碑」の除幕式が行われた。碑は重さ21.5トンの地元の蔵王石ででき、文集「山びこ学校」に載っている佐藤清之助の詩「山」と六つの合い言葉が刻まれている。しかし、その二年後の2006年3月に小学校が過疎化のために「休校」し、三年後の2009年3月には中学校も「休校」になってしまう。この学校で実践された無着成恭編『山びこ学校』（岩波文庫）の子どもたちの作文（生活記録）から戦後初期の子どもと学校の様子を見てみる。

『山びこ学校』とは

　敗戦直後の1948（昭和23）年4月、無着成恭は新任社会科教師として山形県山元中学校に着任した。同じ年に入学した43人の中学生に生活記録を綴らせ三年間で16冊の文集「きかんしゃ」を作り、それをもとに1951年に発行されたのが『山びこ学校』である。（初版は青銅社）。その後も、青銅社→百合出版→角川文庫→岩波文庫と55年以上も出版を続け、出版当初には映画化もされ、文部大臣も無着の授業を参観に来た。この実践は、民間教育研究所でも注目され教育科学研究会は、戦後再刊された機関誌『教育』創刊号（1951年）で「山びこ学校の総合検討」を特集した。また、城丸章夫は、「それは、新教育がもって

いない何ものか、…日本の教師たちの心のふるさとにつながりながら、しかも、これこそが民主主義だと叫ばせるような教育の質」を持ち、「民間教育運動の新たな発展へののろしとなった」と高く評価した（『城丸章夫著作集第1巻』青木書店・1993年）。『山びこ学校』は、発足したばかりで戸惑いもあった新制中学校教育と社会科（ともに1947年発足）の新たな像を提起した実践といえる。

子どもの生活記録から見える子どもと学校

江口江一「母の死とその後」（文部大臣賞受賞作品）と佐藤藤三郎「答辞」が代表作として論じられてきたが、『山びこ学校』には43人の63編に及ぶ生活記録が載っている（岩波文庫。版によって多少異なる）。

人間不信から信頼へ

当時、子どもたちの間では「勝手だべ」という言葉がはやっていた。大人も教師も戦争から戦後の激動の中で、今まで教えていたこととは正反対なことを語り始めていたからである。子どもは常に社会の状況を感性的に鋭くつかむ存在である。さらに山村の学校では教師の転勤が多かったことも子どもたちの不信感を増大させていた。無着と子どもたちの三年間は、教育の土台である子どもと教師の信頼関係を回復するものだった。佐藤藤三郎「答辞」では、いつの日か「勝手だべ」という言葉が消えていき、「六つの合い言葉」が生まれた様子が述べられている。鶴見和子は、過去の実践としてではなく『山びこ学校』に学ぶ現代の意味としてこのことを第一に指摘している（岩波文庫版）。

働きながら学ぶ子どもたち

佐藤清之助の「山」も学校に行かず（不登校）山で炭焼きをしている児童労働が読み取れる。『山びこ学校』の冒頭の石井敏雄「雪がコンコン降る。人間は　その下で暮らしているのです」も学校に行けず。山で雪の降る中に働いている子どもの姿が見えてくる。江口江一は、幼い時に父を、中学生の時に母を亡くし、中学生で一家の大黒柱になった。妹と弟は親戚に引き取られ、祖母と江一が畑の仕事をする。中学生の江一は、一人前の農民で学校に行く時間があまりなかったのである。生活記録には、その中で子どもがどのように生きるかが綴られている。坪田譲治は『本のはじめに』で「この本は、昭和20年代の日本の子どもたちが『いかに生きるべきか』と呼びかけている必死のことばであります」と述べている。ここには生産労働（児童労働）から十分に解放されていない戦後初期の山村の子どもの姿がある。

教科書代をもらうのにびくびくする

川合ヤエノの「教科書代」（学校の集金に「びくびく」するという生活記録）から「学校はどのくらい金がかかるものか」というグループ調査が始まった。子どもは「びくびく」する根拠を次から次と調べていく。学校集金が村民一人の年間収入の約30％、繭、炭の収入の約18％、37％、さらに村の教育予算、隣村との比較とどんどん調査が広がる。それは感性的な社会認識を科学的な認識にする追究の過程でもある。教科書無償措置法は1963(昭

和38）年に公布されたので、それ以前は教科書代は有料だった。新制中学校の発足で中学校まで義務教育となったが戦後の混乱期の中で教育予算も少なく「六三（義務教育制度）は五三（誤算）の四三（予算）で三三（さんざん）だ」ともいわれており教科書無償までは行かなかった。しかし、中学校までの教育を求める世論が高まり「反対論は全然現れなかった」と田中耕太郎（当時の文部大臣）は回想している（「日本経済新聞」1986年1月27日）。

　無着成恭は、かやぶきの校舎で地図も一枚もなく、破れた障子から風が入る教室の中で現実とはかけ離れた理想的な農村像を描いている教科書に頼らず、子どもと自分の脳みそで地域、農業の現在と未来を考えあった。また、無着学級での高校進学率（定時制をも含む）は、43人中の4人＝10％だった。この記録は、戦後初期の山村の子どもと教育の実像を描くと同時に、時代を超えて地域に根ざす教育活動のあり方を指し示しているといえる。

第六部-5.

再び"青少年に希望と生気"を語る社会科を

＊掲載誌：歴史教育者協議会編「歴史地理教育」2006年3月

　ここ3回の全国大会（高知、山形、広島）での基調報告は、すさまじい改憲の動きと社会科60年の節目を視野に入れ、社会科の教育課程に関することでした。ここでは広島大会での教育課程アンケート結果を紹介すると同時に私個人としてこの3年間で学び考えたことについて述べてみます。

1．授業時間の変遷と社会科の教育課程

　社会科の発足は、1947年ですからまもなく還暦を迎えます。私が小学校から中学校へ転勤した1976年には中学3年の社会科は年間175時間（週5時間）ありました。現在は、85時間（週2.5時間）ですから、この30年で「50％」も削減されました。授業づくり、年間プラン、教育課程を考える時、時間数は避けて通ることができない問題です。改めて学習指導要領で定められた授業時間数の変遷を表にしてみました。

＜社会科の授業時間数の変遷・学習指導要領＞

	1947	1951	1958	1968	1978	1989	2002
小1年	140	20%～	68	68	68		
2年	140	30%	70	70	70		
3年	175	25%～	105	105	105	105	70
4年	175	35%	140	140	105	105	85
5年	175～210	25%～	140	140	105	105	90
6年	175～210	35%	140	140	105	105	100
中1年	175	140～210	140	140	140	140	105
2年	175	140～280	175	140	140	140	105
3年	210	175～315	140	175	105	70～105	85

＊年度は、小学校にあわせています。
＊1947年、1951年の中学校は、国史、日本史を含みます。

＜中学校社会科最多時の各教科時間数の比較・1951年版＞

	教科	1年	2年	3年
必修	国語	175～280	175～280	140～210
	社会	140～210	140～280	175～315
	数学	140～175	105～175	105～175

必修	理科	105～175	140～175	140～175
	音楽	70～105	70～105	70～105
	図画工作	70～105	70～105	70～105
	保健体育	105～175	105～175	105～175
	職業・家庭	105～140	105～140	105～140
選択	外国語	140～210	140～210	140～210
	職業・家庭	105～140	105～140	105～140
	その他の教科	35～210	35～210	35～210
	特別教育活動	70～175	70～175	70～175

＜1951年版と現行版・中学5教科の総授業時間数の比較＞

教科	1951年版	現行版
国語	490～770	350
社会	455～805	295
数学	350～525	315
理科	385～525	290
外国語	420～630	315

＜社会科の授業時間数の削減率・中学＞

	1年	2年	3年
1951年の上限に対する削減率	50%	62.5%	73%
1958年に対する削減率	25%	40%	29.3%

　このように時間数から見ると初期学習指導要領では「国語、社会、外国語、理科、数学」の順でしたが、現在では「国語、数学、外国語、社会、理科」となり社会科の相対的位置は低下しました。また、時間数の減少は「ゆとり教育」「学校五日制」だけが要因ではなかったのです。さらに、中央教育審議会答申（2005年10月26日）では国語、理数系教科、小学校での英語教育、情報に関することの時間数の増加は示唆していますが社会科には言及していません。社会科の時間数が増えることは考えられない状況です。

2．「週3時間」・中学社会科の教育課程づくり——議論の土台は熟している——

　中学校社会科歴史学習にしぼって教育課程の問題を考えてみます。第1は、前表のような授業時間数の変遷を踏まえることです。そうでないと架空の論議となります。従来のものからの精選、厳選（引き算）では済まないことを共通に認識する必要があります。従って、第2は、今までの成果を受け継ぎながら「週3時間の社会科・歴史」（公民は、すでにこれをも下回っていますが）という新たな状況に対応した内容論と方法論が求められています。この間、このことに関わっていくつもの提案がありました。大阪歴史教育者協議会中学校部会は、年間プランを提起してきました[1]。安井俊夫氏は、2000年度の実践・研

究動向を「週3時間体制と歴史の授業改革」という課題でまとめ「歴史の授業改革は、カリキュラム改革と同時展開でなくては目的が達成しにくい」ことを指摘しました[2]。小堀俊夫氏の1990年代後半の「中学校歴史プランをめぐって」は、中学歴史分科会の状況をきちんと整理しています[3]。丸浜昭氏は、世界史に関する学習が削減される中で一貫して「日本史を世界史の中でとらえる」ことを主張しています[4]。私も、1997年の宮城大会以来、通史的なテーマ学習を提起してきました[5]。さらに、最近、滝口正樹氏は、歴史分野だけでなく三分野全体の見直し、「総合的な学習の時間」、選択社会科等とリンクする必要性を主張しています[6]。いくつもの提案（マイプラン）は揃いました。「週3時間・中学社会科」をどう創るかの論議の土台は整ってきたと思います。これらのマイプランから何を共有財産とするかが今後の課題です。

3．「週3時間」・中学社会科を創るための5つの課題

　必要なことは教育課程づくりの論点整理です。私は、次の5点が課題だと考えています。
(1) 子どもと社会科から考えること
　子どもの目線から社会科の授業の課題を考えることです。ここでは文科省が実施した2つの調査報告を紹介します。子どもたちの社会科の授業に対する悲鳴が読みとれます。
　①『義務教育に関する意識調査』[7]（2005年3月実施）
　　　＝教科等の好き嫌い

教科等の好き嫌い（「とても好き」「まあ好き」の合計）

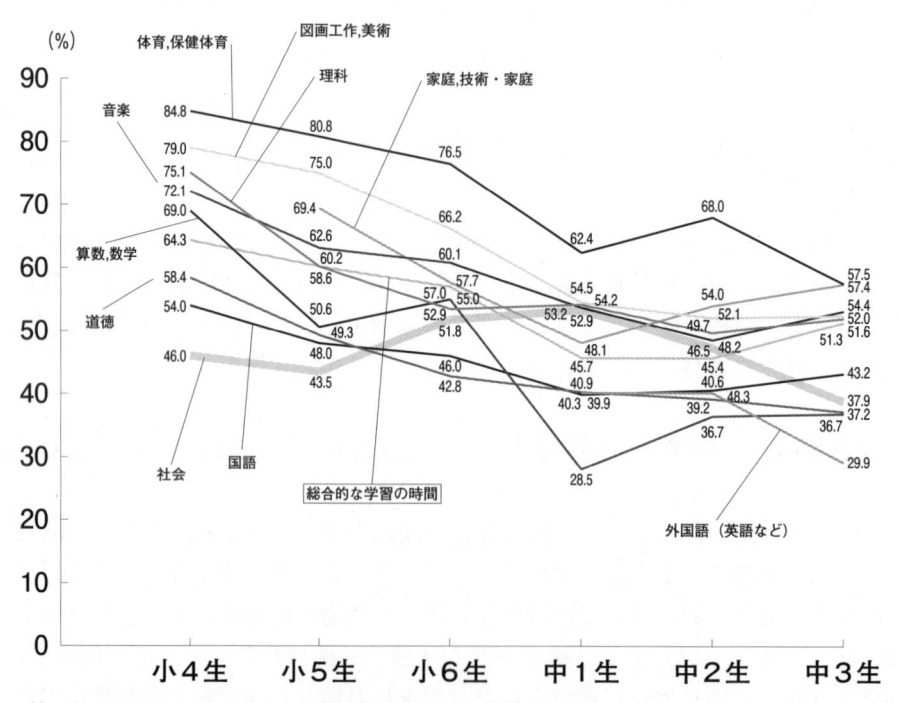

　残念ながら社会科は、小学4年、5年では最下位、中学1年では3位、中学3年では英語、音楽についで下位です。

② 『学力調査』(2002年・結果は2002年12月13日に発表)

2002年初めに小学5年から中学3年まで全国約45万人に実施した調査です。文科省は、前回（1993年〜95年）と比較した結果を公表しました。すべての学年で前回を下回って「学力低下」をしたのは算数・数学と社会科でした。

しかし、多くのマスコミは「算数・数学低下」（朝日新聞・2002年12月14日朝刊一面トップ記事）と報道し、社会科にはあまり触れていませんでした。

この調査では、テストと同時に学習に対するアンケートを実施しています。「当該教科の勉強は、受験に関係なくても大切だ」の問いに対し「そう思う」という回答は、中学1・2年では英語の半分にも及びません。社会科の課題を端的に示しています。

教室で子どもたちの声に耳を傾け、そこから社会科を創ることが求められています。

(単位％)

区分		そう思う	どちらかといえばそう思う	どちらかといえばそう思わない	そう思わない	分からない	無回答
国語	第5学年	43.2	33.1	9.7	4.4	8.4	1.3
	第6学年	41.0	35.6	10.2	4.4	7.7	1.2
	第1学年	36.3	37.1	12.1	6.0	7.7	0.9
	第2学年	34.9	38.0	12.6	7.2	6.4	0.9
	第3学年	39.6	36.6	11.1	6.8	5.2	0.8
社会	第5学年	38.8	33.1	11.6	5.6	9.7	1.3
	第6学年	37.1	34.1	12.7	6.3	8.8	1.1
	第1学年	27.3	32.4	18.3	11.4	9.7	0.9
	第2学年	25.7	33.0	18.9	12.9	8.6	0.9
	第4学年	35.1	34.5	14.1	9.2	6.3	0.8
算数	第5学年	53.2	26.6	7.2	5.0	6.7	1.2
	第6学年	51.1	29.6	7.5	5.0	5.9	0.9
数学	第1学年	42.6	30.9	11.4	8.1	6.4	0.7
	第2学年	34.8	31.7	15.0	11.7	6.2	0.7
	第3学年	30.9	30.2	17.9	14.4	6.1	0.7
理科	第5学年	34.5	29.1	15.8	8.6	10.7	1.3
	第6学年	28.1	30.8	18.9	10.9	10.4	1.0
	第1学年	23.2	28.2	22.0	15.3	10.5	0.8
	第2学年	21.7	27.9	23.0	17.3	9.3	0.9
	第3学年	22.0	27.0	23.5	18.2	8.4	0.9
英語	第1学年	55.7	23.9	7.7	7.3	4.7	0.7
	第2学年	55.7	24.0	7.7	7.9	3.9	0.8
	第3学年	58.4	23.1	6.8	7.7	3.3	0.8

(2)教育課程づくりの意味とイメージを考えること

　3月11日、12日に第51回子どもを守る文化会議全国大会を千葉県市川市で開催します。父母とこの1年間、手づくりで大会をつくっています。私は、この大会づくりは、教育課程づくりと共通していると考えます。話し合いのなかから大会テーマを「子どもとともに安心と希望の広場をつくる」としました。「子どもとともに」は子どもの権利条約を生かしました。「安心」「希望」は、「発展」教材や習熟度学習・学級編成などを通じて競争が加速し、子どもへの虐待事件や、ニート、フリーターが激増しているなかで子どもたちに安心して遊び、学ぶことができ、そこで希望が見えてくる居場所をつくることが子どもの声だと受け止めたからです。「広場」とは、家庭、学校、地域など子どもの生活の場を指しています。

　テーマづくりは、学校での学校目標づくりにあたるものです。さらにこのテーマを深めるために全体会（講演を含む）と13の分科会をつくりました。これが目標に迫るカリキュラムづくりです。これらの一連の論議により自分たちで大会をつくっていることを実感できました。まさに大会の構想づくりは、教育課程の自主編成のプロセスなのです。しかし私たちは、1958年以来、このプロセスの主体となる権利を奪われ、教育の危機が進行しています。さらに中央教育審議会の答申では、国が到達目標を決め、到達度の評価を「学力テスト」で点検するなど、国による教育課程の編成権が強められようとしています。教育課程づくりは、教育現場が教育の編成主体としての権利を取り戻す試みです。それは教職員の固有の仕事であり、生きがいやロマンの源でもあります。

(3)私たちの社会科像を語り合うこと

　教育課程づくりは「現在の自分」から「ありたい自分」へのプロセスだともいわれてきました。この間、私たちは「ありたい社会科の像」を追い求めてきました。桜井千恵美氏は、広島大会の基調提案でこの像を「教えがい・学びがいのある教育課程」と表現し、この像は確実に見えてきています。

　広島大会中学歴史分科会に大学生（院生も含む）が6名参加しました。そのうちの5名が小堀俊夫氏が勤務する埼玉県三郷市の中学校の卒業生です。教師を志望している学生は「中学校で教えてもらったことを次の世代にも伝えたい。ここで学び、私たちを教えてくれたような教師になりたい」と発言しました。この学生たちは、中学の合唱コンクールで「消えた8月」を唱った学生たちでした[8]。中学の時に学んだ平和や個人の尊重に共感し、大会後も被爆者・沼田鈴子さんの聞き取りにエネルギッシュに出かけました。岐阜の魚次龍雄氏の「卒業生に7年目の授業」[9]にも「ありたい社会科」の像を発見できます。魚次氏は、卒業7年目（大学卒業年齢）の同窓会で授業を求められました。1、2時間目は授業（戦争違法化、憲法9条、結婚、労働基本権）、3時間目はホームルームで近況と夢を語り合うという"変わった同窓会"でした。子どもたちは、魚次氏による地域での産業廃棄物問題、薬害エイズなどについての中学時代の学習が心に残り、7年ぶりの授業を受けたかったのです。

　『日韓交流のさきがけ―浅川巧』（揺藍社（ようらんしゃ）・2004年6月）という本があります。著者は、中学2年生の椙村彩（すぎむらあや）さん（山梨英和中高学校）です。椙村さんは、小学校4年生の時に学んだ地元の浅川巧（朝鮮総督府勤務、朝鮮の民芸を愛し、韓国人の心の中に生きた日本人）に興味を抱き、中学2年生の時に自由研究に取り組みました。その研究心は旺盛で研究者

や資料館関係者への聞き取り、生い立ち調べ、巧が生きていた頃（1891年～1931年）の朝鮮と日本の関係、巧の眠る韓国での調査など、まさに青年が精力的に問い続ける「ありたい」学びの姿です。それと同時に山梨英和中高校の社会科の授業が目に浮かびます。

紹介した実践は、ほほえましくもあり、子どもの笑顔や学びの姿に満ちあふれ、私たちに「ありたい教師像と社会科の像」を示し励ましを与えてくれます。教育課程づくりは「ありたい社会科像」へのあくなき追求のプロセスなのです。

(4)教科書の活用を考えること

教科書も大きく変わってきています。「活用しにくくなった」という声が聞こえてきます。「ヨーロッパとの出会い」の項目を例にして考えてみます。

＜世界の動きと天下統一の扱いの比較表＞東京書籍

2001年度	2002年度
Ⅰ．世界の一体化に向かうヨーロッパとイスラム 1 ビザンツとイスラム 2 西ヨーロッパの中世社会 3 ルネサンスと宗教改革 4 大航海とヨーロッパの発展 Ⅱ．ヨーロッパ人の出会いと天下統一 1 鉄砲とキリスト教の伝来 2 信長と秀吉 3 朝鮮戦争 4 桃山文化	Ⅰ．ヨーロッパ人の出会いと全国統一 1 鉄砲とキリスト教の伝来 2 ヨーロッパ人来航の背景 3 織田信長・豊臣秀吉による統一事業 4 兵農分離と朝鮮侵略 5 桃山文化
20ページ＋地図p4	10ページ扱い

＜世界の動きと天下統一＞マイプラン

1. 日本から「ローマを見た４人の少年」を軸に学習を進める。
   ◎４人が見た（1580年頃）ヨーロッパの世界はルネサンス、宗教改革後の世界
   ◎「４人への信長・秀吉の対応」を通して日本と世界の出会いを考える
2. 「天下統一」とはどのようなことか
   信長、秀吉と町衆、僧兵、農民
3. 秀吉の対外政策と東アジアの関係

(1)教科書の扱いはページ数で半減しています。

(2)15世紀のルネサンス、15世紀～16世紀初めの宗教改革、大航海時代の前に鉄砲伝来、キリスト教の伝来を学習します。

(3)宗教改革より前に、イエズス会やザビエルの学習を行うので、説明は「あとのページ」という矛盾を抱えています。

(4)ヨーロッパの世界進出の背景がかなり削られています。

教科書の１時間＝見開き２ページだけを見ていては、１時間の授業もできにくくなってきています。１時間の授業づくりという切実な実践も単元、年間プランとつなげていかないと子どもの歴史認識が育ちにくいのが「週３時間の社会科」の教科書なのです。

教科書攻撃とは別な意味での「もう一つの教科書問題」です。私は、表の通り、この単元では３つのテーマをつくり、教科書を再構成して実践を試みました。シラバスの強制が強められています。だからこそ一人ひとりが、教科書に示されている年間プランの書き写しだけでなく本音のマイプランを作成していくことが必要です。私たちの教育課程づくりはこの仕事の延長線上でできるものです。

(5) テスト問題を公開し合うこと

　教育課程づくりにとって評価・評定問題は欠かせません。しかし、「絶対評価だ、観点別でこうした……」という土俵の中で抽象的な議論をしていてもはじまりません。教師が作成するテスト問題には、授業論、学力論が具体的にあらわれています。実践報告を「授業の構想」「授業の実際」「テスト問題」「評価・評定」という全サイクルから分析しあうことが、「発展」教材に顕著にあらわれている複線化の授業論・教育課程論構想に対峙し、すべての子どもたちに楽しくわかる授業を豊かにしていくためには不可欠なことです。とりわけ評価問題への取り組みが遅れています。日常的には考える授業を大切にしているのに、テストでは、知識の量のみを検査することがしばしばありますが、これでは公約違反でもあり、子どもたちに結局は知識の量かという不信感を抱かせることにもなりかねません。個人的には、①知識の量（重要語句、年号、人物、事件など）②記述式問題　③レポート　④面接など多様な評価が求められていると思っています。

　テスト問題を交流しあい、具体的に学力論、授業論、教育課程論などを語り合うことを提案します。民間教育研究の特色は、誰に遠慮をすることもなく本音で語り合い実践を豊かにしていくことができることです。

　1947年、敗戦後、最初の学習指導要領（試案）は、『序論』の「第一節　社会科とは」から始まっています。そこではこれから始まる社会科は「青少年の生活に希望と生気を与える」教科だと述べています。時代は変わりましたが再び、この理念を生かす社会科を創造することが"社会科のルネサンス"につながると考えます。前述した5つのことは、すべてを行うというものではなく、行いやすいことから取り組むことを前提として考えたものです。ご意見・ご批判をお願いします。

4．「教育課程アンケート」の結果

　2005年10月26日、中央教育審議会から「新しい時代の義務教育を創造する」と題する答申が出されました。今回は、義務教育国庫負担問題、教員養成・免許制度の在り方などが中心となり学習指導要領の見直し問題については、あまり踏み込んだものが出されておらず継続審議となっています。私たちは、答申が出されることを待つことなく2005年夏、全国委員、広島大会の小・中分科会参加者に教育課程に関するアンケートを実施しました。ご協力に感謝します。各地での教育課程づくりの取り組みの参考にしていただくためにアンケート結果を報告いたします。

　意見の一部を紹介します。

▲1では、子どもの実態からではなく「指導要領のための教育」が行われていることの無意味さが指摘されています。そのなかで、主権者だけでなく子どもを学習の主人公にすることを強調するために「主体・

＜教育課程に関するアンケート結果＞
a．教育課程全体についての意見

質問項目および考え方	回答
1．学習指導要領に対する基本的な考え方 ・拘束性の廃止、自主編成権を認める ・主権者として必要な力を育てる、科学的な社会認識の形成	全面的に賛成

2．生活科について今後どうするか	ア継続　　　　　　　12% イ学校判断　　　　　40% ウ廃止　　　　　　　48% （小学校教員では、イが77%）
3．総合的な学習の時間 　時間数などは学校判断。内容は自主性を保障する。	ア条件付き賛成　　　42% イ廃止　　　　　　　58% （小では71%、中では23%がア）
4．選択学習・教科の拡大について 　基本的には廃止。時間数は各教科に配分する	圧倒的多数が廃止に賛成
5．「発展」学習について 　教育課程上、混乱をもたらすので廃止する	圧倒的多数が廃止に賛成
6．「学び方」学習について 　必要かつ効果的な部分で取り入れる。現在のように重視をしない。	基本的に主張に賛成

b．学年別に関する主な意見

学年	主な意見
小3、4年	・内容の合体をなくすこと ・地図指導を大切に
5年	・大型の農家ばかりの取り扱いでよいのか
6年	・縄文時代を入れること ・教科書は絵ばかりでよいのか ・人物、文化遺産だけでない歴史学習の視点を ・戦争、平和、民主主義の視点でのテーマ学習を
中学地理	・日本地理、世界地理の枠組みに戻す ・人が見えてくる地理学習を ・時間数を増やす
中学歴史	・世界の中の日本を大切に ・民衆、抵抗、アイヌなどの視点を大切に
中学公民	・戦後史と憲法学習の関連 ・経済先習のプランを、経済学習の基本を
中学全体	・パイ型の見直し ・分野ごとだけでなく三分野の見直しを

主権者」という表現が提案されています。

▲「生活科」については、小学校教員の意見では、賛否が相半ばしています。批判的な意見としては「科学的意見が育たない。遊びの学習となる傾向がある」などです。賛成は「『自然、人、社会』を対象とする学びの可能性がある」「良い実践が生まれている」などです。

▲「総合的な学習の時間」についての共通の意見は「時間数の削減」と「条件整備の必要性」です。小学校と中学校の温度差があります（小学校では肯定的な意見が多い）。

▲「選択教科」では、現状に批判的な意見が多数ですが「内容と方法をセットで考えることが必要。フィールドワークなどは可能である」との意見もあります。

▲「発展」では、「混乱」ではなく「差別、学校間の競争を招く」と問題点をはっきり示すべきとの補強意見が提案されています。

▲「各学年・分野に関する意見」は、まだ少なく、今後さらに全国的にとりまとめていくことが重要です。埼玉大会での小学校、中学校全分科会での論議と意見の集約が必要だと思います。

5．おわりに

　私たちの取り組みは「歴史教育者協議会版学習指導要領」を作成するものではありません。教育課程は、地域、学校、学年、個人が編成主体となるものです。本号で紹介されている実践は＜実践紹介＞と＜実践を構想する社会科授業づくり像＞の２つについて執筆いただきました。シラバス提出の強制など厳しさを増すなかで、各地での教育課程づくりを交流し、埼玉大会で私たちの教育課程を大きく前進させたいと思います。

注(1)　樽野美千代「通史で教える90時間プラン」(『歴史地理教育』2000年３月号)
　(2)　安井俊夫「2000年度歴史教育・社会科教育の動向」(『歴史教育・社会科教育年報　2001年版』三省堂)
　(3)　小堀俊夫「中学校歴史プランをめぐって」(同上)
　(4)　丸浜昭「中学歴史学習のなかの世界史を考える」(『歴史教育・社会科教育年報2002年版』三省堂)
　(5)　石井建夫「『基礎・基本』を考える三つの視点」(『人間と教育』18号、1998年)
　(6)　滝口正樹『中学生の心と戦争』(地歴社　2004年)
　(7)　「中央教育審議会答申」(『文部科学時報』12月臨増号　ぎょうせい　2005年)
　(8)　小堀俊夫「合唱『消えた８月』と被爆者との出会い」(『歴史地理教育』2005年８月号)参照
　(9)　魚次龍雄「卒業生に７年目の授業」(『歴史地理教育』2005年４月号)

第六部－6.

子どもたちに再び"希望と生気"を語る社会科を
― 私たちの社会科像を求めて ―

＊講演：愛知県歴史教育者協議会・冬の合宿研究会　2007年2月

はじめに

　私は、1945（昭和20）年9月生まれで「建夫」という名前は軍人だった父の憧れの人であった「隼戦闘隊」の加藤建夫少将からとったとのことです。6年前に他界しましたが亡くなる直前まで、「お前の生き方は命名通りではなかった」とお説教をもらっていました。今年はご承知の通り社会科60年の年です。私は千葉県で小・中の教員を行っていましたので教育現場から「今までの社会科」「これからの社会科」につきまして問題提起をさせていただきます。

1．この学校がオレを変えた―浦和商業高校定時制の教育―

　いくつかの大学で教職科目の非常勤講師をしています。2006年度の後期の授業を大きく変えました。これまでは教育課題の指摘が多かったのですが、思いきって学生と教育の魅力、教育の仕事っておもしろいという創造を全面にだすことにしました。

(1)なぜ、和太鼓が始まったのか

　教職概論では昨年の埼玉大会に出演した浦和の定時制高校生が太鼓をたたくDVDを見ることから始めました。学生は「うまい」「生き生きとたたいている」「充実した高校生活のようだ」等の感想を持ちます。「この学校は1学年40人×4学年＝160人の小さな学校で、小・中で不登校やツッパリ、また不本意入学の生徒たちがほとんどです」と話すとびっくりします。『この学校がオレを変えた』（浦和商業高校定時制四者協議会、ふきのとう書房）には、生徒たちが変わっていく（成長していく）姿やこの学校の教育の様子が生徒の目線で書かれています。太鼓が始まったのは、ある生徒が「バレーなんてやりたくない」という声を体育の教師が受け止めたことからでした。体育祭で太鼓を披露しようということになりましたが、審判をめぐっていざこざがおき途中で中止になってしまいます。そこで、卒業式にやろうということになったのですが、この学校の卒業式は暴走族のお出迎えがすさまじいので、30分ですませるのが通例になっていました。長々やると混乱を招くなどの意見もあり職員会議で侃々諤々の大論争。結局、担任（原則的には4年間担任）意見を尊重することになり実施しました。生徒も教員も「すばらしい」「やればできる」ことを知りました。このことから生徒を主人公にする学校づくりがはじまりました。

(2)成長の軌跡の確認―4時間の手作り卒業式―

　卒業式は午後6時から10時までの4時間でした。休憩はなし、涙と笑いのドラマです。私は、部外者ですが学校に許可をもらい参加しました。紹介したいことはたくさんありま

すが、とりわけ感動的なことは、担任が卒業証書を一人ひとりに思い出を語りながら渡す場面です。最後に「卒業おめでとう、そしてありがとう」と心をこめて渡します（個人的には定時制高校の教員を目指していましたので熱く感動しました。早船ちよさん原作の『キューポラのある街』（ジュン役は吉永小百合さん）は埼玉県川口市の定時制高校に通う青年の物語に影響を受けました）。とりわけ涙が止まりませんでしたのは、結婚、産休をとり出産しお母さんになった女子生徒の修学旅行の話でした。この生徒は「行けない行けない」と思っていたのですが、クラスで話し合い、「引率する校長か教頭に子守してもらいながら行けばいいじゃん」という話になりました。この年の引率の教頭は、引率責任者兼この生徒の子どもの子守役でした。卒業式には夫、夫婦の両親、赤ちゃん、家族そろって来ていましたが、担任の教員は、赤ちゃんに「今までお母さんを学校がとってしまってごめんね。お母さんを今日からあなたに帰すよ」という挨拶をしたのです。涙の連続、涙がかれてしまう卒業式です。埼玉大会の時の和太鼓"響"の中心を担っている生徒は現在ある大学・教育学科の学生で小学校の教師をめざしています。

　この様な試みは全国各地で行われています（もうひとつ長野県須坂高校の例を紹介する予定でした）。教育の仕事は、本来、芸術作品をつくるような創造的なもので魅力的だと思います。

(3)**教員にも希望と生気を**
　こういう教育のすばらしさに目をつむり、教員タタキからはじまり、「今の教員、教育はダメだ、ダメだ、変えてしまえ」と教育基本法改悪後の教育施策を考えているのが「教育再生会議」です（委員が行ってきた教育はすばらしいと錯覚しているようですが）。歴史教育者協議会・メーリング・リストでも話題をよびましたが、「美しい国・うつくしいくに」は、逆さに読むと「にくい（憎い）」し「くつう（苦痛）」となります。「憎」むべき教育「改革」で、子ども、教員が大変な「苦痛」を強いられています。現在、文科省、中央教育審議会、教育再生会議、教育委員会などが「改革競争ごっこ」をしています。教育再生会議の第１次報告は、「子ども」を全て「子供」と表現しています。半年間の「奉仕活動」、「土曜スクール」、30人31脚や大縄とびなど細かなことまで事例を出しています。この様なことは現場で考えればよいことですが現場を信頼していないのです。自分たち以外はダメ教員とでも思っているのでしょうか。東京都ではすでに新教科「奉仕」の時間を先取りし2007年４月から全ての都立高校で実施されます（１単位）。富士山でゴミ拾い、地域の清掃活動、小学生の登下校指導などと具体化されています。「改革」推進のための教育・教員ダメ論が意識的に強調されています。教員自身が自信を失い、仕事の展望を持ちにくい状況もあります。今、教育の仕事の魅力―子どもの実態を踏まえた創造的な活動―が問われています。私は、全国で汗をかきかき取り組んでいる教員の仕事に共感しながら教育を考えていくことが教育学や教師論を学ぶカリキュラムには欠かせないと強く思い、シラバスを変える試みをしています。

2．これからの社会科を考える

(1)**教育課程の創造のチャンス**
①授業時間の削減と子ども主体の授業づくり

社会科発足60年に当たり、避けて通ることのできないことの一つが授業時間数の削減問題です。現行学習指導要領の改訂の際に1989（平成元）年から3割削減したが内容も削減したから大丈夫と文科省は説明しました。しかし、もう少し授業時数を歴史に捉える必要があります。社会科は戦後教育の中心教科（コア）でしたから、発足時の1947年では中学3年で210時間ありました。51年版だと最大で315時間、週9時間まで可能でした。例えば、月水金の5、6時限は社会科で調べ学習にあてることなどもできました。私は、1952年小学校入学でしたのでコア・カリキュラムの社会科を学んだことになります。現在、中学3年では85時間。実質60時間くらいですから削減率は70％にも及びます。文科省は、1977年以来、精選、厳選の一辺倒です。もはや引き算の発想では追いつきません。新しい構想が求められます。

②3つの教科書問題

　中学校歴史教科書を見てください（別紙資料・略）。教科書は見開き2ページを1時間で教えるようになっています。ご覧の通り、マハンマド、イスラム帝国、モンゴル帝国、ヨーロッパの封建社会、ルネサンス、宗教改革を2ページに収めています。7Cから16Cを1時間で教えるというわけです。どのような授業になるのでしょうか。私は、教科書問題には3つの問題があると思っています。一つは「つくる会」教科書。二つ目は「つくる会」にひきずられて加害の事実を書かなくなった他の教科書会社の「つくる会」化の問題。三つ目はこういう教科書をどのように使うかという問題です。前述の二つのことは大きな話題になりました。三つ目の問題は、あまり話題になっていませんが、教育課程づくりにとりましては重要なことです。このことは、後の実践例で改めて問題とします。

⑵私たちが作り出したい社会科の像

　私たち歴史教育者協議会にはたくさんの"金の卵"ともいえる実践があります。その成果に学びながら社会科について考えていきます。

①椙村彩さんの『**日韓交流のさきがけ――浅川巧――**』（揺籃社）

　浅川巧（1891・明治24年～1931・昭和6年）を椙村さんの著書から紹介します。

　「朝鮮で林業技術者として多くの優れた業績を残し、また、朝鮮民族が長い歴史の中で育てた工芸に対しても、とてもすばらしい研究の成果をあげた浅川巧。これだけならば浅川巧の墓が半世紀以上たった今も、韓国の人々により守り続けられることもなかったかもしれない、と私は思います。『浅川巧の生き方』が韓国人の心をひきつけたに違いないのです。浅川巧は朝鮮をどのように見ていたのでしょうか？　どのような朝鮮人とどのように付き合っていたのでしょうか？　巧は朝鮮に渡り、朝鮮総督府山林課の職員になった当時、日本政府は、韓国併合で朝鮮半島を植民地として支配し、朝鮮人民の自由を全て奪い、朝鮮民族を日本人化する同化政策を進めていました。当時朝鮮総督府は、日本人が朝鮮の社会に入っていくことをこころよく思っていませんでした。にもかかわらず巧は民衆の中に進んで入っていきました。職場以外ではよくパジ・チョゴリを着て、朝鮮の家屋に住み、上手な朝鮮語を使いました。お酒はマッコリしか飲みませんでした。ですから日本語のうまい朝鮮人と間違われていたようです。…」

　＊浅川巧：朝鮮民芸研究家。山梨県生まれ。山梨農林学校卒。1914年（大正3）朝鮮に渡り、朝鮮総督府林業試験所で養苗実験に従事するかたわら、柳宗悦とともに京城

（ソウル）に朝鮮民族美術館を設立した。また、朝鮮民芸を研究し、「朝鮮の膳」「朝鮮陶磁名考」を書いた。職場や地域の朝鮮人と親しく交わり、朝鮮および朝鮮人の美点に視線を注いだ。（高崎宗司『日本史大事典』平凡社）

　この著作は、椙村さんが出身小学校の先輩でもある巧「生い立ち」「朝鮮での足跡」、さらに「巧が生きた頃の時代背景―近代における朝鮮と日本」などについて400字詰め原稿用紙約1000枚でまとめたものです。著者の椙村彩さんは、中学2年生（当時）でした。夏休みの社会科の自由研究としてまとめたものです。高崎宗司さん（津田塾大学教授）は、本が出版された経緯について、椙村さんが何度も訪ねてきたこと、一緒に韓国の文化を調べるツアーに参加したこと、大作のレポートを送ってきたこと、完成の褒美に製本をしたところ版を重ね日本自費出版文化賞を史上最年少で受賞したこと（2003年）等を紹介しています。

　私はふとしたことからラジオで本のことを知り（永六輔さんが絶賛）、すぐに書店に注文し読みました。山梨英和中高等学校に在籍している中学生の著作です。この学校には歴史教育者協議会の会員の方がたくさんおり、修学旅行も韓国に行っています。「なぜ、中学生の椙村さんがこの様な著作を書いたのか」という「はてな」は、私も皆さんも、大学生も共通しています。勿論、椙村さん個人の能力・努力もありますが、この学校の社会科教育や教育課程が気になります。私自身、詳しいことを調べてはいませんが、椙村さんの学びの背景を探ることによりこれからの社会科の像が見えてくるのではないかと思います。「なぜ、椙村さんをここまで追究させたのか」…このことを探ることによりこれからの社会科の在り方が見えてくるのではないかと思います。

②**倉持祐二**さん「ウサギとカメの授業」

　久保田貢さん編集の『**日本国憲法に出会う授業**』の中の倉持祐二さんの実践（「心の中は自由だ―子どもたちと日本国憲法との出会い」）に学ぶことが多くあります。倉持さんが2006年度全国教育研究集会(埼玉)で報告されるとのことでしたので聞きたくてピンポイントで参加しました。

　右のような13時間の憲法学習の内の「山本先生のウサギとカメの授業」の概要を紹介します。この授業では倉持さんは「倉持先生」と「山本先生」の二役をします。その山本先生の授業は次の通りです。まず、「ウサギとカメの話」を読みます。次にカメになりたいか、ウサギになりたいか書き、発表させます。その後、山本先生は、「楽しく生きようなんて甘いぞ…」「今日からカメに○をつけなさい」「カメは勝ったのだ。ウサギになるといやな人間になる

身近なできごとから学ぶ日本国憲法（13時間）

第一次　くらしの中で見える日本国憲法
　(1) 憲法前文を読む
　(2) 国民は国の主人公になっている
　(3) 今、平和でしょうか
第二次　くらしの中の権利
　(1)「四日市ぜんそく」と環境権
　(2) 女性が働くために
　(3) 山本先生の授業「ウサギとカメの話」
第三次　どう考える「日の丸」と「君が代」
　(1) 日の丸を胸に金メダルに輝いた韓国人選手
　(2)「ウサギとカメの話」の授業から考える
　(3) 賛成・反対　あなたはどっち
第四次　ぼくらの日本国憲法「前文」づくり

ぞ」といって授業を終了します。

次に本物の倉持先生が登場します。「どうだった山本先生の授業は」と問い、山本先生の授業の「おかしさ」を探させます。子どもたちは①それぞれでいい②押しつけには反対③まるで戦前の社会だ等と述べます。倉持さんは、「どこがおかしいのか、憲法の条文の中で探そう」と呼びかけます。山本先生の授業を通して子どもたちは第19条「思想および良心の自由」で社会を見つめることの大切さを学びあいます。

倉持さんの授業づくりは小学生のわかり方、授業づくりの方法を学ぶことができ、小学校憲法学習の像を示していると思います。埼玉の全国教研に参加し直接に実践報告を聞き、本で読むだけでは読み取れない授業の雰囲気を感じ取ることができました。

③魚次龍夫さん「7年目の授業」

『歴史地理教育』(「卒業生に7年目の授業」2005年4月号) に掲載された"おかしなタイトル"が目にとまり読みました。「7年目の授業？」。そうです卒業してから"7年目"＝22歳の同窓会で、魚次さんは「先生の授業をまた受けたい」といわれたのです。こんなふうにいわれてみたいものですね。私は何度も同窓会を行いましたが、一回も授業を要望されたことはありません。「二次会までおつきあいください」だけでいつも飲み会です。同窓会でも授業を求められる魚次さん中学時代の授業が気になってきます。このような時には『歴史地理教育』の総目録が活用できます。

このようにすばらしい実践が歴史教育者協議会には豊富に存在しています。ただ、子どもの状況、教育の状況が大きく変わってきていますから機械的ではなく現在を見据えて意図的、意識的に学んでいく作業を高知大会から集中的に進めています。このことが私たちの教育課程づくりです。このことは子どもの成長にとって、なぜ社会科を学ぶことが必要なのかを考えることにつながると思います。

3．通史的テーマ学習の提案

(1)マイプランをつくろう・交流しよう

次に、中学社会科歴史学習で考えている通史的テーマ学習を提案します。先に見た通り教科書はまんべんなく書いてないと教科書検定に合格しません。教科書そのままで授業をすると子どもたちはわかりにくいと思います。十数年前から授業、教育課程づくりと教科書研究を一緒にしないことにしました。「ヨーロッパ人との出会い」の小単元で考えてみます。

教科書と大阪歴史教育者協議会中学校部会プラン(『歴史地理教育』2004年2月号)と石井のマイプラン(通史的テーマ学習)を比較してみます(あわせて小林朗プラン・石橋源一郎プラン『歴史地理教育』2006年3月臨時増刊号を今後、検討したいと考えております)。是非ご意見ください。

ヨーロッパ人との出会い

教科書	大阪プラン	石井プラン
1．南からやってきたヨーロッパ人	1．イスラムの世界	1．「ローマを見た4人の少年」NHK「堂々日本史」を視聴。わかったこと、もっと知りたいこと、疑問を書く。

2．戦国大名と織田信長	2．ヨーロッパ世界と十字軍	2．前時に出された疑問を考えあう
3．秀吉の政治と外交	3．ルネサンス	①なぜ、4人の少年はヨーロッパで王子扱いにされたか
4．武将と豪商の生活文化	4．大航海時代	②なぜ、西アジアを通らないでアフリカ周りでヨーロッパへ行ったのか
	5．長篠の戦い（信長の政治）	③4人の帰国後は
＊東京書籍（1996年場版）では、①ビザンツとイスラム②西ヨーロッパの中世社会③ルネサンスと宗教改革④大航海とヨーロッパの発展⑤鉄砲とキリスト教の伝来⑥信長と秀吉⑦朝鮮侵略⑧桃山文化　で構成	6．検地・刀狩り・兵農分離（秀吉の政治）	3．信長と秀吉の政治調べ
	7．朝鮮侵略	4．大事件発生—秀吉から命令が来た、朝鮮に近い対馬から考える

　教科書の特色は、学習指導要領の変化の影響があり、「世界」が少なくなっていることです。中学校社会科は「サンドイッチ型」といわれてきましたが、具と表現された世界は限りなく薄くなってきています。高校世界史必修漏れが問題になりましたが、歴史は日本史、世界史と分けて学ぶものか、こそ問われるべきではないかと思っています。中学歴史は一人の教員が教えていますから本来の歴史学習が可能だと思っていますが…。大阪プランとの違いはもっと議論したいと思っています。

(2) 通史的「テーマ学習」とは

　私の主張は通史的「テーマ」学習としていることです。この小単元は、1時間ごとにバラバラになってはいません。中心教材（コア）は、ローマを見た4人の少年です。多くの実践ではヨーロッパから来たこと（南蛮船、鉄砲、キリスト教など）から始めていますが、発想を変え、日本から出かけたことから学びを始めました。4人の少年は、ほぼ中学生と同年代です。それも400年以上前の出来事です。生徒たちのハラハラ、ドキドキを大切にしたいと思っています。授業方法の問題だけではありません。4人の少年の航海、ヨーロッパでの生活、航海前後の信長、秀吉の対応などを見ていくと宗教改革、オスマントルコの存在などの世界や信長と秀吉の政治の違いが見えてきます。生徒は「なぜ、選ばれたとはいえ下級武士4人の少年がヨーロッパで王子扱いにされたのですか」「僕だったら近い西アジア（現在のスエズ運河あたり）を通るのにわざわざ南アフリカ周りで行ったのですか」「帰国後、聚楽第での秀吉への報告会はハラハラした」など学びたいことを出してくれます。この声をヒントにしてテーマを作成していきます。「テーマ」学習を主張しているのは、細切れの歴史知識を教えるのではなく生徒の歴史認識を育てたいと考えているからです。「少年使節がローマに行った時ガリレオは20歳でした」というコメントを新鮮に感じとる歴史学習を行いたいと思っています。主教材を少年使節に置き、それと関連させて小単元

をつくる30ぐらいのテーマで歴史学習を構成しようとする試みが「通史的テーマ学習」です。大阪プランとは、かなり発想が違うと思います。

(3) 思春期を支える歴史・社会科学習の主張

社会科通信「歴史の時間」を発行してきましたが、後で気がついたのですが80年代は136号まで、90年代は72号で終わっています。冊子にしたきっかけはプリントが授業が終わるとゴミの山になっていたことです。学期末に中間・期末テスト問題のおまけつきで製本してつくりました。80年代前半・第3の非行ののピークといわれていた頃、1学年16学級という超マンモス校（学年主任6年間、生徒指導主任3年間の9年間）で行っていた30代のことでした。しかし、136号は今考えれば私自身の教材研究ノートでした。136号から72号への変化は、教えるだけでなく生徒の学びを意識し出したからです。

「時間数が少なくなっており、小中高で歴史を繰り返し学ばなくともよいのではないか」という意見もありますが、私はそうは思っていません。小学校から生徒たちが入学する中学校に転勤しました。そこで4年～6年まで担任した生徒とまた一緒に学ぶことになりました。小学校時代のA君（さん）と中学校時代のA君（さん）は「別人」ともいえました。これを悪い意味ではなく"思春期の怪物"と思いました。中等教育のやりがいは、「新しい生命を宿す能力を持っている」生徒と学ぶことだと思っています。体の発達、とりわけ生殖器官の発達は、「人間とは何か」「生きるとは」「死とは」「自分とは」などを考えさせるようになります。このことを無視して学びを進行させると教えと学びが乖離してしまいます。思春期を過ごしている中学高校生は、①誰の立場で考えているのですか②これを学ぶことはどこに意味があるのですか③AとBはどのように関係しているのですか④なぜ、このようになったのですか、その背景は何ですか等を学びたくなるのは決して生意気なのではなく人間、社会、自分に懐疑的になっているからです。であるが故に社会の本質に迫ろうとしているのです。このような学びは小学生には難しいと体験的に感じています。ところが中学校では私の授業も含め多くは受験体制の制約もあり、あまり発達を意識しない「したこと史観」でした。子どもたちの成長・発達を支える視点からの授業論・教育課程論が大切だと思っています。（池田晶子『14歳からの哲学』トランスビュー、『14歳の君へ』毎日新聞、村瀬学『13歳論』洋泉社、『シリーズ中学生の世界』大月書店）

全教の民主教育研究所教育課程研究委員会では今年中に学習指導要領の改訂が行われることを想定して『私たちの教育課程（小・中学校篇）』（仮題）を春に出す予定です。中学校社会科のプランと実践例（ローマを見た4人の少年）を書かせてもらいました。歴史学や諸科学の研究成果に依拠すると同時に教育学の研究成果に依拠した子ども論、授業論などがない実践は説得力がないと考えています。

4. 歴史教育・社会科教育のルネサンスのために

最後にこれからの社会科を考えるために2つの課題について述べます。

(1) 「国際的地位の向上論」の検討

改訂される学習指導要領での社会科は「愛国心教育」を担う分野として態度主義と道徳的な要素が強まることが予想されます。近現代史学習の在り方、とりわけ学習指導要領での「国際的地位の向上論」を検討する必要を感じています。この問題でも歴史教育者協議

会は「金の卵の生みっぱなし」の面があります。試案から告示とされた1958年版学習指導要領の時には『歴史地理教育』で大論争がありました（第11回大会・47号）。**遠山茂樹**さんは、日清、日露戦争時で学ぶことは、①5大強国の一つとなったとは具体的にどんなことか②領土はどこに広がったのか③そのことは朝鮮や中国の人には何を意味したのか④日本の資本主義にはどのような意味を持ったのかを具体的に知り、考えることが重要であり、はじめから歴史観（国際的地位の向上）有りではいけないと述べています（**『歴史評論』1959年1月号**参照）。しかし、この様な意見に耳を傾けることなく学習指導要領では一貫して「国際的地位の向上論」で近現代史を描いています。昨年、北海道合宿研究会で視聴した民間業者が作成した小村寿太郎をメインとした小学生用ビデオは、「つくる会」教科書そのものの内容でした。かなりの学校で購入していると思われます。

⑵ 社会科の授業とは何か

　私たちはどんな子ども（主権者）を育てたいと考えているのでしょうか。愛知私教連の『**大きな学力**』（寺内義和、旬報社、新版は『されど波風体験』幻冬社）、神奈川のジャーナリストの青木悦『**「人間」をさがす旅**』（民衆社）は、大変考えさせられた著作でした。私は31歳で小学校から中学校に転勤し、中学校教師1年目で1学年11学級の学年主任になりました（させられました）。ビックリして校長に断りに行きましたら、「バカ野郎！人がいねえんだよ。お前が男で一番年上なんだ」と怒られました。この学校で最大の1学年16学級を経験し、今でも夢（悪夢）を見て、汗をかいてしまう生徒指導に何度も出会いました。家庭裁判所、児童相談所、警察の少年課、教護院、少年院に何度行ったでしょうか。この時はいつも生徒のことを考えていました（考えざるを得ませんでした）。そこでわかってきたことがありました。生徒たちは、①個人の尊厳（一人ひとりを認め大切にする）、②どう生きるのだ、あの人はどう生きているのだ、友人の自殺未遂や死をどう思うのだという生と死、とりわけ人間の生き方・生き様、③小さくてもよいから展望・未来が欲しいと思っていることでした。三つ全てがなくともこの内の一つでも考えることができる人間を育てれば大丈夫だと思うようになりました。この多くは生徒指導から学んだものです。私は、このことと社会科の授業内容をつなげていきたいと考えました。社会科が先にあるのではありません。生徒を主権者に育てる一分野に社会科があるのです。そうすると教育内容と教材が変わってきました。

　秀吉の朝鮮侵略を朝鮮に近く交流もあった対馬から考える、沖縄戦を重視する、障害を持った人は空襲警報にどう対応したのかなど今までにない発想が浮かんできたと同時に生徒たちの学ぶ姿が変わってきました。基礎学力とは、あれこれの知識の量ではなく主権者に育つ要素は何かを教員自身が捉えること、考えることなのだと思うようになりました。

　社会科とは、子どもの発達・成長にとってどのような教科なのでしょうか。小学校の系統的歴史教育を初めて本格的に実践した**相川日出雄**さん（『**新しい地歴教育**』1954年）から教師1年目の時、千葉県歴史教育研究集会（成田）で学級通信「わいわいがやがやっ子」をいただきました。相川さんは「石井君、社会科の授業はワイワイガヤガヤやるものだよ」といわれた。私はその後「すっきりさわやか算数・数学、ワイワイガヤガヤ社会科の授業」と名付けました（算数・数学の教員には反対する方もいるようですが）。千葉の「子どもが動く社会科」の主張の歴史は少なくとも1980年代ではなさそうです。また、**鈴木正気**（茨城の小学校、のち滋賀大へ、教育科学研究会社会科部会の中心的実践家。『**川口港から外**

港へ』『学校探検から自動車工業まで』などで有名）さんは、「**社会科の授業で大切にしたいことは、見えるものから見えないものへの渡り**」であると述べていました。この提起も魅力的です。「渡り」とは名言だと思います。問いと答えの間＝プロセスが大事だということだと解釈しました。前述した通史的テーマ学習には、このプロセスを大切にしたいという思いがあります。

　1947年の学習指導要領（試案）の序論は「社会科とは」から始まり、読みたくなります。この中に、社会科とは「**青少年の生活に希望と生気を与えるものである**」と書いてあります。今、格差社会の中で、「教えるとは希望を語ること。学ぶとは誠実を胸に刻むこと」（ルイ・アラゴン）を語りにくい現実があります。しかし、文部省の使った学習指導要領のこの言葉をいただき社会科の羅針盤にしていきたいと考えています。

　明日は、東山動物園に行こうと思っています。上野動物園は自宅から近くにあります。北海道の旭山動物園にも２月末に行く予定です。動物園も来園者の主力は子どもたちです。日本三大動物園の動物園構想と授業づくりは原則的なことで共通していることもあるのではないかと最近考えています。４月からの社会科教育概論の授業で『**戦う動物園**』（中公新書）を参考文献にしようと思っています。長時間、ご静聴ありがとうございました。

第六部 – 7.

社会科の現在・過去・未来

＊未発表：2011年1月脱稿

すべては生きていることにつなげて学ぶべきでしょう。教育課程もこの原則を踏まえるべきです。私の講座も社会科の現在・過去・未来で構成をしてきました。

1．社会科の現在の課題

(1)問いと答えの間の短さ
　①ローマを見た4人の少年の授業
　何事もはじめが肝心です。最初の授業では、自己紹介は簡単にして「その時歴史が動いた・ローマを見た4人の少年」（NHK）を見せます。視聴しながらワークシートに書き込みをするように指示をします。信長の時代にローマ法王を訪ねた伊東マンショらの物語です。この番組は、多くの問いを投げかける優れたものです。西洋に憧れを抱いた信長に派遣されましたが8年後に帰国をしたときは伴天連追放令を出した秀吉の世になっていたのです。4人が秀吉に聚楽第で帰国報告をした場面ははらはらどきどきします。秀吉の問いにどう答えたかを推測させるのもよいですね。面白いシナリオが出来そうです。
　いつからいつまで、だれが、どこで、誰に会い、何をしたのかなどの事実を確認した後に次に二つの問いを考えあいました。
・4人とも身分は高くないのになぜ王子扱いにされ歓迎をされたのか
・なぜ西アジアを通らないでアフリカ周りでローマに行ったのか
　この二つを学んでいくと宗教革命、イスラムの存在など16世紀の世界が見えてきます。1549年にザビエルが鹿児島に来ましたがこれは偶然の出来事ではありません。鉄砲が種子島に来たのとは違い、ザビエルは鹿児島を目指してきたのでした。その背景にはヨーロッパのキリスト世界における対立、勢力拡張競争があり、ザビエルが属するカソリックはインド、マカオ、台湾、さらに日本へと布教を強めていたのです。アジアの高貴な子弟が洗礼を受け、グレゴリー13世に表敬訪問に来ることはカソリックにとっては大きな宣伝効果になります。そのためには、少年たちは、より高い身分のほうが都合がよかったのでしょう。少年たちが王子扱いを望んだわけではないのです。また、なぜアフリカ周りの航路を取ったのでしょうか。西アジアを支配するイスラム勢力があったからです。しかし、中学校までの歴史学習は自国中心の上にヨーロッパが中心のためにイスラムには触れない状況ですが興味をもっとすごい勢いで学ぶものだと思いました。テストで10点分をレポートにしましたが、中学一年生がオスマントルコについて400字原稿用紙25枚のレポートを書きました。城丸章夫の指導とは「そそのかすこと」の指摘を実感します。問いが出てくる教材選択は教師の指導性です。問いを経た向こうに答えがあります。これから始まる講座の

メッセージ（学習過程を大切にする）として紹介します。4人のその後の生き方も違いますが、原マルチはマカオに逃げたので足跡を追いマカオに旅をしました。（「私たちの教育課程」日本標準参照）

②「映画・学校Ⅰ」における二つの授業

子どもは学びから逃走をしていません。もししていたら教師のせいです。私も下手な授業をたくさんしてきました。子どもが問いを持つことや学習過程を大切にすることは何度指摘しても言い過ぎることはありません。山田洋次の映画「学校・Ⅰ」では夕日の授業と幸福の授業の二つの場面が出てきます。前者は戦争中・新潟県長岡黒条小学校・生活綴り方教師・寒川道夫の指導で大関松三郎が書いた詩が教材です。山田は、この授業を失敗に描きます。実際のこの授業は夜間中学教師・松崎運之助実践で成功をしています。授業中に祖国や故郷の夕日を思い出していたそうです。私の夕日の思い出は、ケニアのサバンナに沈むものと愛知・知多のものです。私は黒条小学校を訪ねたことがあります。寒川夫妻は治安維持法で同時に逮捕され、道夫は宿直中に逮捕されたのです。学校には松三郎コーナーがあり、勤務していた先生が松三郎の家を案内してくれました。家の入り口に松三郎の大きな墓があったのが印象的でした。寒川が指導した綴り方はその後、太郎浦の研究によりかなり手がいれられていることがわかりましたが寒川の教育姿勢の評価を変えるものではありません。少し横道に入ってしまいました。これとは対照的にラストシーンの仲間のイノさんの死をめぐる「イノさんは幸福だったか」を考える幸福の授業は、50歳を過ぎて読み書きを学ぶイノさんの人生をめぐり話し合います。幸福は金か？、つかってなくなるものではないなどの意見が出されます。非行歴がある緑が「鑑別所を出てどうなってもよいと思っていたときに夜間中学に誘われ、幸福になれるかもと思った」と述べます。そして幸福とは何かを学ぶところが学校ではないのかとなります。よいものとして描かれています。二つはどこが違うのでしょうか。夕日では教材に対する教師の思い入れが強すぎるために生徒が入り込む余地がないのです。その点、幸福の授業は答えがないために生徒が考え合っています。山田は意識的にシナリオを書いたのです。この場面でも間を考えることが出来ます。

(2) 授業時間数の問題

時間数の変遷は別表のとおりです。

戦後初期は、社会科の時間は多く1951年版で中学三年では315時間・週9時間も認められていました。その後は削減の一途で削減率が大きいのです。この削減の背景にある国民・子どもの社会科離れが気になります。文科省の大切な教科調査では英語に大差をつけられ理科と最下位を争っているのです。

戦後初期、社会科は、教科のコアとなり多くの時間をもらいました。国民が社会科に戦後の国づくりを託したのです。その理念は日本国憲法と共通します。時間数の削減を憂うことは出来ても今日的な理念を模索し国民の支持を得ない限り復権はありません。理念と実践の創造の試みが歴史教育者協議会における高知大会から始めた教育課程作りでしたが、それを文科省に提出し小学校での縄文時代学習の復活、中学校での授業数増などに一定反映されました。

私は、2002年から本格的に始まった学校五日制は二つの側面を持っていると考えました。第一は授業時間数の削減に見られるハード面の改革です。第二は公教育のスリム化に伴い権利としての教育から自己責任の教育への転換です。義務教育の複線化にまで手がつけられています。もはや過去の教科論だけでは展望を語れません。削減だから精選・厳選の枠にとどまらず、問いと答えの間を意識したプラス思考の社会科授業論が必要な時です。

(3)教科書問題

　ここで触れる教科書問題とは、「つくる」会との戦いです。私がはじめて模擬授業形式でその危険性に迫ったのは、オリンピックセンターで開催された集会の時でした。この時が３回目の学習会でしたので違うことをして見ました。それからこの形式で何回したでしょうか。特に印象的だったのは、右翼が妨害に来た野田、習志野と採択された栃木・大田原でした。野田では、右翼の車が突っ込んできました。警官に守られての学習会でした。習志野では右翼が「石井はかえれ」と叫んでいる中で行いました。

　市民向けには、大東亜戦争の項目を教科書で教えればこのようになることを示し、その後他のものとの比較、批判をすることは効果的でした。大東亜戦争の項目は教科書問題の本丸です。15年戦争をアジア解放、日本の防衛戦争とする歴史観は当時の政府・軍部のもので戦後の歴史学、歴史教育はその反省から始まりました。歴史学からだけでなく授業レベルで迫ることが私の役目だと思っていました。一番大勢だったのは筑波大学での日本母親大会で700人のマンモス授業でした。その場で福島・いわきなど講演の依頼が殺到し、各地で行いました。大学の授業では、韓国併合の部分４社分を配布して「扶桑社を探せ」のワークショップをします。本文、図版などを検討しあい討論をすると必ず４社の意見が出るところに教科書問題の深刻さがあるのです。教科書は与えられたものしか知らないので多様性に驚くとともに扶桑社の異質性をつかみます。何冊かの教科書を持つこと、違いに気がつくことなどを大切にしています。教科書神話が根強く学習とは、教科書に書いてあることを覚えることと思っている傾向もあります。

　教科書問題は次の３つがあります。
①つくる会等の教科書の登場。
②他の教科書がつくる会の影響を受けていること。
③教科書が薄くなりわかりにくくなってきたこと。
　私は③を「もうひとつの教科書問題」と呼び警鐘を鳴らしてきました。
　この３つを現在の課題とします。

２．社会科の過去

(1)断絶と継続―「魂の技師」

　社会科の発足は1947年です。敗戦の年の1945年12月31日、ＧＨＱは戦争責任として国史、地理、修身を授業停止、教科書を回収しました。授業再開が二学期になったために1946年１月～1947年８月までは社会科関係の授業は行うことが出来ませんでした。
　この間に文部省は授業再開のために学習指導要領、教科書の作成を始めました。そして「くにのあゆみ」「あたらしい憲法のはなし」「民主主義」が出来、授業が再開されました。

戦争の反省に基づく実践は戸惑いながらも小学校から始まりました。千葉県市川市第四中学の社会科教師・露木茂は、親から「満蒙開拓団へ勧められた息子を返せ」と厳しく戦争責任を追及され教師を辞めようか悩みました。そのすえに露木は教職員組合に戦争の反省を託しました。このことは1951年採択された「教え子を再び戦場に送るな」と思いを共通にしています。新制中学校（市川四中）一期生は、露木をしのび「魂の技師」を出版しました。遺稿集のこのタイトルは技術者を技師というなら教師は魂の技師であるという露木の口癖からつけたものです。迷いながらも中学でも社会科の実践が始まりました。山形では戦争中に弾圧を受けた生活綴り方教育を継承した無着成恭の「山びこ学校」が始まりました。

(2)民主教育ののろし・山びこ学校

　無着は社会科発足の翌年の1948年、新任で上山・山元中学校に勤めました。３年間の実践がまとめられ1951年に「山びこ学校」として発行され、以後60年間発行されてきました。現在は岩波文庫として読むことが出来ます。社会科教育のテキストにしたのは発行50年目の2001年からで、夏に学生と現地を訪ね佐藤藤三郎（当時の学級委員長）の話し、学校訪問などを行いました。その時、ＮＨＫが「山びこ学校50年」の特集を作成していることを知りましたが、９月11日、米国でテロが起こり放映が中止されました。後日、「再会」というタイトルで放映されました。

　①作者は43人の子どもたち
　「山びこ学校」は始まった文部省社会科の二文字（試案）を活用した抵抗の実践です。無着は、この本の作者を子どもたちにしています。山元地区は平地が少なく、林業、葉タバコ、繭、炭焼きが主な産業でした。地形は変わりませんから現地に行くと本の読みが深まります。過疎で限界集落に近く廃屋もあり本に載っている地図が役に立つことには驚きました。学生とお盆に公民館を訪ね、作者の親族との出会いを待ちました。ある時、館長が川合ヤエノの兄を紹介してくれました。ヤエノの文は私の授業には欠かせないもので兄に話をすると自宅に来ることを勧められご馳走になってしまいました。兄はヤエノに「教育のために力を貸せ」と電話をしてくれました。2002年９月、学生20名とヤエノさんの話を聞くことが出来ました。私はこのような企画が好きです。
　無着は全員の作品を載せていますが、川合義憲のものが３つのせられ平等ではありません。義憲（子どもがわ）の文章から無着の教育思想を推測することも出来ます。

　②淡々と読む
　授業では作品を読み続け、「これがなぜ社会科なの？」という疑問が出るのを待ちます。「闇」「病院暮らし」「父の思い出」「雪」「三輪車」「母の死とその後」などを読んできました。平成生まれの学生ですから戦争直後の知識が余りありません。「昭和の映像」からダイジェスト版を作り簡単な戦後史学習をしないと本が読めません。例えば「やみ」、児童労働については感覚的にもわかりません。でも作品は子どものものですから理解をすることは出来ます。

③はて？困った

　川合義憲の「くぼ」は興味深い作品です。先生から田畑調べの宿題が出されましたが父は「何でそんな宿題を出すのか。やらなくてよい。」と不快感を示します。「なぜ調べてはいけないの？」というと父は「先生は県の手先だ」と怒鳴ります。義憲は先生と父に挟まれ「さて、どうしたらよいのか」悩みます。

　父は税金対策のために土地などを過少申告しており、無着がだした宿題は気にくわなかったのです。義憲からこのことを聞いた無着はうなづき「それでよいのだ」と言いました。鈴木亮は「授業は問題提起」と述べ、教師の解釈の押し付けを戒めました。父と先生の言い分を義憲が時間をかけて考えることに意味があるのです。この作品から学習過程を大切にした社会科の初志が垣間見られます。

④「教科書代」「学校はどのくらい金がかかるか」
　　—作文からはじめる—
　無着は作品のコメントをしていないことも「山びこ学校」の魅力で読者が自由に推測出来ます。この二つの作品も私が勝手にセットにしています。

　ヤエノは「教科書代」で無駄づかいをしていないのになぜ教科書代などの集金に「びくびく」しなければいけないのかと疑問を出します。私は無着はこの作品を読み、みんなに意見を聞くと「私も同じ」と言う声が出たのです。そして、学校集金調べが始まりました。

　ヤエノの作品から、年間の教育費、村の総収入、一人当たりの年間収入、年間収入にしめる教育費の割合、村の教育費および他村との比較など精力的な調べ学習が展開されました。質、量ともに驚きの学習活動です。今となっては最後の学校訪問は2008年3月、社会科研究者の福島での合宿の後、藤三郎の聞き取りになりました。翌年の閉校式にも行くつもりでした。私は調査について「無着からアドバイスがあったか？」、質問をしましたが、藤三郎は「何も言わない先生ではない。あれもやれこれもやれ」と言ったと述べました。ほっとしました。実践は子どもたちの経験の積み重ねだけでなく、教師の指導性があります。教育の語源はラテン語のエデューケレで「後押しをする」と言う意味ですが、その内容が大切で無理やりでなく子どもが歩みだすものが求められます。初期社会科では「後押し」を押し付けと捉える傾向がありましたが、藤三郎の話で「後押し」を確認できました。

　二つの作品を読むと社会科の様子が見えてきます。このような「実感を通して学び」、その後に理論書を読むことが効果的だと思います。無着は綴り方は「はじめに書かせる」と述べていますがこれもよくわかります。

　この作品は「教科書は無料でないの？」と言う疑問を呼び教育学を学ぶことも出来ます。憲法26条では義務教育を無償としていますが教育基本法では授業料を無償にと後退をしています。このために教科書が無償になったのは1964年以降で私も有料の時代でした。安倍内閣で教育基本法が改訂されましたがこの部分は変わっていません。

⑤答辞を読む—昭和20年代の子ども
　作品の最後に藤三郎の答辞を読みます。子どもの成長の軌跡、無着の学級作りがわかります。本の「はじめに」で坪田譲治は、ここに登場する子どもたちは「昭和20年代の子ども」の叫びと指摘しました。当時は、だまされたという人間不信からの脱皮を示すもので

教育の可能性を熱く語りかけます。無着学級の6つの合言葉も時空を越えて感動をします。無着はどこで教育学を学んだのでしょうか。このことにも興味がわきます。

⑥あとがき

　無着の文章で本が出来る経過、理念、社会科の授業作りなど必読のものです。6行の作文から授業は始まります。話題は親たちが話をしている「百姓には教育はいらない」と言うことでこの意見を批判的に学んでいきます。立派な百姓になるために学ぶことが大切だと感じた子どもたちは精力的に学び始めます。どの時代でも子どもの内面からこみ上げてくる意欲が学びの源泉です。親の話を反面教師にしていることに歴史を創る学びを強く感じます。学習は、日本・世界の農業、これからの日本の農業に進みました。まとめは、1．これからは機械化が必要。2．これからの農民は個人主義を捨てること。でした。見事と言うほかありません。

　作品を貧乏作文との批判もありますが、正しいとは思いません。貧乏なのは生活で子どもの作文は懸命に未来を見つめようとしています。現実を綴るだけでなく、生活者の視点からなんとか変えようともがいています。無着はもがきをさせているところが痛々しく、新しい教師像を提起しています。

　無着の本音は我慢、忍耐の教育と決別をして要求をする教育への転換にありました。この転換を城丸章夫は「民主教育ののろし」があがったと述べました。

(3) 希望と生気を語る

　文科省も素敵な文章を書いたことがありました。1947年学習指導要領は社会科を中心教科にし、その目標を「青少年の生活に希望と生気を与える」と述べました。このことがまともに行われていたらニート、ワーキングプア、自衛隊などのないもうひとつの日本が出来ていたと思います。希望、生気とは何だったのでしょうか。日本国憲法の理念でそれを社会科が担ったのです。両者ともサンフランシスコ体制の中で1950年代に変質をさせられました。私が所属していた歴史教育者協議会は、この変質に抗して1949年に設立されました。1955年以降の学習指導要領は魅力のない命令文になってしまいました。

　「山びこ学校」の背景に戦後初期の政府の戦争への反省がありました。謙虚な姿勢があり、読んでいてもさわやかさが残ります。初期社会科は、相互依存で持ちつ持たれつの関係が強かったのですが当時の日本はこのようなあいまいさでは捉えることが出来ませんでした。教師は、天皇制教育よりましな相互依存を活用しながらそれを乗り越えていきました。「山びこ学校」には、したたかさがあります。その点では初期社会科は一定の役割を果たしたと思うようになりました。

　総合社会科についてはもっと評価すべきです。分化が系統ではありません。このことも再検討が必要です。

(4) 「山びこ学校」は歴史を創るか

　岩波文庫になったのは敗戦50年の1995年で鶴見和子が同名の論文をYESの立場からかいています。鶴見は次の3つから高く評価しました。
① 学校教育だけでなく他分野にも広がっている。

②学級作りは現在でも参考になる。
③学びが深い。

　素晴らしい論文です。しかし、教育一般論からのコメントで社会科に関するものではありません。私の意見は「未来」の項で述べます。

　「山びこ学校」との出合いは、百合出版の本を持っているのですから学生時代なのですが記憶がありません。二度目の学生時代は社会科像の探求でしたが、これほど学ぶことが出来るとは気がつきませんでした。大学の授業での学生の反応を見てテキストにしました。反応とは「これが社会科？」と言う疑問で、問題提起、教科の本質に迫るものです。それ以来、関連資料を集めてきましたが残念です。

3．社会科の未来

(1)城丸章夫に学ぶこと
　研究室がにぎやかなことが印象的でゼミのない私には羨ましかったことを思い出します。このことは大事なことで大学教員論にかかわって、学生を研究の客体にすることではなく主体としているからです。著作集の中で印象的（引用をさせていただいた）なことを述べます。

　①指導とは「そそのかす」こと
　この1節を読んだ時には驚きました。プロパガンダ、煽動か。指導が強すぎないかなどと疑問に思ったこともありました。浅い理解でした。総合学習の始まり、指導が支援に書き直された頃に諸論文で城丸教育学が話題になり、深さに気がつきました。1990年代始まった「ゆとり教育」は公教育のスリム化、自己責任の教育でした。行政がすべての子どもに基礎学力をつけることを放棄して、複線型へ大きく舵をきったのです。私は雑誌にこのような動きを「ルビコン川を渡った」と書き、これからますますすべての子どもがわかる実践が求められそれをしないと格差教育に加担をしてしまいます。もう一度原点に戻ろうと城丸、堀尾教育学を読み直しました。残念なことは、城丸先生の本は絶版のためにテキストには出来なかったことです。
　わかる授業をするためには教師だけでは出来ないため、子どもの力に依拠しなければならないのですが、城丸教育学は次の二つからインパクトがありました。

ア、教育の世界では教員と子どもの関係を教員から論じる傾向がある中で子どもから考える転換を迫るものでした。教員が学問の成果を学ぶことが教育研究ではなく子どもが何を学んだかが大切であるという教育の論理の力強い主張です。

イ、その上で教員の役割を子どもが学ぶように「そそのかす」こととしたのはわかりやすく見事です。「そそのかす」ことを指導とよんでいます。このことは難しいことで指導が子どもの実感に根ざすとともに簡単だと緊張感をなくし、難しいと諦めますのでそそのかしになりません。ハードルが高い仕事で授業論は「いかにそそのかすか」に尽きる

と思います。私は社会科で「はてなの授業」として実践をしてきましたが、そそのかせることが出来たでしょうか自信はありません。

②教えるとは私的行為である

城丸教育学は教えることに慎重です。国家権力・教育行政の教育内容への介入に反対すると同時に教員の指導の名の下の押し付けにも慎重で子どもの学習権の自由を保障します。それは堀尾輝久の教育を受けることを拒否することを認めると同様に子どもの権利を大きく認めています。解釈、価値観などは話もよいが私見である事を自覚することが大事です。「そそのかさせられる」かどうかの選択権は子どもが持っています。

指導を「そそのかす」とした上で、それを抑止する装置をつくるという弁証法を使って問題を解明していきます。それは自らの軍隊経験を教訓にした国家の教育への介入を排除して国民のための教育を創るための研究者の良心・叫びが見られます。

個人的に嬉しかったことは先生から仕事をいただいた時でした。「平和教育」「平和通信」の原稿、日本平和教育協議会大会など広島など様子を見に行ってほしいと依頼され喜んで参加しました。

敗戦65年の夏、NHKは愛知一中の出来事を基にした「15歳の志願兵」を放映しました。戦死をした友人の母親は「私がもっと勉強をしていればこんなことにならなかったのに」と語りかけますが主人公は「勉強をしなかったのは国家でした」と答えドラマは終わります。平和教育は「だまされない」ための教育です。

先生の最後の言葉は「面白かった」だと聞いた時は自分史を戦死ではなく平和教育に専念した余裕すら感じました。ご冥福をお祈りいたします。

*城丸章夫先生・千葉大学名誉教授が5月にお亡くなりになりました。93歳でした。お別れにも行けず、拙文を書くことしか出来ません。最終講義は2008年4月、文科省科研費研究・戦後教育実践史（社会科）でした。総合学習に慎重な姿勢を貫いてきた理由を話していただきました。

(2)社会科とは

社会科の発足は1947年の学習指導要領ですが、書き出しはこれを問うことから述べています。再度、問うことが未来を考えるためにも必要です。社会科とは子どもの成長にどのようにかかわるのでしょうか。子どもは必要と思う社会科をどのように構想すればよいのでしょうか。基本的には、人と人、人と自然、人と社会の関係を現代を生きるために歴史的、空間的に見る力を育てることです。その時に依存だけでなく、相互の矛盾、変革を入れることが大切にします。また、歴史科、地理科ではない社会科がもっている総合性を活用できる教科課程が求められます。

①90時間30テーマの中学歴史学習

1995年、歴史教育者協議会宮城大会で提案をしました。次のことから手ごたえを感じました。

ア．学校5日制と教科教育

公教育のスリム化が始まり声高に精選の二文字が叫ばれていました。今あるものからの

引き算が横行していました。この動きは間違っていて現状維持の保守的で精選の泥沼から抜け出せないと思いました。5日制は教科課程を見直す絶好のチャンスです。見直しの鍵を学習のプロセスを大切にした（初志を生かす）通史的テーマ学習（初志との違い）にしました。歴史が動く変革期、近現代史を重視したマイプランです。

イ．足し算の発想
　マイプランは、精選ではなく教科過程をかえることで思春期にふさわしい学びを求めるものです。思春期の特色は村瀬学が「13歳論」で述べるように別人を生む力を持つことであり、村上龍が「13歳のハローワーク」で大人の入り口と述べている時期です。この時期は、他人の意見が気になり、事象の背景に興味を示します。発達段階に応じその時期に必要なことをたっぷり行うプランを求めているのです。

②生活と教科をつなぐ
　1980年代の尾鷲中学事件から始まった「荒れ」は苦い経験をたくさんしましたが学ぶことが出来ました。その一部は本多公栄さんの勧めで「中学校実践選書」第1巻・三上満担当に書き、あゆみ出版の会議の後によくのみに行きました。「荒れ」と社会科をむすんだのが、千葉県歴史教育研究会・船橋での講演で実践の基本ができました。千葉ではその後に「子どもの生活と社会科」の分科会が出来ましたが続かなかったことは残念でした。「荒れ」から脱出するためにどのような社会、人間認識が必要なのでしょうか。生活と教科を臨床的に追求できるのが現場です。いくつかのことが見えてきました。中学生は㈠人を差別したり馬鹿にすることを嫌い、個人・人間の尊重に耳を傾けます。㈡生き方を考え始めるため慎重になりますが、人の生き方に関心を持ちます。㈢悩みは自信がなく自己肯定感がもてないことで希望、未来を求めています。このうちのひとつでも考えることが出来れば大丈夫です。この課題は教科教育でも負う基本的な学力であるということが私の主張でした。分科会責任者・小堀俊夫は「共感する意見が出された」とまとめましたが生徒論と教科課程作りの方法への共感でした。
　中学では三分野を担当するのでもっと社会科の総合性の利点を強く出していけると思います。

(3)はてなの授業
　城丸の指導論をはてなの授業とし、学生とはてなを探してきました。どんなはてなにするかは子どもの様子を見ながら基本的には教師が決めます。子どもの学びを大切にします。「教え」と「学び」の接点を求めることでした。

①私のはてな
　たくさんありますが少しだけ紹介します。

＜シスカイを探せ（アパルトヘイト）＞
　南アフリカ共和国がアパルトを進めるために作ったホームランドのひとつにシスカイがあります。

この地は不毛で南アフリカに出稼ぎに行くのですが外国人扱いです。シスカイでなにが起きても南ア政府は無関係です。シスカイの存在を教えてくれたのは切手好きの子どもでした。シスカイ「政府」が発行した発売日に遅刻を認めたお礼に私の分を買ってきてくれたのです。この偶然が実践・「飢えている国からの食料輸出」を生みました。この実践はいろいろなところで取り上げていただき、質問をもらいました。1983年にはアフリカ（ケニア、タンザニア）に行き植民地支配の残存が強く格差が固定していることがわかりました。どの地域でも同じですが豊かなアフリカと貧しいアフリカが混在してすべてが貧しいのではないのです。社会の出来事をこの視点から見ることにより本質が見えてきます。副産物は日教組の全国教研に推薦されたことですが珍しいことでした。（「平和教育実践選書」桐書房参照）

<象の旅から見えてくる鎖国>
　吉宗の時代に象が輸入されました。このことが学びを「そそのかす」キーワードは「旅」です。吉宗が秘密に見たのではなく長崎から江戸まで74日の旅をして公然と民衆に見せたのです。江戸では、浜離宮で飼われその後、見世物にされました。この旅は「鎖国なのにこんなことをしてもよいの？」という「はてな」が生まれ鎖国像を揺り動かすのです。この結果、鎖国とは幕府の貿易の独占であったことがわかります。
　この実践は「新学力観」という露骨な格差教育と闘いすべての子どもがわかる授業から構想をしたものです。また、授業とは教師の教えが子どもの学びに転化するように組織することです。そのために教材を工夫し、親しみやすい動物、絵画資料を活用しました。（「子どもが主役の社会科の授業」国土社参照）

<前野良沢はなぜ解体新書の著者にならなかったのか>
　解体新書に良沢の名前がない「はてな」を探りました。解体新書は、ターヘルアナトミアの[部分訳]で当時のアジアではヨーロッパの医学書として画期的なものでした。語学力のあった良沢は、より良いものを望み自分から降りたのです。50年後に大槻玄沢がより正確な「重訂解体新書」として世に出ましたが玄は玄白から沢は良沢から取ったものです。文化の発展を模索する人の姿を学ぶことが歴史での文化学習だと思います。私は良沢の故郷の大分県中津に行き、腑分けを見た千住には何回も行きました。杉田玄白の「蘭学事始」を読むたびに良沢への配慮を感じてきました。人、歴史へ想いをはせさせる「はてな」に出合った時に学びがいを感じるのです。今後は、図版を担当した秋田藩の小田野直武を取り上げたいと思い角館を訪ね蘭画の資料を集めましたが未完になりました。直武から鎖国中に蘭学の影響が東北まで広がっていることや誰の紹介で20代の地方の青年が指名をされたのか（平賀源内）など「はてな」を生み好奇心を「そそのかす」のです。観光で賑わう角館のメインから離れた直武の生家を訪ね30歳で逝った彼をしのびます。（「教育課程のルネサンス」「教職入門」学文社参照）

<秀吉から朝鮮侵略の命令―対馬はどうするか>
　対馬は博多から150キロ、プザンから50キロに位置しています。2000年に対馬で日韓の交流会が開かれ報告し、このルートを体験しました（博多からフェリーで）。対馬は山が

ちで米はあまり取れなく朝鮮半島と交易をしていました。そこに秀吉から「よく知っているのだから先頭に立て」と命令がきました。藩主の宗はどうしたから学ぶと国書を改ざんしてまで戦争を回避しようとした苦悩を考えあいます。さらに、戦後処理に取り組み朝鮮通信使につながったのです。国境の島・対馬に立ち、矛盾が激しいところから歴史を見つめる意味を考えさせられました。今、沖縄戦、沖縄を見つめる意味と共通します。（柳田邦夫「対馬にて」、中塚明「歴史家の仕事」参照）

中学教師として最後の公開授業（1993年）の「はてな」は、台風の中なぜトンネル工事をしていたのか？（下請け、非正規）でした。死亡した原田さんの故郷の山形県金山に出稼ぎの調査に行きました。山深い杉の町でした。

(4) **学生の「はてな」**

若さはあらたなものを生み出します。いくつか紹介をします。「このクレヨンは何色ですか」と「肌いろ」を見せます。現在は、肌色の表記はなくペールオレンジ、うすだいだいとしています。いつからですか。なぜですか。韓国で白人から異論が出され変わっていきました。ドイツでは24色の肌色クレヨンがあります。世界の多様性、国際理解教育の「はてな」です。

「のぞみ、ひかりは以前に走っていました。どこを走っていましたか」、鉄道に関心が向きます。正解は南満州鉄道で1906年に会社を結成し石炭、農業なども経営をしていました。のぞみ、ひかりは釜山─新京間を走っていた急行でした。総合学習「満鉄」はいかがですか。

「負の世界遺産─ゴレ島」も関心を引きました。ポイントは負で、原爆ドーム、アウッシュビッツのヒントを出すと盛り上がります。この島はセネガルのダカールの沖にあることもヒントです。ビデオを見ると奴隷の集積されていた島であったことがわかり大航海時代を学びます。

そのほかに「おにぎりの形のちがい」（文化の多様性）、「めだかが少なくなった理由」（環境）など青年の感性に未来を感じます。

(5) **社会科の学力**

学力問題は難しい課題です。難しさは批判が内部にも及ぶことです。今まで加藤文三の「すべての生徒が100点を」、本多公栄の「社会科の学力像」などから学びました。「学力」の拙文を参照ください。

心がけてきたことは難しいからこそ具体的に論じることでした。次の3つを述べてきました。

①テスト、評価方法の交流
　後半に記述、レポート（10点を配分）、イラスト（鎖国など学習の前後に書く）、スケッチ（資料を写しキャプションを入れる）なども行いました。
②知識から思考への段階論はやめよう。
③図にするなら三角形より円錐形を
などを述べて来ました。

おわりに

　むずかしいことをやさしく
　やさしいことをふかく
　ふかいことをおもしろく

　友人からいただいた井上ひさしの色紙です。この姿勢で作品を書く短い文で思いがこめられていることに胸が熱くなりました。この言葉は優れた授業論でもあり、これからの社会科を指し示しています。

第七部

もうひとつの学校

第七部-1.

人間のぬくもりのある学校を

＊掲載誌：日本科学者会議「日本の科学者」1999年2月

1 ルビコン川を渡る日本の教育

　ルビコン川は、イタリア北部・アドリア海に注ぐ古代ローマの川の名称である。イタリアの属州ガリア・キサルピナの境で、古代ローマでは、軍隊がこの川を渡ってイタリア側に入る時は、武装を解かなければならないものとされていた。しかし、紀元前49年、カエサルは、この禁を破り、軍隊を率いて渡河し、ポンペイウスとの戦いがはじまった。以後、重大な決断を下すことを"ルビコン川を渡る"と言うこととされた。現在、文部省からだされている一連の「教育改革」の行方を一言であらわすと"ルビコン川を渡る"教育と言える。日本の教育はどこへ行こうとしているのだろうか。そのなかで教育の仕事で大切にしていきたいことは何か。小・中学校教師の体験を通して考えていることを述べてみたい。

2 教育の複線化構想と子どもたち

　文部省による「教育改革」は、1984年来の臨時教育審議会答申の具体化である。それが"ルビコン川を渡る"と言われているのは、戦後教育の総決算として、これまでの単線型の教育体系を複線型へと大転換しようとしていることにある。その複線化は、つぎのような方法で具体化されようとしている。

(1) 学校体系の複線化

　従来の公立学校の学校体系は「6・3・3・4」制である。しかし、今後は、表に見られるような多様な体系ができることになる。

（単位　年）

	小	中	高	大
①	6	3	3	3
②	6	3	2	4
③	6	3	2	3
④	6		6	4
⑤	6		6	3
⑥	6		5	4
⑦	6		5	3

　①は大学3年の卒業、②は高2での大学への飛び入学、③は①と②をあわせた型、④～⑦は6年制の中高一貫校、⑥⑦は、そこでの飛び入学である。大学への飛び入学はさらにその幅を拡大しようとしているので、複雑で多岐にわたる学校体系ができようとしている。この様な学校体系を「個性に応じた」「教育の自由化」という名の下に進めようとして"重大な決意"がされたのである。すでに、公立における中高一貫校は宮崎県ではじまっている。私も昨年の夏、宮崎県五ヶ瀬中高校を訪問した。広大な施設のなかで、体験学習、地域学習など特色ある教育課程が進められている。しかし、中高一貫校が都市部にできた場合は、体験・地域学習等ではすまないで、国立大学付属校のように進学校化することは必至ではないかと思われる。公立の中高一貫校

は「選択的導入」とはいえ、小・中学校に与える影響は大きい。たとえば、
○受験は「15の春」から「12の春」へと拡大していくだろう
○中学校の良さであった平等感がうすれ、従前からの中学校では、荒れに一層拍車がかかるのではないだろうか
○一貫校に入学した「エリート」たちのその後も心配である。中学生から大競争の渦中に入り、思春期の成長に障害はないだろうか
等、あまりにも負の部分が大きいといえる。

(2) 学区の自由化による公立学校の競争と序列化

(1)だけではすまない。従前からの6・3・3・4制の小・中学校も「学区の自由化」により、激しい競争の世界に巻きこまれようとしている。子どもが「集まる学校」と「集まらない学校」へと序列化が進められる。すでに東京・足立区では、数年前より進められ、あまりにもの矛盾の激化のため、現区長は見直しをはじめているとも聞いている[1]。子どもが「集まらない学校」では内部努力が足りないと校長などの責任問題に及び廃校という学校のリストラがはじまろうとしている。教育・学校へ市場原理を持ちこみ、競争でもって活性化を試みようとしているのである。このことも複線化のひとつの形態といえる。

(3) 小学校から習熟度別学級編成を導入

今回の教育課程審議会の答申には、つぎのような重大な内容が含まれていることを見逃すことはできない。

指導方法
　児童生徒の発達段階等を考慮し、一人一人の興味・関心を生かした指導や、学習内容の理解や習熟の程度に応じ、弾力的に学習集団を編成したり、学級編成を弾力的に行うなど、個に応じた指導の工夫改善を一層進める必要がある。

この指導の工夫改善についての指摘は、前回の答申（1987年12月）では、つぎの通りであった。

学校運営と学習指導
　教育課程の基準の改善のねらいを達成するためには、各学校において教科のねらいや幼児児童生徒の実態を考慮し、時間割の編成の工夫や多様な指導方法の工夫がなされなければならない。その際、各学校段階を通じて個に応じた指導の方法や体制について工夫する必要がある。特に、中学校においては、生徒一人一人に学習内容を確実に身に付けさせるという観点から、教科によって、学習内容の習熟の程度に応じ、教材の効果的利用や教育機器の活用を図ったり、個別指導やグループ別指導あるいは学級の枠を超えて学習集団を弾力的に編成する等の工夫により効果的な指導を行ったりするなど、各学校が生徒の実態等に応じ指導方法の一層の工夫改善を進めていくことが必要である。なお、学級の枠を超えた学習集団の編成については、基本的な学級編成を変更することなく、学校の実情等に応じた必要な教科について適宜弾力的、流

動的に行うこととし、また、義務教育段階ということも考慮して実施時期、指導方法、評価の在り方等について十分研究のうえ、慎重な配慮の下に実施することが必要である。

この２つの答申を比較すれば明らかなように、①習熟度別学級編成が小学校から導入できる。②習熟度別編成を行うにあたっての「慎重な配慮」事項がなくなる等小学校段階から積極的に能力別学級編成を進めている。

このように学校体系から学級編成にいたるまで多様な方法で教育・学校の複線化が進められようとしている。

久冨善之氏は、「競争激化への道」からみて、戦後教育を「抑制された競争」「開かれた競争」「閉じられた競争」の３期に時期区分をしている[2]。そのなかで今日の「閉じられた競争」の特色を①進学率が高校で90％台前半、大学へは30％台後半で頭うちにされている状況、②競争から降りようとしても競争への理念的批判や競争に代わる価値を見いだせなく競争から自由にならない状況と指摘している。今回の文部省の「教育改革」は、ますます「閉ざされた競争」の状況を推し進めようとしている。競争の呪縛からときはなさせないまま、小学校から人格を傷つけられ、ドロップアウトしてしまう子どもたち、「いい子」と言われながらも、自尊感情を持てない子どもたちがますます増大していくと思われる。

3　教育・学校のロマンを求めて

学校、とりわけ中学校の教師たちが疲労している状況がある。非行、いじめ、不登校など中学生問題で疲れはてている。さらに「子どもの主体的な学びをさせていない」と授業批判の声も多い。このなかで、私は、自分たちをどう励まし、教育のロマンをどこに求めたらよいのかを模索してきた。

(1)　青龍権現老樹碑を訪ねて

教育のロマン探しを、やはり青龍権現老樹碑からはじめてみた。52年前「六・三制、五三（誤算）の四三（予算）で三三（さんざん）だ」と言われるなかで新制中学校はうぶ声をあげた。茨城県千代川村では、中学校を建設するために村のシンボルともいえる神社の老木を売却することを村民大会を開いて決定した。数年後に村民が教育に未来を託していたことを後世に伝えることこそ教育であろうと青龍権現老樹碑が建てられ、この碑は「戦後教育の金字塔」と言われている。翌年に新制中学校発足50年を控えた1996年夏、私は、この碑を訪ねた[3]。高さ２メートル以上の碑の前に立ち、当時の人々が教育、とりわけ中学校に何を求めたのかを考えてみた。

当時の文部大臣・田中耕太郎は、この頃の様子を回想している[4]。田中は、新制中学校の発足は、連合軍総司令部がプッシュしたが、きわめて慎重であった文部省に決定をせまった力は「全国の教育界および地方団体の中に六三制採用の輿論がほうはいとして起こったことである」と述べている。この運動を、六三制の実施を推進した田中を解任（吉田内閣）したにもかかわらず、止めることはできなかったのである。今から50年前、新制中学校は、地域の人々に支えられ発足し、数々のドラマを生みだしたのである。

しかし、今日、学校教育における中学校の位置づけ、人々の期待、要求は大きく変化している。発足当初は、中学校で学ぶこと自体が喜びであり、民主主義を実感するものであった。現在、中学校は、制度的には義務教育の最終学校であるが、高校、大学への通過点として考えられている。そのなかで、この間に、中学校教育の相対的独自性が父母・教師に見えなくなっているように思える。実は、非行、いじめ、不登校等の中学生問題は、小学校の延長、高校の準備となってしまった、見失いつつある中学校教育の独自性に対する警鐘といえるのではないかと考えるのである。かつて石川啄木は、中学生の時期を「人の世の花の蕾の最もふくよかに育つ時期で、一朝開華の日の色も香も一乃至は、その一生に通づる特色というもの—多く此間に形成される。」(『渋民日記』)と表現している。「花の蕾の最もふくよかに育つ時期」こそ中学校教育の独自性なのだろう。

　中等教育をほとんどの子どもたちが受けるという歴史的な前進を踏まえつつ、その前期にあたる中学校教育を知識の量、学歴という軸からだけでなく、中学生の発達という角度からとらえ直し、中学校教育の独自性（中学生と何を学び、語りあうことが成長につながるのか）を地域で語りあうことが、再び、地域がつくる中学校づくりになるのではないだろうか。私は、青龍権現老樹碑の前で、新生の歓びをこのように現代につなげてみようと考えてみた。

　2002年からの学習指導要領が告示され、学習内容の3割削減が改革の目玉として報道されている。しかし、これが改革になるのか疑問である。この「改革」は、1958（昭33）年版の学習指導要領の数度にわたる手直しにすぎない。中学生の発達を軸にする教育は、今までのものを前提にした上での削減という発想そのものの改革を求めるものである。小さくても手応えのあった実践のなかから、教育・学校のロマンにつながるものを発見していくことを大切にしていきたい。

(2)　**学びを求めている子どもたち　—北区自主夜間中学校から見えてくるもの—**

　埼京線・北赤羽駅から徒歩2分ほどの普通の家屋の玄関に「北区自主夜間中学校」の看板が張り出されている。この学校は、1998（平10）年6月1日に開校した。私は、新聞に折りこまれていた講師募集のビラで、この学校のことを知り、開校時から週1回社会科の講師としてかかわっている。学校は、月〜金の夜6時30分から9時まで開校され、国数理社英の授業が行われている。自主夜間中学校は、山田洋次作品の映画「学校」に見られる行政に認められているものではない。補助金などもでておらず、すべてボランティアによって自主運営されていて、無償で誰でもが条件なしで学べる学校である。私は、この小さな学校から教育・学校のロマンを追い求めている。

①教育を大切にする人たち

　地域の人々が学校をつくるのは、なにも50年前のことだけではないことが自主夜間中学校に参加してわかったことである。この学校の呼びかけ人は2人である。ひとりは、民間企業でエンジニアをしていたが98年5月末日をもって定年退職をしたA氏である。すでに成人した3人の子を持つ親で、夫婦（いや家族ぐるみで）この学校の開校を呼びかけたのである。A家では、退職後の人生を話しあい、いじめ、不登校等課題が山積している教育こそ、今日の日本の最大の課題ではないかと考え、地域に自主夜間中学校の開校を発信したのである。A氏は数学、理科の講師をしている。奥さんは、会社勤めのあと毎日、生徒の一員としてかかわっているだけでなく、お世話役として学校の事務局長の仕事をしてい

る。もうひとりの呼びかけ人は、工務店の経営者・大工さんであるＢ氏である。Ｂ氏は、バブルがはじけて、持ち家があいているからと言って一軒家を学校として提供している。Ｂ氏は「俺は、青森の中学校を卒業して集団就職で東京にでてきた。学歴のことではすごく苦労した。不登校の問題などこのままにほっておくことは出来ない…。」と語り、授業が終わる夜の９時頃「ご苦労さん」と言ってビールをさし入れによく来てくれる。この両氏がビラをつくり、講師募集を呼びかけたのである。

　そのビラに私が、"ひっかかり"、さらに、会社員である50代の女性、都立病院で看護婦をしている方が講師として応募したのである。国数社理の講師はそろったが、英語を教えてくれる人がいない。英語がないと魅力に欠ける。そこに、近くにある東京外国語大学の学生がボランティアで来てくれることになったのである。こうして北区自主夜間中学校は、東京の下町でうぶ声をあげたのである。

　私は、地域にこんなにも教育を大切にしようとしている善意の人々がいるということに感動している。自分の子どもの子育てではない。ボランティア……いや私財を使って地域、日本の子どもたちの育ちに尽力しようとしているのである。地域で学校をつくっているのは50年前の昔話ではなかった。ここ東京の北区で、埼玉の川口で、千葉の松戸で、東京の江東区で……全国各地でこの運動に参加している人々を知り、日本もすてたものではないと実感している。それと同時に、学校は、地域のこのような力にもっと依拠することの大切さを感じている。

②校長先生は小学５年生

　学びに来ている生徒は様々である。83歳のおじいさん（現在は来ていない）は、小学校卒業の数カ月前に家庭の事情で学校に行けなくなり、小学校を卒業していない。熱心なキリスト教徒である。中学２年生の女生徒は、私たちに「ここに来るようになって期末テストの成績があがった」と言って喜ばせてくれたが、夏休み中の父母会で小学校５年生からほぼ完全な不登校であることがわかってしまった。この子は、学校に行っていないがこの半年間、毎日、夜間中学校に来ている。中学３年生の女生徒は、学校に登校しているが、ドロドロした人間関係がいやで、どのグループにも入りたくないし、塾でのモーレツな勉強もいやだし、ゆっくり学びたいとこの学校に来ている。小学校５年生の女生徒は、今まで行っていた塾よりここの方がよいと塾をやめ、毎日来ている。通称"校長先生"である。学校のきまりづくり等民主的に、てきぱきと決めていき、大活躍をしている。最近、中国人の主婦の方が英語を学びたいと来ている。在日の方が日本語、英語を学ぶには語学教室の費用があまりにも高すぎて手が届かないのである。開校式には来たのだが、その後１日も来ていない20代の女性がいた。彼女は「高校を中退したので中卒です。職場で学歴で劣等感を持っている。学歴はかえられないが知識は身につけておきたい。」と語っていたのだが…。その他、駅頭などでビラをまいていると「行きたいのですが、月謝は」「不登校のわが子を行かせたいのだが…」と声をかけてくれるのだが、まだ来れない人、子どももたくさんいるのである。確かに、現象的には、東京大学の佐藤学氏が指摘するように、「学びから逃走する子どもたち」が増大している[5]。しかし、その子どもたちも、実は、学びを求めているのである。このこともしっかり視野に入れておく必要を感じている。

③陽だまりのある学校

　小学校５年生からほぼ完全な不登校で、どうみても勉強が好きだとは思えない中学２年

生の女生徒が、3つ先の駅から自転車で自主夜間中学校に通ってくる。それはなぜなのだろうか。とっても小さな事例ではあるが、このことは教育・学校とは何かを問う本源的な問いではないかと考える。この答えをすぐに見つけることは出来ない。しかし、自主夜間中学校は陽だまりのある場所だということは確かである。現在、ここには小・中学生では3人しか生徒はいない。この子たちに、生徒として参加している人も含めると何人もの大人がかかわっている。講師の他にも、大東文化大学の学生、自主夜間中学校を注目している2つの新聞社の記者（生徒には新聞記者と言っていない）、生徒の親も時々来てくれる。多くの大人たちに囲まれて学びが行われているのである。もしかすると、一番ゆきとどいた学校であるかもしれない。このことが、あたたかさをつくりだしている。また、ここでは、生徒たちをよくほめることも特色である。ある日の歴史の授業の時、女生徒が「一揆って何かわからない」と質問した。83歳のおじいさんが一揆を説明するのだが、まだわからない。みんなでいろいろ説明しあう。私はどう説明しようか迷っていた。中学校で社会科の教師をしていたのだが、一揆を説明したことはないのである。そこで「一揆とは、気持ちを一つにするということで『一気』なんだ」と黒板に「一気」と大きな字で書いた。そうしたら女生徒は「それならわかった」と言ってくれた。みんなで拍手をして喜びあった。自主夜間中学校は、テスト、順位などの競争を前提とした学びをしていない。わからなかったことをわかる喜びを大切にしているのである。このこともあたたかさをつくりだしている。人間的なぬくもりにつつまれて、知る喜びを楽しもうとしているのである。このことは小さなことのようだが、これからの教育・学校像を問い直しているのではないかとも思えるのである。

　文部省は、21世紀の教育・学校を、市場原理を導入した「教育の民営化」路線で構想しようとしている。それに向き合う私たちのこれからの教育・学校像のキーワードを"人間的なぬくもりのある学校"と考えてみた。人間の成長は、家庭、地域、学校で人間的なぬくもり＝あたたかさのなかで開花するのである。

注
1）児玉洋介「学校『選択』＝『学区の規制緩和』が引き起こすもの」,『教育』1997年9月号
2）久冨善之『競争の教育』, 労働旬報社, 1993年
3）拙稿「青龍権現老樹碑を訪ねて―新制中学校発足の理念と『中高一貫校』構想」,『生活教育』1997年9月号
4）田中耕太郎「私の履歴書」,『私の履歴書・文化人15』, 日本経済新聞社, 1984年
5）佐藤学「『学び』から逃走する子どもたち」,『世界』1998年1月号

第七部 − 2.

小さな試み　大きな夢

＊「朝日のびのび教育賞」応募原稿　1999年2月

　東京と埼玉を結ぶ埼京線が通る北赤羽駅から歩いて2分、普通の家屋の玄関に「北区自主夜間中学校」という張紙が出されている。ここが昨年（1998年）6月に開校した私たちの学校である。この小さな取り組みから教育に問いかけてみたい。

◆こんな学校あるのですか

　ある時、母親が中学生の息子を連れて学校を訪れた。
　「ビラを見てこの学校のことを知りました。息子と二人暮らしで夜が心配なので、ここに通わせようと思っています。しかし、ビラだけでは信じられないので見学に来ました。」
　「何か信じられないことがありますか。」と尋ねると
　「毎日教えてもらって無料なんて本当なのですか。新興宗教の集まりなのではないかとも思いました。ビラには、『この学校は、カンパで運営しています』と書いてありますが、もしかすると多額の寄付をとられるのかとも思いました。」と言うのである。
　このようなこともあった。赤羽の喫茶店で働いているフィリピンのAさんは、日本に来て5年、日本語は話せるのだが書くことができない。そこで、自主夜間中学校のことを紹介した。Aさんは、日本人のご主人にビラを見せ、入校したいと話をした。ご主人は「このような学校はウソだ。無料の学校なんて日本にはない。だまされるかも知れない。」と言っていたのである。そこで、この学校のことを紹介した雑誌を読んでもらった。Aさんは、数日後に入校し、「あいうえお」から学び始めた。教育産業が大繁盛しているなかで、無料の学校なんて信じられない。しかし、信じられない学校が本当にあるのである。

◆学校をつくっている私たち

　私たちの学校のメンバーを紹介しよう。学びに来ている人たちは、3グループに分けられる。第1は、現役の小・中学生である。小6の女子は、塾をやめてきている。自称「校長先生」である。母親と一緒に来た中3の男子、そして、この学校の主とも言える中3の女子Bさんである。Bさんは、小学校5年生から学校に通っていない不登校生である。この3月までもう一人女子生徒がいたのだが、無事、都立高校に合格し、第1期の卒業生となり巣立っていった。この子たちが、現役の生徒である。第2は、外国から日本に来て働き、生活している人たちである。さきほどのフィリピンのAさん、解体会社で働くパキスタンの男性、インド料理店に勤務しているスリランカの女性、日本人の母を持つ中国人の

奥さんなど国際色が豊かである。第3は、社会人の方で生涯学習として学んでいる人たちである。Cさんは、20代半ば、中学校時代は不登校で中学校は形式卒業である。仕事をしているなかで学ぶ必要性を痛感し、いくつかの自主夜間中学校を訪ね、ここに通うことになった。週3回以上来て、スタンドの明かりで黙々と学んでいる。開校当初には、83歳のおじいさんも来ていた。毎回は来れないが、日本の歴史を、憲法をもう一度学び直してみたいという女性、生徒たちの親も時々来る。小学生からおじいさんまで、ここは年齢を超えて学びあう学校である。どのような人たちが先生をしているのだろうか。開校の呼びかけ人の岩垂さんは、元エンジニアであり、数学、理科を担当している。現在大学院受験準備中の息子さんも数学、理科を、会社で事務をしている三浦さんは国語、都立病院の看護婦さんの関根さんは生物、理科、英語は東京外国語大学の学生の小山さんとその友人たちが、社会科は元中学校の教師をしていた石井と大東文化大学の学生の高橋さんが担当している。小山さんや高橋さんが友人に呼びかけてくれて若い学生（今村、西尾、田中、福岡、久保田、八幡、中島さんなど4大学）たちがボランティアで学校を支えてくれているのである。更に、この学校では欠かすことのできない二人の方がいる。一人は、岩垂さんの奥さんである。毎日勤務後に生徒として世話役としてこの学校を支えている。中学生の悩みを聞き、夏休みには一緒に海に行き、休憩の時にはお茶を入れてくれる。学校でいえば事務長、生徒指導主任を兼務しているような存在である。もう一人は、工務店を経営している伊藤さんである。この学校は、伊藤さんの持ち家でもある。伊藤さんは、授業が終わる頃「さあ、みんな頑張っているかな」といいながらビールなどを差し入れにやって来る。このような20人ぐらいのメンバーでメダカの学校のように、誰が生徒か先生かわからない学舎が私たちの学校である。

◆ワイワイガヤガヤの学びあい

　授業は、月曜から金曜の6時30分から9時まで、1日1教科である。（月＝社会、火＝理科、水＝国語、木＝英語、金＝数学）生徒は、毎日来なくても自分で必要な教科を学べばよい。中学生のBさんは、毎日来ている。岩垂さんご夫妻は、毎日来ているが、他の先生は、自分が担当する曜日に来ることになっている。国語や英語は現役の生徒以外に外国人の方も来てにぎやかである。授業の進め方は、教科によって違う。異年齢で要求が違うから個別的な授業も必要である。社会科は、年齢を超えみんなで明治以降の日本近代史、日本国憲法を学びあっている。

　幕末の百姓一揆の授業のひとこまを紹介してみる。
　女子（Bさん）「百姓って何ですか」
　先生「百姓？　おじいさん（83歳・岩手県出身）、Bさんに教えてあげてください。」
　おじいさん「たんぼや畑で米やキャベツや大根などをつくっている人たちだ…」
　Bさん「それじゃ農民じゃない。農民と百姓はどこが違うの…」
　＊「新明解　国語辞典」（三省堂）によると百姓は、農業をする人の古風な言い方。謙遜の意にも、軽蔑の意にも用いられる。
　Bさん「一揆ってどんなことをするんですか」
　（みんなが考え、それぞれが意見を言うのだが、Bさんはなかなか納得しない…）

先生「『一揆』とは、気持ちを一つにする『一気』のことなんだ。同じ願いの人々がま
　　　　とまることだ。みんなは今、政府に何か言いたいことがありますか」
　　小6「子どもたちから消費税をとらないこと」
　　先生「そういう願い＝要求で気持ちを一つにして領主、幕府に訴えに行くことだ」
　　Bさん「『一揆』は『一気』なのか。それならわかった」
　そして、大きな紙を取り囲んで車座になって、みんなの願いを書きあい要求づくりをしていくのである。このように暗中模索の授業である。45分ぐらい学びあったら休憩、お茶菓子をつまみ、テレビを見て談笑のひとときである。

◆小さな試みから教育に問いかける

　まだ1年にも充たない小さな取り組みであり、大言壮語なことを言う立場ではないが、ここから新たな「荒れ」、学級・学校崩壊の日本の教育に問いかけたいと考えている。
(1)　学校は、地域の人々に支えられているか
　なぜこの学校が始まったのだろうか。岩垂さんは、退職後（1998年5月）の人生を家族で話し合い、病んでいる教育に想いを馳せ「今日の日本を支えてきたのは教育である。教育は、未来をつくる仕事である。不登校の子どもや高い教育費で塾に行けない子の居場所づくりに尽くしたい」と考え、家族が全面的に賛成したのである。岩垂さんのロマンをバックアップしたのが伊藤さんである。伊藤さんは、東北から中学校卒業後、集団就職列車に乗って上京し、苦労を重ねながら今日、工務店を経営している。「学校にいけない子の気持ちよくわかる。教育こそ国の宝で、大切にしなければならない。」と熱っぽく語る。この二人が、区の広報紙、新聞折り込みのビラで開校を発信したのである。二人の想いは、「教育こそ国の宝」であり教育崩壊＝日本の崩壊という認識である。そして、そうさせないために行動するという実践力である。戦後当初、とりわけ新制中学校は、地域の人々に歓迎され、地域の人々が学校をつくった。しかし、今日、学校はあって当たり前となっている。誰が学校、教育を支えるのだろうかがどこかへ飛んでいってしまっている。だが、学校を地域の人々がつくるのは、50年前の話だけではないようだ。ここ東京・北区で小さな学校が、教育を大切にしようとする人々の想いで誕生している。
(2)　学校は、陽だまりのあるところか
　小学校から不登校のベテランであるBさんが、なぜ、毎日、3つ先の駅から自転車で来るのだろうか。小さなことだがこのことは、学校・教育とは何かの本源的な問いだと思っている。その理由は、単純ではなくわからない。しかし、一つだけいえることは、ここが居心地が良いからである。居心地の良さは、どこから来ているのだろうか。中学校形式卒業の青年が、外国の方が真剣に漢字にひらがなに取り組んでいる。ここに真剣に生きようとしている人間の姿が垣間みれることである。点数を上げるための学びではない学びが心地よさをつくっている。また、一人の生徒に大勢の大人がかかわっている。現役生徒3人と十数名の大人たち、もしかすると日本で一番ゆきとどいた学校かもしれない。営利ではなく、ボランティアで運営されていることが優しさをつくりだしている。このことも居心地の良さをつくりだしている。自主夜間中学校の魅力は、陽だまりのあるところである。「教育改革」を見ていると、飛び入学、中高一貫校の選択的導入などドロップアウトせざるを

えない子どもたちにとっては、まったく無関係な施策が目につく。競争という原理が努力すれば誰でもが中・高等教育を受けることができるという意味で意義があった時期もあった。しかし、すでに十数年前から、この論理は影を潜めてきた。極度の競争は、スタートラインから、または走り始めてからすぐそこから離脱する子どもたちを大量に生み出している。今、教育に問われていることは、競争にかわる新しい教育の論理である。その論理は、陽だまり＝ぬくもり、そしてヒューマニズムではないだろうか。

　ある日の授業で自主夜間中学校についての気持ちを「五・七・五」で綴ってみた。

　　　かっこいい　　人が来ないよ　　はやく来て　　（Ｂさん）
　　　たくさんの　　人と出会えて　　うれしいな　　（高１女）
　　　雨の日は　　　バスと電車で　　金かかる　　　（中３男）
　　　来る人を　　　待つ気持ちの　　楽しさよ　　　（岩垂さん）
　　　平成と　　　　昭和の時間差　　交差する　　　（大学生）
　　　中３と　　　　25歳と　　　　　さまざまに　　（岩垂さん奥さん）
　　　えばる人　　　教える人より　　学ぶ人　　　　（石井）

　４月中旬、Ｂさんが制服を着て夜間中学校にやって来た。初めてのことである。私たちに「今日、学校へ行って来たんだよ」とアピールしたのである。まだ、朝１時間目の登校であるが、Ｂさんにとってみれば画期的なことである。それは小さな出来事だが、このことをとっても大切にしてみんなで小さな学校をつくっていきたい。

【資料】 学習指導要領（社会科）の変遷（「歴史地理教育」2008年7月）

　今回の学習指導要領の改訂は戦後では7回目ですが、1955年に社会科だけの改訂があり、社会科だけは8回目となります。この間の社会科改訂の歩みを年表にまとめてみました。

年	状況	学習指導要領（社会科）の特色	社会科の批判と創造の動向
1947	47・3 学習指導要領一般編（試案）発行 　教育基本法公布 　4 新制中学校発足 　5 日本国憲法施行 　学習指導要領社会科編Ⅰ（試案）発行 　6 日本教職員組合結成 　学習指導要領社会科編Ⅱ（試案）発行 　9 社会科の授業始まる	●社会科の出発 ・学習指導要領一般編（試案＝手引き書的性格）が教育基本法発布の10日前に発表され社会科が発足した。目標は「今日のわが国民の生活から見て、社会生活についての良識と生活を養うこと」とされた。 ・社会科では「社会生活を理解する」ことが任務とされ相互依存（①人と他の人との関係、②人と自然環境との関係、③個人と社会制度や施設との関係）を理解させることが最も大切なこととされた。相互関係の前提とし人間性の自覚、個人の尊厳が確認されていた。 ・小学1年～高校1年まで総合的な内容として「作業単元」を示した。また、中学において社会科とは別に日本史（国史）、高校2年から東洋史、西洋史、時事問題などが分化社会科として置かれた。問題解決学習として児童の経験が大切にされた。	●科学に立脚し正しい教育理論に依拠した社会科を ・日本民主主義教育協会は、社会科の生徒指導的側面が強いことや、興味関心主義、機能主義を批判し、単なる経験主義では民主主義の課題に迫る生活経験を選び出すことは出来ないと主張した。 ・高橋磌一は①経験主義……堂々めぐりする危険、②機能主義……社会構造をノレンのように縦に割って総合的に把握できない危険、③相互依存主義……歴史的な発展が捉えられない危険などを批判 ・歴史教育者協議会設立（49・7）「歴史教育はげんみつに歴史学に立脚し、正しい教育理論にのみ依拠すべき」であると宣言した。 ・文部省は『小学校社会科学習指導要領補説』（48・8）、『小学校社会科指導書』（50・3）を発行。実践が行いやすくなった反面、画一化も進んだ。
1951 （第一次改訂）	50・6 朝鮮戦争 50・8 警察予備隊公布 6 サンフランシスコ講和条約・日米安全保障条約締結 51・7 小学校学習指導要領（試案）発行 51・12 中学校・高校社会科編Ⅰ（試案）発行 53・10 池田・ロバートソン会談「愛国心」と「自衛のための自発的精神」の助長が必要	●初期社会科の完成と逆コースの始まり ・1947年版学習指導要領と基本的には同じ理念 ・逆コースの中で「戦争は人間にとって最大の不幸である」「わたしたちは全力をあげて戦争の回避に努力しなければならない」（小6の目標）などを明記した。 ・天野貞祐文相、修身復活などを表明（50・11） ・岡野清豪文相は、学習指導要領を発表した直後にもかかわらず教育課程審議会に社会科の改善、歴史、道徳教育について諮問し社会科解体（①道徳教育の強化②地理・歴史の基礎的知識の強化③地理・歴史の独立教科の可能性）に着手し始めた。（52）	●教え子を再び戦場に送るな ・梅根悟は、この改訂で社会科らしくなった。社会科が民主主義を学ばせる教科である使命感をはっきりと打ち出したと高く評価した。 ・日本教職員組合は第一次教育研究集会を開催し「教え子を再び戦場に送るな」のスローガンを決定した。（51） ・吉田茂首相は「万国に冠たる歴史、美しい国土の地理の教育により愛国心を涵養する」ことが大事と演説した。（52） ・日本子どもを守る会結成（52） ・社会科問題協議会が結成され、声明で①社会科解体、かっての道徳・地歴教育の復活に反対、②教育の官僚化に反対、③科学的・民主的な社会科を求めることを訴えた。（53）

年			
1955 （第二次改訂）	55・8日本民主党『うれうべき教科書の問題』発行 55・12小学校学習指導要領社会科編、高校社会科編発行 56・2中学校学習指導要領社会科編発行	●社会科の転換・社会科だけの改訂 ・社会科だけの改訂である。 ・学習指導要領から「試案」の2文字が消え、拘束力を強める一歩となった。 ・近代の項目で「国際的な地位を高めてきた」（小6）が入り、侵略戦争肯定のさきがけとなった。 ・小学校では事実上、5年・日本地誌、6年・日本歴史、中学校で地理、歴史、政・経・社の3分野制（ともに従来のものとの選択は可）、高校では「時事問題」が消え総合社会科が後退した。	●実践・研究誌『歴史地理教育』の発刊 ・歴史教育者協議会『新しい歴史教育』を終刊、新たに『歴史地理教育』を発行（54） ・社会科問題協議会『社会科改訂について六たび全国の教師および国民に訴える』声明発表 ・第一回母親大会開催（55） ・第一回原水爆禁止世界大会開催（55） ・日本教職員組合、日本学術会議など『うれうべき教科書の問題』に抗議
1958 （第三次改訂）	56・10任命制教育委員会発足 ・教科書調査官制度創設 58・10小中学校学習指導要領告示（高校は60年）	●官報・公示（拘束性の強化） ・はじめて文部省告示として官報に公示し「法的拘束力を有する国家基準」という性格を強めた。 ・「道徳の時間」が特設された。 ・小学校の目標に「郷土や国土に対する愛情を養う」（中学1年の目標にも）、先人の業績や文化遺産を「尊重する態度」、「国民的自覚」「国家や社会の発展に尽くそうとする態度」が入った。また、中学歴史の近代にも「国際的地位を高め」が入った。 ・これまでの総合社会科から系統的学習へと性格が変わった。 ・中学校の履修を1年・地理、2年・歴史、3年・政経社とザブトン型とした。 ・高校は「社会科社会」を廃止し「倫理・社会」「政治・経済」とした。また、世界史と地理をABに二分割して多様化を進めた。	●教育課程の自主編成運動 ・学習指導要領の拘束性と教科書検定が強まる中、民間教育団体を中心に教育課程の自主編成運動が活発になった。 ・地理教育研究会設立（57） ・歴史教育者協議会『小学校教師のための日本歴史』発行（58） ・渋谷忠男『郷土に学ぶ社会科』（58） ・山下國幸『小学校歴史教育のカギ』（59） ・岡野啓「生産労働の認識の原則」（61） ・上越教師の会「生産労働の科学的認識の順次性とその実践」（62）など ・民間教育研究団体連絡会（民教連、のちに日本民間教育研究団体連絡会と改称）結成（59）
1968 （第四次改訂）	65・6家永三郎教科書検定違憲訴訟を提起 66・10中央教育審議会「期待される人間像」を発表 66・12建国記念の日についての政令公布 68・7小学校学習指導要領告示（中学校は69年、高校は70年）	●平和教育の後退と神話の復活 ・「教育内容の現代化」の影響から授業時間数と学習内容が増大した。その結果、「落ちこぼれ」が社会的に問題となった。 ・小学校社会科の目標が「家庭、社会および国家」「郷土や国土」「歴史や伝統」に対する「愛情」づくめになった。 ・戦後初めて小学校歴史で人物学習が強調された（以後、指導書に例示→学習指導要領・内容に例示） ・神話教育が復活した（小学校・内容の取扱い） ・「天皇についての理解と敬愛の念」	●地域に根ざす社会科の授業 ・歴史学会が『『明治百年祭』に関する声明発表（68） ・愛媛（地域社会史論）、沖縄からの視点、地域研究と歴史教育など「地域に根ざす人民のたたかいをささえる歴史教育」の研究・実践が報告される。 ・戦前の人物学習（道徳的）の教訓から歴史的な時代背景と遊離しない人物学習のあり方が論議された。 ・家永教科書裁判杉本判決（70） ・全国民主主義教育研究会設立（70）

		が初めて入り科学的な歴史認識・社会認識が後退した。	
1977（第五次改訂）	77・7小中学校学習指導要領告示（高校は78年） 78・5国連軍縮特別総会を初めて開催 81・2民主党・塚本書記長、衆院で中学社会科教科書偏向と非難	●「ゆとり教育」・授業数と世界の扱いの削減 ・「ゆとりと充実」が叫ばれ授業時間数・学習内容が削減した（例・中学3年社会・175→105へ）。それまでの「教育内容の現代化」に対して「人間化」が強調された。 ・神話と伝承の扱いが「内容の取扱い」から「内容」へと格上げされた。（小6） ・小学校歴史に人物学習（8名が指導書）が入った。 ・憲法学習で天皇の地位が強調された。 ・中学の学習内容で世界の扱い削減された（地理での限定的扱い、歴史での世界史の削減）。 ・中学「政経社」が「公民」に変更。履修方法としてπ型を決めた。 ・特別活動で「君が代」を「国歌」と書き換えた。	●わかる学習・楽しい学校 ・日本教職員組合中央教育課程検討委員会『教育課程改革試案』発表（76） ・地域に根ざし楽しくわかる授業の発展 　安井俊夫『子どもと学ぶ歴史の授業』（77） 　若狭蔵之介「生協のおばさんたち」（78） 　鈴木正気「川口港から外港へ」（78）など ・歴史教育者協議会「私たちの社会科教育課程—その考え方と第一次案」発表（77） ・日本民間教育研究団体連絡会編『日本の社会科30年』（77）・『社会科教育の本質と学力』発行（78） ・歴史教育者協議会編『たのしくわかる社会科の授業』（あゆみ出版）発行（78～） ・歴史教育者協議会編『地域に根ざす歴史教育の創造—歴教協30年の成果と課題』発行（78）
1989（第六次改訂）	84・8中曽根首相、臨時教育審議会の設置（以後四回の答申） 89・3小中高学習指導要領告示 89・9日本教職員組合が連合に加盟全日本教職員組合結成 91・1湾岸戦争始まる 92・9学校五日制始まる（月1回） 93・6高嶋伸欣教科書訴訟提訴	●社会科解体・生活科、地歴科、公民科の導入 ・小学校低学年社会科の廃止（生活科の導入）と高校社会科解体（地歴科、公民科の新設） ・12年制社会科（小1〜高3）から7年制社会科（小3〜中3）となる。 ・小学校歴史に東郷平八郎など42名の人物が例示された（内容の取扱い）。 ・防衛、国旗、国歌を強調され、中学校社会科では「日本」「我が国」の語句の記述が目立つ。公民分野の授業数が減り、とりわけ憲法学習が後退した。 ・中学校で選択が大幅に拡大した。 ・卒業式、入学式での国旗・国歌の強制が強まる。	●アジア・世界と向かい合う社会科教育・歴史教育 ・歴史教育者協議会「社会認識の形成と教育課程—第二次案にむけての中間報告」発表（85） ・社会科新学習指導要領批判シンポジウム（89） ・アジアとの歴史教育の交流　日韓歴史教科書研究会（90～）、日韓歴史教育セミナー（91～）、日韓教育実践研究会（90～）、日中歴史教育交流の旅（93～）、東南アジア・マレー半島の旅（91～）など ・歴史教育者協議会『あたらしい歴史教育7巻』発行（93） ・歴史教育者協議会『歴史教育50年のあゆみと課題』発行（97）
	95・1自由主義史観研究会発足 97・1新しい歴史教科書をつくる会発足	●スリム化、我が国の役割の強調 ・学校完全5日制に基づき授業数、学習内容が削減された（週2時間）。小中学校で年間授業数がはじめて1000時間を切った。小学校歴史は縄文時	●歴史の偽造・教科書攻撃とのたたかい ・「子どもと教科書全国ネット21」設立（98） ・歴史教育者協議会編『わかってた

1998 (第七次改訂)	98・10小中学校学習指導要領告示（高校は99年） 99・8周辺事態法 99・8国旗及び国歌に関する法律の制定 00・1国会に憲法調査会設置	代を学習せず、中学地理では2～3の都道府県学習などとなった。 ・「総合的な学習の時間」の導入、「表現」、調べ方学習などで知識・理解より学び方が重視された。 ・目標に「国を愛する心情」（小学校6年）、「我が国の国土と歴史に対する理解と愛情」など愛国心が強調される反面、世界の項目が削減された。 ・国際貢献、我が国の役割などが強調され、日本の加害が後退した（2002年度版の中学教科書から「従軍慰安婦」などが消えるなど）。 ・スリム化と並行して「発展」学習が追加され、習熟度学習、学区自由化など多様化・複線化・競争主義が進行した。 ・「つくる会」が中学歴史教科書(01)、同歴史・公民教科書（05）発行	のしい社会科の授業』発行（01～） ・歴史教育者協議会、地理教育研究会、全国民主主義教育研究会の三者による社会科教科書シンポジウム開催 ・「つくる会」教科書批判などの出版活動と地域での教科書学習会 藤原彰・森田俊男編『近現代史の真実は何か』（96）、家永教科書訴訟を支援する全国連絡会編『教科書から消せない戦争の真実』（96）、子どもと教科書全国ネット２１編『こんな教科書子どもにわたせますか』（00）など「つくる会」教科書批判が多数発行された ・平和と民主主義に基づく社会科・歴史教育の教育課程についての提起と活発な論議が起こった。
2008 (第八次改訂)	06・12教育基本法改定 07・6学校教育法改定 08・3小中学校学習指導要領告示	●教育基本法の改定と愛国心教育 ・教育基本法の改定後、初めての学習指導要領。総論に「我が国と郷土を愛す」を入れ愛国心教育を教育全体の目標にした。また、国際貢献が重視され自衛隊の海外派兵を支える教育の土台をめざした。 ・すべての教科の道徳化が進められ道徳教育推進教師が新設された。「指導計画の作成と内容の取扱い」では、道徳教育との関連を強める同一文章が示され教育活動でのコア（中核）に位置づけられた。 ・「重点指導事項例」が例示され教科書検定、教育課程づくり等に規制が強まった。 ・すべての教科と領域で我が国と郷土の「伝統と文化」の指導が重視された。 ・授業時間数が増加、とりわけ中学では現代史が重視され、戦後史においては「民主化」、経済成長、経済大国、国際貢献と戦後政治を肯定・美化することが強められた。	●日本国憲法を生かす社会科・歴史教育 ・沖縄で沖縄戦教科書検定（集団強制死に対する日本軍の強制に関する記述の削除）に対する検定意見撤回の県民集会の開催（07） ・「大江・岩波裁判」で大阪地裁は沖縄戦におけるいわゆる「集団自決」に「日本軍が深く関わった」ことを認める判決（08） ・教科書調査官制度の廃止、教科書検討審議会の文科省からの独立等を要求する運動が高まった。 ・歴史教育者協議会は、①特定の社会認識、歴史認識等の価値観を押しつけることなく、日本国憲法、子どもの権利条約を生かした教育を保障すること、②縄文時代から学ぶ小学校歴史、中学地理での日本と世界をバラバラに学ぶ学習配列の改善、③中学三年の授業数増、選択制度の縮小、④高校における「地歴科」と「公民科」の社会科への再統合などを文科省に要望（07）

おわりに

いつも仲間がいた

　いつも心温まる励ましをいただきありがとうございます。
　1945年9月、疎開先の母の実家・秩父で生まれました。中学2年生の時から教師に憧れたものの人前で話をすることが苦手で自信がありませんでした。定時制高校教師を目指しましたが、1968年の千葉県市川の小学校からこの世界に入りました。いつも友人に恵まれ、お世話になりました。40年余、私の人間形成に多大な影響を与えてくれたのが、千葉大学児童文化研究会、全教市川、歴史教育者協議会でした。
　大学では理論より、消極性を変えられるサークルに入ることを考え、子どもと接する児童文化研究会を選びました。人形劇、影絵などを持ち県内の子どもに巡回公演をすることで性格を変えながら生きた教育を学ぼうとしました。初めて体験するいごこちの良さに民主主義を実感しました。自分史にとってかけがいのないものであり、私のすべての土台が形成された場でした。友人から「変わらない」と言われると進歩をしていない気もしますがなるたけ忘れないように意識するほど価値ある学びを体験しました。もったいなくて変えることができないことばかりです。
　20年前の全教（全日本教職員組合）結成は、社会的には一番大きな歴史的な出来事でした。個人では出来ないことと責任の重さから見て他のこととは比較することが出来ません。特に市川では日教組をやめて全教市川をつくりました。これは政党支持問題だけでなく、組合役員を辞めると校長になるモラル、肝心の教育内容では闘わないなど組合としての構造的なことが多岐にわたっていました。全教は私に全国教研社会科の司会、民主教育研究所研究委員を10年など全国で学ぶ機会を作ってくれただけでなく本の上の研究者と同席をすることも出来る機会を作り、世界が広がりました。
　大学4年の夏、大野泰江さんの紹介で第19回大会・歴史教育者協議会の扉をたたきました。以後、30代に4年間、常任委員、病気で倒れるまで6年間、副委員長をつとめました。研究会での報告を目指して実践をし、分不相応の任務をいただき荷が重いときもありましたが社会科のロマンを求めることの素晴らしさを学びました。19～60回大会まで参加し、特に1972年・沖縄大会には支部10人で新幹線で岡山へ、在来線で鹿児島へ、船で28度線を越え那覇に向かいました。全教が出来ると組合を優先し、その後は学生と社会科授業作り連続講座に取り組みました。講座の発想は会の未来を見据えた前田さんでした。若い教師・学生の「ための」から「が作る」に変えました。私の例会でした。
　この三つの会で育ちましたが私にはもうひとつの世界がありました。あまり壁を作らず違う意見の方とも仲良くしていただきました。大変嬉しいことです。青年期から今までいつも仲間がいて人間の素晴らしさを感じ「人間・社会に問いかけながら行動的に学ぶ」スタイルを堅持できたのは皆さんのお陰です。いまだに医学の風が吹かない世界に入りましたが、考える脳だけは残りました。家族と「チーム石井」で次世代までこの苦しみをのこさない「実践」を行うつもりです。宜しくお願いします。
　2010年9月18日―65歳になりました―

著者紹介

千葉県市川市公立小・中学校に勤務、途中退職。

日本福祉大学子ども発達学部教授・社会科教育担当。元歴史教育者協議会副委員長。

おもな著書に『最新 中学校 公民の授業』（民衆社）『子どもが主役になる社会科の授業』『日本史・歴史教科書の争点50問50答』（ともに共著、国土社）『朝日ジュニアブック・日本の歴史』（共著、朝日新聞社）『中学校社会科 歴史の授業』（共著、大月書店）『教職入門』『新版社会・地歴・公民科教育法』（ともに共著、学文社）などがある。

※本書収載の著作は原則、初出時のまま掲載しています。
　ただし、図版・写真などは一部割愛したものもあり、本文についても加筆、修正した箇所があります。

石井建夫著作集
はてなの社会科　再び"希望と生気"を語る社会科を

2011年６月10日　初版発行

著　者　石井建夫
発行所　株式会社　国土社
　　　　〒161-8510　東京都新宿区上落合1-16-7
　　　　TEL 03-5348-3710／FAX 03-5348-3765
　　　　http://www.kokudosha.co.jp
印刷・製本所　瞬報社写真印刷㈱
ISBN978-4-337-79012-4　C3037
©T.ISHII　2011　Printed in Japan